江苏省普通高校精品教材建设项目成果

职业教育心理学导论

崔景贵　主编

科学出版社

北　京

内 容 简 介

　　本书的体系以中等职业技术学校学生学习活动为主线，以职业学校实际教育教学任务为章节划分标准，教材内容由五个部分组成：第一部分为职业教育心理学概论，包括绪论、心理发展与职业教育；第二部分为职业学校师生心理篇，包括职业学校学生的心理特征与问题、职业学校学生的心理健康与教育、职业学校教师的心理素养；第三部分为职业学校学生学习心理篇，包括职业学校学生学习基本理论与心理过程、职业学校学生知识学习与能力发展、职业学校学生操作技能学习心理、职业学校学生学习的测量与评价等；第四部分为职业教育教学心理篇，包括职业教育教学心理设计、心理规律与职业教育教学、职业教育课堂心理与管理、职业学校学生的心理差异与因材施教等；第五部分为职业心理篇，包括职业品德心理与培养、职业选择心理与指导、职业心理测验与运用。

　　本书适用于职业技术教育研究与管理人员，中高等职业院校教师及班主任，职业技术师范院校师范教育类学生，心理学专业学生与爱好者阅读。

图书在版编目(CIP) 数据

职业教育心理学导论/崔景贵主编 . —北京：科学出版社，2008
江苏省普通高校精品教材建设项目成果
ISBN 978-7-03-021865-0

Ⅰ. 职…　Ⅱ. 崔…　Ⅲ. 职业教育-教育心理学-高等学校-教材
Ⅳ. G710

中国版本图书馆 CIP 数据核字（2008）第 063588 号

责任编辑：任俊红　李俊峰 / 责任校对：张怡君
责任印制：张　伟 / 封面设计：耕者设计工作室

科学出版社 出版
北京东黄城根北街 16 号
邮政编码：100717
http://www.sciencep.com

固安县铭成印刷有限公司 印刷
科学出版社发行　各地新华书店经销
*

2008 年 8 月第　一　版　　开本：B5（720×1000）
2023 年 1 月第十次印刷　　印张：22 1/2
字数：431 000
定价：**59.00 元**
（如有印装质量问题，我社负责调换）

目　录

第一章　绪　　论

心理科学理论是职业教育理论建构和实践探索的基础。德国教育家赫尔巴特早就提出，"教育学作为一门科学，是以实践哲学和心理学为基础的。前者说明教育的目的；后者说明教育的途径"，"教育者的第一门科学，虽然远非其科学的全部，也许就是心理学。"[①] 俄国教育家乌申斯基在 1867 年发表的《教育人类学》第一卷中，提出了 "心理学就其对教育学的应用和对教育者的必要性方面来说，当然站在一切科学的首位" 的著名论断。学习和研究职业教育心理学，有利于职业学校教师运用科学的心理学理论指导职业教育实践，把握规律性，增强自主性，富有时代创造性，具有科学预见性，实现自身的专业化发展。

第一节　教育心理学概述

教育心理学是心理科学与教育相结合的产物，是 "研究学校教育情境中学与教的基本心理学规律的科学"。[②] 这门学科主要是揭示学生学习与教师教育的心理学规律。它的研究直接针对学校教育，为学校教育实践服务，其研究课题、资料和数据也直接从学校教育实践中获得。

一、教育心理学的研究对象

教育心理学既有社会科学的知识，也有自然科学的知识。一方面它同普通心理学、发展心理学、生理心理学、社会心理学等有着密切的联系和交叉，另一方面也和教育学、教学论、教材教法、教学技术等学科有着密切的联系和交叉，同时，它还运用系统论、信息论、控制论的观点和神经学、数学、统计测量学等自然科学的理论和方法来研究。因此，它是以哲学、社会科学观点作指导，以自然科学方法为手段，以解决教育实际问题为目的，以心理科学和教育科学交叉为内容的应用性学科。

美国心理学家桑代克（E. L. Thorndike，1874～1949）依据学习的实验和测验研究所得的资料，在 1903 年出版了《教育心理学》一书，尔后于 1913～1914年又扩展为《人的本性》、《学习心理》、《个别差异及其起因》三大卷。桑代克是教育心理学发展中划时代的人物，提出了系统的教育心理学思想和完整的学习理

---

① ［德］赫尔巴特.普通教育学·教育学讲授纲要.李其龙译.北京：人民教育出版社，1989.190～191.

② 邵瑞珍.教育心理学（修订本）.上海：上海教育出版社，1997.12.

论，奠定了西方教育心理学发展的基础，其观点也成为20世纪20年代前后教育心理学研究的主要课题，并支配西方教育心理学理论和实践研究长达50年之久。正如 R.F. 格瑞德（Grinder, 1989）在《教育心理学的未来》一书中所指出的，"桑代克的三卷本《教育心理学》的出版，使教育心理学中概念的进展在随后的近半个世纪中停留于这一高原之上。"桑代克作为教育心理学的"鼻祖"当之无愧，他使教育心理学的发展处于历史发展的第一个鼎盛时期。

桑代克最早在他的《教育心理学》中指出，教育心理学研究的是：人类在未受教育以前的本性，这种本性通过学习与教育如何发展变化的，个性的差异是怎样造成的。西方大都倾向于把教育心理学定义为学校情景中教与学或学与教中的心理与行为的研究，分歧在于把什么作为学与教矛盾的主要研究方面。苏联把教育心理学定义为"研究教学和教育的心理学规律"的学科。我国教育心理学界的一般看法是"研究学校教育过程中学生的学与教师的教的基本心理规律的科学，其中学生学习的心理学规律是研究的主要方面。"

教育心理学作为一门独立学科的时间并不长。一般认为它经历了初创期（20世纪20年代以前）、发展期（20年代末到50年代末）、成熟期（60年代到70年代末）和完善期（80年代以后）等四个时期。在教育心理学的研究过程中，有两条基本线索，一条是在实验室中研究动物和人类的学习规律，另一条是在真实的学校和社会情景中探究人类学习的规律，研究如何改进教和学。

回顾和总结20世纪教育心理学的发展，主要经历了两条道路，其一是上半世纪由机能主义向行为主义的发展，其二是下半世纪由格式塔学派向认知学派的转变。纵观教育心理学发展的整个过程，不难看出，教育心理学的发展规律大致有以下几点：① 从 S-R 范式转向认知范式；② 从强调学生被动学习转向强调学生主动学习；③ 从学习问题研究转向教学问题研究；④ 从实验室纯理论研究转向教育情境中的实际应用研究；⑤ 从理论的狭隘、零散转向理论的完善、整合。①

二、教育心理学的最新研究成果

教育心理学的每一次进步都会给教育带来巨大变革。机能主义心理学家杜威以儿童为中心、以活动为中心的思想，开辟了教育史上"进步教育"的新篇章；由行为主义者斯金纳的操作条件反射理论产生了程序教学的新模式，使学习更能个别化、主动化和操作化，也奠定了当今计算机辅助教学的基础；人本主义心理学的学习理论，更是开拓了探索教育规律的新途径，引起了整个教育观念的变革：教育要以学习者为中心，教学的基本目的是帮助学生发展其积极的"自我概念"，教师是发展的促进者、鼓励者和帮助者，情感教育是教学的基本动力，教

---

① 张卿．学与教的历史轨迹——20世纪的教育心理学．济南：山东教育出版社，1995.5.

学是一种知情协调活动。

如苏联教育心理学家维果茨基的非常有影响的最近发展区理论。维果茨基提出了发展性教学的理论，认为教学要考虑学生的两种发展水平：一是个体在独立活动中目前已经达到的解决问题的水平，即"现有的发展水平"；二是在他人的指导帮助下所能达到的解决问题的水平，即"可能的发展水平"。这种可能的发展水平，实际上就是我们的教育目标，这两者之间的差距就是所谓的最近发展区。教学就是着眼于、落实于最近发展区，教育就是实现"最近发展区"的过程。也就是说，教学不仅要依据儿童已经达到的心理发展水平，而且要预见到今后的心理发展，即教学要走在发展的前面，而不是迁就原有水平。只有这样，教学才能带动和加速发展。最近发展区理论对教师根据学生的原有基础确定合适的发展目标具有直接的指导意义。

图 1-1　维果茨基最近发展区示意图

赞可夫依据这一思想进行教学改革，其改革的指导思想是"以最好的教学效果达到学生最理想的发展水平。"（赞可夫，1980）。为此，他提出了教学的 5 条原则：① 提高教学的难度；② 提高教学的速度；③ 使学生依据理论指导行动；④ 使学生理解学习；⑤ 使所有学生得到发展。

沃尔勃格（Wallberg，1992）通过广泛的引文分析，调查了近年来许多有关教育心理学方面的书和杂志的中心议题，概括出了当前教育心理学研究的 8 个热点和前沿，主要集中于以下 4 个教育心理学研究领域：① 阅读理解和写作教学，关注于鼓励学生确定目标，促进他们自身的进步，并且在必要时运用不同的策略；② 归因研究，关注于归因的模式、动机、情绪及教师的期望，学生的表现等；③ 正式教育的发端问题，关注于严重缺陷学生进入正式课堂学习的问题；④ 有关教育研究的历史观点，以及社会对教育的期望，这些期望对学习和教学行为的影响途径等。[①]

布鲁纳在 1994 年美国教育研究会的专题特邀报告中，精辟地总结了教育心理学十几年来的研究成果，主要表现在 4 个方面：① 主动性，研究如何使学生主动参与教——学过程，对自身的心理活动作更多的控制；② 反思性，指从内部理解所学内容的意义，研究元认知和自我调控的学习，过去是讲学习的传递，

① Wallber H J, Heartel G D. Educational Psycholgy's first Century Journal of Educational Psychology. 1992，Vol. 84，No. 1，p. 13～15.

现在是讲知识的建构和获得；③ 合作，共享教-学中所涉及的人类资源，重视在一定背景下组织起来一起学习，如同伴辅导、合作学习、交互式学习等，把个人的科学思维与同伴合作相结合；④ 社会文化对学习的影响，即任何学习的发生都不是在白板上进行，而是在文化背景上建构而产生。[①]

20 世纪 80 年代以来，伴随着心理科学的迅速恢复和发展，我国教育心理学领域也出现了较为繁荣的景象，一批专家学者们在积极引进、介绍、消化国外现代教育心理学思想和理论的同时，结合我国国情需要和教育实际，深入研究，积极探索，初步形成了较系统的、独具特色的教育心理理论，比较有代表性的有：① 华东师范大学邵瑞珍教授主持的"知识分类学习与教学理论及其技术"的研究；② 北京师范大学冯忠良教授主持的"结构—定向教学理论"研究与林崇德教授关于"智力与智力培养"的研究；③ 东北师范大学郭占基教授主持的"中小学生成就动机"和"自我效能感"的研究。可以看出，与我国教育实际紧密相关的重大课题研究得到了更大重视，研究的计划性、系列性、集团化与专题化倾向日益明显，这将进一步成为我国教育心理学的一种发展趋势。

三、教育心理学的发展及其趋势

20 世纪的后二十年，我国教育心理学发展存在以下几方面比较明显的特点：① 扩大了教育心理学研究的范围；② 重视应用教育实践的研究、实验，对于填平与教育实践之间的鸿沟的研究显示出极大兴趣，不再注意理论争论问题和心理学史；③ 把最新的社会心理学的成果吸收到教育心理学体系中来的比例呈上升趋势；④ 注意和重视师生之间的关系，更加重视教师在教学指导中的作用和职能；⑤ 教育心理学研究队伍的素质有很大的提高，在研究方法上更加严谨、科学，采用量表和实验研究方法更严密，数理统计更科学化；⑥ 借鉴国外研究成果的同时，开始提出了自己理论的设想，如品德研究中的"环形定型结构"、教学模型的构想，而且出现了许多新课题的研究，如学习策略的研究、自控能力的研究、民族心理及跨文化的研究。[②]

我国教育心理学在研究方向和发展趋势方面很大程度上受国外教育心理学，特别是受美国教育心理学的深刻影响。美国教育心理学专家根据他们近期研究现状而总结出研究与发展趋势是：有关教育心理研究的自然观察方法论（informal eyeball methodology）思想占统治地位。这主要体现在 4 个方面：① 在活跃的认知加工领域中，"问题解决"的深入、细致的研究；② 在教育情境中的动机与社会认知研究；③ 能力和策略的个性差异及其与之有关的元认知的研究；④ 写作

---

① 陈琦，刘儒德. 当代教育心理学. 北京：北京师范大学出版社，1997. 15.

② 章永生. 教育心理学. 石家庄：河北教育出版社，1996. 26.

与修改技能获得的研究。^①

回顾总结 20 世纪教育心理学的历史发展，我们可以对教育心理学的未来作出如下预测：① 教育心理学研究将更加关注教育实际中所存在的一系列问题，使其研究领域进一步扩展，如学科心理学研究将逐步开展，研究的问题不再是人们如何学习，而是人们如何学习写作，如何学习计算，如何学习阅读等；② 学习策略、教学策略、问题解决策略研究将更加深入；③ 学习动机、学生与学习情境间的相互作用认知研究将得到加强；④ 年龄特点、个别差异及测量研究将重新兴起；⑤ 教育心理学的理论体系将进一步完善。内容上将包含有关学习理论、教学理论、动机理论、发展理论、教育社会心理理论相互联系的五大块，理论观点上除了认知观之外还将吸收行为主义、人本主义、精神分析等心理流派、理论学说的精华，来充实教育心理学的理论体系。^②

21 世纪的教育心理学不可避免地要面临着一些新问题，出现某些新的研究取向，这些取向主要表现在以下十个方面：① 教育心理学学科性质的探讨；② 个别差异成因的研究；③ 教育心理学中的基本心理现象的分析；④ 获得与迁移研究的复兴；⑤ 自然科学与数学模型的借鉴；⑥ 从个体模式向社会文化模式的转变；⑦ 注重学科内容，强调学科特殊心理规律的研究；⑧ 使教育心理学的理论与研究适合不同群体的需要；⑨ 在教育改革中扮演积极角色；⑩ 确立教育心理学的核心，寻求统一的理论模式。这其中前五个方向表现了教育心理学的继承性，后五个方向则是一种创新，表现了教育心理学的变革性。^③

20 世纪 80 年代以来，国内外教育心理学研究存在着以下几个趋势：① 在理论思想方面，外因论和机械论逐渐被克服；② 实验采用心理模拟法；③ 理论研究与实际研究相结合；④ 在传统理论及课题基础上提出了许多新的理论、研究课题与方法，如认知理论、构造观点、累积学说、内化学说、信息加工模式等；⑤ 微观研究与宏观研究相结合；⑥ 分析性研究与综合性研究相结合；⑦ 定量研究与定性研究相结合。^④

如何理解和把握当代教育心理学在未来时代的研究与发展呢？我们可以从三个方面表达对这个问题的理解：① 教育心理学的独立性发展；② 教育心理学研究课题的变化，如对教师与教学过程、教师角色模型、教师与学生之间的关系、伴随课堂学习而发生的社会学习、专家认知系统与学生学习策略、自控学习与学习者自我调节过程及自我效能等研究课题的重视和关注；③ 心理学新理论的启发与影响，如加德纳的"多元智力理论"和戈尔曼的"情感智能理论"（"EQ"理论），透视着

① Levin J R. Things You Should Know About the Journal of Education Psychology. 1994，Vol. 86，p. 3~5.

② 张卿. 学与教的历史轨迹——20 世纪的教育心理学. 济南：山东教育出版社，1995. 355~356.

③ 叶浩生. 21 世纪教育心理学的十大研究方向. 教育研究与实验. 1997，(1)：46~51.

④ 冯忠良. 教育心理学. 北京：人民教育出版社，2000，28.

一种文化心理学的意义和潜在价值，同样包含或者说迎合着当代教育心理学研究的发展趋势。[①]

当前，我们要深入研究教育心理学的学科性质、特点和学科地位，科学地确定教育心理学的学科结构体系和基本内容。教育观念的嬗变如社会的教育化和教育的社会化必然对教育心理学的理论体系提出更高的要求，教育心理学必须改变自己的研究思路，深入地自我改革、自我完善，从单一的以学校教学心理为主的模式走向更加宽泛的社会化模式。当代教育心理学的这种变革主要体现在三个方面：① 宗旨的变化，现代化要求教育心理学眼界开阔，树立更远大目标，以人力资源开发为其新宗旨；② 内容的社会化，即应当从人的社会适应角度重新安排教育心理学的内容体系，如重视学生社会技能的培养，加强对学生心理健康和问题行为的研究，重视个体差异的研究；③ 研究扩大到人的一生发展，除了研究早期教育、学校教育有关的心理问题外，还要研究成年教育、甚至与老年人教育有关的心理问题。[②]

国内外学者关于当代教育心理学现状与发展趋向的研究，可以给我们带来许多思考和启示。[③]

(1) 在指导思想上，21世纪我国教育心理学的研究与发展将继续坚持"三个面向"，即"面向现代化、面向世界、面向未来"。

(2) 在研究理念上，21世纪我国教育心理学将坚持以"实"为本，实现"四化"，即坚持联系实际、体现实用、突出实践、注重实效；实现研究对象全人化、研究策略整合化、研究手段现代化、研究队伍多元化。

(3) 在发展取向上，21世纪我国教育心理学将努力实现"四个统一"，即科学性与思想性相统一，理论应用与实践探索相统一，继承性与创新性相统一，本土化与国际化相统一。

第二节　教育心理学与教师专业化

现代心理科学的理论研究，从不同的角度向我们揭示了人类，特别是青少年学生心理发展的动力、结构、程序等，为现代教育提供了内在的根据。心理学的每一次前进，心理科学理论的每一次发展，比如，多元智能理论、最近发展区理论、自我实现理论、大五人格理论、需要层次理论，都会在教育领域留下自己的足迹，促成教育观念或教育实践在某一方面的局部的甚至整体的变革。教育和教育科学的发展，离不开心理学的发展，这已经成为一个常识性的问题，对于教师

---

① 高岚，申荷永．教育心理学若干发展趋势探析．教育研究与实验，2000，(5)：50～54．
② 刘翔平．适应现代化社会，改革传统的教育心理学体系．教育研究与实验，1996，(3)：42～45．
③ 崔景贵．当代教育心理学现状与发展研究．云南师范大学学报（教育科学版），2002，(1)：1～3．

专业化来说尤其如此。教师必须自觉地运用现代心理科学的研究成果，敏锐地把握心理科学理论的新进展，并把它作为一个重要的理论基础。没有这个基础，教师专业化发展将会失去它的特有的本质和应有的效能。

一、教师成长与发展的心理历程

（一）教师成长的基本阶段

自从踏上教师的工作岗位，每个人都有一个成长的过程，教师在不同的成长阶段所关注的问题各不相同。根据国外有关教师教育的研究（文曼 Venman，1984），新教师一般关心以下八个问题：课堂纪律、激发学生学习动机、因材施教、评价学生的学习、与家长的关系、教学组织和管理、备课不充分和处理学生的个别问题。福勒（Fuller）和布朗（Brown）根据教师的需要和不同时期所关注的焦点问题，把教师的成长划分为关注生存、关注情境和关注学生三个不同阶段。[①]

（1）关注生存阶段。刚走上工作岗位的新教师，都非常关注自己的适应性，最担心的问题是："学生是否能听我的?""我能胜任自己的工作吗?""同事们如何看我?""是否能获得领导的认可?"等等，他们往往把大量的时间都花在如何管理和控制学生上，而不是重点关注如何教他们。这可能是由于教师过分看重校方或同事对自己的评价而造成的。

（2）关注情境阶段。经过若干年的适应，教师感到自己完全能够生存（站稳了脚跟）时，便把关注的焦点投向提高学生的成绩上，即进入了关注情境阶段，教师关心的是如何教好每一堂课的内容，关心诸如班级的大小、时间的压力和备课材料是否充分等与教学情境有关的问题。

（3）关注学生阶段。当教师顺利地适应了前两个阶段后，成长的下一个目标便是关注学生。在这一阶段，教师将考虑学生的个别差异，认识到不同发展水平的学生有不同的需要，某些教学材料和方式不一定适合所有学生，因此教师应进行因材施教。自觉关注学生、因材施教是一个教师成长成熟的重要标志。

（二）专家型教师

所谓专家型教师，指那些在教学领域中具有丰富的和组织化了的专门知识，能高效地解决教学中的各种问题，具有敏锐的洞察力和创造力的教师。[②]

根据上述界定，专家型教师主要具有以下三个方面的基本特征：

第一，具有丰富的组织化的专门知识并能加以有效运用。

---

① 张大均. 教育心理学. 北京：人民教育出版社，1999. 340.
② 张大均. 教育心理学. 北京：人民教育出版社，1999. 342～345.

第二，教学领域内问题解决的效率较高。他们善于利用认知资源；善于监控自己的认知执行过程，对教学过程能进行有效的反思；善于"节约"认知资源并再投入到更高水平的认知活动，在解决问题时专家型教师会不断探寻更新更为有效的方法。

第三，专家型教师善于创造性地解决问题，有很强的洞察力。创造性问题解决中的"洞察力"与斯腾伯格等提出的认知的"选择性编码"、"选择性联合"、"选择性比较"是相对应的。选择性编码旨在区分与问题解决相关的信息和无关的信息；选择性联合以有利于问题解决的方式将一些信息结合起来，如两项信息分开是不相关的，而联系起来考虑对于解决手边的问题却是相关的；选择性比较涉及将所有在另一个背景中获得的信息运用到手边的问题解决上来。基于选择性比较的洞察力是通过注意，找出相似性，运用类推来解决问题。

二、教师专业化发展的基本途径

（一）教学观摩

对优秀教师的课堂进行教学观摩和分析，可分为组织化观摩和非组织化观摩。组织化观摩是有计划、有目的的观摩，非组织化观摩则没有这些特征。一般来说，为培养提高新教师和教学经验欠缺的年轻教师宜进行组织化观摩，这种观摩可以是现场观摩（如组织听课），也可以是观看优秀教师的教学录像。非组织化观摩要求观摩者有相当完备的理论知识和洞察力，否则难以达到观摩学习的目的。通过观摩分析，学习优秀教师驾驭专业知识，进行教学管理，调动学生积极性等方面的教育机智和教学能力。

（二）微型教学

微型教学（microteaching）指以少数的学生为对象，在较短的时间内（5～20分钟），尝试小型的课堂教学，可以把这种教学过程摄制成录像，课后再进行分析。这是训练新教师，提高教学水平的一条重要途径。其基本程序如下[①]：① 选择特定的教学行为作为着重分析的问题；② 观看有关的教学录像。指导者说明这种教学行为具有的特征，使新教师能理解要点；③ 新教师制定微型教学计划，以一定数量的学生为对象，实际进行微型教学，并录音或录像；④ 和指导者一起观看录像，分析自己的教学行为是否恰当，考虑改进行为的方法；⑤ 在以上分析和评论的基础上，考虑改进教学的方案；⑥ 进行以另外的学生为对象的微型教学，并录音录像；⑦ 和指导教师一起分析第二次微型教学。

---

① 张大均. 教育心理学. 北京：人民教育出版社，1999. 346.

微型教学使教师分析自己的教学行为更加直接和深入，增强了改进教学的针对性，因而往往比正规课堂教学的经验更有效。

（三）教学反思

通过反思训练来提高教师的教学水平是近年来教师心理研究的一个重要课题。反思是教师分析自己做出的某种行为、决策以及所产生的结果的过程，是一种通过提高参与者自我觉察水平来促进能力发展的手段。

教学反思可以是个体在教学行为完成之后对自己的行动、想法和做法的反思（reflection-on-action），也可以是在活动中的反思（reflection-in-action），目的都是为了总结经验来指导和改进以后的活动（reflection for action）。

教学反思可分为以下四个环节[①]：

1. 具体体验阶段

教师意识到问题的存在，明确问题情境。一旦教师意识到问题，就会产生认知冲突，并试图改变这种状况。教师意识到自己在活动中的问题与不足，对个人能力、自信心是一种威胁，因而往往并不容易，作为教师反思活动的促进者，要创设宽松、信任、合作的气氛，帮助教师看到自己的问题所在。

2. 觉察分析阶段

教师广泛收集有关自己教学行为的信息，以批判的眼光反观自身，包括自己的思想、行为、信念、价值观、目的、态度和情感等，明确问题的根源所在，使教师对问题情境形成更为明确的认识。

3. 重新概括阶段

在观察分析的基础上，教师审视自己已有观念并积极寻找新思想与新策略来解决面临的问题。

4. 积极验证阶段

通过实际尝试或角色扮演检验以上阶段所形成的新思想、新策略（即有效的教学行为假设）。在检验的过程中，教师会遇到新的具体经验，从而又进入下一轮具体体验阶段，开始新的循环。

布鲁巴奇（Blubacher，1994）提出了四种反思的方法[②]：

（1）反思日记。在一天教学工作结束后，要求教师写下自己教学的成败得失、经验教训，并与指导教师共同分析。

（2）详细描述。教师相互观摩彼此的教学，详细描述他们所看到的情景，教师们对此进行讨论分析。

（3）交流讨论。来自不同学校的教师聚集在一起，首先提出课堂上发生的问

---

①　张大均. 教育心理学. 北京：人民教育出版社，1999. 18～20.

②　伍新春. 高等教育心理学. 北京：高等教育出版社，1999. 61.

题，然后共同讨论解决的办法，最后得到的方案为所有教师及其他学校所共享。

（4）行动研究。为了改进自己的教学行动，教育行动者（教师）在教育行动中研究教育行动的方法。

第三节　职业教育心理学的发展

职业教育心理学是心理学与职业教育相结合的产物，是教育心理学的一门重要分支。现代职业教育心理学不再是心理学理论的职业教育学延伸，而是以心理学为指导来研究职业教育领域现实的教与学的问题，因此，我们可以把职业教育心理学理解为研究职业学校教育情境中学与教的基本心理学规律的一门应用科学。

20世纪80年代以来，伴随着我国职业教育和心理学事业的快速发展，职业教育心理学也有了引人注目的发展，出现了较为繁荣的景象：研究队伍不断扩大，研究课题逐渐开展，出版了一些各具特色、有代表性的职业教育心理学研究成果的著作。[①] 这些著作为我们了解职业教育心理学的学科意识、发展历程、理论成果、结构体系等提供了大量的信息资料，为职业教育心理学构建了理论体系的初步框架，奠定了较好的学科基础。

但从总体上看，我国职业教育心理学的发展现状不容乐观，发展速度缓慢，发挥作用不大，问题比较突出。理性反思与科学建构是新兴学科发展与成熟的关键。一门学科只有在把自身也作为一个问题提出来的时候，它才开始走向成熟。职业教育心理学应当能够通过不断反身自观而获得可持续发展。我们有理由追问21世纪我国职业教育心理学该向何处去，又该如何去的问题，更有责任从策略建构的角度作出理性的回答。[②]

一、职业教育心理学发展的问题

与职业教育改革和发展实践的要求相比，与国际职业教育的发展形势相比，我国职业教育心理学还存在不小的差距。[③] 在实际工作和理论研究中，有关职业

① 主要有：1987年的张燕逸. 职业心理学. 天津：天津人民出版社，1991；黄强 张燕逸 武任恒. 职业技术教育心理学. 天津：天津人民出版社，1991；刘重庆，崔景贵. 职业教育心理学. 北京：立信会计出版社，1998；郑日昌，伍新春. 职业技术教育心理学. 北京：北京师范大学出版社，1999；杨广兴，赵欣，黄强. 职业教育心理学. 香港：现代知识出版社，2000；刘德恩. 职业教育心理学. 上海：华东师范大学出版社，2001；崔乃林，邹培明. 职业技术教育心理学. 北京：高等教育出版社，2001；王国华，刘合群. 职业教育心理学. 广州：广东高等教育出版社. 2004.

② 崔景贵. 我国职业教育心理学发展的困境与变革. 职业技术教育，2006，(22)：68～71.

③ 徐国庆，石伟平. 21世纪世界职业技术教育发展的课题与展望. 外国教育资料，2000，(6)：65～70. 王英杰. 试论世界职业技术教育发展趋势及我国职业技术教育的困境与出路. 比较教育研究，2001，(3)：49～53.

教育心理学现状的几种形象比喻，从侧面说明我国职业教育心理学在发展进程中存在的突出问题。

（1）"奴婢"：角色定位不恰当。职业教育心理学是一门性质特殊、非常重要的分支学科。"一门学科在学科类属中的地位的摆法表现我们对这门学科的整体理解和认识，因而也就会影响到它的发展方向和应受到的重视，非同小可。"[①]在学科体系中，职业教育心理学的生存处境艰难，基本上处于职业教育学的"奴婢"和教育心理学的"附庸"的尴尬位置，好像是"呼之即来、挥之即去"的"勤杂工"。在职业教育学科建设中，职业教育心理学的角色变得可有可无，大多空位、缺位或者错位。

（2）"大拼盘"：结构体系不成熟。构建职业教育心理学体系，目前基本上有两种思路：一种是职业教育与教育心理学的"对接"与"嫁接"，一种是依据职业教育工作实际需要来寻求心理学理论的支撑与支持。这两种思路并不能够适合职业教育改革与发展的需求。这也导致了职业教育心理学课程教学和教材编写"普教化"的问题比较突出，移植和复制的倾向比较明显，"剪不断，理还乱"，缺乏应有的职业教育特色。

（3）"传声筒"：作用发挥不理想。职业教育改革与发展、决策需要职业教育心理学研究提供切实的心理学依据。但职业教育心理学大多借用或套用教育心理学的思想观点和研究成果，传播的大多是普通教育学之"声"或教育心理学之"音"，缺乏应有的改造创新和职业教育特色，缺少对职业教育活动心理规律的深层次把握。职业教育心理学成了普通教育学或教育心理学的"应声虫"，实质上反映了职业教育心理学功能和作用发挥上的"边缘化"。国内已经出版的职业教育心理学著作和教材的学术贡献固然可贵，但总体而言，学术影响力还不够大，对职业教育实践与研究的科学指导性还不够强。

（4）"四不象"：发展方向不明确。职业教育心理学是职业教育与心理学等相结合的产物，是一门交叉学科。在学科划分上，职业教育心理学究竟属于职业教育学还是属于教育心理学，学术界也是众说纷纭，没有明确的规定，常常是左右摇摆。在学科发展走向上，职业教育心理学既不像教育学或职业教育学，也不像职业心理学或教育心理学，还没有成为一门相对独立的分支学科，还没有形成自身独特的话语体系，几乎成了哪一方也不想要的"穷亲戚"。坦率地说，职业教育心理学与其他学科良性互动的发展格局还没有形成，我们还没有找到比较适合的职业教育心理学的发展路径。

（5）"鸡肋"：建设效益不显著。职业教育心理学是适应现代社会职业教育的

---

① 著名心理学家潘菽教授和陈立教授1986年4月11日向中国人民政治协商会议第6届全国委员会提交的《提请改正心理学在学科类属中的地位》的提案。转引自乐国安．对中国社会心理学学科制度建设的思考．赣南师范学院学报，2003，（1）：23～25．

需要而产生和发展起来的。在职业教育社会需求旺盛与快速发展的背景下，职业教育心理学可以也必须有所作为，能够也应该产生好的职业教育效益和社会效益。但现实的基本状况是，职业教育心理学在职业技术师范院校还游离于人才培养教育教学体系之外，成为教师教育（师范类）专业的"额外附加"，处于一种可有可无的"多余人"位置，甚至变成了食之无味、用之不得、弃之可惜的"鸡肋"。

（6）"塑料花瓶"：学科形象不如意。在职业院校，许多教师的感觉是，职业教育心理学如同"塑料花瓶"一般，让人觉得"好看不中用"，说起来相当重要，做起来排在次要，忙起来根本不要。只是在特别需要时职业教育心理学才被搬出来作为职业院校教育的"装饰与摆设"，作为职业院校教育创新发展的"墙面砖"；只是在申报论证职业教育课题、制定职业院校或职业教育发展计划时，职业教育心理学才被一些研究者想起，作为"调味品"稍加点缀，平时则被弃置一边、无人问津。

此外，职业教育心理学发展的问题还表现为地区发展不平衡，政策保障和经费投入不到位，基础理论相对薄弱，理论创新能力不强，对现实问题的研究力度不够大，有影响的精品力作不够多，科研体制、服务和发展机制没有真正建立等。

二、职业教育心理学发展的多维反思

经过 20 多年的发展，我国职业教育心理学为什么不如我们所愿，离理想的目标状态相去甚远？与其他学科相比，职业教育心理学固然具有滞后性，但滞后并不意味着永久的落后和学科地位的低下、卑微，只能说明职业教育心理学发展的紧迫性、广阔性和巨大的潜能。面对职业教育心理学发展令人忧虑的现实，我们应该理性反思、需要自觉反思、必须深刻反思。反思是为了职业教育心理学更好地前进，是快速和谐发展的第一步。这种反思应当是全方位、深层次的。

反思之一："羊肠小道式"的发展路径。20 多年来，我国职业教育心理学既没有积极引进介绍西方发达国家职业教育心理学的成果，也没有立足于职业教育实际，进行系统深入的本土化研究。既没有贴近职业教育发展实际，也没有能够紧靠教育心理学的前沿。职业教育心理学的发展似乎是一种"小农作坊式"的经营，缺乏系统的规划，发展路径不够宽广，基本上处于自发自流、自生自灭状态。

反思之二："关门办学式"的建设格局。职业教育心理学是与多种学科有着紧密联系的一门综合性学科，具有鲜明的跨学科性，理应向多学科开放。现实的状况是，职业技术师范院校各自关起门来搞职业教育心理学学科（方向）和课程建设，"各人自扫门前雪"，其研究成果出自书斋，也只能束之高阁。即便是职业教育心理学的同一研究领域，理论建设工作者和实际实践工作者也几乎没有展开学术对话与交流分享的机会和平台，彼此相互不了解、不理解，甚至相互埋怨和指责，最后变成"你行你的阳关道，我走我的独木桥"。

反思之三："坐井观天式"的研究视野。职业教育心理学的研究视野相对比较狭隘，研究课题和内容基本是职业教育与心理学共同关注的"交集"，常常是"只见树木、不见森林"，把重大的、重要的职业教育心理学课题人为地排除在专业研究领域之外；应用性、服务性、系列化、争鸣类的研究少，为职业教育改革发展创新服务的研究成果寥寥无几。职业教育心理学研究习惯于沿用普通教育或高等教育研究的思维方式，真正有职业教育特色的、高水平的研究成果少，"还或多或少存在点不盖面或面不彻底和急功近利甚至些微的浮躁现象，就其成效而言，是否达到了预期目的，答案也让人绝非满意。"[①]

反思之四："蜻蜓点水式"的课程教学。目前，职业教育心理学是职业技术师范院校学生的教育类公共必修课程，但普遍不被重视。其教学也存在比较突出的问题，不仅时间安排偏少（一般只有48学时），而且教学内容远离或偏离职业教育，教学方法启发性、互动性不强，理论传授灌输比较多，教学实践环节薄弱，教学评价考核方式单一。[②] 在职业院校教师继续教育与学习培训中，真正有关职业教育心理学的内容也大多是象征性的、点缀性的。

反思之五："放任自流式"的专业队伍。目前，大陆进行职业教育研究的机构和人员日益增加，但潜心从事职业教育心理学研究的人员数量相当少，高层次的专业化研究人才奇缺。一些研究者的感觉是，能够进行对话交流的国内同行几乎没有，基本上处于"无语或失语"状态，学术研究空间小，实践活动机会少。职业教育心理学的人才队伍建设缺乏科学有效管理，专业结构不合理、队伍不稳定，基本上处于一种"我行我素、来去自由"的状态，缺少或者根本没有科学引导、政策鼓励和财力支持。

这样认识和反思我国职业教育心理学存在的问题，绝不是无可奈何、无所适从的悲观心态，或者无能为力、无所作为的消极论调。职业教育心理学在发展进程中存在一些问题是正常的，问题也是学科创新发展的动力。我们更需要关注和探究的是，这些问题产生和存在的"症结"究竟是什么？这些职业教育心理学"隐喻"能够给我们什么有益启示，我们应该去努力做些什么。我们所看到的职业教育心理学诸多问题还不是所谓的问题，如何解决这些问题才是我们面临的

---

① 李晓玲. 中国二十年来职业技术教育研究的进展及其问题分析. 华东师范大学学报（教育科学版），2000，(2)：25～33.

② 徐国庆. 职业教育心理学教学中运用自学—研讨法的初步实验研究. 常州技术师范学院学报，1999，(3)：20～24. 刘重庆. 突出重点 坚持特色——《职业教育心理学》课程建设总结. 常州技术师范学院学报，2002，(3)：41～43、64. 包昆锦.《职业教育心理学》课程改革行动研究综述. 职业技术教育（教科版），2006，(1)：57～60.

真正的问题；职业教育心理学辉煌的明天就在于今天问题解决的不懈努力之中。

三、职业教育心理学发展的基本策略

今后一二十年，我国职业教育事业面临的社会环境将发生全面而深刻的变化，职业教育的地位、作用和形态将具有更加丰富的时代内涵。这对我国职业教育心理学提出了新的实践要求、新的研究课题，同时也为职业教育心理学发展提供了巨大的推动力。寻求职业教育心理学的创新发展，我们没有现成的"锦囊妙计"或"灵丹妙药"，我们也不可能期望在短时期内取得"对症下药"、"立竿见影"的神奇效果。职业教育心理学工作者要振奋精神，坚定信心，抢抓机遇，扎实工作，整体推进，努力创建职业教育心理学发展的新局面。

（1）与时俱进的发展理念。实现职业教育心理学的和谐发展，重在建设，贵在创新。与时俱进、勤于探索、勇于创新是发展职业教育心理学的内在要求和必由之路。职业教育心理学的发展，必须坚持为职业教育服务的方向和"百花齐放、百家争鸣"的方针，坚持理论联系实际，推动理论不断创新，积极探索有中国特色职业教育实践与发展的心理规律，以实践应用研究为主，加强基础理论研究，为繁荣职业教育科学和教育心理科学作贡献，更好地为职业教育管理决策服务，为职业教育改革实践和创新发展服务。职业教育心理学要以科学发展观、现代教育思想和心理学新理念为指导，突出重点，凸现特色，强化质量，优化效益，全面加大建设力度，着力打造发展品牌，以学科建设、课程建设、队伍建设为基本依托，以科学研究来促进创新发展，以服务职业教育来积极塑造社会形象。

（2）多元共生的学科范式。在发展范式上，职业教育心理学要从"独木桥"变成"立交桥"，既立足于现在又着眼于将来，既统领全局又兼顾局部，做到学科建设、巩固与提高三者并重。目前，职业教育的理论研究主要有经济学范式、人才学范式和技术学范式。[①] 从理论和逻辑上分析职业教育心理学的"成长"，其发展范式应该是多元的。既有基于职业教育科学的范式，也有基于职业（技术）科学的范式，还有基于教育心理科学的范式；既有偏重于对职业教育基本范畴心理规律研究的教育学科范式，也有侧重于对心理发展与职业教育关系研究的心理学科范式；既有侧重于研究职业教育教学心理规律的范式，也有侧重于研究职业教育学习心理规律的范式。应该说，职业教育本来就是纷繁复杂的，其逻辑起点必然是多元的，而且心理学的发展更是流派纷呈、此起彼伏，这就决定了职业教育心理学学科范式发展的多样性和复杂性。这种复杂性，正是其发展活力和动力之所在，也是深入探究的魅力之所在。盲目追求"大一统"的职业教育心理学发展范式，反而会窒息其生命力。

---

① 徐国庆. 职业教育的研究范式. 职教论坛，2005，（3）：1.

（3）开放互动的学术机制。促进交叉学科的发展是目前科学界普遍关心的问题之一，而针对社会需求开展合作研究和学术交流是推动交叉学科研究发展的方向之一。职业教育心理学要向社会开放，把握职业教育的社会需求，积极吸纳社会职业教育资源，要主动向社会学、文化学、经济学、教育学、心理学、经济学、伦理学等多学科开放，欢迎、鼓励和支持多学科的专家共同协作，从多侧面、多角度研究职业教育心理学课题。应组织召开高层次的职业教育心理学学术研讨会，就当前职业教育心理学的焦点问题和重大问题进行国内或国际合作研究。职业教育心理学理论工作者要自觉深入职业教育改革实践、参与职业教育决策，从广大实际工作者的创造性实践中汲取营养，在推动职业教育改革和发展中实现理论的进步，在满足职业教育决策和职业教育改革实践的理论需求中实现自身的价值。而实际工作者也要主动学习职业教育心理学理论与方法，在职业教育心理学理论的科学指导下，更新职业教育教学观念，改善职业教育教学行为，提升职业教育教学水平。

（4）分层整合的结构体系。职业教育心理学是一个复杂的多层次、多维度的系统，有广义和狭义之分。有研究者主张，职业教育心理学体系应分为理论的职业教育心理学、应用的职业教育心理学和专项的职业教育心理学三个层次，其中应用的职业教育心理学又可以分为宏观、中观和微观三个层次。[①] 从教育主体上划分，职业教育心理学有职业学校、家庭和社会三大类别；从纵向层次上划分，有初等、中等与高等职业教育心理学；从横向服务范围看，有岗前、转岗和在岗的职业教育心理学。最重要的是能站在当代职业教育和心理学学术发展的前沿，处理好为决策实践服务和推进学科建设的关系，在科学分层的基础上形成纵向有机衔接、横向融合贯通的职业教育心理学体系，着力建设有中国职业教育特色的职业教育心理学体系。

（5）求真务实的课程建设。课程建设是职业教育心理学发展的重要基础。求真，就是职业教育心理学课程改革要倡导科学性，研究把握职业教育心理的特殊规律，研究本真的职业教育心理学问题，科学界定职业教育心理学的课程性质，科学推进课程建设。务实，就是职业教育心理学课程建设要有针对性，"联系实际、突出实践、体现实用、注重实效"。[②] 尤其要紧密联系我国职业教育改革发展实际、职校生发展实际和职业学校办学实际，要强化和优化课程实践教学环节，注重培养学习者职业教育心理学的实际应用能力和专业实践能力，注重"对职业技术教育的教学组织形式和教学方法的规律、特点及其实践价值的探讨"。[③]

① 王燕，董圣鸿. 职业教育心理学教材内容体系的分层构建. 职教论坛，2006，(5)：27～29.

② 崔景贵. 职业教育心理学的学科定位与教材建设. 职业技术教育（教科版），2002，(4)：40～42.

③ 秦虹. 略论职业技术教育的心理学基础. 天津市教科院学报，1998，(5)：51～53.

职业技术师范院校要站在培养职教师资专业人才和彰显办学特色的高度，采取务实的倾斜和扶持政策，整体提升职业教育心理学的课程建设水平。

（6）服务为本的实践模式。职业教育最突出的特点是应用性和实践性，职业教育实践是职业教育心理学最深厚的源泉和最强大的动力。理论成果能够及时充分地应用于职业教育实践，是职业教育心理学发展的理想归宿。职业教育心理学要坚持理论联系实际，做到贴近职校生，贴近职业院校，贴近职业教育和社会发展实际。职业教育心理学要坚持"以育人为本"的理念，进一步认识"职业教育的对象是人，职业教育是由人来实施"这一特殊现象，围绕"职业教育促进人的心理发展"问题，加强实践性、实证性和应用性的研究。要坚持"以服务特色人才培养为本，以服务职业教育发展为本"，加强服务职教的科学性，突出服务职教的针对性，注重服务职教的实效性，把握服务职教的创造性，坚定不移地为职业教育决策服务，为我国职业教育改革发展与创新实践服务。

（7）注重应用的研究取向。职业教育改革发展、现代化建设的重大现实问题和理论问题是职业教育心理学研究的主攻方向。21 世纪我国职业教育心理学研究要以加强职业教育心理学的应用性与实践性研究为主线，注重校本研究、行动研究，积极倡导发展性研究、服务性研究。应用研究始终是职业教育心理学研究的主体，同时要立足于两个基本出发点：一是要围绕解决具有普遍性和根本性的职业教育心理学中的基础问题；二是要瞄准和解决能够推动职业教育发展的重大心理学课题。职业教育心理学要研究"职业教育教学情境中教师与学生及其相互作用时的心理现象及规律"①，要积极吸收自然科学的成果，研究脑功能开发与职校生素质教育、多元智能理论与职业教育人才培养目标、心理科学与职业教育改革之间的关系。特别要注重对职校生这一主体的研究，要研究职校生身心发展特点和成长规律，研究职校生健全人格、创新精神、实践能力和创业能力的培养问题。

（8）内培外引的队伍建设。发展职业教育心理学，高质量的专业人才队伍是决定性的关键要素。职业教育心理学要以加强专业化、网络化人才队伍建设为依托，重视学术研究机构建设和专业组织建设。既要搭建学术平台积极培养，也要吸引其他学科学者加盟职教心理学研究队伍。今后要逐步建立网络化的职业教育心理学学术交流组织和研究机构，可以建立中国职业技术教育学会职业教育心理学专业委员会，可以在省、市职业技术教育研究院所（中心）建立专门的职业教育心理学研究室（中心），建立职业教育心理学专业人才档案和人才库，善于发现和汇聚职业教育心理学专业人才，鼓励和培育职业教育心理学研究的团队协作精神，支持职业教育心理学优秀中青年人才潜心研究、多出精品。要通过 5 到 10 年的努力，造就一批学术作风严谨、理论功底扎实、富有创新精神的优秀职

---

① 冉苒. 关于职业教育心理学研究对象的思考. 职教通讯，2004，（12）：8～10.

业教育心理学专家。

以上是对我国大陆职业教育心理学发展的认识和思考，是对职业教育心理学过去的回顾，是对现实存在问题的理性认识与反思，更是对 21 世纪我国职业教育心理学未来前景的展望。21 世纪的前 20 年是心理学全面走向应用的时期，[①]也是我国职业教育蓬勃发展的重要时期。我们有理由对未来我国职业教育心理学发展寄予厚望、充满信心，我们更需要为此作出坚持不懈的努力。

第四节　职业教育心理学的研究

一、职业教育心理学的研究步骤与原则

（一）职业教育心理学课题研究的基本步骤

职业教育心理学的研究，是为了探明职业学校教育情境中各种心理现象的本质和规律，以便更好地为职业教育教学实践服务。而要取得有价值的科研成果，就必须注意研究的科学性，必须明确进行这类研究的科学范式和程序。一个完整的职业教育心理学研究范式和程序，主要涉及下面一系列内容。[②]

（1）正确选择课题。课题研究首先要选择有意义的课题。课题的恰当与否，不仅直接关系到课题研究能否顺利进行，而且关系到课题成果的推广与应用。好的课题应该是既有理论贡献，又能解决实际问题。对于研究课题的选择，有两个途径：一是选择感兴趣的研究课题；二是从已有研究中找出需要进一步研究的问题。

（2）收集查阅资料。通过围绕所确定的课题进行一定的文献研究，可以使我们掌握目前这方面研究的状况和存在的问题，这样可使课题更加明确，还可从别人的研究中获得一定的借鉴和启发。资料文献的收集一般采用倒推法，先从最新的权威专业杂志或索引中找到相关内容，然后根据找到的材料在其后所引的参考资料中寻找所需材料。

（3）提出研究假设。研究假设是研究者在一定理论基础之上对所研究问题事先做出的预测或假说，通过研究加以验证或推翻。

（4）制定研究计划。研究计划的制定包括：① 研究变量的选择，这包括对自变量、因变量的选取和对无关变量的控制；② 研究方法和研究对象的确定；③ 研究材料的编制；④ 结果测定方法的设计；⑤ 研究的进程安排等。

（5）实施研究过程。这是研究活动的主体，也是确保职业教育心理学研究工作最后得出可靠结果的最直接保证。

---

①　中国心理学会心理学教学指导委员会. 心理学发展战略研究报告. 2006-5.

②　张大均主编. 教育心理学. 北京：人民教育出版社，1999. 348～349.

（6）分析研究结果。无论是经过实验所获得的材料还是原始的资料，只有对它们进行进一步的加工处理，才能真正揭示材料的意义。

（7）检验研究结果。研究结果出来以后就存在与现有理论和心理现象之间是否相符的关系问题，而这种关系还需进一步的检验。

（二）职业教育心理学研究的基本原则

（1）客观性原则。客观性原则是指职业教育心理学的研究必须贯彻实事求是的基本精神，采取实事求是的态度，客观地研究职业教育心理固有的本质、规律和机制。

任何心理现象都是由客观刺激所引起，通过个体内部的一系列中介过程而最终反应在行为上。通过对客观刺激、中介过程和最终的行为反应之间关系的综合考察，就可以探索出各种心理现象的本质。但在实际的研究中，研究者容易把自己的主观倾向和体验同客观观察到的事实混淆起来，或因自己的喜好而影响到对客观事实的观察、数据的采集及其解释，使研究失去客观性。

贯彻客观性原则，必须做到：① 收集资料应根据事先设计的观察内容、步骤进行，并以此来判断被试的心理过程；资料的采集应尽量采用多种方法，以使采集的第一手资料公正全面。② 对资料的处理、分析与整理，应尽可能根据客观的尺度来进行，特别是在对待与自己的假设、理论不一致的数据资料时，更应实事求是。③ 根据所收集的资料，作出结论应谨慎。

（2）系统性原则。系统性原则指在研究心理现象时应把人的心理作为一个开放的、动态的、整体的系统加以综合考虑，这样才更有可能把握各种心理现象之间的本质及它们的必然联系。

贯彻系统性原则，要求做到以下几个方面：① 对待职业教育中出现的各种心理现象，必须把它放在心理系统的大背景之中进行综合的研究。② 应该区分心理现象的结构层次及其相互关系，找到相应心理现象之间的结构层次网络，揭示出人的心理各水平之间的关系。③ 人的心理处于一种动态平衡之中，呈现出一种相对稳定的动态变化过程，应对职业教育教学中出现的心理现象作动态的分析，弄清其产生的原因、过程、发展转变的机制等。

（3）教育性原则。教育性原则是指在职业教育心理学的研究过程中，所采用的研究手段与方法应能促进职校生心理的健康发展，这是心理学研究的一个基本的道德原则。职业教育心理学的研究主要是以学生被试为主，更应该遵循教育性原则，在研究过程中特别注意避免外部不良刺激对职校生心理产生消极的影响。

（4）发展性原则。职校生的生理、心理迅速发展，正处于由不成熟到成熟的过渡阶段。职业教育心理学必须坚持发展性原则，以职校生已有生理、心理发展特点为基础，分析影响学生心理发展的诸多因素，揭示学生心理发展的阶段和规律，并据此对学生施加职业教育影响，促进职校生更和谐地发展。

（5）理论联系实际的原则。理论联系实际的原则是指职业教育心理学的研究应从实际的需要出发，以解决职业教育教学中的实际问题为根本目的。现代职业教育心理学研究的趋向之一是由基础理论研究转向应用研究，其原因在于，职业教育心理学理论研究的最终目的是解决职业教育教学实践中的问题，密切联系职业教育教学实践是检验职业教育心理学理论的最好方法，而职业教育实践反过来也可以促进职业教育心理学的研究与发展。因此，在职业教育心理学的研究中，必须贯彻理论联系实际的原则。

二、职业教育心理学的研究方法

职业教育心理学的研究方法很多，常用的有以下几种：

（一）观察法

观察法是通过直接观察职业教育教学过程中个体心理活动的表现或行为变化，从而了解学生心理的方法。在观察中，研究者对观察情景不加任何控制，不影响被观察者的正常行为。

观察法是职业教育心理学研究中最普遍、最基本的方法之一。这种方法使用简便，可单独使用，也可结合其他方法进行。观察法记录的材料是第一手真实材料，但是不够精确；它只能了解学生心理活动的某些自然的外部表现，而不能对心理活动施加主动影响，了解其因果关系；它需要观察者具有敏锐的观察力，善于从纷繁复杂的情景中捕捉所需的行为表现，同时还要进行及时的记录。

要取得良好的观察效果，必须做到：① 根据观察目的确定观察对象和观察内容；② 确定观察的方法；③ 制订观察的计划，对所观察的行为需事先进行界定，并设计观察记录表；④ 观察时应随时记录，有条件时可以利用一定的录音录像器材；⑤ 观察时间不宜过长，对同一类行为可采用重复观察的方法，即采用"时间取样"的方式；⑥ 最好采用单向观察窗、摄像监控等技术，不致因观察对象知道研究人员的观察活动而影响他（们）的正常表现。

（二）调查法

调查法是根据某一特定的要求，向被调查者提出有关的问题，让其回答，了解某一心理活动的发生及其条件，从而把握这一心理活动的方法。

调查法包括访谈法和问卷调查法两种主要的类型。访谈法是指与被调查者面对面地以口头言语的方式就某些特定问题进行交谈，从而获得资料的方法。这种方法适合对单个被试进行深入调查，尤其适合无法进行问卷调查法的情形。问卷调查法是以书面言语的形式让被试回答问题，从而获得资料的方法。问卷调查法是职业教育心理学研究中经常使用的方法。

问卷调查法的优点是可根据研究者的实际需要灵活地设计问题，从而在短时间内获得大量资料；调查的结果既可进行定性分析，也可进行定量分析。调查法的缺点是调查结果依据的是被试的主观回答，与实际情况难免出现一定偏差，为弥补这一缺陷，常常要做大样本调查。

运用问卷调查法进行研究时，首先要设计一份调查问卷。一份完整的调查问卷，一般由以下几个部分构成：

（1）调查题目。调查题目有时不宜太具体，特别是对职校生比较敏感的问题进行调查时，不可从题目中泄露调查目的，可以写成"学生情况调查"或"教师情况调查"等。

（2）被调查者的自然状况。在题目之下要设计若干项目，让被调查者将性别、年龄、身份、职业、学历、父母的职业和文化程度等自然状况填上。这些资料对于分析调查结果常常是很有用的。有一点需要指出的是，姓名一栏在这里常常省略，即采取不记名的方式，目的是消除被调查者的某些不必要的顾虑，使调查结果更加真实可靠。

（3）指导语。指导语要对调查的目的、意义作简要的说明，措辞要尽力消除被试的某些顾虑，取得被试的信任与合作。同时，要详细说明回答问题的方法和要求，必要时可适当举例示范。

（4）呈现要回答的问题。问题是调查问卷的主体。经过精心设计的问题在问卷中按照先易后难、先封闭后开放的原则，一一呈现，供被调查者回答。

运用问卷调查法进行研究时，要注意如下基本要求：

（1）调查前，要围绕需要调查的问题，搜集有关的文献资料，做好充分的资料准备；要在问卷的设计和编制上下功夫，这是保证调查效果的关键。

（2）编制好问卷后，根据研究需要选择被试样本（一般来说样本不宜过小）进行施测。施测时多采取团体施测，对一些无法直接接触的调查对象，可采取邮寄方式进行调查。

（3）调查后，选出有效问卷进行统计处理。在整理资料时，对于开放式问题和封闭式问题要运用不同的方法。对于开放式问题的回答资料，在整理时，首先要将所有被试对同一问题的回答都集中起来；然后将回答按一定标准进行分类，分类要细，要有不同的层次，而且要将任何一个回答分到某一类中去；最后，可计算各类别中相同回答的次数和比例，其结果可作为定性分析时的参考。对于封闭式问题的回答资料，在整理时，首先要将被试对某一问题的回答换算成数值，然后运用一定的统计方法进行统计检验，对结果进行定量分析。

（三）个案研究法

个案研究法是对一个人或一组人的问题进行专门研究的方法。个案法比较适合进行特例研究，如对智力落后儿童、智力超常儿童、学习困难儿童、品德不良儿童等进行研究。个案法有时也与纵向的追踪研究相结合，比如，对智力超常儿童的心理发展的特点以及相对应的教育措施进行研究。

个案研究法的优点是可以使研究者充分考虑每个被研究个案的特点，并能提供这些个案心理发展的具体资料；其缺点是研究结果所依据的样本较小，因而代表性较差。

在运用个案法进行实际研究时，要注重以下几点：① 个案法是针对个别学生的心理或行为问题进行直接的、深入的研究，因而必须搜集有关个案的一切资料；② 研究者要与被研究者建立良好的关系，取得被研究者的充分信任；③ 个案研究的目的不只是对个案本身的心理或行为问题求得了解，而且更重要的是通过这种了解，进一步寻求解决有关问题的方法。

(四) 实验研究法

实验法指实验者有意控制某些因素，引起被试某些心理现象的发生，探讨两者因果关系的研究方法。主要有实验室实验法和自然实验法。

实验室实验法是在专门的实验室内利用一定的仪器进行心理实验，获得人的心理现象的某些数据。实验室实验的主要优点在于它的控制比较严格，所获得的数据的可重复性高，数据比较可靠，结论经得起考验。但实验室实验也具有一定的局限性，如需要严格控制有关条件，所得结论在实践教育情景中难以推广等。在职业教育心理学研究中，采用更多的是自然实验法。

自然实验法也叫教育现场实验法，是指在职业教育实践中按照研究目的，对研究对象施加某些刺激（自变量），并控制其他条件（无关变量），以引起某种心理现象（因变量或反应变量）的发生而进行研究的方法。自然实验法既能较好地反映职业教育实际的情况，又可对无关变量进行一定的控制，使研究达到一定精确程度。自然实验法的基本组织形式有三种：单组实验（同一组被试先后两次接受不同实验因素的影响，然后对两种实验因素产生的结果进行比较和分析）；等组实验（根据实验条件，将被试随机分成条件相同的等组作为实验对象进行研究，一组为实验组、一组为控制组）；循环组实验（各实验因素在各组中轮流施行）。

(五) 职业教育经验总结法

职业教育经验总结法是指职业教育工作者对自己日常工作中获得的关于职业教育过程心理现象的整合性认识进行总结，进而寻找其中的规律性的方法。

职业教育经验总结法的优点是职业教育工作者可以结合自己平时的教育、教学工作，随时对一些典型经验加以总结，所获得的资料比较真实可靠；其缺点是成果的质量受到教育者自身素质和理论修养水平的限制，难以上升到一定的理论高度。

运用职业教育经验总结法时，要注意以下几点：① 选择的研究对象要具有典型意义；② 要通过对职业教育现象的总结得出某些规律性的结论，要有创新；③ 要把定量分析与定性分析结合起来。

三、职业教育心理学研究的问题与走向

(一) 职业教育心理学研究存在的问题

由于社会、历史原因,我国职业教育心理学的研究基础和研究力量较为薄弱,研究经费不充足,因而研究成果总体来说数量少,尤其是质量有待提高,而且研究方法的科学性不强,主观性色彩较重。当前我国职业教育心理学这一领域的研究呈现出以下多方面的不足。[①]

(1) 有特色的研究少。我国职业教育心理学的理论性研究对国外教育心理学的理论、观点评价多,在其基础上进行接续性的研究少,反驳性的研究更少;对普通教育心理的理论、观点沿用多,在其基础上进行特殊性的研究少,独创性的研究更少;低起点、重复性的研究多,在他人研究的基础上有突破、有新意的研究少,结合中国文化背景和职教特点进行"本土化"深入研究的更少。

(2) 高水平的研究少。我国职业教育心理学的基础理论研究薄弱,小范围、小样本的研究多,大范围、大样本的研究少;研究方法或思辨为主或实证为主,两者和谐结合的研究少;高水平、规范性的研究成果少,缺乏"大家"之作和精品,缺乏与国际水平接轨的专家、权威,所发表的成果被引用的频率不高。

(3) 系列化的研究少。我国职业教育心理学往往是在研究过某一课题之后,又去研究与这一课题基本没有关联的另一问题,横向研究多,纵向研究少,缺乏跟踪性的、长期性的研究,缺乏大规模的、系统性的研究。

(4) 争鸣类的研究少。我国职业教育心理学的研究缺乏应有的学术讨论,在学术研讨会、理论研究刊物上就共同关心的职教心理课题进行讨论的机会几乎没有。这就使得职业教育心理学与其他学科相比相对落后,也束缚了职业教育心理学研究的进一步深入发展。

(5) 服务性的研究少。我国职业教育心理学领域问题研究多,影响机制研究少,干预研究少,从宏观上研究我国职业教育改革、职业学校素质教育现实并为之服务的研究更少,投入的力量也远远不够,以致在职业教育深化改革、推进素质教育迫切需要职业教育心理学为之服务的时候,职业教育心理学回应不多、声音不高、实效不大。

(二) 职业教育心理学研究的基本趋向

当前,我们要深入研究职业教育心理学的性质特点和学科地位,科学地确定职业教育心理学的学科体系和基本内容。我国正值积极深化教育改革、全面推进素质教育的重要时期,如何结合我国职业教育实践,深入研究职业教育心理学的

---

① 刘重庆,崔景贵. 我国职业教育心理学的研究现状与展望. 职业技术教育,2000,(13):10~11.

理论和实际问题，科学地把握、引导职业教育心理学的研究取向，对于促进我国职业教育改革深化和职业教育心理学的自身发展都具有特殊的意义。我们认为，21世纪我国职业教育心理学研究的发展取向主要表现在以下几个方面：

（1）研究目的实用化。职业教育心理学的首要任务是揭示职业教育实践过程中的心理活动规律，更好地为我国职业教育事业发展和深化职业教育改革服务。职业教育心理学应该也必须以职业教育对心理学的基本要求为出发点，以解决职业教育实践中的心理学问题为目的。未来职业教育心理学的研究主要不是为探讨一般的心理学理论而在职业教育过程中搜集事实材料，而是根据我国职业教育实践的实际情况确定自己的研究课题和工作范围，从而满足职业教育实践与改革的基本需要。

（2）研究领域体系化。职业教育心理学要得到进一步发展，就必须及时地吸收本学科和某些相关学科的研究成果，调整自身的学科体系。从组成内容上说，职业教育心理学将包含有关的学习理论、教学理论、心理发展理论、职校师生心理、职业心理理论、职业教育社会心理理论等相互联系的六大块；从理论观点上看，除了认知观外，职业教育心理学还将吸收其他心理流派、理论学说的精华，如行为主义、人本主义、精神分析、建构主义、后现代主义等方面被证明是正确的理论观点，来充实和完善职业教育心理学的理论体系。

（3）研究方法本土化。"本土化"一词在涵义上既不同于"本土法"，也不代表心理学研究上任何一种研究方法。就职业教育实践而言，负责施教者是本地区的教师，接受教育的是本地区的学生。因此，任何有关教与学的问题，全都是本土性的。针对本土性的职业教育问题，选择适当的研究方法以谋求解决，以实现职业教育目的的一切构想与实际运作，即是研究方法的本土化取向。研究有法，但无定法，贵在得法。未来职业教育心理学研究只有适当的方法，没有"最好的方法"，凡是适合于研究目的、研究对象以及问题性质的方法，就是最适当的方法。

（4）研究对象全人化。职业学校教育的对象是有思想感情、有个性的人（学生），是活生生的整体的人，不是局部的人或由局部凑成的人。因此，职业教育教学活动，都必须考虑是在教"学生这个人"。我们所说的研究对象全人化，是指为了符合"要教育学生必先了解学生"的原则，在职业学校教育的情境中，以全体学生为范围，以每个学生的身心全部为对象所采取的研究取向。虽然全人化研究的范围包括学生全部，但研究对象却是以个别学生为基础的，是在"了解学生心理需求与主观价值的教育基本目的"的理念之下，对每个学生身心全部的研究。研究整体的身心统一的学生主体是未来职业教育心理学的艰巨任务。

（5）研究策略整合化。20世纪60年代以来，认知心理学逐渐成为心理学的主要思潮，它给职业教育心理学提供了一个较为连贯而统一的理论与观点。目前，职业教育心理学基本上采用认知心理学的概念及术语，但认知心理学的局限性又是显而易见的，难以成为公认的"范型"。可以推断，未来职业教育心理学的研究策略将建立在认知观与人本观统一、分析观与整体观结合的基础上,研究理念将是认知心理学与人本主义心理学的兼容并包与有机结合,定性研究与定量研究互相结合,强调经验分析与心理实验相结合,教育心理研究与职业活动心理研究相结合,理论研究与应用研究相结合等原则。

(6) 研究重点集中化。20 世纪 60 年代以来,教育心理学研究领域中"热点"纷呈,心理潜能开发、心理素质(健康)教育、创新教育、人格教育等已经成为我国教育心理学研究的重点,学习策略、教学策略、问题解决策略、操作技能训练策略等方面的研究将更加深入,这些策略是职业教育心理学理论应用于职业教育实际的桥梁。要解决未来职业教育领域的实际问题,上述这些课题的进一步集中与深化研究具有重要作用。

(7) 研究手段现代化。所谓现代化是指各种先进工具与仪器的大量应用。目前世界各国对教育心理学专业人才的培养都加强了高新技术和方法的训练。我国心理学研究人员已经开始借助于计算机,采用多因素分析等统计技术,而且还引进了现代统计分析软件包,这就为未来职业教育心理学的研究增添了现代化手段。可以预见,高新技术与手段在未来职业教育心理学研究中将发挥越来越重要的作用。

(8) 研究队伍多元化。由于教育心理学的研究日益完善与深入,复杂性日益增加,职业教育心理学的课题研究仅凭个人的努力是难以胜任的,需要集体的智慧和力量协作完成。越来越多的相关学科和其他学科的研究人员已经进入职业教育心理学的研究领域,心理学工作者、职业教育工作者、职教行政管理人员等共同合作进行职业教育心理研究,必将成为未来我国职业教育心理学研究的发展取向。

通过理性预测分析,一方面,能对职业教育心理学的发展趋势有所认识,使所从事的研究具有明确的目标和取向;另一方面,应该在合理继承职业教育心理学现有研究成果的基础上,对职业教育心理学研究进行积极有效的引导,把握职业教育心理学的未来,不至于使它任意发展或走弯路。把预测和引导这两方面的工作相结合,也是职业教育心理学研究所应当肩负的时代重任。

【本章思考与练习】

1. 简述教育心理学的研究对象。
2. 简述 20 世纪教育心理学发展的基本历程。
3. 简述当代教育心理学研究的重要成果。
4. 结合实际,说明教育心理学对教师专业化发展的意义。
5. 简述我国职业教育心理学发展存在的主要问题。
6. 简述职业教育心理学研究的基本步骤。
7. 简述职业教育心理学研究的常用方法。
8. 结合实际,简述职业教育心理学研究的未来趋向。

第二章　心理发展与职业教育

职校生心理发展与职业教育的关系属于职业教育心理学的基本理论范畴。我国职业教育理论界在认识和阐述这个问题时，大都是根据遗传素质、社会环境和职业教育三者在职校生心理发展中的作用关系比较而言的，一般认为职业教育在职校生心理发展中起主导作用，职业教育要适应职校生心理发展的特点。20 世纪 80 年代以来，我国职业教育实践历程说明了原有职校生心理发展与职业教育关系认识的局限性与片面性。如起初职业学校强调学生智力和能力的发展，后来是非智力因素的培养，再后来是心理健康的维护，现在则明确提出实施心理健康教育。这些从职校生心理的单方面、某一侧面到整体心理全面发展的职业教育探索，促使我们不得不从理论上去进一步认识职校生心理发展与职业教育的辩证关系。如何科学认识职校生心理发展与职业教育的关系，是一个十分重要、也最为复杂的研究课题。

第一节　人的心理发展的基本理论

人的心理结构是一个多维度、多层次的统一体，是一个复杂的整体。"心理学的每一个领域都可以被恰当地放在人的发展这个标题之下。"[①] 从 20 世纪 50 年代开始，埃里克森、哈维格斯特等人提出的毕生发展观，以及皮亚杰的认知发展理论、柯尔伯格的道德发展阶段理论等，为学校教育的变革提供了重要的理论基础。俄国教育家乌申斯基把心理学视为科学的教育学的三个理论基础之一。他认为"教育的主要活动是在心理和心理—生理现象的领域内进行的"，"不管讲教育学的人也好，听教育学的人也好，首先一定要在理解心理的和心理—生理的现象上意见一致，以求达到教育的目的。"[②]

一、心理发展的基本认识

（一）心理发展的基本内涵

人的心理是人脑的机能，脑是心理的主要物质器官。人的心理反映的内容来自于客观现实，客观现实是人的心理的源泉或原料，人的心理都是对客观现实的

---

① ［美］克雷奇. 心理学纲要. 周先庚等译. 北京：文化教育出版社，1980. 18.
② ［俄］乌申斯基著. 人是教育的对象（上卷）. 郑文樾译. 北京：人民教育出版社，1989. 28、30.

反映，客观现实的丰富性和多样性就决定了人的心理世界的丰富性和复杂性。人的心理反映是客观现实的主观映象，心理现象是客观现实在人脑中产生的主观映象，其内容是客观的，但形成的映象是主观的。心理反映是主观与客观的统一。人的心理反映是一种积极能动的反映。人脑对客观世界的反映不是象镜像、摄影那样的机械、刻板，它是一个积极能动的过程。心理反映具有选择性和深刻性；人的心理反映不仅能认识世界，而且能够改造世界。人的心理反映受社会实践活动的制约。归纳起来讲，人的心理是人脑对客观现实的主观能动反映，具有社会制约性。

教育心理学所研究的心理发展，主要是个体从出生到死亡期间所发生的积极的心理变化，是个体在成长期间对客观现实的反映活动不断扩大，逐步提高和完善的过程。心理发展有种系发展和个体发展，身体发展和心理发展，量的发展和质的发展。心理发展不同于心理变化。由疲劳、疾病和药物等因素的影响所引起的偶然的心理变化，不能称之为个体心理发展。

一般说来，个体在主体和客体相互作用的过程中，社会和教育向个体提出的要求所引起的新的需要，与其已有的心理水平之间的矛盾，是个体心理发展的内因或内部矛盾，也就是其心理发展的根本动力。心理发展的内部矛盾性是在主体与客体相互作用的过程中，即在主体的实践活动中产生的。当客观现实与主体之间的矛盾被主体本身所意识到，并把客观现实的要求转化为自己新的需要时，就会产生新的需要和他已有心理水平之间的矛盾，这就是心理发展的内部矛盾性。

心理发展与生理发展相互作用，密不可分。人生过程即人的发展过程。人生既是一个连续的发展过程，又是一个分阶段的发展过程。心理发展按照年龄阶段一般划分为：乳儿期（0～1 岁）；婴儿期（1～3 岁）；幼儿期（3～6、7 岁）——幼儿园阶段；童年期（6、7 岁～11、12 岁）——小学阶段；少年期（11、12 岁～14、15 岁）——初中阶段；青年初期（14、15 岁～17、18 岁）——高中阶段；青年中晚期（18、19 岁～24、25 岁）即大学阶段；成年期（25～65 岁）；老年期（65 岁以上）。

个人在特定阶段必须获得的知识、技能、观念和态度等即为发展课题。美国心理学家哈维格斯特（R．J．Havigharst）在阐述发展课题的意义时指出："人为了度过幸福的一生，在各个时期都有在该时期必做的事情，错过时机就不行。如果能完成各时期的课题，便是幸福的，并且以后的课题他将易于完成，如果没有完成，本人就会不幸，也会遭到社会的谴责，完成后面的课题也将是困难的。"哈维格斯特认为，青年期的发展课题有：① 学习与同龄男女进行高尚而潇洒的新交际；② 掌握男性或女性的社会作用；③ 认识自己身体的构造，有效地使用身体；④ 从情绪上独立于双亲或其他成人；⑤ 具有经济独立的自信心；⑥ 选择和准备从事职业；⑦ 做结婚和家庭生活的准备；⑧ 发展作为市民所必需的知识和态度；⑨ 寻求并完成对社会负有责任的行为；⑩ 学习作为行动指南的价值和理论的体系。

（二）影响心理发展的基本因素

（1）遗传素质因素。遗传素质是心理发展的必要物质前提和基础。遗传是指亲代将自己的生物特征传递给子代的生物学过程，包括遗传素质、生理成熟和机能状态。遗传是一种生物现象，染色体是生物遗传的基础，称为遗传载体。它的主要成分是脱氧核酸（DNA）。父母通过细胞内的染色体把祖先的许多生物特征传递给子女，如机体的构造、形态、感觉器官和神经系统的结构和机能特征等。这些遗传的生物特征又叫遗传素质。在遗传素质中，对心理的发展具有重要意义的是脑的结构和机能特征。从个体因素发展来看，遗传素质的作用不能忽视。无脑畸形儿都不会有正常人的心理活动。严重智力落后的儿童，常常存在遗传上的缺陷。没有正常人的遗传素质，就没有正常人的心理。遗传素质在心理发展上的物质前提作用，主要表现在通过中枢神经系统的特征、感觉器官的灵敏度、运动器官的结构等素质影响智力的发展。遗传素质不仅是生理发展的物质基础，而且也是心理发展的潜在因素，为心理发展的个别因素提供了条件。生理成熟在一定程度上促进心理发展，是心理发展新的物质基础。虽然遗传素质对心理发展作用重要，但它只是心理发展的必要条件，仅仅为个体的心理发展提供可能性。

（2）社会环境因素。这是心理发展的决定因素。社会生活条件使遗传提供的心理发展的可能性变为现实，遗传素质仅仅提供了心理发展的可能性，但不是心理发展的现实，遗传素质及其个别差异，只是使人的心理可能发展到一定水平和具有某种差异，但并不保证它一定能实现。心理是人脑在实践活动中对客观现实的反映，决定心理发展的主要是社会生活条件的影响。社会风气、教育水平、人际关系的协调与否决定着人的心理发展的倾向和水平。生活在不同社会条件下的人心理状态是不同的。调查发现，同一年龄阶段的儿童，由于生活在不同的环境和教育条件下，他们的心理发展也会有差异。

（3）学校教育因素。学校教育是对儿童进行普遍社会化的较为理想的组织过程，在影响儿童心理发展诸因素中起主导作用。学校是一种特殊的社会环境，具有相对独立性，能根据预定目的和自身规律连续而有效地对儿童实施系统的教育影响。学校教育能积极主动地影响、充实、优化家庭教育和社会教育。

（4）实践活动因素。这是实现人心理发展的主要途径。人的心理发展，不是被动地接受环境与教育影响的过程，而是在他们的实践活动中，通过自己的主观努力，主动得到发展的过程。人的实践活动在心理学上是指其与周围现实相互作用以及和周围人们相互交往的过程中，以一定的行为和动作反作用于客观现实的活动，体现在日常生活、游戏、学习、劳动等方面。人实践活动的内容和形式，随着其年龄的增长和生活条件的改变而不断发生变化，开始是以生理需要为主的基本生活活动，之后发展到越来越多的社会活动，其心理也就随着活动的发展而发展。

上述四个因素是人心理发展过程中的重要因素，四者的作用和地位各不相同，但同时又互相联系和影响。人的心理发展是全部因素综合影响、交互作用的结果，决不是其中某一因素单独作用的结果。职业教育工作者应该正确认识四个因素的地位和作用，过分强调或夸大其中一个因素的作用，不仅不能促进人心理的健康发展，反而会产生不良后果。遗传决定论和环境决定论就是两种最典型的错误观念。

高尔顿和霍尔提出遗传决定论，认为儿童心理发展是由先天的、不变的遗传所决定的。儿童心理发展的过程就是这些先天遗传素质的自我发展和自我表露过程，与外界影响、教育无关；外界影响和教育即使对儿童心理发展起作用，至多只能促进或延缓遗传素质的自我发展和自我表露，不能改变它的本质。优生学的创始人——英国的高尔顿（Galton）是"遗传决定论"的鼻祖。高尔顿（1869）曾在《天才的遗传》一书中写道："一个人的能力乃由遗传得来，其受遗传决定的程度如同机体的形态和组织之受遗传决定一样。"为此，他曾做了一个有趣的试验，他从英国的名人（包括政治家、法官、军官、文学家、科学家和艺术家等）中选出977人，调查他们的亲属（有血缘关系）中有多少人与他们同样著名。结果发现，他们的父子兄弟中有332人也同样出名。而另一个对照组，即所谓的一般的平常人（人数相等），结果在他们的父子兄弟中只有1个名人。美国儿童心理学家霍尔（Hall）提出的"复演说"也属于遗传决定论。霍尔说过："一两的遗传胜过一吨的教育。"他把当时生物学上的复演说用来解释儿童心理的发展，认为个体心理发展是人类进化过程的简单重复，个体心理发展是由种系发展决定的。显然，遗传决定论过分强调了生物因素对人发展的作用。

华生（Watson）是美国行为主义的创始人，也是环境决定论的代表人物。华生说："给我一打健康和天资完善的婴儿，并在我自己设置的特定环境中教育他们，那我愿意担保，任意挑选一个婴儿，不管他的才能、嗜好、定向、能力、天资和他祖先的种族，都可以把他培养训练成我所选定的任何一种专家：医生、律师、艺术家、商界首领乃至乞丐和盗贼。"在个体心理发展的观点上，他过分强调环境对人发展的作用，否定遗传的作用。

（1）否认行为的遗传是华生环境决定论的基本要点之一。第一，华生认为，行为发生的公式是刺激（S）—反应（R）。反应主要是由刺激引起的，刺激来自于客观而不是遗传，因而行为不可能取决于遗传。第二，生理构造上的遗传作用并不能导致机能上的遗传作用，即尽管构造来自于遗传，但未来的形式如何，则决定于所处的环境。第三，华生的心理学以控制行为作为研究目的，而遗传是不能控制的，所以遗传的作用越小，控制行为的可能性就越大。

（2）片面夸大环境与教育的作用。他从行为主义控制行为的目的出发提出了闻名于世的"教育万能论"，认为只要教育得当，他可以把任何一个健全的个体培养成其想要培养成的人。可见，这一观点不仅夸大了教育的作用，而且忽视了人类心理发展的内部机制，否定了人的主体性、能动性和创造性。

（三）教育、学习、发展三者的关系

教育、学习、发展是教育理论与教育实践共同关心的核心问题，任何一门教育理论学科都会涉及到这三者。[①] 它们有着紧密的联系，但也有着明显的区别。三者的区别突出体现在：

（1）三者分别由教育理论中不同的学科侧重加以研究。"教育"主要由教育学（含教育哲学、教育原理、教学论、教学法等）侧重研究；"学习"主要由教育心理学侧重研究；而"发展"则主要由发展心理学来研究。

（2）三者的主体不同。"教育"的主体是教师，"学习"和"发展"的主体是学生。当今教育所倡导的主体性教育，强调以学生为本，发展学生的主体性，但并不否认教师这一教育主体。

三者的联系表现在：

（1）教育必须以学生现有的发展水平为基础，低于或大大超越学生已有的发展水平，都不利于学生未来的发展。

（2）教育的目标就是促进每一个学生的发展，教育必须以学生为本，以学生的发展为本，本着"一切为了学生，为了一切学生，为了学生的一切"的宗旨，做好教育教学工作。

（3）教育促进学生的发展必须以学生自身的学习活动为中介，如图 2-1 所示。教育是影响学生发展的外因，外因必须通过内因即学生自身的学习活动才能起作用。因此，教师本人首先必须具有较高的教育水平，同时还需要想方设法激发学生的学习动机，把激发学生的学习动机不仅是看作促进学生学习的一个手段，而且看成是教育必须达到的目标之一。因此，教育与学习总是联系在一起的。

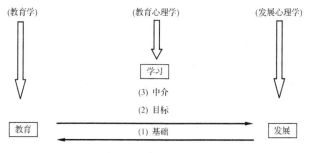

图 2-1　教育、学习、发展三者关系示意图

二、建构主义的心理发展理论

建构主义是当代心理学理论中行为主义发展到认知主义（Cognitivism）以

---

① 谭顶良. 高等教育心理学. 南京：河海大学出版社，2006. 8～9.

后的进一步发展，即向与客观主义（Objectivism）更为对立的另一方向发展，被喻为是"当代教育心理学中的一场革命"①。在当今多元文化的社会背景中，建构主义历经碰撞与交融，得以脱颖而出，已经成为倍受关注并且正在对当代教育教学的理论与实践产生广泛影响的理论思潮。建构主义如何看待人的心理发展？建构主义在人的心理发展方面有哪些基本主张呢？这里我们以皮亚杰和维果茨基这两位 20 世纪最有影响的心理学家、教育学家为代表，来认识建构主义的心理发展观。

（一）认知建构主义：皮亚杰的心理发展观

瑞士著名心理学家皮亚杰是认知建构主义的主要代表人物。其认知建构理论的核心观点是：活动是认识建构的基础，是主客体双重建构的产物，同化与顺应的交替作用推动着主客体的连续建构和无限发展。皮亚杰认为，知识既非来自主体，也非客体，而是在主体与客体之间的相互作用过程中通过同化与顺应过程逐步建构起来的，并在"平衡—不平衡—新的平衡"的循环中得到不断的丰富、提高和发展。主体通过动作对客体的适应，乃是心理发展的真正原因。人的动作图式经过不断的同化、顺应、平衡的过程，就形成了本质不同的心理结构，这也就形成了心理发展的不同阶段。显然，图式、同化、顺应和平衡是皮亚杰心理发展理论中非常重要的四个概念。"图式的形成和变化的过程就是心理发展的过程，通过同化和顺应而导致的不断发展着的平衡状态，实际上就是心理的发展。"②简而言之，人的心理发展是在活动基础上主客体的双重建构与认识的无限发展。

皮亚杰对"建构"的理解如下：① 结构的建构是一个不断从低级水平向高级水平过渡的无止境的发展过程；② 新结构的建构不是预成，而是"组合"而成的。他认为，新结构的产生不是预先在可能性的理念王国中早已包含着的东西。可能性在被现实化以后才能真正确定。可能性的王国不是预成的，它本身也是通过连续不断的建构丰富和发展的；③ 正因为高级水平的结构是组合而成的，而组合不是预成，因而水平不同的两个结构是不能运用纯粹的演绎方法进行单向还原的。应该肯定，皮亚杰的建构理论将认识基点置于主体活动，从而批驳了机械反映论；同时，又视外界为认识的依据，把认识及其结构的建构看成是后天长期活动的产物从而驳斥了唯心论。可以看出，皮亚杰的建构理论有着很多合理性。但需要指出的是，认知建构主义理论对社会历史发展制约人的心理发展的作用认识不足，对环境、文化特别是教育的作用估计偏低，因而不免表现出一定的片面性。

皮亚杰的观点和研究给我们以不少的启示：心理不断建构的过程也是心理结

---

① 陈琦，刘儒德. 当代教育心理学. 北京：北京师范大学出版社，1997. 97.

② 冯忠良. 教育心理学. 北京：人民教育出版社，2000. 205.

构、心理内容不断综合的过程。现实的人的心理内容和结构是对先前心理发展过程中的内容和结构的扬弃和改造取得的。因此，作为整体而并列存在的多侧面、多层次的成熟个体的心理，是对个体心理发展过程的综合。或者说，前后相继的心理结构、心理体系、心理内容综合而来的并列存在的多侧面、多层次的个体心理整体，是心理过程的产物。心理的建构是实践过程中人的心理的一种未定性、未完成性的创生。建构不仅说明了并列的结构关系是相继关系的结果，是一个过程的结果，而且说明了后继的结构、整体并不完全包含在并行的结构、整体关系之中，它是建设性的。

（二）社会建构主义：维果茨基的心理发展观

被誉为"心理学界的莫扎特"的苏联著名心理学家、教育学家维果茨基是社会建构主义的主要代表人物。维果茨基在运用因果发生分析法的基础上构建了彼此间有机联系着的有关人的高级心理机能的三大学说，形成了心理发展的活动说、心理发展的中介说、心理发展的内化说三位一体的心理发展理论。这一理论被苏俄学者称之为"心理发展的文化历史学说"，被视为是"20 世纪世界心理学宝库中颇具特色的瑰宝"。这一理论在 20 世纪 70 年代传入西方后与建构主义思潮融汇，产生了作为建构主义重要范型之一的"社会建构主义"。

社会建构主义是指个体在社会文化背景下，在与他人的互动中，主动建构自己的认识与知识。社会建构主义主张，个体与社会是相互联系、密不可分的，知识来源于社会的建构，学习与发展是有意义的"社会对话"与"社会协商"，文化和社会情境在儿童的认知发展中起着巨大的作用。与其他建构主义理论一样，社会建构主义也把心理看成个体自己建构的过程，但它更关注这一社会建构过程中的社会的一面。社会建构主义将心理描述为超越身体范围而进入社会环境的一种分布式的存在物。与个人—认知建构主义相反，社会—文化建构主义者将心理定位于社会中的个人行为，定位于个体与社会活动的产物，将学习看作是在实践共同体中基本的文化适应过程，看作是一种"合理的边缘性参与"。

维果茨基认为，个体活动是人心理与意识发展的重要基础，人的心理过程的变化与他的实践活动过程的变化是同样的。维果茨基强调，人所特有的高级心理机能是以社会文化的产物——符号为中介的，人的心理发展的源泉与决定因素是人类历史过程中不断发展的文化，是作为人的社会生活与社会活动产物的文化。维果茨基指出，人的心理发展有两条客观规律：[①] ① 人所特有的被中介的心理机能不是从内部自发产生的，它们只能产生于人们的协同活动和人与人的交往之中；② 人所特有的新的心理过程结构最初必须在人的外部活动中形成，随后才有可能转移至内部，成为人的内部心理过程的结构。这种从社会的、集体的、合

---

① 高文. 维果茨基心理发展理论与社会建构主义. 外国教育资料，1999，（4）：10~14.

作的活动向个体的、独立的活动形式的转换，从外部的、心理间的活动形式向内部的心理过程的转化，就其实质而言是人的心理发展的一般机制——"内化"机制。同时，这也表明内化的过程是一种转化的过程，而不是传授的过程。

维果茨基在心理发展上强调认知过程中学习者所处社会文化历史背景的作用，特别是强调活动和社会交往在人的高级心理机能发展中的作用。他很重视学生原有的经验与新知识之间的相互作用，他把学习者的日常经验称为"自下而上的知识"，而把他们在学校里学习的知识称为"自上而下的知识"，自下而上的知识只有与自上而下的知识相联系，才能成为自觉的、系统的知识；自上而下的知识只有与自下而上的知识相联系，才能获得成长的基础。维果茨基认为，教育教学就是使学生从现有的发展水平达到可能的发展水平，从而把"最近发展区"变成现实的发展，这是儿童知识经验发展的基本途径。显然，最近发展区、活动、心理工具、内化是维果茨基心理发展理论中四个非常重要的概念，他们之间的内在联系就构成了一个完整的关于教育教学的思想体系。

尽管皮亚杰与维果茨基这两位"20世纪最伟大的心理学巨匠"的心理发展观存在着一定的差异，但还是有着一些共同的认识：人的心理是以活动为基础通过主客体相互作用发展的，是在活动中主体与客体不断双向建构生成的。如何认识人的心理发展？如何把握教育教学改革方向？建构主义提供了一个清晰的框架和新视角，也为从根本上变革职业教育心理学指明了努力的方向。

第二节　心理发展与职业教育的相互依存

职校生的心理发展是一种职业教育的产物，又是接受职业教育的条件。而职业教育作为心理发展的决定性条件，制约着职校生心理发展的趋向和速度。但是，职业教育对心理发展的影响作用并不是唯一的，也不是单向的，职业教育与职校生的心理发展之间存在着比较复杂的相互依存的关系。为了充分发挥职业教育在职校生心理发展中的主导作用，我们首先必须正确理解并处理好心理发展与职业学校教育之间的关系，这对职业教育工作具有重要的意义。正如维特罗克（Wittrock，1989）所说，"我们试图提出一个给未来教育心理学提供一致性和方向性的框架，我们希望这个框架有助于维持和促进教育研究领域和心理科学的互利互惠。"[①] 辩证地认识职校生心理发展与职业教育的相互依存关系，就是为了在职业学校教育教学实践中更好地贯彻教育教学与学生发展的互惠原则。

一、心理发展对职业教育的依存

职校生的心理发展对职业教育的依存性主要表现在以下几个方面：

---

① 张爱卿. 现代教育心理学. 合肥：安徽人民出版社，2001. 29.

（1）职业教育是引起职校生学习和掌握经验、促进心理发展的关键。从职业教育措施到职校生心理得到明显而稳定的发展，并不是立刻实现的，而是以职校生对教育内容的领会或掌握为其中间环节，并需要经过一定的量变质变过程。缺少职业教育，离开学习和训练，职校生的品德、性格是不可能得到自主健康全面发展的。职业教育引起职校生对于知识、技能、经验的领会掌握和学习，然后才有可能促进职校生心理发展。

（2）职业教育制约着职校生心理发展的方向、过程和水平。有关研究表明，职业学校教育所坚持的政治方向对职校生心理发展的方向起着决定性的作用。良好的职业学校教育能促进职校生心理获得积极的、高水平的发展。反之，不良的职业教育则会阻碍职校生心理的正常发展。

（3）职业教育能够加速或延缓职校生心理发展的进程。心理发展中由于外因的作用、影响不同，进程的速度也就不同。职业教育是职校生心理发展、挖掘心理潜力的主要条件。因此，职业学校应当创造条件，采取积极的职业教育措施以加速职校生心理发展的进程。

（4）职业教育能够制约职校生的遗传素质对其心理发展的影响。它既可以利用遗传素质来充分发展职校生的智力和才能，又可以对一些大脑发育健全但存在一定生理缺陷的职校生施加特殊的职业教育和训练，以弥补他们某些遗传素质的不足。

（5）职业教育对社会环境的影响进行选择，从而对职校生心理发展产生积极作用。当社会环境的影响配合学校对职校生进行职业教育时，可以巩固职业学校教育的成果；当社会环境的某些影响与职业学校教育不一致时，学校教育又可以通过正面教育来预防或清除这些消极影响对职校生心理健康发展的侵蚀。

二、职业教育对心理发展的依存

职业教育对职校生心理发展的依存性主要表现在以下几个方面：

（1）职业教育受职校生已有的心理发展水平和特点的制约。职校生在社会生活中由于受到遗传、环境和教育的影响，其生理和心理循序渐进地发展，在各个阶段显现出各不相同的特点，职业教育只有适应受教育者身心发展的水平和特点，才能充分发挥它在促进受教育者身心发展过程中的主导作用。因此，职业学校教育的内容和方法都必须符合职校生心理发展的水平和特点。否则，学校教育就难以被职校生接受，当然也就不能起到促进职校生心理发展的作用。

（2）职业教育受职校生的主动性和积极性的制约。教育过程是教育者和受教育者共同积极活动的过程。在这一过程中职业学校教师要发挥主导作用，以职校生的主动性和积极性为前提，仅有教师的积极性而无职校生的积极性是不行的。职业教育对职校生心理发展的影响，既不是手对手的交接、口对口的交流，也不是脑对脑的感应所能实现的，而是要通过职校生的领会和理解，并经过内化的过程才能实现。因此，职业教育的效果受制于职校生的主动性与积极性的大小。如果没有职校生的主动性和积极性，职业教育也就不可能发挥它应有的主导作用。

（3）职业教育受职校生心理发展个体差异性的制约。俗话说："人心不同，各如其面"，职校生心理发展上的个别差异是多方面的。职业教育要面向全体职校生，就必须考虑他们在智力、能力和个性品质等方面的个别差异，从个体学生的实际出发，有的放矢地进行个别指导或因材施教，最大限度地发挥每个职校生的潜力和积极因素，弥补其短处与不足，否则，就不能保证学校教育被全体学生所接受，当然也无法保证所有的职校生在心理上获得健全的发展。

根据以上介绍和分析，要正确认识职业教育对职校生心理发展的作用，我们必须把握以下几个基本观点：

（1）职业教育是职校生心理发展的主要条件，对职校生心理发展的作用不是无能的，但其作用并非是万能的、唯一的。职校生作为年轻社会成员，对其心理发展产生重要影响的，除了教育以外，还有家庭、社会环境等其他各种社会因素。因此，职业教育也不能忽视这些因素在心理发展中的作用，而要很好地考虑这些条件，特别是要取得社会、家庭的配合，并对它们加以指导，相互协调，使这些因素作用的方向大体一致，作用的能量互为补充，才能有效地推动职校生的心理发展。

（2）职业教育对职校生心理发展的作用，不是机械的、简单的、直接的"授予"，而是通过职校生的积极活动和主观能动性的发挥实现的。职业教育工作必须激发起职校生的活动积极性和自我教育的要求，将职业教育这种外部力量转化为职校生本人的需要，把职校生的积极性、主动性引导到正确的方向上去，才能取得成效。当然，我们也不能用形而上学的观点去看待职业教育与职校生心理发展的关系，片面强调学生的主观能动性，就有陷入唯心主义的危险，就会导致"儿童（学生）中心论"的错误。

（3）职业教育对职校生心理发展的影响是一个长期的过程。无论是职校生的个性人格还是情感智能的培养，职业教育都不可能一蹴而就。迟效性和反复性都是职业教育工作中的正常现象，职业教育工作者要在缓慢的发展和反复之中看到职校生的进步。

（4）职业教育对心理发展的作用，不是无条件的，而是有条件的。这些条件包括：① 职业学校教育要反映当代的社会发展水平，职业教育内容要进行精细选择和加工，具有目的性和方向性，具有教育意义和教养价值。② 职业教育内容和教师的要求必须适合职业学校学生的心理发展水平，同时又提出更高的要求，才能促进职校生心理不断地发展。要求过高或过低，都不能有效地促进心理发展。③ 职业教育要求具有系统性、连贯性和一致性。如果职业教育工作缺乏连贯性、系统性，就不能很好地发展职校学生的智能和个性；如果各种教育不一致，不协调，就会造成职校生个性品质的缺陷。④ 职业学校应精心设计和组织有利于职校生发展的活动，并激发主体参加活动的积极性。在实际活动中，经常地反复地进行练习，是智能发展和良好行为习惯形成所不可缺少的条件。⑤ 职业教育应当注意因材施教，职业教育的内容和难度要适合每个学生的能力，提出要求的方式、时间、地点也要有适当选择，既要注意培养那些具有特殊才能的职校生，也要帮助那些心理发展水平较低的职校生，使他们的心理都能获得最优化的发展。

职业学校教育与职校生心理发展之间存在着相互依存的辩证关系。一方面，职校生心理发展的水平和特点是职业学校教育的起点和依据，是职业教育科学开展的前提；另一方面，职校生的心理发展又依赖于职业学校教育，是职业教育的产物和结果。

第三节　树立科学的职校生心理发展观

一般认为，职业教育与职校生心理发展的关系是互为条件、相互制约的，职业教育过程和职校生心理发展过程是辩证统一的过程。一方面，职校生心理发展要以职业教育为前提，职业教育是制约职校生心理发展的主要条件之一，职业学校教育的目的、内容和方法等直接制约着职校生心理发展的方向、速度和水平，没有科学合理的职业教育就无法指导和促进职校生的心理发展；另一方面，职业学校教育工作必须以职校生现有的心理发展水平和特点为出发点。一切不适合职校生心理发展水平和特点的学校教育工作，都是徒劳的，甚至是有害的。可见，职业教育促进职校生的心理发展，职校生的心理发展制约着职业教育，职校生心理发展水平的提高又可以促使个体更好地接受教育，职业教育与职校生心理发展之间是相互促进、相互依存的关系。

对职业教育与职校生心理发展的关系问题，不同的发展观必然会作出不同的结论。在教育心理学史上，存在各种各样的发展观，归纳起来大致可以分为对立的两组。从是否承认教育在心理发展中的作用上，可以分为自然成熟观和文化发展观；从如何分析教育在心理发展中的作用和地位上，可以分为机械发展观和辩证发展观。

所谓辩证发展观，是一种根据辩证法原理阐述教育在人的心理发展上的作用和地位的观点。苏联心理学家首先按照辩证唯物主义的发展学说提出了这种发展观，从而揭示了教育与发展的辩证关系，以及从教育到发展过程中的量变与质变的统一。瑞士心理学家皮亚杰既讲外因（教育）和内因的相互作用，又讲发展，表明其发展观中有着丰富的辩证法思想。我国心理学家对于教育与发展的关系问题进行了一系列的探讨，形成了较完整的辩证发展观。朱智贤在《儿童心理学》一书中写道："教育条件必须适合于儿童心理得到明显的发展，又不是立刻实现的，而是以儿童对教育内容的领会或掌握为其中间环节的，是要经过一定量变质过程的。"① 潘菽在其主编的内因，才能使儿童心理不断得到发展。但是，从教育措施到儿童心理《教育心理学》中也指出，心理的发展"也同其他事物的发展一样，是通过数量的不断积累而达到质量变化的过程。心理的发展是从低级到高级，从简单到复杂，从旧质到新质的不断变化和完善的过程。心理的发展既有连续的、渐进的、量的变化，又有质的改变。"②

根据辩证发展观理解，职校生的心理发展充满着矛盾，是一个十分复杂的过程。首先，职校生的心理发展不仅受生理条件的制约，更重要的是受社会条件的制约。但二者都不是孤立地、机械地决定心理的发展。其次，职校生的心理发展是内外因的统一，职校生心理如何发展，向哪里发展，不是由外因机械决定的，也不是由内因孤立决定的，而是由适合于内因的一定外因（职业教育条件）决定的。再次，职校生的心理发展是一个量变到质变的过程，是一种持续不断的发展与发展阶段性相统一的过程。这里，领会是职业教育和职校生发展之间的中间环节，从领会到发展是比较明显、稳定的质变过程。最后，职校生的心理发展既有共性，又有个性；既有稳定性，又有可变性，在相同年龄的职校生之间，他们的心理发展可以有显著的差异。

职业教育应遵循职校生心理发展的一般规律。职校生的心理发展是不断完善、螺旋式上升的过程，这一过程具有以下四条基本规律：一是具有一定的顺序性和阶段性，因而职业教育应当循序渐进，对处于不同教育阶段的职校生要区别对待，不搞"一刀切"；二是具有稳定性和可变性，因而职业教育既要科学规定每一阶段教育、教学的内容与方法，又要充分利用发展的可能性，创造"最近发展区"，促进职校生心理较快地发展；三是具有不均衡性，因而职业教育要抓住心理发展的"关键期"、最佳期，进行有针对性的教育引导；四是具有个别差异性，这是职业教育对职校生进行因材施教的心理学依据。

职业学校教师要切实把握时代脉搏，摒弃传统陈旧的学生发展观，树立科学的职校学生心理发展观，引导学生坚持全面发展与个性发展的和谐统一。

（1）职校生心理发展的主体观。从促进与实现职校生心理发展的影响因素看，真正的教育主体是职校生。职业教育只有调动职校生作为主体的自主性、能动性和创造性，才能促进学生心理富有成效地发展，才能获得教育成功的实效。职校生的头脑不是"装知识的容器"，而是有待点燃的"火把"。职业教育不应进行机械的灌输和简单的说教，而要能够理解尊重并爱护激励他们。作为职业学校教师，要善于做职校生人生理想和现代思想的播种者，不但要在非常时期或特殊时刻能够"救火"、"灭火"，更要敢于并且善于"点火"，点燃职校生的人生希望之火，点燃职校生的事业发展之火，点燃职校生的诚信做人之火。

---

① 朱智贤. 儿童心理学. 北京：人民教育出版社，1981. 84.
② 潘菽. 教育心理学. 北京：人民教育出版社，1983. 29.

（2）职校生心理发展的动态观。当代职校生是一个与时代相呼应、为时代所塑造并为时代而服务的特殊群体。他们是受时代召唤诞生的，跟随时代步伐而前进，并在时代大潮中逐步成熟起来。伴随着当今时代的发展，职校生的素养和个性也在日新月异的、不间断的变动中完善与提升。与 20 世纪 80、90 年代的职校生相比，当代职校生的个性面貌和素养已经发生了很大的变化。职业学校教师不能用过去陈旧的条条框框来要求现在的职校生，不可能用静止不变的观点来分析当代职校生，也不应该再用 20 世纪 70 年代、80 年代的标准来衡量和要求 21 世纪的职校生。只能把他们放在特定的时代背景下去理解，引导他们在跟随时代前进的步伐中扬优弃劣、扬长避短。

（3）职校生心理发展的全面观。当代职校生是一个长处与短处都有、优点与缺点并存、兼容并蓄的青年群体。职业学校教师既要看到他们朝气蓬勃、富有活力的一面，也不要无视他们存在的问题和弱点。那种认为当代职校生是"在父母和老师怀抱中长大的一代"，"年纪小小，思想复杂，行为散漫，不可管教"的观点，认为职业教育教学与管理无可奈何的悲观论调，显然会妨碍职业学校教师认识职校生的主流；那种认为当代职校生是"开拓进取、奋发有为的一代，值得骄傲和自豪的一代"的评价，又未免显得过于乐观，同样会使教育者忽视学生的弱点和问题，而放弃对他们的严格要求和复杂教育工作。职业学校教师既不必沾沾自喜于当代职校生的种种优点，因为社会、时代将继续铸造他们；也不必忧心忡忡于他们存在的种种不足和缺点，因为社会、时代正处在转型、转轨之际。

树立科学的心理发展观，就首先要求职业学校教师对人的心理发展实质有一个理性的认识。人的心理发展，实质就是自主建构心理结构的过程。根据心理实质的能动反映观，职业学校教师可以将心理发展理解为，在主客体相互作用的基础上，通过主体不断构建心理结构而实现，但这种构建过程是一种积极的能动的反映过程，是通过一系列的心智动作实现的。由于是能动的反映过程，因而心理构建过程的成效不仅受制约于客观因素，如环境、教育等，而且也受制约于一系列主观因素，如需要、心理发展水平等。心理结构的构建不是孤立进行的，每个心理结构的构建都伴随发生心理结构的整合过程，整合即统一的一体化的心理结构的形成，是通过同化与顺应而实现的。这就是所谓的心理发展实质的结构—构建观。

树立科学的心理发展观，就要使得职业教育走在发展的前面，高于职校生现有的心理发展水平，引领学生从现有水平向可能或潜在的水平不断发展。成功的职业教育就是不断创造和实现"最近发展区"的职业教育，富有成效的职业教育就是能够创造最优化的"最近发展区"并引领学生成功跨越的教育。也就是说，职业教育的目标应当定位在职校生可能的发展程度，而不是停留于现有的发展状况。当然，不同职校生的"最近发展区"是不同的，这就需要职业学校教师了解学生的心理发展特点和水平，有针对性地因材施教，鼓励职校生发挥主观能动性，在心理发展的阶梯上更上一层楼。

树立科学的心理发展观，就要建构新的职业教育价值观。科学的心理发展观不是强求心理的同步发展，不是追求心理机能的均衡发展，不是机械的缓慢发展。职业学校教师要建构新的职业教育价值观念：每一位职校生都要发展，但不求一样的心理发展；每一位职校生都要提高，但不是同步的心理提高；每一位职校生都要合格，但不必是相同的心理规格，也就是使得每一位职校生真正成为独特的自己，成为富有智慧的自我实现者。"除了我们的时代之外，每个时代都有它的英雄典范。我们的文化把圣人、英雄、绅士、骑士、神秘之人都一扫而空，取而代之的是一个毫无问题、四平八稳的人，一个值得怀疑的、苍白的替代者。也许我们很快就会把自我发展、自我实现的人作为我们的典范：他的潜力能充分发挥，他的内在本性能自然表露，而不是被扭曲、压抑或得不到承认。"①

上述关于职校生心理的科学发展观，是职业学校教师树立科学的学生观、教育观的哲学前提。缺乏科学的学生观、教育观，往往是职业学校教师教育工作出现种种失误的根本原因。因此，职业学校教师要认真研究当代职校生在社会转型时期的心理发展特点，切实把握时代脉搏和职业教育规律，把自己对职校生心理发展的认识建立在理性分析的基础上，坚持不懈地让所有职校生的心理得到最充分和谐的发展。

【本章思考与练习】

1. 影响人心理发展的主要因素有哪些？如何理解它们各自的作用？
2. 如何认识和评价遗传决定论、环境决定论？
3. 简要阐述建构主义的心理发展观。
4. 如何认识心理发展与职业教育的相互依存性？
5. 如何树立科学的职业学校学生心理发展观？

---

① ［美］弗兰克·G 戈布尔. 第三思潮——马斯洛心理学. 吕明，陈红雯译. 上海：上海译文出版社，2001. 69.

第三章　职业学校学生的心理特征

当代职校生的年龄在 16、17 岁至 19、20 岁，正处于人生最活跃、最丰富多彩的青年初中期。青年期是一个由少年儿童向成人过渡的时期，是人生发展变化的重大转折时期。一些西方心理学家称青年期是"暴风骤雨、疾风怒涛时期"和"第二次危机时期"，是"心理上的断乳期"和"人生的第二次诞生期"。对职校生来讲，青年初中期是其个性发展和人格成熟的重要时期，是由"自然人"向"社会人"发展、完成社会化任务的关键时期，每每要面临许多心理方面的问题。同时这一时期又是职校生心理发展最宝贵、最富特色的时期，其特质就是心理世界的可变性和心理发展的可塑性。这就使得有目的、有计划的职业教育成为必要与可能，可以发挥不可替代的重要作用。

第一节　职业学校学生心理发展的基本特征

青少年期是个体从不成熟走向成熟的过渡时期。处于这个时期的个体，生理成熟水平显著提高的同时，其心理发展的特点特别是在智力发展、情感、意志、个性及言语表现上，都有其独特的发展特征。心理发展的年龄特征是指在一定社会和教育条件下，在个体心理发展的各个年龄阶段所表现出来的一般的、典型的、本质的心理特征。它既不同于前一个发展阶段，又不同于后一个发展阶段。从群体心理分析，中等职业学校学生的心理特点与普通高中学生既有年龄特征的共同之处，也存在明显的个性发展差异。

一、职业学校学生心理发展的年龄特征

职校生正处在青春发育期，也是身体发育的第二个高峰期。在这一时期，学生在身体的形态上、机能上，在脑和中枢神经系统的发展上，在肌肉力量和运动能力上，都急剧地发展、变化和成熟。辩证唯物主义认为，心理发展必须以生理的发展为基础，生理上的显著变化，是心理变化、发展的重要原因和条件。职校生理上的这些发展又为他们的心理发展提供了基础。要把握职校生的心理特征，首先要了解他们的生理特征。职校生生理机能的变化涉及很多方面，归结起来主要有"三大变化"：一是身体外形的变化，身高体重增加迅速；二是内脏机能的逐步健全；三是性的成熟，以及三大性征的出现与完善。性是人体内部发育最晚的部分，它的发育成熟，标志着人体全部器官接近成熟。

青春发育期是人的一生中最充满生机，具有蓬勃向上发展趋势的时期，无论

在生理上还是在心理上，都逐渐地趋向于成熟。职业学校学习阶段不仅是职校生长身体长知识的时期，更是培养他们具有良好的思想道德品质和文明行为习惯的最佳时期，也是帮助他们奠定科学人生观和世界观的有利时期。探索他们的心理发展规律，掌握他们的心理特征，是对他们进行教育的前提和出发点。许多经验证明，在这个时期，除了具有顺序性和阶段性、稳定性和可变性、不均衡性和个别差异性等，职业学校学生在心理发展上大体表现出过渡性、闭锁性、自主性、动荡性、职业性和社会性等特征。

（1）心理发展的过渡性。职校生正值青春期或青年初期，是一个由少年儿童向成人过渡的时期，是人生发展变化的重大转折时期，也是对他们进行教育的最佳时期、关键时期。职校学习时期是职校生从心理幼稚走向成熟的过渡时期，从少年向成年过渡，从依赖性向独立性转化，从幼稚性向成熟性转化，从不自觉向自觉性发展。在这一时期，他们表现出幼稚与成熟、依赖性与独立性、自觉性与不自觉性相互交织的复杂现象，认识水平、能力还不高，心理状态不够稳定，思想还比较单纯，遇事欠思考，好感情用事。

（2）心理发展的闭锁性。进入青年期的职校生，渐渐地将自己内心封闭起来，不像儿童时期那样经常向成人敞开自己的心扉，内心世界变得更加丰富多彩，但又不轻易表露出来，心理发展呈现出闭锁性的特点。他们的心理生活丰富了，但表露于外的东西却少了，加之对外界的不信任和不满意，又增加了这种闭锁性的程度。他们非常希望有单独的住宿房间，有个人的抽屉，并喜欢把抽屉锁起来。爱写日记，不大乐意与长辈讲话了，在长辈面前显得寡言少语，就是这种闭锁性的表现。心理发展的闭锁性使职校生容易感到孤独，因而又产生了希望被人理解的强烈愿望，热衷于寻求理解自己的人，寻找"志同道合"、有共同语言的知心朋友，对值得信任的朋友能坦率地说出内心的秘密。

（3）心理发展的自主性。青春期正处在心理上脱离父母的时期，即心理上的断乳期。随着身体的迅速发育，自我意识的明显加强，独立思考和处理事物能力的发展，职校生在心理和行为上表现出强烈的自主性，迫切希望从父母的束缚中解放出来，开始积极尝试脱离父母的保护和管理。这个时期的职校生具有很强的自尊心，热衷于显示自己的力量和才能。不论是在个人生活的安排上，还是在对人生与社会的看法上，他们开始有了自己的见解，自己的主张，已不满足于父母、老师的讲解，或书本上的现成结论，对成年人的意见不轻信、不盲从，要求有事实的证明和逻辑的说服力，对许多事物都敢于发表个人意见，并为坚持自己的观点而争论不休。如果说生理上的断乳是个体被动地离开父母，那么心理上的断乳则是个体主动地离开父母。

（4）心理发展的动荡性。青春期生理、心理发展的不平衡性，以及生理和某些心理发展同道德或其他社会意识发展之间的不平衡性，一方面创造了个性发展以及道德和社会意识发展的条件，另一方面也造成了心理过程的种种矛盾和冲突，表现出一种成熟前的动荡性。心理发展的动荡性表现在知、情、意、行等各个方面。比如，思维敏锐，但片面性较大，容易偏激。热情，但容易冲动，有极大的波动性。意志品质在发展，但在克服困难中毅力还不够，往往把坚定与执拗、勇敢与蛮干、冒险混同起来。在对社会、他人与自我之间的关系上，这个时期的职校生常易出现困惑、苦闷和焦虑，对家长、教师表现出较普遍的逆反心理和行为。他们血气方刚、敢说敢为，要强好胜，富有热情与正义感，遇事敏感、急躁，易动感情而难于自控自律。他们希望受人重视，对别人的评价十分敏感，易受外界环境和伙伴的影响。同时，他们看问题容易片面和绝对化，逆反心理强烈，很少知道反思，出了问题冷静下来，又感到痛苦和后悔。

（5）心理发展的职业性。如从心理过程看，职校生的认知模式职业化，职业道德情感发展较快，职业意志活动具有理智性；从个性心理特点看，职校生具有鲜明而强烈的职业成就动机，学习动机比较复杂、层次偏低，学习行为和活动实用化，专业技能水平较高，职业能力得到较好发展，讲究实惠的择业观念，理想日益现实化，兴趣爱好定向化，高度自觉而敏锐的就业信息意识，对毕业分配和择业的疑虑心理，比较突出的自卑心理，强烈的审美需求，觉醒而敏感的性意识等特征。[①] 这些都决定了中等职业学校学生教育必然有别于普通学校的教育。

（6）心理发展的社会性。虽然心理内容的社会性早在儿童时期就已开始出现了，但是更大规模的深刻的社会化，则是在青春期完成的。职校生开始注意社会现象，开始探索人生，对社会、现实、人生等问题思考的深度和广度有所提高。职校生对社会现实生活中的很多现象都很感兴趣，喜欢探听新鲜事，很想像大人一样对周围的问题做出褒贬的评论，对社会活动的参与日益活跃。如模拟角色活动"假如我是校长"、"假如我是班主任"，对自治、自理、自立、创办社团与刊物等的要求，充分表明他们思考问题已远远超出学校的范围，做集体、国家主人翁的思想开始萌发并日益强烈。尤其是对未来生活道路的选择，成为他们意识中的重要问题。职校生在考虑未来的发展及社会抉择时，比小学生和初中生更具现实性。

职业学校阶段是职校生理想动机和兴趣发展的重要阶段，是世界观从萌芽到形成的重要阶段，是学习与品德发展的重要阶段。职校生的心理发展具有相当的复杂性，他们模仿能力较强，但识别能力还比较差；接受信息多，思想活跃，但是非标准不清晰；成就动机强，渴望成材，但学习目的不明确；向往美好未来，盼望幸福生活，但艰苦奋斗精神差；自主自立意识强，但纪律观念、关心他人与集体观念弱；求新求美求乐，但有不思进取、贪图及时享乐倾向。有人说，青年既不是一切暴露无遗、明明白白的"白箱"，也不是一切不可知、看不见内部结构的"黑箱"，而是一个以模糊不定、动荡多变为主要特征的"灰箱"。[②]

---

① 刘重庆，崔景贵. 职业教育心理学. 上海：立信会计出版社，1998. 167～184.

② 郑和钧，邓京华. 高中生心理学. 杭州：浙江教育出版社，1999. 22.

职校生心理发展的年龄特征既有稳定性，又有可变性。心理发展年龄特征的稳定性和可变性都是相对的，而不是绝对的。如果无稳定性，也就没有什么年龄特征可言了。但这种稳定性并不意味着一成不变、完全相同的，它只是一种相对的稳定。随着各种条件的变化，职校生心理特征在一定范围、程度上可以发生某些变化，但这些变化也是有限制的，而不是毫无限制。根据职校生心理发展的年龄特征的实质，在职业教育中既要考虑年龄特征，以此出发去引导职校生的心理发展，又要考虑年龄特征的可变性，考虑个性心理差异，注意因材施教。

二、职业学校学生心理发展的时代特征

从时代特征看，当代职业学校学生与以往职校生相比，个性心理面貌表现为三大突出变化，即从接受转向思考，从闭锁转向开放，从关心书本转向关心社会。在当今社会变革与转型中，由于所处的特殊社会历史时期、年龄的特殊阶段、生活的特殊环境、教育的特殊内容和所担当的特殊角色与使命，当代职校生产生了一系列与以往任何一个年代职校生不同的心理面貌和心理矛盾。

（一）当代职校生心理发展的新面貌

（1）学习行为实用化。在当今世界务实避虚的社会变革的大背景下，在升学与择业竞争、完善自我、迎接挑战与适应未来的目标的驱使下，当代职校生的学习越发显得实用，不少职校生将学习对自己的将来升学、生活与工作是否有用作为产生学习需要的主要甚至唯一的标准，往往是自己觉得有用就肯学、想学、苦学、乐学，要是觉得没有用就不肯学、不想学、少学、厌学甚至逃学。许多职校生都认同这样的观点，即学习就是为了将来到社会上能够有用，学了无用等于不学，学了不好用，等于学糟了学坏了，还不如不学。

（2）个性发展自主化。现代生活使得职校生获得了相对过去较为"自由"和"开放"的环境，他们的"成人感"迅速增强，几乎无一例外地认为自己已经完全长大成人了，开始具备自主自立的强烈意识。他们对个性有着自己独特的理解，渴望拥有"帅呆"的、"酷毙"的鲜明个性，希望自己能够主宰、决定自己的一切，自己独立地走自己的路，从而为将来的社会适应做好准备。因此，他们大多不满足于学校管理部门、班主任老师或家长为他们设计好的成才模式和发展道路，试图摆脱所谓"独裁专制、家长式"的束缚，对"出自好心"的包办代替和别人的"指手划脚"特别反感。

（3）需要结构多样化。不难理解，当代职校生处于改革开放日益深化、市场经济与知识经济交织的21世纪之初，社会政治、经济、文化、科技和教育诸方面都在影响着他们的思想、心理和行为系统，使得他们产生丰富强烈、纷繁复杂的需要结构。"超前"的现代化的物质生活需要，多维自主的社会交往需要，新奇高雅的文化娱乐需要，提升自我的学习求知需要，自我实现的专业成才需要，

加上职校生强烈的归属和爱的需要，尊重与理解的需要，等等，使得当代职校生在需求满足上"似乎没有不需要的"，总是显得有些贪心不足，甚至表现出有点"贪婪"。可以说，21世纪职校生与以往任何一个时代的职校生相比，其需要心态的最大不同和突出特征就是它的丰富多样性。

（4）价值观念多元化。在当今社会变化日新月异的形势下，职校生价值观出现了前所未有的多元化重新组合，表现出前所未有的包容性，多元价值观并存现象在当代职校生身上也表现得十分突出。在当代职校生中，绝对权威崇拜、绝对一元的价值信仰和价值评价标准已经不复存在，而代之以一幅多元纷呈的价值世界图像。越来越多的职校生强调自我与社会融合，索取与奉献并重，兼顾国家、集体和个人三者利益而又比较注重自我，注重实际。这种变化趋势似乎日益成为当代职校生价值观的主流。

（5）负面心态普遍化。毋庸置疑，健康向上、科学合理的心理状态是当代职校生心理发展的主流。但值得重视的是，当代职校生确实比较普遍地存在着一些消极甚至阴暗的负面心态，如"社会人"的实用心态，"时代人"的浮躁心态，"复杂人"的困惑心态，"无关人"的冷漠心态，"多余人"的悲观心态，"对立人"的逆反心态。这些负面心态的产生和形成，既有思想观念、思维方式、人格心理等方面的主观原因，也有社会文化、家庭影响、教育改革、体制变革等方面的客观原因。尽管当代职校生存在的负面心态不是严重的心理疾病，但很容易诱发各种心理障碍和过激行为，需要职业学校教师积极引导，促进其良性转变。

（二）当代职校生心理矛盾的新特征

（1）心理矛盾的普遍性。当代职校生是一个充满矛盾的青年群体。不难理解，这个年龄阶段的职校生普遍存在的内心矛盾主要有：闭锁性所导致的孤独感与强烈的交往需要之间的矛盾；渴求自主独立与情感物质依赖之间的矛盾；强烈求知欲与识别能力不强之间的矛盾；情绪情感冲动与理智调控约束之间的矛盾；美好的愿望理想与当前现实不如意之间的矛盾；强烈的性意识、性冲动与正确处理异性之间关系、性道德之间的矛盾。

（2）心理矛盾的二重性。当代职校生的心理矛盾具有两重性的特征：政治态度上具有探求性，而思想观点上带有偏激性；思想上具有进取性，而认识上带有片面性；奋斗目标上具有时代性，而基本需求上带有享乐性；思维活动上具有求异性，而心理过程上带有逆反性；行动方式上具有独立性，而物质生活上带有依赖性；自我意识上具有自主性，而待人处事上带有自私性；性格特征上具有开放性，而意志品质上带有脆弱性；交往对象上具有广泛性，而情感表露上带有冲动性。

（3）心理矛盾的复杂性。在学习与学历压力、经济与生活压力、就业与竞争压力等作用下，当代职校生心理世界的双趋冲突、双避冲突和趋避冲突等比比皆是，巨大的心理压力、多重的心理矛盾交织在一起，使得不少职校生感叹"个中滋味谁人能知道"，"剪不断、理还乱"，"才下眉头却上心头"。比如，有的职校生在渴望继续学习与现实生活需要之间矛盾重重，真是"患得患失"。他们想努力学习，但又怕吃苦，不愿吃苦，甚至吃不了一点苦；想继续学习深造，但抵制不了现代物质生活的诱惑，希望尽快找到一个称心如意的工作岗位；既想把握理想的就业机会，又留恋美好的校园生活，唯恐失去难得的学习深造的机会。

当代职校生存在诸多的心理矛盾和冲突并非偶然，也并不可怕，相反这是心理发展过程中的正常现象，是职校生努力走向成熟与尚未真正成熟的集中表现，也是实现职校生心理健康发展和持续前进的内因和动力。

第二节　职业学校学生的心理问题与分析

中等职业技术学校的学生正处于青春期或青年初中期，这一时期是人的心理变化最激烈的时期，也是产生心理困惑、心理冲突最多的时期。而从实际情况看，随着普高热的升温，中考后半段考分的学生进了职业学校，学习上的后进生、品德上的差生和行为上的差生成为现阶段一些职业学校学生构成的主要成分。职校生中的大多数是基础教育中经常被忽视的弱势群体，这也决定了他们的心理问题多发易发而且日益复杂，是一个需要特别关注的特殊群体。

一、职业学校学生的主要心理问题

（一）职业学校学生的学习心理问题

学习是学生的第一要务和主导活动，职校生的身心发展也主要是通过学习来实现的。职校教育阶段是职校生学习与发展的重要时期、黄金时期，而学习心理问题也是职校生最普遍、最常见、最突出的心理问题。

（1）学习目标不够明确。不少职校生对进入职业学校学习自信心不足，对三、四年的学习目标几乎没有什么考虑，甚至没有学习的近期、中期和远期目标，因而学习态度不够认真，只求能够过得去，甚至是得过且过。

（2）学习动机层次不高。不少职校生对学习的认知内驱力不足，对学习提不起内在的兴趣，学习的实用化倾向十分明显，过分追求学习上的急功近利和"短平快"，对学习文化基础课和思想品德课很不情愿，认为所学的东西在将来没有用等于在浪费时间，还不如不学。

（3）学习方法不当，学习习惯不良。不少职校生在初中阶段就没有养成良好的学习习惯，不知道怎样学更科学、更有效，没有掌握基本的学习策略，因为不会学而学不好，由学不好到不愿意学，最后发展到厌学、逃学。

（4）学习的元认知能力水平较低。相当一部分职校生对学习过程、学习活动和自己的学习习惯缺少必要的反思自省意识，不懂得科学合理地安排学习时间，不懂得如何进行学习成败上的合理归因。

（5）学习焦虑现象比较普遍。不少职校生是读不进书又不得不读书，在家中瞒着父母，在学校应付老师，对学习有着一种"剪不断、理还乱"、摆脱不掉的心理压力。对考试或某些学科、课程的学习存在比较严重的恐惧心理，有明显的厌学情绪和行为。

（二）职业学校学生的情感心理问题

一般认为，情绪情感是人对客观事物的态度的一种反映，是客观现实是否符合自己需要而产生的体验。职校生的内心世界是五彩缤纷、各具特色的，而情绪情感最能体现他们内心世界的丰富多彩和复杂多变。

（1）情绪不稳定，情绪自控能力较弱。处于青年初中期的职校生具有明显的情绪两极性，比少年期更为突出，容易出现高强度的兴奋、激动，或是极端的愤怒、悲观。他们的情绪变化很快，常常是稍遇刺激，即刻爆发，出现偏激情绪和极端的行为方式，冲动性强，理智性差。在日常生活中，不少职校生情绪躁动不安，动不动就想哭，大叫大喊或摔砸东西，与同学、朋友争论起来面红耳赤，甚至发生激烈的争执。也有一些职校生经常性地大惊小怪，给人一种装腔作势、无病呻吟的印象。

（2）社会性情感表现冷漠。就其实质而言，职校生的冷漠是多次遭遇严重挫折之后的一种习惯性的退缩反应。不少情感冷漠的职校生对他人怀有介意或敌意，对人对事的态度冷淡，漠不关心，有时近乎"冷酷无情"，对集体活动冷眼旁观，置身于外，给人一种"看破红尘"的感觉。有人说职校生情感世界中的"冻土层"很厚，因为在初中阶段老师关爱的"阳光"照耀到他们的时间不仅短而且热量少。国外心理研究者指出：在现代社会中，不少青年在心理上处于"三无"状态，即无动于衷，谓之无情；缺乏活力，谓之无力；漠不关心，谓之无心。这在职校生中表现更为突出。

（3）感情容易遭受挫折，挫折容忍力弱。面对当今社会的文凭歧视和社会偏见，以及劳动力市场上越来越激烈的就业竞争，职校生群体普遍感到巨大的压力和深受伤害，对生活逆境没有充分的心理准备，不清楚如何把握自己的命运。一些职校生稍遇挫折，就觉得受不了，产生"还不如死了为好"的"希死"心理。出走、打架、斗殴、自残、轻生等现象在职业学校并不少见，也说明职校生应对挫折的能力比较薄弱。

（4）情感严重压抑，情绪体验消极。受社会大环境的影响，许多家长认为孩子只有进入重点学校才是进了大学的门，才有前途和出息，进入职业学校，等于是成才道路上领到了一张红牌，被判定"下场"或没出息。在社会和家庭的双重影响刺激下，职校生的心理压力增大，常常有身心疲惫感，觉得自己活得真累。特别是一些单亲家庭、特困家庭或家庭关系不和睦的职校生，不愿意和别人交流自己的真实感受，也不善于合理宣泄自己的不良情绪，更容易产生抑郁、悲观等消极情绪体验。

（三）职业学校学生的个性心理问题

个性是个体经常表现出来的具有一定倾向性的、比较稳定的心理特征的总和，是一个人的基本的精神面貌。职校生中"落水者"的心态、"失败者"的心态、"多余人"的心态比较普遍，使得他们难以拥有一个健康健全的人格和振奋向上的个性面貌。

（1）缺乏应有的积极理想和追求。不少职校生在进入职业学校时就觉得自己是被淘汰的或者被遗弃的人，认为自己是将来没有出息、事业上难有作为、几乎没有什么希望的人，因而往往表现为精神萎靡不振，政治思想上不求进步，学习上不思进取，生活上自由散漫。一些职校生抱着混世度日的心态打发人生，甘愿沉沦，听天由命。

（2）社会适应能力较弱。现在的职校生大部分是独生子女，由于受到长辈的过分关爱，依赖性强，生活自理能力差，难以顺利适应职业学校的集体生活。由于缺乏集体生活的磨练，职校生社会生活经验比较少，社会认知方式不够合理，往往对社会现象缺乏理智的判断，分不清哪些是对的或错的，哪些事情对自己人生发展来讲是最重要的，而哪些在目前又是次要的。面对快速多变、纷繁复杂的社会，可以说职校生比同龄优势群体的学生显得更加困惑和无所适从。

（3）人格尊严受到严重损害。由于初中阶段学业成绩的不理想，不少职校生的人格尊严被异化。社会上不论什么人都是低眼看职校生，他们成了世人眼中"不上进"的顽劣，是老师眼中"不可教"的孺子，是家长眼中"没希望"的一代，是亲友眼中"不学好"的典型，是现实社会中"多余人"的代表。可以说，与普高生相比，职校生的人格尊严问题比较突出。

（4）不良性格特征普遍存在。从当前职校生个性塑造的实际情况看，狭隘、妒忌、暴躁、敌对、依赖、孤僻、怯懦、抑郁、神经质、偏执性、攻击性等不良的性格倾向已经成为相当一部分职校生的个性心理特征。一些职校生可以毫不犹豫或毫不内疚地说谎、欺骗、敲诈或偷盗，"边缘性人格"、"双重人格"、"物化人格"等并不少见，反社会性、分裂性、戏剧性等人格障碍倾向在一些职校生言行举止中也有明显表现。

（四）职业学校学生的自我心理问题

自我意识是主体对自己的心理、身体、行为以及自己与别人、自己与社会关系的意识。不难发现，相当一部分职校生缺乏合理的自我意识，自我评价不当，理想自我与现实自我、主观自我与客观自我之间的矛盾比较突出。

（1）自卑自贱心理严重。自卑心理是个体在外界的消极暗示下，由于现实自我与理想自我之间产生强烈的反差而引起的自我贬低、自我否定的一种消极的心理状态。它的外在表现就是看轻自己，对个人的能力与品质做出不符合实际的偏低评价，认为自己什么都不行，即使对那些稍加努力就可以完成的任务，也往往自叹无能而轻易放弃。部分职校生由于长期处在被别人瞧不起的地位，听到的常常是指责和不满，看到的常常是歧视的眼光，总觉得自己"低人一等"、"矮人三分"，容易出现自暴自弃、破罐破摔等消极表现。

（2）自我中心意识过强。由于家庭生活中长期的以自我为中心，一些职校生习惯于随意支配、指使别人，进入职业学校后仍然希望别人围着自己转，但现实情况正相反，许多独生子女职校生就会产生严重的失落感。由于缺乏合理正当的表现机会，一些职校生就试图通过逆反的或对立的角色和行为如恶作剧、故意捣乱、夸张炫耀、标新立异、逆反言行等表现来突出自我的存在，设法引起别人对自己的关注，以此获得异常的自我满足感。

（3）自私自利心理普遍。在职业学校生活中，相当一部分独生子女职校生过分关注自己的感受，而很少考虑甚至丝毫不考虑别人的想法和利益；希望得到别人的尊重，却很少去考虑尊重别人；希望索取别人对自己的关心，但不愿意去真诚地关心帮助别人。不少职校生以"人不为己，天诛地灭"作为自己的人生信条，"事不关己，高高挂起"，表现为时时处处事事只关心自己的利益得失，却很少自觉地关心他人和集体。

（五）职业学校学生的人际心理问题

职校生的人际交往，主要是与朋友、同学、老师及父母的交往。而职校生的人际心理问题，也主要表现在这些方面。

（1）社会性交往萎缩。在初中阶段，由于学习成绩的不理想，自然在以学业好坏为标志的学校、社会里，他们就是笨孩子、傻学生，座位是在教室的后排，上课没有被提问的机会，根本没有参加学习竞赛的可能，有些老师和学生都懒得与他们打交道，一些家长甚至不允许自己的孩子与他们来往相处。进入职业学校后，一些职校生对正常的社会交往仍然心存疑虑，总是怕这怕那，尤其是担心别人会瞧不起自己，因而不愿与过去熟悉的人打交道，不愿意暴露自己职校生的身份，有意回避正常的社会性交往，甚至希望自己与世隔绝。

（2）异性交往上的行为偏差。随着性意识的觉醒，职校生已经逐步度过了异性疏远期，而走进了异性接近期。他们渴望与异性多接触交往，和异性谈话交流会觉得十分高兴，和异性在一起活动感到特别兴奋、愉快。他们渴望有能够亲近的异性朋友，希望建立良好的异性交往关系。由于情感的冲动性，不少职校生分不清友谊和爱情的界限，不能理智对待自己朦胧的情愫，过早地追求所谓的爱情，因而职校生早恋现象比较普遍，由此而引发的职校生品德心理问题和性行为过错等违纪现象比较多见。

（3）师生间交往缺乏信任感。由于初中阶段不良的师生关系，经常被老师忽视、排斥、指责，一些职校生对职业学校的老师自然会有一种条件反射式的疏离感或压抑感，担心老师会向家长告状，怀疑老师会与自己有意过不去，想与老师亲近但又怕受到冷落。一旦老师在处理或对待与自己相关的事情不够恰当时，一些职校生便会产生强烈的不满或偏见，形成对立情绪，出现逆反行为，不配合、不支持老师的教育教学和管理工作。

（4）代际交往的隔阂明显。在人类历史的长河中，代际冲突是一种必然的现象。而在现代社会转型期，所谓的"代沟"、"代差"问题更为明显和突出。不少职校生与父母之间的沟通交流比较困难，经常埋怨父母不理解、不尊重自己，轻视父母的存在和价值，与父母的矛盾冲突不断，甚至可能产生严重的行为冲突。[①]

（5）网络交往失度失范。一些职校生在现实交往中难以获得需要的满足，便试图在网络世界中得到补偿。如今，不少职校生偏重于"人—机"对话式网上人际交往，热衷于网络交友，迷恋上网寻找所谓的友谊，甚至为此荒废了学业。在网络世界里，更有一些职校生有一种"特别自由"的感觉和"为所欲为"的冲动，自我约束力不足和道德自律意识不强，违背网络交往道德规范，做一些平时不可能做、也明显是不道德的问题行为，如粗言恶语、人身攻击、"灌水"、网恋或多角恋等比比皆是。沉溺于网络交往容易导致职校生忽视真实可信的人际关系，使得人际关系更加冷漠，造成人际情感的逐渐萎缩，产生严重的人际交往心理障碍。

（六）职业学校学生的性心理问题

伴随着男女两性身体形态的变化和第二性征的迅速发育，处于青春期的职校生性意识和性情感已经开始萌发，希望多了解性的知识技能，但又怕别人发现或讥笑。性生理上的剧烈变化，会给职校生带来所谓的"青春期骚动"和强烈的"性困扰"，产生不少性心理问题。

（1）性征体相的烦恼。第二性征和第三性征的出现，有人形象地称之为青少年的"第二次诞生"。许多职校生总在为自己性征体相的不如意而烦恼，担心自己的形象不佳。不少男生常反问自己：我的长相怎样，是不是具有成熟男子汉的气质；而女生常反问自己：我的外貌如何，有没有青春女性的现代风度。一旦得到别人的肯定和认可，就会兴高采烈、兴奋无比；一旦获得别人的否定性评价，就可能伤心烦恼不已，甚至茶饭不思。职校生中的"追星族"比较多，明星偶像崇拜热一浪高过一浪，内在原因就是要寻求一种莫名的身心补偿，摆脱困扰自己的性征体相的烦恼。

---

① 从心理学角度讲，人在10岁以前是对父母的崇拜期，20岁以前是对父母的轻视期，30岁以前对父母又变为理解期，40岁以前是对父母的深爱期，直到50岁才会真正了解认识自己的父母。

（2）性心理反应过敏。有些职校生经常被原始的性欲望所困，对性问题过于敏感，表现为过分热衷于性知识的引诱，过多阅读性描写的书籍，喜欢谈论性的话题，传播一些性的笑话，沉湎于性的想象或性的"白日梦"。有些职校生养成了习惯性的手淫等自慰行为，常常自责不已，有着强烈的罪恶感和负疚感，生怕别人识破自己性方面的隐私或秘密。对于遗精、月经等一些正常的性生理现象，不少职校生缺乏科学的认识，产生惊恐、疑惑、羞涩、精神恍惚、焦虑不安等心理反应。

有的心理学家把青年期的性欲望比做火药库，如不加引发和保管得当，则能够保持平静，相反，则可能引起强烈的爆发，带来灾难性的后果。从目前实际情况看，不少职校生出现的不良品德或行为问题，追根溯源都与自身性生理、性心理或性道德方面存在的问题有关。这也说明进行适时、适度、适量、适当的青春期教育是中等职业技术学校素质教育的当务之急。

（七）职业学校学生的择业心理问题

择业就业是当前职校生非常关心、特别关注的一个热门话题。因为择业就业是职校生人生道路上的一项重要抉择，伴随着这种抉择而来的往往是兴奋、紧张、忧虑混杂在一起的矛盾心态。

（1）择业依赖退缩心理。虽然现在实行的是"双向选择，自主择业"的就业制度，但许多职校生还是寄希望于职业学校或家长帮助解决自己的就业门路或去向。对于职业学校承诺保证毕业推荐就业的那些专业，职校生往往是十分喜爱、情有独钟。这也说明不少职校生在内心深处还是惧怕或不愿意自主择业，更缺乏创业精神和能力。

（2）择业紧张焦虑心理。能不能顺利就业，成为许多职校生的一大"心病"。一些职校生担心自己的学历低、专业技能水平低，害怕"毕业就是下岗"，有的职校生甚至为此寝食不安。还有的职校生对所学专业不满意、没兴趣，自己又没有办法改变现实，整天心绪不宁、唉声叹气、愁眉苦脸。

（3）择业思维定势心理。一些职校生为所学的热门专业所困，希望找到有社会地位的、体面轻松的、收入高待遇好的理想的就业岗位。一旦要放弃所学的专业，一些职校生就显得无所适从，心理极度矛盾。

需要说明的是，本章主要分析的是当代职校生存在的一般性的心理问题，没有去探究职校生中存在的比较严重的心理障碍和心理疾病。所提及的这些心理问题基本上属于成长性的、适应性的心理问题，是职校生心理发展过程中的问题。通过实施科学的、有针对性的心理教育，这些心理问题是完全可以而且能够得以妥善解决的。本书无意将职校生的心理世界描述得"一无是处"，而主要是从存在问题的视野来认识职校生的心理现状，为职业教育创新寻求心理依据，从而有利于加快职业教育的改革与发展，更好地推进和深化职业学校素质教育。

二、正确认识与对待职校生心理问题

职校生心理问题的表现多种多样，其产生的原因也比较复杂，非只言片语所能透析。初中阶段学习生活的不良经历，教师以及家长的教育观念方式不当，普遍存在的社会认知偏见，特殊的时代和社会环境、特别的职业学校专业教育、特定的青春期年龄阶段和独特的身份（如独生子女、特困生或孤儿），加上一些职业学校教育教学管理工作和办学条件的不尽如人意，都使得职校生的心理问题日益多样，更加普遍。这也说明职业学校教育管理工作必然具有长期性、系统性、复杂性和艰巨性。

（一）职校生心理问题产生的主要原因

应该说，当今职校生心理问题的多发易发并非偶然，而是必然的现象，其形成原因是多方面的，需要职业学校教师理性认识、理智分析。

1. 特定年龄阶段日益复杂的心理矛盾

当代职校生正处在青年初中期。这是一个"狂风恶浪"、"疾风怒涛"的人生过渡时期，也是职校生人生"第二次诞生"和真正实现"心理性断乳"的人格再构时期。由于当代职校生人生经历基本上是从校门到校门，缺乏必要的社会生活经验和实践锻炼，在心理发展过程中存在着明显的两面性，而且其各方面的心理发展很不平衡，往往容易产生各种各样的心理矛盾与冲突。职校生现在生活的时代，又是一个梦想与磨砺并存、挑战与机遇并存、希望与绝望并存、快乐与痛苦并存、幸福与艰难并存的多元化选择的时代。加上东西方文化观念的差异，传统价值权威衰落与现代多元价值的影响，当今职校生生活在一个多重矛盾冲突相互交织的复杂时期。当代职校生是一个充满矛盾的青年群体。可以说，这是人生烦恼最多、矛盾和冲突最激烈的时期。部分职校生不能理智地自主应对和妥善解决这些矛盾冲突，使得一般性的心理问题"日积月累"，出现了严重的心理障碍，严重影响了他们的学习、生活和健康成长。

2. 现实教育价值取向的偏差与错位

的确，职校生日益增多的心理问题，值得我们深刻反思，也使得我们不得不反思当下的职业教育。当今职业学校教育的理想目标和价值追求究竟应该是什么？是知识技能教育还是健全人格的塑造与完善？而且这种全面反思，应该从小学乃至学龄前教育就开始，同时还要进一步深刻反思我们的家庭教育。尽管我们极力倡导素质教育，但现实的状况是，在普通学校更多的是"应试教育"和升学教育，在职业学校只是就业教育或技能教育。职业教育的现实问题就是缺少必要的"成人"教育，人格教育的"空场"和错位。事实上，重生理轻心理、重知识轻能力、重技艺轻人文、重学历轻素质、重智商轻情商等不良教育倾向在职业学校还普遍存在。

目前，我国儿童的心理发展普遍存在着两大缺陷：一是创造力低于计算能力，二是对长辈及他人的施爱行为反应迟钝、冷淡，共情能力差。大量调查结果表明，目前学校教师对儿童心理与行为认知存在八个误区：对于学生，教师们"关注成功重于失败，关注物质需求重于精神需求，关注学习结果重于学习过程，关注智力因素重于非智力因素，关注'是什么'重于'为什么'，关注外显行为重于内隐心理，关注共性问题重于个性问题，关注单向说教重于双向交流"。这八个误区导致教师对学生"爱"之愈深，学生对教师"拒"之愈切。教师给学生包办一切且过分地关注学生的表面东西，造成两个结果：一是没有给学生搭建发展创造力的空间，二是使本来容易以自我为中心的独生子女职校生更加加重了自我中心意识。

教育价值取向的偏差给职校生带来的是素质发展的不和谐，最终也不可能培养现代社会所需要的高素质人才。因为畸形的教育培养出的只能是畸形的人，教育的"异化"必然导致人的"异化"。英国教育家洛克说过："因为教育上的错误比别的错误更不可轻犯。教育上的错误正和配错了药一样，第一次弄错了，决不能借第二次第三次去补救，它们的影响是终身洗刷不掉的。"[①] 国际教育基金会总裁曾经说过："在你们追求更高的学术与科技教育的同时，千万不要忽略青年人的人格教育。否则，你们将会重复西方的严重错误。由于这些错误西方得到的是犯罪、道德败坏、家庭的崩溃与其他种种有关问题。这些问题的存在并不是科技的失败，而是最基本的教育失败。"我们这样分析并不是说，教育应该对职校生出现的心理问题承担全部的责任，我们不能因为出现了诸多心理问题就否定当今教育特别是职业教育的功效，就否定教育的全部意义和价值，就推断职业学校教育是完全失败的。这样的推论不符合教育哲学逻辑，思考这样的问题似乎没有多大的现实意义。我们需要深思的是，职业教育的核心旨趣究竟应当是什么？我们认为，职业学校教育的最高目的是"成人教育"，比知识技能教育更重要的是精神教育、心理教育和健全人格教育。表面上看起来，职业教育似乎在引领职校生"就业"或"成才"，但是，职校生如果不能首先成为真正意义上的人，没有健康健全的人格，又怎么可能成为合格的人才？职校生要"成才"就得先"成人"。在某种意义上说，"成人"教育比"成才"教育显得更加重要、更为迫切。职业教育首先要从单纯的就业教育、成才教育真正回归到成人教育，做到成人教育与成功教育、成才教育、成就教育的有机融合、和谐统一。

3. 职校学习阶段一些不良生活事件的影响

从相关调查结果看，影响职校生心理健康的不良生活事件主要有以下一些：家庭经济特别困难，经济来源没有保障，生活压力过大；受人歧视和鄙视，被同学或朋友排斥；本人患过重病，遭受重大打击或挫折；当众受侮辱或个人的尊严

① ［英］约翰·洛克. 教育漫话. 傅任敢译. 北京：教育科学出版社，1999. 2.

名誉受损害；恋爱困惑与性征烦恼，感情严重受挫；学习遇到困难或自己感到学习负担重；不喜欢现在所学的专业；家庭结构特殊和情况特别，如单亲家庭或重新组合家庭，亲人过世或受重大伤害；被人误会错怪，特别被是被自己的好友或老师误解；期待中的评优奖励如"三好生"、奖学金等落空；人际关系严重失衡，与家长老师产生对立冲突，与宿舍同学或朋友关系不和谐；无法应对生活和就业的巨大压力。

(二) 容易产生心理问题的职校生群体

毫无疑问，健康向上、科学合理的心理状态是职校生心理发展的主流，职校生现实人格的主流是健康向上、务实积极的，但与当今时代和未来社会需要的现代化人格相比还存在较大反差。少数职校生存在比较严重的心理问题。职校生相对比较严重的心理问题是：面对学习、择业与考试压力时的严重焦虑状态，人际交往时的冷漠、对立和恐怖，比较明显的"网络成瘾"倾向，性心理偏差与越轨行为引发的激烈矛盾冲突，性格特征的严重缺陷如非常孤僻、极度自卑、严重嫉妒感、思维偏执，恋爱问题等引起的人格障碍。尽管存在严重心理问题的职校生是少数，但他们对职业学校的精神文明和安全稳定、对他人正常生活和自己的生存发展甚至生命可能产生的危害不容小视，需要予以特别的关注。

从相关调查看，当前职校生存在的心理问题可以分为一般性的心理问题和比较严重的心理问题，而容易产生"特殊"心理问题的一部分职校生更需要我们重点关心。在职业学校，有几种类型的职校生最容易出现比较严重的心理问题。一是学习成绩优秀而自负自傲的职校生，稍遇挫折就觉得人生无望、前途渺茫；二是心胸狭隘、思维偏执的职校生，患得患失，思考问题习惯于"钻牛角尖"；三是以自我存在为中心的独生子女职校生，行为表现自私自利，情感特别脆弱；四是缺乏自理自立能力、性格特别内向行为孤僻的职校生，社会生活经验少，对职业学校集体生活严重不适应。一旦遇到不良生活事件，他们往往会思维固执偏激，认知严重失调，情绪或严重压抑或放任冲动，心理严重失衡，可能出现极端化的行为方式，甚至危害他人或自己的生命。对职业学校中性格孤僻、心态悲观、言行古怪的职校生，职业学校教师应该给予更多一些的理解和关爱，主动对他们进行心理辅导。

在实际工作中，最需要心理帮助与服务的是以下几类职校生：一是职校新生的心理健康。我是谁？我能做什么？我应该怎么去做？这三个问题看起来是如此简单，却是许多职校生最想搞明白的。二是特困生和弱势群体的心理健康。对于贫困生而言，与经济自立相比，他们更需要解决心理自立问题，做到自立自强，自尊自爱，因而迫切需要加强对他们的心理辅导。三是农村职校生的心理健康。来自农村生源的职校生，往往容易自卑，容易与同学发生争执，遇到挫折困难易退缩。他们对自己天然的"不足"感到"羞怯"，隐而不发的沉重感伴随着许多来自农村的职校生。四是职校毕业生的心理健康。有人说职校毕业生心头有三支"伤心箭"：就业市场上的艰难、对口升学道路上的迷茫以及遭遇分离考验的"爱情"，这是许多职校毕业生最常见的三大"心病"，也使得他们的心理压力确实比一般职校生要大。

职校生是一个不容忽视、不可小视的社会群体，他们应该是富有活力、充满朝气的青年群体，也必定是未来社会发展进步和城乡建设的生力军。2002 年 8月，国务院下发的《关于大力推进职业教育改革与发展的决定》中明确提出：中等职业技术学校要"加强文化基础教育、职业能力教育和身心健康教育，注重培养受教育者的专业技能、钻研精神、务实精神、创新精神和创业能力"。应该说，职业学校学习时期是职校生从心理幼稚走向成熟的过渡时期，是他们的个性人格趋于定型的时期，也是对他们进行心理教育的最佳时期、关键时期。心理教育在职业学校素质教育体系中有着不可替代的重要地位，可以说是素质教育的基础、核心和中介。[1] 现在最为关键、最为迫切的是，职业学校要高度重视心理教育，科学实施，积极探索，整体推进，狠抓落实，提升水平，创建特色，努力开拓心理教育的新境界，把职业学校素质教育真正落到实处。

（三）职校生心理问题的教育预防策略

培养职校生健康、健全的理想人格，促进职校生的人格现代化，应该成为我国职业学校教育工作的迫切任务和当务之急。健全的人格，不仅是职校生应该追求的人生心理发展目标，也是当代职校生充分发展所能达到的一种成熟境界。未来学家们预测，21 世纪将真正属于能承受社会变化和经济改革所带来冲击的人格健全者。青年期是人格形成和完善的关键期，对职校生来说，都存在着如何度过这一时期，如何保持和增进自己的心理健康的现实问题。当今职校生在人格修养上要正确处理好学会学习与学会做人的关系，正确处理好成人与成才的关系。着眼于未来社会发展对人才的要求，需要培养、值得培养的现代人格特征很多。我们认为，当今职校生最需要的是瞩目未来的前瞻思维，面向世界的全球眼光，正视困难的坚定信心，脚踏实地的实干精神，尤其是要拥有积极向上的心态，具有责任感和正义感，富有爱心和人道精神。就当代职校生的人格发展而言，主要应当培养自主自尊、勤奋钻研、认真负责、坚强自制、共处利他、创新创业意识和探索实践能力等优良的心理品质。这是中等职业学校开展职校生人格教育的着力点。

职业学校加强和改进职校生心理教育的基本思路就是：以联合国教科文组织1996 年提出的当代教育的四大"支柱"或四个"学会"（学会学习或学会认知、学会做事、学会共处或学会共同生活、学会生存或学会发展）为主线，以教育部文件《纲要》的基本精神为指导，以职校生心理发展的实际需要和关注的实际问

---

① 崔景贵. 素质教育场域中的心理教育. 中国教育学刊，2003，(7)：30～34.

题为依据，以发展性、积极性心理素质教育为主导，以引导心理发展、开发心理潜能、维护心理健康、预防心理障碍为目标，以实现职校生的个性和谐发展和人格现代化为根本。[①] 当前，加强和改进职业学校心理教育，最重要的是充分体现"求是"精神与"求实"精神的有机融合，就是讲究职校生心理教育的科学性、针对性和实效性。[②]

（1）在职校新生入学时安排入学适应心理辅导讲座，进行心理健康状况测试，建立特殊学生（如单亲或离异家庭学生、留守家庭学生、性格孤僻内向的特困生）的心理档案，重点抓好特殊群体职校生的心理健康教育或辅导。

（2）逐步建立职校生心理保健的校、年级、班以及宿舍工作信息联系网络，形成和完善职校生心理问题信息报告制度，对需要重点心理辅导的职校生给予及时、必要和尽可能的心理援助。

（3）面向职校生开设《职校生心理健康》或《职校生心理辅导》课程，参照目前国内部分职业学校的经验和做法，可以考虑列为职校生的必修课，或者作为职校生的指定选修课。

（4）定期举办有针对性的、高水平的职校生心理健康讲座，如职校生学习心理辅导、职校生生涯规划设计辅导、职校生恋爱与性心理辅导、职校生人际关系心理辅导、职校生择业心理辅导等，尤其是外请有影响的青年心理辅导专家来校做学术报告或现场咨询辅导。

（5）鼓励和支持职校生成立心理健康协会等社团，指导协会自主开展工作，发展职校生朋辈心理辅导，组织开展职校生校园心理剧（小品）等有特色和系列化的校园心理文化活动，定期印发有针对性的心理健康科普材料，营造良好的心理育人氛围。

（6）加强职校生心理健康教育机构和工作队伍的建设，每年投入必要的工作经费，改善工作场所，保证必要的工作条件，充分整合社会、家庭和职业学校等多方面的心理教育资源，支持心理辅导老师的业务学习培训，尽可能合理解决心理辅导老师的工作量等问题。

（7）切实重视广大教师的心理教育，引导教师自觉调适心理压力，健全和完善现代化人格，加强对班主任老师有关职校生心理健康知识技能的学习培训，让更多的教师能够重视和关心职校生的心理健康，确立"心理育人，人人有责"的思想，在学科教学和管理服务工作中有机融合心理教育。

第三节　职业学校学生的心理潜能与开发

人脑与宇宙、生命并列为三大科学之谜，探索和揭示脑的奥秘是 21 世纪人

---

① 崔景贵. 心理教育（职业学校）. 南京：南京师范大学出版社，2002. 4.

② 崔景贵. 职校生心理问题与职业学校心理健康教育. 职教通讯，2005，（4）：15～18.

类面临的最重大的挑战之一。诺贝尔奖得主埃勒斯（Eccles）曾经预言："世界上多数伟大的科学家都将研究脑。"国际脑研究组织（International Brain Research Organization，IBRO）已经把 21 世纪定名为"脑的世纪"。[①] 自 20 世纪 90 年代美国与欧洲分别提出各自的"脑的十年"计划以来，脑科学研究的新成果、新发现层出不穷、日新月异，已经发展成为一门自分子水平扩展至行为水平的统一的学科。[②] 脑科学的研究成果无疑具有广泛的应用前景，尤其是在职业教育领域，更具有不可替代的重要作用。

一、脑科学研究的新进展

人脑是人的心理的主要物质器官，是心理发展的重要源泉。脑的生理解剖特点、生长发展规律等，在很大程度上影响着个体的形成和发展。20 世纪 70 年代以来，脑科学的最新研究成果，为职业学校实施心理教育、培养学生良好的心理素质提供了生理和心理的科学理论基础。特别是 20 世纪 90 年代以来，世界各国为迎接信息化社会和知识经济来临的挑战，更加重视对人类自身大脑的研究。当今人们对脑科学研究与教育之间关系的认识已经取得了不少新进展。究其要者，主要有以下三种理论。

（一）人脑潜能无限理论

根据当代生理学、心理学等的研究，人脑有 140 亿个神经细胞，与银河系的星数大致相等，可以贮存 10^{15} 比特的信息量。正如苏联著名科学家伊凡·叶夫里莫夫所指出的那样："人类学、心理学、物理学、逻辑学的最新发现证实，人具有巨大的潜能，一旦科学的发展能够更深入了解脑的结构和功能，人类将会为储存在脑内的巨大能力所震惊。人类平常只发挥了极小部分的大脑功能。如果一个人能够发挥一半的大脑功能，他就能轻易地学会 40 种语言，背诵整本百科全书，拿 21 个博士学位。"[③] 20 世纪 90 年代《美国心理学会年度报告》中曾说："任何一个大脑健康的人与伟大的科学家之间，并没有不可跨越的鸿沟，他们的差别只是用脑程度与方式的不同，而这个鸿沟不但可以填平，甚至可以越超，因为从理论上讲，人脑的潜能几乎是无穷无尽的……"。美国加州大学洛杉矶分校研究脑的爱迪博士及其同事们最近的研究发现，大脑的功能非常奇妙、复杂，几乎无所不能。他们认为："就实用目的而言，脑的创造力几乎是无限的。"越来越多的科学家认为，人类大约只发挥了其脑力的 10%，甚至更少，尚有 90% 的脑细胞处于"失业状态"。人脑潜能很像一

---

① 张光鉴. 科学教育与相似论. 南京：江苏科学技术出版社，2000. 5.

② 杨雄里. 脑科学的现代进展. 上海：上海科技教育出版社，1998. 1.

③ ［美］奥图 H A. 人的潜能. 刘君业译. 北京：世界图书出版社，1988. 4.

个沉睡的巨人，等待我们去唤醒。

人的心理和实践是人脑的机能。心理潜能的概念是建立在人脑的机能远未被开发这个事实上的，从某种意义上说，人脑潜能就是心理潜能。有学者指出，21世纪是人的大脑资源将得到进一步开发的时代，是人的心理潜能将得到充分发挥的时代。职业学校虽然在开发学生的心理潜能方面进行了一些有益的积极探索，但学生的大脑资源和心理潜能远远未被充分挖掘，还有待进一步深化和优化。

（二）大脑两半球机能分工协作理论

当代脑科学研究发现，人的大脑左右两半球既有明确的功能分工，又有连为一体的协作。以分工来说，大脑左半球的功能主要负责语言及其他逻辑符号的加工，对人的认知活动起主要作用；而右半球的功能主要负责形象加工，对非认知活动起主要作用。人的右脑与个性密切相关，而左脑与人的思维密切相关。在思考方式上，左半球是垂直的、连续的、因果式的；右半球是并行的、发散的、整体式的。[①] 大量的研究表明，大脑两半球在功能上不仅有分工，而且也有一定的互补能力。它们在一些具体功能上有着主次之分，但这种区分只是相对而言的，并不是全或无的关系。[②] 大脑两半球既各司其职，又互相配合、互相补偿，从而保证大脑整体功能的协调统一。由于人脑科学研究的深入，促使人们认识到人脑两半球既分工又合作，是一个协同的整体。

用大脑两半球功能特点的新认识来审视目前的学校教育，确实存在着"重左（脑）轻右（脑）"的倾向，从教育计划、教学内容和教学方法乃至考核评价学生都是重抽象轻形象，重分析轻直觉，重理性轻感情。学校的教育教学活动大多围绕着发展学生的左脑功能，鼓励左脑行为，致使不少学生左脑训练较多，右脑活动相对较少，大脑两半球功能得不到和谐发展和合理发挥。因此，学校实施心理教育要吸取脑科学研究的这一成果，注重使用语言、逻辑手段和生动、形象的手段，特别是要注重二者的有机结合，促使学生的心理和人格的和谐发展。

（三）多元智能理论

1967年，美国著名哲学家戈德曼教授在哈佛大学教育研究生院创立《零点项目》，研究在学校教育中加强艺术教育，开发人脑的形象思维问题。后来担任该项目责任执行主席的加德纳教授，经过长期分析研究大脑和大脑对教育的影响，提出了多元智能理论。[③] 该理论认为，人的大脑有八个区域，每个区域主管一种思维能力、一种智能。这八种智能是：逻辑分析智能、语言技巧智能、艺术

① 张爱华. 全脑开发与创造性思维能力的培养. 教育研究，1999，(8)：32～35.
② 俞国良. 创造力心理学. 杭州：浙江人民出版社，1996. 93.
③ 冷英. 加德纳的多重智力理论及其启示. 心理学探新（南昌），2001，(1)：33～37.

智能、身体运动智能、空间位置智能、人际关系智能、自我认识智能和自然智能。加德纳认为，前两种智能在传统教育中受到了高度重视，而后六种智能则开发不够。当代脑科学研究已经证实，每一种"智力"或能力在人脑中都有相应的位置，学校教育应该开发每个学生脑内的全部八种智能。

多元智能理论表明，人的能力具有多元表现，并非只有科学创造力和艺术活动能力两种，不仅表现在认识、文学艺术等领域中，而且也表现在管理、体育、政治、商务、组织等诸方面，不仅表现为学术上的成就，也表现为非学术方面的业绩。这一理论的实质并不在于将智力分成若干种，而是提示人们重视以往被忽略的隐藏在每个人身上的巨大潜力，加以充分挖掘，从整体上提高人的智力素质。总之，心理能力可以表现在人类实践活动的诸领域，形式多样的实践活动和民主和谐的人际关系、教育氛围都能促进心理素质的发展、完善。

应该说，当代脑科学的研究成果已经比较充分，问题在于它对职业学校教育实践尤其是心理教育的科学启示是什么，如何将脑科学研究成果转化为职业教育策略或教育措施，即如何跨越脑科学与职业学校教育的鸿沟，这是需要进一步深入探讨的重要课题。可以这样说，将儿童、青少年教育研究与脑科学的发展相结合，是21世纪最重要的职业教育研究课题之一。

二、职业学校学生心理潜能的开发策略

脑科学研究的各种新发现和新成果揭示出人脑潜能的丰富性、无限性和可开发性，不仅为培养和提高职业学校学生心理素质提供了坚实科学的生理和心理基础，也为职业学校进一步加强和改进心理教育指明了方向和途径。

近30年来，人们一直在进行将脑科学的研究成果应用于学校的学习与教学的实践之中，以改变目前职业学校教育不尽如人意的地方。从脑科学角度研究素质教育现在已列入议事日程，但这是一个应该慎重对待的研究课题。无论是提出"左脑革命"、"电脑革命"的主张，还是呼吁"右脑革命"，都隐含着曲解一项严格的科学研究成果的危险，即割裂了对人类经过长期进化而形成的人脑整体协调性的理解，这种非此即彼、顾此失彼的主张只能误导职业教育实践。

人的心理素质的最佳表现就是左右脑的协同活动，大脑两侧半球的良好沟通、协调和相互联系，有助于促进和引导职业学校学生心理向着健康、和谐的方向发展。职业教育要培养学生的优良心理素质就必须重视左右脑的协同开发，即实施"全脑型"教育，促使学生左右脑在一个高水平上协调发展，脑的整体功能得到充分发挥，脑的固有潜能得到充分发掘。

关于实施"全脑型"教育开发心理潜能的基本策略，主要的有五点：一是信息刺激，学会用脑。信息是大脑的精神营养，对大脑的最佳的信息刺激，就是勤学习、多学习。苏联心理学家赞科夫提出："智力像肌肉一样，如果不给予适当的负担、加强锻炼，它就会萎缩、退化。"开发大脑潜能的关键就在于多练脑，勤动脑，会用脑；二是协同开发，全面塑脑。既重视左脑功能开发，又重视右脑功能的开发，克服"重左轻右"的传统倾向，可以多开展一些左侧活动和从事音乐美术活动，促进大脑状态调节，有利于全面锻炼脑力；三是劳逸结合，科学护脑。要有张有弛，科学休息，保证适量睡眠，防止过度疲劳，防止外伤和毒害；四是营养健身，合理补脑。脑科学家指出，脑的重量不到人的体重的2%，而需要消耗的能量却占到人体营养的15%到20%左右，因而要及时补充能量，养成良好的生活习惯，强身健体；五是情绪乐观，精心益脑。开发大脑潜能必须排除心理障碍，而心境乐观、心理健康，有利于健脑用脑。

国内有学者提出"双脑教育"的主张，对于职业学校教育的实践不无启示意义。所谓"双脑教育"，是指"左脑＋右脑"、"大脑＋小脑"、"人脑＋电脑"的协调教育。① 许多研究发现和显示：左右脑协调教育可以提高教学效率和学习兴趣，有助于受教育者事业成功；大小脑协调教育能有效地培养适应与创新能力，减轻学习负担；人脑电脑协调教育能使人类的学习、生活和工作发生彻底的革命。需要说明的是，人的大脑可以看成是一个计算机，但比现存的任何计算机的功能强大得多。开发职校生的心理潜能，要正确处理好人脑与电脑的关系。这两者之间不是孰轻孰重、谁比谁更重要的关系，而应当积极寻求人脑与电脑的最佳结合方式。在信息网络时代，人脑固然离不开电脑，但电脑越先进就越离不开高度发达的人脑。只有实现人脑与电脑的同步开发和优势互补，实现人脑潜能与电脑优势的最佳结合，才能从容迎接全方位的心理挑战。

脑科学研究与职业学校学生心理潜能开发是一个大课题。既然脑科学研究是职业教育发展的重要依据，那么我国职业教育理所当然地应该更多地关注和吸收当代脑科学研究成果，及时把握脑科学的最新进展，积极探索脑科学理论和职业教育实践的有机结合，努力推动职业学校教育理论和实践的不断创新。

【本章思考与练习】

1．职业学校学生主要的心理矛盾有哪些？

2．如何认识职业学校学生的心理特征？

3．职业学校学生的心理问题主要有哪些？

4．如何认识和分析职业学校学生的心理问题？

5．如何有效预防职业学校学生心理问题的产生？

6．如何认识职业学校学生的心理潜能？

7．结合职业教育实际，阐述开发职校生心理潜能的策略。

---

① 孟万金．浅论"双脑教育"与"减负"．教育研究与实验，2001，(2)：59～61.

第四章 职业学校学生的心理健康与教育

心理健康是人才素质的基础。只有心理健康，职业学校学生的德、智、体、美才能得到全面的发展；只有心理健康，才能培养职业学校学生的实践能力和创造精神。

第一节 职业学校学生心理健康概述

一、心理健康与心理适应

（一）什么是心理健康

所谓健康，是指个体的生理、心理与社会行为的健全状态。联合国世界卫生组织（the World Health Organization，简称 WHO）所下的定义是："健康不仅仅指没有疾病或不正常现象的存在，还包括每个人在生理上、心理上以及社会行为上能保持最佳、最高的状况。"由此可见身心平衡、情感理智和谐是一个健康人必备的条件。

心理健康（mental health）概念是由心理卫生（mental hygiene）的概念延伸过来的。就词义讲，卫生一词（英文为 hygiene）是从古希腊神话中健康女神"hygeia"的名字衍化而来的，其原处就含有"健康"之意。现在，心理健康和心理卫生在英文里都是"mental health"。在含义上，心理健康通常指一种积极的心理状态，而心理卫生则指一切维护心理健康的活动及研究心理健康的学问。

1908 年 5 月 6 日，由比尔斯（Beers）发起，成立了世界上第一个心理卫生组织——美国康涅狄格州心理卫生协会。1909 年，美国全国心理卫生委员会在纽约成立。1930 年 5 月，第一届国际心理卫生大会在华盛顿召开，会上产生了一个永久性的国际心理卫生委员会。1936 年 4 月 19 日，中国心理卫生协会在南京正式成立。1949 年，世界卫生组织总部设立了卫生部。从此，心理卫生运动在世界各地蓬勃展开。

所谓心理健康，是指不仅没有心理疾病或变态，而且个人在身体上、心理上以及社会行为上均能保持最高、最佳的状态。心理健康包含有生理、心理和社会行为三方面的意义。

从生理角度上看，心理健康的个人，其身体状况特别是中枢神经系统应当是没有疾病的，其功能应在正常范围之内，没有不健康的体质遗传。健康的身体特别是健全的大脑乃是健康心理的基础。只有具备健康的身体，个人的情感、意识、认知和行为才能正常运行。

从心理上看，心理健康的个人对自我必然持肯定的态度，能自我认知，明确认识自己的潜能、优点和缺点，并发展自我；其认知系统和环境适应系统也得到发展；现实中的自我既能顾及生理需求又能顾及社会道德的要求，能面对现实问题，积极调适，有良好的心理适应能力。

从社会行为上看，心理健康的个人能有效地适应社会环境，能妥善地处理人际关系，其行为符合生活环境中文化的常模而不离奇古怪，所扮演的角色符合社会要求，与社会保持良好的接触，并能为社会做出贡献。

（二）什么是心理适应

心理学家丁瓒认为，"人类的心理适应，最主要的就是对人际关系的适应，所以人类的心理病态，主要是由人际关系的失调而来的。"《教育——财富蕴藏其中》一书说："教育过程与适应社会能力的培养始终并存于人的一生。"[①] 心理健康的人应该具有良好的心理适应能力，能有效地适应社会环境。虽然良好适应与心理健康这两个术语都表示个人有价值的、受到赞许的行为，但词义上仍有差异。

"适应"是日常生活中常用的词，通常表示个人处理问题得当且心中愉快自在。"适应"一词，在实验心理学中，是指在刺激作用下感受性降低或增强的过程，例如对光适应或对暗适应；在社会心理学和社会学中，是指个人的社会或文化倾向的改变；在进化理论中，则是指任何具有生命价值的结构或行为的改变。在人格心理学中，对于心理适应问题，由于各心理学派对人性理解的不同以及研究重点的不同，迄今尚无一个为各家均能接受的定义。综合各家的观点，可以归纳为：心理适应是指在个人与环境交互作用的过程中，能自由地选择其所从事的活动，追求自己的目标，以顺从环境、调控环境或改变环境。

个人与环境的关系不是固定不变的，在不同的环境下，对同样的事物，个人会因环境的不同而做出不同的调适。因而心理适应者有满足感，心情舒适，而无恐怖、抑郁和焦虑感。通常心理适应的好与坏，是以个体与环境是否能取得和谐的关系而定，其标准可分为下列几点：①个人的心理环境与实际环境相一致。所谓心理环境，是指个人因实际环境所产生的看法、想法和意念。个人的心理环境如果能与实际环境相一致、相吻合，就会产生适当的行为以应对其所处的环境。②能够依据实际环境调节自己的反应。心理适应良好者，对事件的处理，不会受一时一地的影响，能考虑到广大的时空因素，并随时调节自己的反应。个人在某种情境下，必须改变其行为，以顺从环境的需要；有时必须改变环境，以符合个

① 国际 21 世纪教育委员会向联合国教科文组织提交的报告．教育—财富蕴藏其中．北京：教育科学出版社，1996.1.

人的需求。

运用系统论的观点，从整体的角度研究心理适应和发展，可制定出如下一个相对动态的标准：

(1) 通过学习，能够正确地认识自我和理解自我。

(2) 通过学习，能够正确地认识社会和对待社会。

(3) 通过学习，能够确立作为一个社会成员所必须具备的人生观和价值观。

(4) 通过学习，能够对身体的发育及其变化成分理解，能逐渐完善作为男性和女性的性别角色。

(5) 通过学习，能正确处理人际关系，特别是能正确处理和异性的关系。

(6) 通过学习，具有充分的心理能力，去掌握作为社会成员必备的知识和技能。

(7) 通过学习，有较充分的心理能力作选择职业和就业的准备。

(8) 通过学习，有一定的心理能力准备结婚和过家庭生活。

二、心理健康的标准与理解

心理健康对职业学校学生的成才有着重要的影响，健康的心理是职校生接受思想政治教育以及学习科学文化知识的前提与保证。如果一个人经常地、过度地处于焦虑、郁闷、孤僻、自卑、犹豫、暴躁、怨恨等不良心理状态，就不可能在学习生活中充分发挥个人潜能，取得成就。

(一) 心理健康的标准

1946 年，第三届国际心理卫生大会对心理健康所下的定义是："所谓心理健康是指在身体、智能以及感情上与他人的心理健康不相矛盾的范围内，将个人心境发展到最佳状态。"并指出心理健康者的特点是：①身体、智力、情绪十分调和；②适应环境，人际关系中能彼此谦让；③有幸福感；④在工作和职业中，能充分发挥自己的能力，过有效率的生活。

坎布斯（Combs）[①] 认为，心理健康者应具有四种特质：①积极的自我观念；②恰当地认同他人；③面对和接受现实；④主观经验丰富，可供取用。

罗杰斯（Rogers）[②] 认为，健康人格者应具有下列特征：①对任何经验都是开放的，不对某种经验拒绝和歪曲；②自我结构与其经验相协调，并能同化新经验；③体验到自我价值感；④与周围人高度协调，乐意给他人以关怀；⑤自我实现的潜能得到发挥。

马斯洛和密特尔曼（Maslow 和 Mittelman，1951）认为，心理健康者的特点是：①有充分的安全感；②对自己有较充分的了解，并能恰当评价自己的能

---

①　②转引自黄希庭、郑涌主编.大学生心理健康与咨询.北京：高等教育出版社，2000.6.

力；③自己的生活理想和目标切合实际；④能与周围的环境保持良好的接触；⑤能保持自身人格的完整与和谐；⑥具备从经验中学习的能力；⑦能保持适当和良好的人际关系；⑧能适度地表达和控制自己的情绪；⑨能在集体允许的前提下，有限度地发挥自己的个性；⑩能在社会规范的范围内，适度地满足个人的基本需要。

张春兴认为，心理健康者应是：①能了解自己并肯定自己；②能掌握自己的思想和行动；③有自我价值感与自尊心；④能与人建立亲密的关系；⑤有独立谋生的意愿与能力；⑥理想追求不脱离实际。

王登峰和张伯源认为，心理健康的指标是：①了解自我，悦纳自我；②接受他人，善与人处；③正视现实，接受现实；④热爱生活，乐于工作；⑤能协调与控制情绪，心境良好；⑥人格完整和谐；⑦智力正常，智商在 80 分以上；⑧心理行为符合年龄特征。[①]

黄希庭认为，心理健康应具备六个特点：①积极的自我观念；②对现实有正确的知觉能力；③热爱生活，乐于学习和工作；④良好的人际关系；⑤能面对现在，吸取过去经验，策划未来；⑥真实地感受自己的情绪，能恰当地调控自己的情绪。

由上可见，对于心理健康者的特点，各家的说法不尽相同，但也有不少共同之处。多数学者主张应以人的整个行为的适应情况为标准，而不过分重视个别症状的存在。就个体的心理结构而言，心理健康应包括人的人格、能力、认识、行为和情绪等多方面的健康。就心理健康的人本身而言，又有水平高低之分。如心理健康从最低水平上理解是指没有心理障碍或行为问题的一种精神状态；从高水平上理解则是指人们客观地认识环境与自我，进行心理调节，最大限度地发挥自身潜能从而更好地适应社会生活，更有效地为社会和人类做出贡献的心理发展状态。这只是较为笼统的解释，要较为具体地掌握心理健康的含义，就需要了解心理健康的标准。

我国一些教育工作者根据国内外学者们的论述、学生心理发展的特征以及学校心理健康工作的实践，从四个方面描述了学生心理健康的标准。

第一，对自己有信心。即对自己有基本的了解，能作正确的自我评价。不仅知道自己的弱点、缺点和局限，而且还知道自己的优点、长处和发展潜质；对自己持肯定态度且怀有信心，有良好的自我形象，自尊、自爱、自信；对自己的未来抱有切合实际的希望。

第二，对学校生活有兴趣。即喜欢自己担负的学业和工作任务，能在学习和工作等活动中发挥自己的智慧和才能，获得满足感与成就感，认识并肯定自己的价值，从而热爱学习和班级工作。

第三，喜欢与人交往，有较好的人际关系。在家里，关心家庭和家人，与父

---

① 转引自黄希庭．郑涌主编．大学生心理健康与咨询．北京：高等教育出版社，2000.7.

母有良好的沟通；在学校里，与同学和老师有比较多的接触，与他们建立友好和谐的关系，共同分享快乐，分担忧虑；喜欢交结朋友，对人的态度正面的（信任、尊敬、喜欢、热爱）多于负面的（敌意、怀疑、憎恨、冷漠）；能帮助别人，也愿意接受别人的帮助。

第四，具有良好的心理适应能力。能根据环境的变化，调整自己，积极地适应环境变化；能面对自己的成长变化，学会调整自己；遇到失败和挫折，不过分焦虑不安和颓废丧气，具有一定的挫折容忍力。

尽管在措辞和侧重点上，学者们有所不同，但基本思路是一致的，即标准涉及到知、情、意、行等心理活动的各个方面。据此，我们可将心理健康的含义概括为：个体能够积极地适应环境，有正常的认知水平，稳定愉快的情绪，同客观现实保持平衡的意志行为，良好的个性特征和正常的自我调控能力。

（二）心理健康标准的相对性

心理健康不像生理健康那样可以用一些数据加以量化，如体温、血压、脉搏等数据，以表明生理健康与否。心理健康无法根据这些数据为标准来衡量。心理健康与不健康，很难截然划分，这两种状态不是非此即彼的，而是相对的。每个人在不同情境中的行为表现、内心体验也不完全一致。正因为如此，在界定人的心理健康的含义及标准时，因其复杂性，至今尚无统一的答案。

心理健康是比较而言的，从健康到不健康只是程度的不同，而无本质的区别。比如：一个没有明显心理疾病、能够勉强生活工作的人和一个心理变态的人相比他是健康的，但和一个自我实现的人相比，其心理健康水平又是较差的，是需要改进的。同时，人的心理健康状态又是动态变化的，而非静止不动的。人的心理健康既可从相对不健康变得健康，又可从相对健康变得不那么健康。因此，心理健康反映的是某一时间内的特定状态，而不应认为是固定的和永远如此的。

心理健康标准是一个发展的文化的概念，会随着社会的发展变化而发展变化，也因不同的社会文化背景而有差异。不同的国家、地区、同一地区的不同民族和阶层可能有不同的要求和标准；同一国家、地区的标准也会因时代的变迁、历史的进步而有不同的标准。如中国传统文化重视个人与自然、与社会保持和谐关系，心理健康以"和"为核心；而西方的心理健康观念，则以崇尚自我为核心，把自我实现看做心理健康的最高境界。

三、职业学校学生心理健康的评价方法

如何正确有效地评价学生的心理健康状况？心理学家们提供了可使用的多种方法。应该说目前尚没有哪一种方法可以完全客观准确地评价出心理健康状况。这里介绍三种方法供参考。它们是环境适应判定法、症状观察法及心理测量法。每种方法虽然都可单独使用，但都有其局限性。在实践中，通常是把几种方法综

合使用，效果较好。

（一）环境适应法

尽管心理学家们在描述心理健康标准时各不相同，但大部分心理学家都把"适应良好"作为一条重要的标准。这是因为，良好的适应涉及心理活动的各个方面，是一个较综合的标准。环境适应主要包括社会适应和生活适应两方面。社会适应指个体与社会处于和谐状态而不是对立状态。换言之，个体行为能符合社会行为规范的要求，说明其社会适应良好，视其为心理正常；若个体行为不符合社会行为规范的要求，则说明社会适应不良，视其为异常。生活适应以个人是否表现出与外在生活情景相一致的情感、言语、行为为依据，对人的生活适应水平进行了解，从而判断其心理是否健康，即言行表现越是与外在情景相协调一致越正常，越是不一致越反常。

环境适应法的优点是简便易行，获得的信息直观、真实，但局限性也显而易见。如有些违反社会规范的行为，可能是心理异常造成的，也可能就是单纯的犯罪，很难区分。这时，就需要配合其他方法综合分析，才能做出准确的判断。

（二）症状观察法

通过观察学生在自然情景中的行为表现，捕捉基本信息，从而了解学生是否存在某些心理异常的症状，并对学生的心理健康状况进行判定的方法。使用此方法判定时，必须要求判定者对心理异常的多种症状较为熟悉，并且要对被检查学生的心理的方方面面能进行检查，才能最后进行判定。

症状观察法的可靠性取决于判定者对心理异常症状的熟悉程度和检查的细微程度。这种方法最好能结合学生的自诉症状来综合判断，这是因为，任何行为必然伴随主观感受，一种行为是否健康不仅仅取决于行为本身，很大程度上还要看个体的主观感受如何？要看这种行为是快乐还是焦虑、痛苦。因此，将外部观察和内部体验结合起来评价学生的心理健康是较为可行的方法。

（三）心理测量法

这是一种采用专门的心理测量工具（测验量表），在较短的时间内对被试的某些或某方面的心理属性做出测定，然后和常模（norm）（某一特定人群的心理健康总体平均标准）进行比较，从而判定某个体的心理健康水平的方法。

心理测量时可使用的量表很多，常用的有人格测验、智力测验、心理健康测验等，如明尼苏达多项人格测验（MMPI）、卡特尔16种人格因素测验（16PF）、主题统觉测验（TAT）、康乃尔健康问卷（CMI）、心理健康自评量表（SCL—90）、抑郁评定量表和焦虑评定量表等。上述量表绝大多数在国内都可以找到修订过的版本，因而在心理健康教育工作中可以使用。

第二节　职业学校学生心理健康的维护

一、增进职业学校学生心理健康的原则

（一）生理与心理统一原则

健康是生理健康与心理健康的统一整体，两者相互联系、相互影响。医学研究证明：生理方面的疾病或异常会明显地引起心理行为方面的症状，而长期不良的心理刺激会引起生理器官与功能失调等病变，导致躯体疾病。因此，通过体育运动、卫生保健，增强体质和生理功能有助于增进心理健康，而坚强的意志、乐观的情趣、健康的行为习惯和科学的生活方式可以使人强壮、长寿，战胜躯体疾病。

（二）个体与群体协调原则

个体生活在一定群体之中，个体的心理健康维护依赖于群体的心理健康水平。家庭是最基本的社会群体，家庭关系的协调、父母教养子女的态度是个体心理健康发展的关键因素。独生子女的健康心理特点，如自我中心、自私、任性、依赖等主要源于家庭教育的不当，而非独生子女必有的特征。职校生的心理健康直接与职业学校的教育、社会风气、大众传播有关。因此，创建良好的群体健康氛围有助于促进职校生个体心理健康。

（三）理论与实践结合原则

心理健康的维护既取决于心理健康知识与技能的掌握，也取决于理论指导下的实践成果。长期以来，职业学校心理健康教育没有得到应有的重视，缺乏心理健康知识而产生的不健康行为随处可见，危害了职校生的健康。加强心理健康研究，普及心理卫生知识，有助于职校生科学理解自身的心理和行为，并付诸实践，指导行为，自我保健。

（四）防治与发展并重原则

早期的心理卫生工作重视心理障碍与精神疾病的矫治和预防，强调防止和减少心理疾病的发生，对那些心理疾病患者做到尽早发现，及时提供干预，改善社会适应能力。但现代心理健康教育更强调发展与完善的价值，通过培养健康的心理、健全的人格，促进职校生的全面和谐发展。

二、职业学校学生心理健康的辅导

根据职业学校学生常见的心理问题，职业学校心理辅导的内容应集中在挫折

教育、学习辅导、适应（包括青春期）辅导、生活辅导和生涯辅导等方面。对职校生而言，尤其以挫折教育、学习辅导和适应辅导最为重要。这里重点介绍挫折教育、学习辅导、适应辅导中的青春期辅导。

（一）挫折适应与辅导

古人说："人生逆境十之八九"，即人人都会遇到挫折。古往今来，没有一个人能完全顺利地实现其动机和抱负，因此，人总会有挫折感。对于挫折，应寻求正确的心理应对，以维持心理平衡，这是保持心理健康的重要方法。

挫折适应是指人在碰到挫折情景时，对引起挫折的种种因素，采取有效的策略。对挫折的反应方式，存在着积极型与消极型两大类。职业学校的心理辅导要引导职校生在遭受挫折时采取积极的反应，避免消极反应，并帮助学生找出产生挫折的真正原因，予以克服，达到真正战胜挫折、取得成功的目的。要做到这一点，职业学校心理辅导在进行挫折教育时重点可放在两方面：一是提高学生的挫折承受力；二是教会学生积极适应挫折的方法和技术。

1. 提高学生挫折承受力的方法

（1）帮助职校生树立正确的挫折观。挫折承受力标志着一个人适应环境的能力。这种能力不是先天就有的，是后天学习、实践、锻炼的结果。提高挫折承受力，对于正处在学习、成长中的职校生尤为重要，不仅可以使其意志更加坚强，人格更趋成熟，而且使他们有能力应付充满挑战和机遇的社会。

首先，帮助职校生正确认识挫折。要提高承受挫折的能力，最重要的是要正确认识挫折，建立一个正确的挫折观。挫折是客观存在的，是人生不可避免的。现实生活中，考试不理想、人际关系困难、生活不适应等挫折是几乎每个人都曾遇到过的。有的职校生总认为生活中的挫折、困境、失败是消极、令人恐惧的，因而受挫折后消极悲观，沉闷抑郁，个别人甚至丧失了生活的勇气。为此，职业学校教师应帮助职校生树立正确的挫折观，教会学生对挫折有正确认识与思想准备，使其对在学习、生活中可能出现的挫折与困难事先有充分的估计，心理有所准备，就会减轻挫折感，增强战胜挫折的信心与勇气。职业学校可以通过开展一些活动课如"憧憬未来、面对现实"、"我的理想、我的现实"等进行讨论，让学生真正认识到"前途是光明的，道路是曲折的"，引导职校生正视挫折，对挫折有充分的心理准备。

事实上，挫折也可以成为自强不息、奋起拼搏、争取成功的动力和精神催化剂。生活中许多优秀人物就是在挫折磨炼中成熟，在困境中崛起的。可以说，挫折也是一种机会。只要对挫折不害怕、不气馁，能坦然面对挫折，树立战胜挫折的勇气和信心，就可以适应任何变化中的环境。

其次，改变不合理观念。心理学研究表明，引起强烈挫折感的与其说是挫折、冲突，不如说是受挫者对所受挫折的看法，以及所采取的态度。常见的不合理观念有以下几种：

第一，不该发生。有些职校生把生活中的不顺利，学习、交往中的挫折、失败看作是不应该发生的。他们认为，生活应该是愉快的、丰富的，人际关系应该是和谐的、互助的。一旦生活中出现诸如人际之间的冲突、成绩滑坡、好友负心、评不上优秀等事件，他们就认为它不应该发生，而变得烦躁易怒、束手无策、痛苦不堪、失去信心。

第二，以偏概全。有些职校生常常以片面的思维方式看待事物，简单地以个别事件来断言全部生活，一叶障目。例如，有人对自己不友好，就得出结论说自己人缘不好或缺乏交往能力；一次考试不如人意，就认为自己彻底失败，不是读书的材料；一次失恋就认为自己对异性没有吸引力等，从而导致自责自怨、自卑自弃的心理而焦虑、抑郁。以偏概全不仅表现在对自己的认识上，也表现在对他人、对社会的认识中。例如，因一事有错而对他人全盘否定；因社会有缺陷，存在阴暗面，就看不到光明，而彻底丧失信心。

第三，无限夸大后果。有些职校生遇到的是一些小挫折，却把后果想象得非常糟糕、可怕。夸大后果的结果是使人越想越消沉，情绪越陷越恶劣，最后难以自拔。例如，一门功课考试不及格，就认为自己能力不行，学不下去，毕不了业，找不到工作，人生没前途，生命没价值。

只有改变不良的认知方式、纠正错误的观念，才能实事求是地评价挫折带来的后果，从困难中看到希望。

（2）帮助职校生确定适当的抱负水平。职校生关于自己的理想或抱负有不同的水平，过高的抱负水平是产生挫折感的一个重要因素。由于职校生对于未来怀有热烈的向往，想象力比较丰富，有时离开现实条件构想自己未来的前景，形成"理想我"与"现实我"的巨大反差，挫折感便会油然而生。因此，职业学校教师可通过"自我标价"、"镜像自我"等辅导活动引导学生正确认识自己、评价自己，根据学生的"最近发展区"帮助学生确定适当的抱负水平。

（3）让职校生适度感受挫折，锻炼挫折承受力。职校生正处于身心急速发展时期，心理脆弱、敏感，如经常遭受重大的精神打击和接连不断的挫折，就会严重影响其心理健康，因而职业学校和家庭要尽可能预测和改变重大挫折的情景和条件，以避免职校生受到更大的心理伤害。但这不等于说要对学生过分保护，不让他们经历任何挫折。事实证明，适度的挫折经历，对于个人挫折承受力的锻炼和培养是十分重要的。职业学校教师和家长可以有意识地提供或利用一些挫折情景，鼓励职校生主动地在学习、生活实践中克服困难，战胜挫折，积累经验，不断成熟。

2. 教会职校生积极适应挫折的方法和技术

通过训练和有意识的辅导，帮助职校生掌握积极适应挫折的方法和技术，使他们学会对挫折做出积极主动的适应也是挫折教育不可忽视的内容。适应可分为消极适应和积极适应两方面。常见的积极适应方式有：理智的压抑、升华、补偿、幽默、合理宣泄、认知改组、优化自身人格品质等。

（1）理智的压抑。这是一种成熟的适应方式，指当一个人的欲望、冲动或本能不符合社会规范或要求而无法达到、满足或表现时，有意识地去压抑、控制，想办法延缓其满足需要。越是成熟、有修养的人，越能有效使用压抑，使自己的行为更适应社会规范。

（2）升华。泛指心理欲望从社会不可接受的方向转向社会可接受的方向的过程。当一个人意识到自己的某种欲望无法为自己接受、且与社会规范、伦理道德相悖时，为求得心理平衡，将其净化、提高，成为一种高尚的追求。职校生受挫后容易产生攻击性行为，情绪极带冲动性。因此，教师应引导学生利用升华的作用，把这种冲动性转移到体育活动、学习及兴趣小组中，使之合理化，这样既可以使不正常的情绪得以合理转移，又有益于学生身心健康。

（3）补偿。指个人所追求的目标、理想受到挫折，或由于本身的某种缺陷而达不到既定目标时，用另一种目标来代替或通过另一种活动来弥补，从而减轻心理上的不适感。正所谓"失之东隅，收之桑榆"。

（4）幽默。指个体遇到挫折、处境困难或尴尬时，用一种机智、双关、讽喻、诙谐、自嘲等语言、动作的良性刺激，来化解困难，以摆脱内心的失衡状态。幽默是与乐观相联系的，幽默一笑解千愁。幽默恰当，可使人感到愉快，使生活增添情趣和活力，所以它是一种积极的适应挫折的方式。

（5）合理宣泄。指通过创设一种情景，使受挫者能自由抒发压抑的情绪。人在受挫后往往会产生一些消极反应和心理压力，如果不及时排解将使心理健康受到影响。

（6）优化自身人格品质。挫折承受力与人格特征有关，如性情急躁、心胸狭窄、意志薄弱、自我偏颇的人格类型的人常常更容易引起挫折感。因此，提高承受挫折的能力应从培养良好的人格品质入手，从细微小事中严格要求自己，努力在实践中锻炼，使自己的心理得到充分、有效的发展，心理健康达到更高水平状态。

以上讲的教育是几种主要的方法。职业学校教师可以根据职校生的实际情况和自己的教育经验，总结出一些行之有效的方法加以灵活运用。

（二）学习辅导

学习辅导是职业学校心理辅导的重要内容之一。职业学校学习辅导主要包含两方面的含义：其一，发展性的学习辅导，其目的是开发职校生自身的学习潜能；其二，特殊学习问题辅导，其目的是解决职校生在学习过程中出现的心理上的困惑，通过辅导使职校生乐于学习，学会学习。

1. 发展性学习辅导

（1）发展性学习辅导的目标。研究表明，人的学习潜力很大，目前的教育教学方法没有能够使学生的学习潜力得到最大的开发。发展性学习辅导试图通过学习策略与方法的指导以及与学习有关的非智力因素的调动来开发学生的学习潜能。在态度上，变"要我学"为"我要学"；在学习效果上要变"教学生知识"为"让学生学会学习"。

（2）发展性学习辅导的内容。发展性学习辅导实际上就是解决学生能不能学、爱不爱学、会不会学等问题。发展性学习辅导主要有以下内容：

首先，学习动机辅导。这是解决学习动力问题，也就是学生"想学"的问题。如人为什么要学习？我是为谁而学习？学习动机是推动和维持学生学习的动力，分为内部驱力和外部诱因两种。内部驱力又包括认知内驱力（即求知动机，指对知识的好奇和渴望）和自我提高内驱力（即自尊动机，指个体对因自己的胜任能力或学习能力而赢得相应地位的需要）。这两类动机均属于内部动机。外部诱因指学生为了赢得家长、教师等的赞许或认可而表现出来的学习动机，它也被称做外部动机或附属内驱力。心理学家一致认为，学生学习不良的主要原因之一，在于没有养成良好的注意习惯，注意广度不足，学习动机对学习的促进作用主要是以注意的加强作为中介的，尤其是内部动机对学习和注意的维持更为持久，使学习者有更大的主动性。很多职校生学习成绩差，究其原因是没有明确的学习动机，不少职校生觉得自己学习只是为了满足父母的愿望或是为了应付来自老师的压力，因而他们的学习往往是被动的。这个问题解决得好就能变"要我学"为"我要学"。在辅导中，可以通过心理辅导帮助职校生认识学习动机的重要性，自我澄清学习动机，激发职校生的好奇心和求知欲，还可以通过组织心理训练课来提高职校生的自信心和自尊心，从而帮助学生产生自我提高的内驱力。如通过"自画像"、"夸夸我"等活动课增强职校生对自己优点和长处的自我认识，从而提高自信心和自尊心，间接地增强学习动机。

其次，学习情绪辅导。这是解决"乐学"的问题。学习情绪是指个体对学习的喜恶感受和体验。它可分为良好的学习情绪与不良的学习情绪。良好的学习情绪指对学习所持有的喜爱、快乐、愉快、高兴的体验，是一种积极的情绪。不良的学习情绪则是对学习产生厌恶、痛苦、不愉快的体验，是一种消极的情绪。研究表明，积极的学习情绪唤起积极的促进作用，有利于促进智力的发展。而不良的情绪则对学习起阻碍作用，妨碍智力的开发。许多学习落后的职校生的学习问题无不伴随着消极的情绪体验，此外，消极情绪既是学习落后的成因，又是学习落后的结果。因此，学习情绪辅导的主要任务就是帮助职校生形成良好的学习情绪以及调控不良的学习情绪。职校教师可通过让职校生认识学习情绪对学习的影响、教会职校生学会主动控制自己情绪的方法和手段、创设情景让职校生体验学习与成功的快乐、消除考试焦虑等方法进行。值得一提的是，职校生学习情绪的积极与否，很大程度上取决于教师，如教师的积极的教育教学情绪、教师对自己所教学科及对学生的热爱、良好的师生关系等，对于学生良好学习情绪的形成起着极为重要的作用。因此，学习情绪的辅导不仅对职校生而且对教师同样重要。

再次，学习能力辅导。这是解决职校生"会学、巧学"的问题。学习能力辅导是学习辅导的核心与归宿，因为有了较强的学习能力，学习才能事半功倍。过去往往把职校生学习能力差归因于智力落后，但近些年对学习落后职校生的研究证明，特定的知识和技能的缺陷是导致学习能力低下的主要原因。因此，当职校生在学习某一门功课感到困难时，任课教师应勇敢承担起知识上查漏补缺和学习策略上有效指导的责任。学习能力培养是职业学校教育教学的重要目标，应成为职业教育教学的主要课程内容。学习能力辅导具体可包括自学能力辅导（如阅读的方法、做笔记的方法等）、思维能力辅导（包括集中思维、发散思维及逻辑思维的培养）、操作能力辅导（即动手能力，是一种解决问题的能力）及掌握学习策略等，对这些辅导内容的学习是职校生学会学习的关键。

最后，学习行为辅导。这是解决学习习惯的问题。学习习惯是学习态度与学习方法相结合而形成的一种稳定的动力定型。它与学习态度有关，又与学习方法紧密相连，是学习态度和学习方法经常化的行为表现，是经过反复训练而养成的学习方式。从心理机制上看，习惯是一种内在的需要，如果不这样做，人就感到难受和别扭。它不需要别人督促和提醒，也不需要自己的意志努力，是一种省时省力、高效率的自然动作。所谓"习惯成自然"。学习习惯包括良好的学习习惯和不良的学习习惯。在学校里可以观察到，那些成绩好的职校生总是和上课注意力集中、课后认真做作业、学习有计划、时间安排得有条不紊、及时复习、喜欢课外阅读等良好的学习习惯相伴随；而那些成绩差的学生总会表现出上课不注意听讲、做小动作、课后不认真做作业、学习无计划、不及时复习、懒得动脑筋等不良的学习习惯。因此，对职校生进行学习辅导必须对学生的学习行为进行辅导。学习行为辅导包括良好学习习惯的养成和不良学习习惯的矫治。良好学习习惯的辅导可从学习计划的制定（包括学习目标、学习内容、时间安排、休闲计划等）、课后复习（及时复习及科学的复习方法）和课前预习（预习的程序和方法）三方面进行。不良学习习惯的矫治可从不良学习习惯危害的充分认识、不良学习习惯的矫治（可采用一些行为干预的技术，如消退、暂停、反应代价、橡皮圈拉弹等技术）和良好学习习惯的培养（如强化、代币制等）等方面进行。总之，良好学习习惯养成是学习辅导的重要内容，是解决学生"乐学"问题的关键。它不仅直接影响学生的学习效率和学习成绩提高，而且也和提高学生修养、完善学生人格紧密相关。正如培根所言："习惯是一种顽强的巨大的力量，它可以主宰人生"。

2. 特殊学习问题辅导

职业学校学习辅导除了重点关注全体职校生的学习发展以外，对部分学生的个别问题也不能掉以轻心，如学习障碍、厌学症、考试焦虑等。这类问题由于个别差别大、程度较一般问题严重，涉及的辅导与咨询专业性与技术性较强，所以辅导难度较大。对这类问题，职业学校心理辅导的任务重在发现和识别，一旦确定，轻微的可和家长、学校专业辅导员、班主任联合起来，采取措施，进行帮助；如果问题严重，就要及时寻求专业人员或专门的心理咨询机构的帮助，千万不可任其发展。下面就考试焦虑及辅导做一些简单介绍。

（1）考试焦虑及对学习的影响。考试焦虑是一种情绪反应，指学生意识到考试情景对自己具有某种潜在威胁时而产生的一种紧张的内心体验。它通常有以下三类特征：① 以担心为特征的、由消极的自我评价所形成的意识体验。这可视为考试焦虑的认知特征。② 同自主神经系统活动增强相联系的特定的情绪反应，如心慌、心率加快、呼吸加剧、肠胃不适、多汗尿频等，这可看作是考试焦虑的生理特征。③ 通过防御或逃避所表现出来的一定的行为方式，如多余动作增加、胡乱答完卷子早早离开考场等。这可视为考试焦虑的行为特征。

考试焦虑对学习的影响因焦虑程度不同而不同。总体来说，考试焦虑与学习之间存在着一种倒"U"形曲线关系，即焦虑水平过高或过低，都会使学习受到抑制。只有水平适当，学习和考试效果最好。对职校生而言，过度考试焦虑的危害更大，它不仅容易分散学生的注意力，严重影响学生学习的顺利进行；同时，长时间的过度焦虑，还会危及学生的身心健康，引起诸如多种类型的神经病、社会适应障碍、冠心病、胃溃疡、内分泌系统紊乱等身心疾病。因此，学校心理辅导要给予高度重视。

（2）考试过度焦虑的辅导。职校生的考试焦虑是由多种因素相互作用而形成的，其焦虑水平也受多方面因素的制约，其中有职校生自身的内部因素（对考试的难度与自身应付能力的评价、知识准备与应试技能、神经类型和人格特征等），同时也和学生生活的外部环境（学校、家庭对学生过高的期望和把考试成绩作为唯一的评价标准等）有密切关系。因此，职业学校教师应根据职校生的实际情况，有的放矢地进行辅导。常用的克服考试焦虑的心理训练方法有调整自我认识法、自信心训练法、放松训练法和系统脱敏法等。

下面介绍一种简易的团体辅导法，它综合了多种克服焦虑的心理调节方法，简单易行，可供职业学校教师对考试焦虑较重的学生进行团体辅导。

第一步，指导学生全身放松。指导语为："首先尽可能坐得放松舒适些，然后开始放松全身肌肉，头和额部最先放松，接着放松脸部肌肉，上下颌也不要绷紧，颈部肌肉要完全松弛，肩膀上的骨肉也跟着放松，从肩膀到肘、到手指都要放松。紧接着是使胸部骨肉放松，先作深呼吸，再慢慢呼气放松，使紧张感慢慢消失，然后继续使腰、臀、大腿直到膝盖，再到小腿、脚踝到趾端都得到放松。"此时让学生稍稍地休息一下，多数学生紧张情绪可以得到缓解。

第二步，当学生的身体完全放松后，由老师生动逼真地描绘考试的情景，学生随之假想自己进入考场进行考试。当学生感到极度焦虑时，马上让他停止假想，然后再开始做前述的松弛运动，待全身放松后，过几分钟再描绘考试的情景……这样反复多次，直到学生在假想的考试情景中不再感到焦虑为止。

第三步，老师有计划地安排学生集中进行模拟考试。在模拟考试中，让学生有意识地放松，并默诵一系列的指令："全身骨肉放松，不要紧张，考试没有什么可怕的，注意力集中在题目上；答题时保持冷静，想一想其他可能解决的办法；深吸气，再慢慢吐气，全身松弛，果断地去做。"

经过几次这样专业的辅导，职校生的考试焦虑就会明显降低。

（三）性教育与辅导

从青春期常见的心理、行为问题的分析中可以看出，青春期辅导的最基本的内容应该是性教育与辅导。

如前所述，对处于青春期的职校生来说，性驱力与社会规范之间的矛盾始终是最基本的矛盾，特别是当社会的性行为规范本身正经历着剧变时，它给职校生带来的困惑就更严重了。职校生在这一时期寻求着性角色的确认，想尝试着享受成人具有的权利，但传统的与新潮的性规范或习俗、惯例往往相互冲突、甚至截然对立，使他们很难做出理智的选择。由此可见，青春期辅导特别是性教育与性心理辅导对于职校生是非常必要的。

职校生性教育是内容丰富的系统教育，包括：性生理教育——使青少年正确认识人类性发育的自然规律及其本质，克服在性问题上存在的神秘感和模糊概念；性心理教育——引导职校生正确认识自身的性心理变化、性意识的各种不同表现，尤其是异性交往问题；性卫生教育——使职校生了解性器官和卫生保健常识，养成良好的卫生习惯；性道德教育——启发职校生正确处理学习、恋爱和友谊的关系，努力克制自己的性冲动，将主要精力放在人生远大目标的追求上；性法制教育——引导职校生划清正常的异性交往与性罪错的界限，增强其在性问题上的守法观念。

对处在青春期的职校生来说，适度的异性交往是有益于身心健康的。因此，对职校生的性心理问题，既不能不管不顾、放任自流，也不必如临大敌；既不必压抑职校生异性交往的需要，又要引导他们学会理智地控制自己。职业学校心理辅导的重点是教会职校生如何正确认识和尊重异性，学会与异性交往，怎样处理在异性交往中出现的各种问题，如怎样拒绝异性的追求，如何处理"情书"等。

作为职校生应采取怎样的措施，维护自身的心理健康，促进心理不断走向成熟？一般来说，可以从五个方面进行努力：一是激发上进心，调适悲观心态；二是增强自信心，调适自卑心态；三是维护自尊心，调适虚荣心态；四是培养耐挫心，调适畏难心态；五是建立宽容心，调适自私心态。

第三节　职业学校学生的心理咨询与教育

心理咨询一词，译自英文 counseling，也有的译为"咨商"或"辅导"。心理咨询是一个过程，在这个过程中，由受过专业训练的咨询员，通过与来访者建立一种具有治疗功能的关系，协助来访者认识自己、接纳自己，进而欣赏自己，克服成长障碍，发展个人潜能。通俗地说，它是一个"助人自助"的过程。

一、职业学校学生心理咨询的基本理论

在西方心理咨询学派中，精神分析疗法、来访者中心疗法、理性情绪疗法和行为疗法是最具代表性和最有影响力的。

（一）精神分析疗法

在所有心理咨询与治疗理论中，由弗洛伊德（Freud，1856～1939）在 19 世纪末所创立的精神分析是历史最悠久、影响最深远的一个学派。其理论要点及技术特征如下：

（1）人的心理活动分为意识、前意识和潜意识三个部分。其中，意识是觉知到的经验，前意识是平时感觉不到却可以经回忆而觉知到的经验，潜意识指觉知不到却没有被清除而是被压抑了的经验。许多心理障碍是由于那些被压抑在潜意识中的本能欲望没有得到释放的结果。

（2）人格由"本我"、"自我"和"超我"三个部分组成。本我是个人最原始、最本能的冲动，依照"快乐原则"行事；自我是个人在与环境接触中由本我衍生而来的，它依照"现实原则"行事，并调节本我的冲动，采取社会所允许的方式行事；超我是道德化的自我，依照"道德原则"行事，是良知与负疚感形成的基础。本我、自我、超我之间的矛盾冲突及协调构成了一个人的人格基础。个体的心理健康，源于三者的协调一致。

（3）个人消除焦虑、维护心理健康时，常采用"自我防御机制"，如解脱、补偿、合理化、投射、转移、升华及理想化等方式。这些心理防卫都是潜意识的，若过分使用则可能造成心理疾病和人格扭曲。

（4）治疗心理疾病的主要方法是梦的解析、自由联想和移情技术。其特点是强调通过对以前经验的再分析来解除压抑，使潜意识化为意识并在情绪上有所领悟。

尽管精神分析在世界范围影响很大，但在国内目前很少有人使用此种疗法。

（二）来访者中心疗法

来访者中心疗法由美国人本主义心理学家罗杰斯（Rogers，1902～1988）

创立于 20 世纪 50 年代。该疗法的要点如下：

（1）人性都是积极向上的，且都有能力发现自己的缺陷和不足并加以改进。心理咨询的目的，不在于操纵一个被动的人格，而是协助来访者自省自悟，充分发挥其潜能，以达到自我实现的目的。

（2）在心理咨询中，咨询者要以真诚、无条件的尊重和同情心来接待来访者，重视来访者现实面临的问题，而避免对来访者进行诊断。在心理咨询过程中，咨询者与来访者就今后的咨询方法、方向及解决问题的手段等问题进行充分磋商，来访者据此作出决定。整个咨询过程，咨询者只从侧面向来访者提供心理援助。由于这种方法不向来访者作出指示和具体指导，因而又被称之为非指示的心理咨询。

来访者中心疗法的观念为我国学校心理咨询界所普遍接受，因为罗杰斯的理论就是在对美国学生的心理咨询中发展出来的。此种疗法存在过于理想化色彩，也受到学者的批评。

（三）理性情绪疗法

理性情绪疗法由美国心理咨询家艾利斯（Ellis，1913～2007）创立于 20 世纪 50 年代，其理论要点及技术特征如下：

（1）人既是理性的，又是非理性的。人的精神烦恼和情绪困扰大多来自于其思维中的非理性信念。它使人逃避现实，不敢面对现实中的挑战。当人们长期坚持某些不合理的信念时，便会导致不良的情绪体验；而当人们接受更加理性与合理的信念时，其焦虑及其他不良情绪就会得到缓解。

（2）人的不合理信念主要有三个特征：绝对化要求，过分概括化，糟糕透顶。凡此种种，都易使人对挫折与精神困扰产生自暴自弃、自怨自艾的反应。

（3）"ABC 理论"。不论情绪反应是适当的或是不适当的，都不是由事件本身所引起，而是由于个人对既成事件所产生的信念（B）所引起。因此，心理治疗就是要帮助来访者对治疗一事负起责任；咨询者的职责只是从旁指导和劝说，以纠正来访者对事件本身所产生的错误信念，从而达到心理治疗的目的。

ABC 理论是心理学家艾利斯提出的关于情绪障碍的理论，这一理论特别强调认知的重要性。[①] 主要观点为：情绪不是由某一诱发事件本身引起的，而是由经历了这一事件的主体对这一事件的解释与评价所引起的。这一理论被称为情绪困扰 ABC 理论。其中，A 指发生的与自己有关的事件，即诱发事件（activating event）；B 指个体在遇到诱发后产生的认知信念（belief）；C 指在特定的条件下，个体对事件的情绪及行为反应的结果（consequence）。通常人们认为情绪及行为反应是直接由诱发事件引起的，即 A 引起 C。但 ABC 理论指出，诱发事件 A 只

---

① 岑国桢，李正云. 学校心理干预的技术与应用. 桂林：广西教育出版社，1999. 208.

是引起情绪及行为反应 C 的间接原因。比如，一个人因为失恋（A）而感到愤怒、自卑、伤心（C）。这是因为他抱有这样的信念（B）：我是最好的，是他主动追求的我，我不可能被抛弃，否则就太丢人了。因此，要改变人的情绪及行为，必须从改变人的认知入手，而不是消除诱发事件。

理性情绪疗法被我国心理咨询界，尤其是学校心理咨询界看作是最具理论价值和运用前景的一种。从实践情况看，由于很多所谓的非理性信念在人们包括咨询者自己的头脑中都是相当普遍和顽固的，该方法的实施其实并不容易。

（四）行为疗法

行为疗法源于行为主义理论，它强调通过对环境的控制来改变人的行为表现。其理论基础是条件作用学习理论。该疗法的理论要点及技术特征如下：

（1）人的所有行为都是通过条件作用而习得的习惯性反应。正强化该行为便巩固，负强化该行为则消退。

（2）心理咨询与治疗的目的在于，利用强化使患者模仿或消除某一特定的行为习惯，建立新的行为方式。因而心理治疗的目标要明确和具体，主张对患者的问题采取就事论事的处理方法，而不必追究诸如个人潜意识和本能欲望等心理原因对偏差行为的作用。

（3）行为疗法的常用技术包括放松训练、系统脱敏法、厌恶疗法、代币制、生物反馈等，其核心是控制环境和实施强化使患者习得良好行为，矫正不良行为。

行为疗法在我国的推行几乎没有任何阻力，人们十分看重其简明的技术风格。目前行为疗法的一些简单的技术已在国内普遍运用。但在实际实施的过程中，还应注意强化的时机和强化量的大小。

心理咨询与治疗还发展出很多的方法，如交互分析疗法、格式塔疗法、现实疗法、认知疗法、森田疗法等，此处不作一一介绍。

上述各种方法都有一定的合理性，但都有其缺陷。在进行心理咨询时应视问题性质、情境的不同，灵活地采取不同的方法，并尽可能把它们有机地结合起来，综合地加以运用。

二、促进职校生心理发展：职业学校心理教育的根本目标

心理教育又称心理素质教育或心理健康教育，也可以简称心育。职业学校心理教育是职业学校教育者从职校生的心理实际和社会发展的需要出发，在心理学、教育学、社会学和医学等多学科理论指导下，运用多种手段和途径，有目的、有计划地培养学生良好的心理素质，提高他们的心理机能，充分发挥其心理潜能，并进而促进学生整体素质提高和个性发展的过程。其实，心理教育并不陌生，通常所说的对职校生的兴趣培养、情绪调适、挫折教育、学习心理指导、职业能力训练、就业心理辅导等，都属于心理教育的范畴，都是职业学校心理教育的组成部分。

加强心理教育是增强职业学校德育工作针对性、实效性的重要举措。中等职业学校学生正处在身心发展的转折时期，随着学习生活由普通教育向职业教育转变，发展方向由升学为主向就业为主转变，以及将直接面对社会和职业的选择，面临职业竞争日趋激烈和就业压力日益加大的环境变化，他们在自我意识、人际交往、求职择业以及成长、学习和生活等方面难免产生各种各样的心理困惑或问题。[①] 因此，在中等职业学校全面推进和深入开展心理教育，是促进职校生全面发展的需要，是实施职业素质教育，提高职校生全面素质和综合职业能力的必然要求。

在职业教育生活中，每个职校生内心深处都存在着两种基本的心理需求：一是要解决心理与行为上的各种矛盾、冲突、困惑与障碍，恢复心理平衡，维持心理健康；二是要不断地充实与完善自我，实现与超越自我，提高心理素质。这两种内在需求，也正是职业学校心理教育本身所包含的目标之所在。因而就其本身所内在的意义而言，心理教育应该是一种最普及的职业素质教育，它应该像基本的伦理教育或健康教育那样，是职校生学会做人的一种本分，是一种最基本的生存教育和生活训练。

心理教育的基本功能随着人们对心理教育内涵的认识和实践的发展而发展，主要表现在补救性、预防性和发展性三个方面。在实际的职业学校心理教育过程中，这三类心理教育常常有机交织在一起，很难截然分开。但我们应当明确的是，其中发展性是职业学校心理教育的根本性功能。发展性心理教育属于积极的心理教育，在整个学校心理教育当中处于基础地位，发挥着主导作用，理所当然是中等职业学校心理教育的重点。其目的就在于开发职校生的心理潜能、增强心理机能、塑造心理品质、完善现代化人格，注重培养和提高职校生的心理素质。[②]《纲要》第2条就明确提出，"开展中等职业学校学生心理健康教育，必须坚持发展与预防、矫治相结合，立足于发展的基本原则。"可见，发展性心理教育是中等职业学校学生心理教育的必然选择。

"坚持以育人为本，根据中等职业学校学生生理、心理特点和发展的特殊性，运用心理健康教育的理论和方法，培养学生良好的心理素质，促进他们身心全面和谐发展。"这是《纲要》对职业学校心理教育指导思想的明确规定。职业学校教师要认真研究当代职校生在社会转型时期的心理发展特点，切实把握时代发展

---

① 教育部文件《中等职业学校学生心理健康教育指导纲要》（教职成〔2004〕8号），以下简称《纲要》。

② 崔景贵. 中等职业技术学校学生心理教育的问题与策略. 职业技术教育. 2003，(22)：59～62.

脉搏和职业教育规律，把自己对职校生心理发展的认识建立在理性分析的基础上，富有智慧地开展积极性、发展性的心理教育，讲究心理教育的艺术，坚持不懈地让所有职校生的心理得到最充分的和谐发展。

我们要积极把握职校生心理发展的新特点和新走向，分清主流与非主流，本质与非本质，既关心爱护又不简单护短，既支持鼓励又不盲目吹捧，既信任放心又不放任自流，既理解宽容又不姑息迁就，有针对性、有特色地做好引导、培养职校生的教育工作。我们要真正重视和加强职校生心理素质教育，注重对职校生的社会适应能力教育、情感教育、生命智慧教育和挫折应对教育，切实提高职校生的心理素养。

三、引导职校生学会心理自助：职业学校心理教育的重要内容

中等职业学校学生心理教育是一项复杂的系统工程，必须坚持"科学性与实践性相结合，重在体验和调适"的基本原则。自我教育是职校生提高心理素质最根本的途径。职校生心理生活质量的提高，需要职业学校、教师、家长和全社会的共同努力，然而最主要的还是靠职校生自己。预防心理障碍，增进心理健康，提高心理素质，首先是职校生自身的事情。苏联著名心理学家维果茨基说："学生归根到底是自己教育自己。在他自己身上，而不是在别的任何地方发生着长期地决定他的行为的各种影响的决战。"[①] 著名教育家苏霍姆林斯基也说过："有关心理修养的知识并不是心理学的简单提要，我想把这类知识称为自我认识和自我确信的入门，个性的精神生活的修养。"[②] 由此可以看出，在职校生心理的健康发展和良好心理素质的形成过程中，需要心理自助或自我心理修养。只有自身的积极参与和不断努力，只有学会了自我心理修养的方法与技术，职校生才能实现心理素质的积极发展和持续提高。

自我心理修养的过程，就其实质而言，是一种自我心理教育的过程，是一种在心理上自我帮助、自我服务的过程。这个过程显然不是职校生个人闭门思过的过程，而是一种自觉心理学习的过程，一种自主心理建构的过程，一种主动接受教育的过程，是充分发挥自身的主观能动性，把被动接受的"要我学"转变为主动进取的"我要学"的过程。因为只有职校生自己才是自己心理活动的"主人"和心理发展的主体，职业教育的效能以职校生参与程度为转移，职业教育作用的发挥要通过主体"自己运动"才能真正奏效。那么，当代职校生心理自助和发展的主题是什么呢？

1996 年，国际 21 世纪教育委员会向联合国教科文组织提交了一份名为《教育——财富蕴藏其中》的报告，这份报告提出 21 世纪的教育要围绕四个方面来

---

① 转引自刘春生 徐长发. 职业教育学. 北京：教育科学出版社，2002. 348.
② ［苏联］瓦·阿·苏霍姆林斯基. 教育的艺术. 肖勇译. 长沙：湖南教育出版社，1983. 265.

组织，也被誉为当代职业教育的"四大支柱"。[①]

（1）学会认知（learning to know）。职校生的学习不仅是要掌握知识、技能，更重要的是学会获取知识、技能的方法和能力，如观察力、注意力、记忆力、思维能力等，学会自主学习、创新学习、终身学习，掌握职业学校专业学习的基本策略。

（2）学会做事（learning to do）。职校生应当学会应用所获得的知识技能去分析和解决实际问题，这种实践能力实际上还和具有创新意识、具有创业精神、勇于克服困难和善于同他人协作等心理品质联系在一起，是一种综合能力。

（3）学会共同生活（learning to live together）。职校生应当具有处理人际关系的能力，善于同别人和睦相处，尤其是在当今"地球村时代"，学会与不同民族和种族、不同文化、不同政治观点和宗教信仰的人们和平相处、共同发展。

（4）学会生存（learning to be）。在当今社会，要使个人的身心获得全面的和谐发展，职校生不但要有健康的身体、优良的智力，而且要有生活的技能、审美的情操、高尚的品德和健全的人格。

这四个"学会"的主张，不只是对21世纪全球教育所提出的总的要求，也反映了世界各国对21世纪职业教育的共同期盼：职业教育不仅仅是让学生获得知识技能，而且要让职校生学会做人，学会做一个能适应21世纪社会需要的人格健全的现代人。这四个"学会"的主张，也同样是引领当代职校生心理健康发展、引导职校生学会心理自助、加强自我心理修养的时代主题。

职校生加强自我心理修养的途径、方法很多，可以从多方面着手：充分认识自我心理修养的重要作用，自觉激发、保护和增强自我心理修养的动机与愿望；学习运用有关心理科学的基础知识，制订自我心理修养的近期、中期与远期目标；正确掌握有关自我心理修养的一些具体技术，如学会理性认知，经常进行自我反省，巧妙运用心理暗示技术和心理防御机制，掌握心理调节的基本方法，直接或间接地进行自我心理训练；坚持学习书本知识与投身社会实践的有机统一，积极参加生产实习训练、校园文化活动和社会实践活动，在社会生活和实际行动中培养和完善良好的心理素质。

《纲要》指出，职业学校心理健康教育"要立足教育，重在指导，以学生为主体，遵循学生身心发展规律"，坚持"教师的科学辅导和学生的主动参与、家长的配合相结合"的基本原则，保证心理教育的针对性和实效性。职业学校心理教育的核心旨趣就在于为职校生提供实用科学的心理指导，引导职校生学会心理自助，就在于助人自助，先能自助，后能助人。首先，要提供心理科学的最新、最实用的知识与理论，帮助职校生转变心理观念，树立科学的心理发展观、心理

---

① 国际21世纪教育委员会向联合国教科文组织提交的报告. 教育——财富蕴藏其中. 北京：教育科学出版社，1996. 2～3.

问题观、心理健康观和心理素质观。其次，对一些常见的心理生活现象和心理发展问题进行科学分析，使职校生能更理智、更清晰地认识自我、发展自我，树立健康、健全的自我意识。第三，为职校生提供一系列具有可操作性的心理测验、心理调适技术，帮助职校生不断地克服心理缺点，缓解过重心理压力，合理保持心理平衡，自觉维护心理健康，自主开发心理潜能，努力提高心理素质。通过心理教育的帮助、指导，使得职校生能够真正"学会认知"、"学会做事"、"学会共同生活"与"学会生存"，成为身心健康、人格健全的现代人。

古希腊有一句名言："认识你自己！"人的一生始终都在寻找自我、实践自我、超越自我。从人类存在的角度讲，"认识自我"是其永恒的追求；从人类进步的角度讲，"发展自我"是其根本的目标。当代职校生自主学习有关心理教育的知识技能，正是为了认识自我、发展自我，从而具备优良的心理素养，更好地服务社会，实现自我。加强和改进职业学校心理教育，就是要让职校生与心理教育为友，与心理教育同行，与心理教育共成长，就是让职校生在相互信任、相互理解、相互沟通的心理氛围中，拂去蒙在心灵世界的精神尘埃，扫清成长道路上的心理障碍，就是在青春的缤纷时空里，为职校生注入钙、注入铁、注入钢，让职校生在职业学校生活得更富有质量、更加充满阳光，使他们的人生发展更加灿烂辉煌！

【本章思考与练习】

1．什么是心理健康？什么是心理适应？

2．心理健康的基本标准是什么？

3．正确有效评价职校生心理健康状况的标准有哪些？

4．增进职校生心理健康应遵循的原则有哪些？

5．如何提高职校生的挫折承受力？

6．从哪些方面对职校生进行发展性学习辅导？

7．简述西方最具代表性和影响力的心理咨询学派。

8．简述艾利斯理性情绪疗法的 ABC 理论。

9．如何认识职业学校心理教育？

10．如何引导职校生学会心理自助？

第五章　职业学校教师的心理素养

职业学校教师任务的特殊性，决定了教师劳动的复杂性、艰巨性，决定了教师必须具有良好的心理素养。教师心理素养是指教师在其职业活动中表现出的最一般的和最普遍的各种心理特征的总和。它不仅反映了教师在心理面貌上有别于从事其他活动的人，而且也是教师教育、教学活动所必需的心理条件。本章主要阐述职业学校教师的心理角色与心理素养，教师角色技能的获得，教师的心理健康维护及良好师生关系的建立。

第一节　职业学校教师的专业角色

一、职业学校教师角色分析

（一）角色的概念

角色，是一种对每个处在一定地位的人所期望的那种符合社会规范的行为模式，这种模式决定着一类人的共同轮廓。通俗地说，角色就是一个人的身份、地位、职务及其相应的行为模式。因此，角色既是社会期望与个体行为的统一，又是客观与主观的统一。

教师并不是一种单一的角色，而是各种不同的角色的统一体。了解教师的角色构成有助于全面理解教师的地位和作用。要想成为合格的教师，就必须充分理解教师角色，积极地扮演教师角色。

在现实生活中，当某个成员在特定的职业岗位上工作时，便充当着特定的职业角色。职业角色期待反映了社会对从事某一职业的人的行为要求，从事这一职业的人会逐步认识到自己的职业角色，产生相应的职业角色意识，形成从事某种职业的能力。教师职业角色意识的形成过程可以划分为下列几个阶段[①]：

（1）角色认知阶段：指教师对教师角色行为规范的认识和了解，知道哪些行为是正确的，哪些行为是不合适的，了解教师角色所承担的社会职责，并能够将教师所充当的角色与社会上其他职业角色区别开来。

（2）角色认同阶段：指教师通过亲身实践，体验、接受教师角色所承担的社会职责，并用来支配和衡量自己的行为。角色的认同不仅使教师对教师角色的行

---

① 张大均. 教育心理学. 北京：人民教育出版社，1999. 319～320.

为规范有认识上的认同，而且使其有了情感上的体验。

（3）角色信念阶段：指教师将社会对教师的角色期望与要求转化为个人的心理需要，坚信自己对教师职业的认识是正确的，并视其为自己行动的指南，形成了教师职业特有的自尊心和荣誉感。

（二）教师的社会角色

教师生活在错综复杂的社会中，拥有多种社会身份，并伴随有许多行为规范和行为模式。也就是说，每个教师都在不同层次、不同侧面的学校生活中，扮演不同的社会角色。

1．知识的传授者和技能训练的指导者

教师的首要角色是知识技能的传授者和解决问题能力的培养者，为此职业学校教师本人首先应该成为某一学科的专家。教师应该热爱教育工作，对自己所教的学科充满热情，善于运用心理学和教育学的知识和原理，以某种恰当的方式传授知识，使职校生为其热情所感染，激励自己自觉地学习，准确地理解和掌握教师所传授的知识。职业学校要培养为社会服务的应用型人才，应注重对学生专业技能的培养。因此，传授、示范和指导学生学习技术技能是职业学校教师的任务之一。这就要求教师不但具有一定的专业知识和能力，还要熟练地掌握一定的专业技能。

2．学生的楷模

虽然职业学校教师也应该像其他公民一样，有生活、思想和行动上的自由，但他永远不可能避免扮演模范公民的角色。这是因为社会性学习主要通过模仿来进行，对于职校生来说，一个成功的教师无疑是他们崇拜与模仿的对象。教师作为社会文化价值与道德准则的传递者，极易被学生看作代表有这些价值、准则的人。同时，职业学校教师对待自己所教学科的态度和自己对待学习的态度，也会成为职校生的榜样。一般说来，职业学校教师对自己所教学科的浓厚兴趣和热情，以及严谨的治学态度，有可能使职校生在这方面也采取同样的态度。相反，如果教师对所教学科马虎了事，毫无热情，学生便不太可能积极热情地学好这门学科。毫无疑问，教师应当成为学生的表率，他们展示给学生的应该是标准的社会行为模式。

3．班级管理者

职校生在学校里通过相互交往，形成各种正式或非正式的团体。班级是学校里最主要的正式团体，尽管教师常常把部分职责委托给学生干部或积极分子，但教师承担的领导功能仍然是无法避免的。当班集体形成后，学生追随教师，教师对学生进行教育性的指导。此外，学生中还存在许多文艺的、体育的和学科的非正式小团体，有高度责任感的教师常常自觉地充当这些团体的领导和顾问。

4．纪律的执行者

职业学校教师必须根据教学目标设置学习情境，制定必要的规则和程序，判断职校生行为的正确与否，并施以奖励或惩罚。这样做的目的是形成良好的课堂秩序，使每个学生都遵守学校制定的规章制度，最终能在班里形成自觉的纪律，即使教师不在场，学生也能控制和约束自己的行为。教师在课堂里要考虑的主要问题是如何教得更好，而不是千方百计地去掌握课堂纪律。教师的安全感和胜任感会感染全班，师生配合默契，教学才会取得显著的效果。不善于处理课堂纪律的老师则常为学生的纪律问题而唠叨，或者无情地斥责学生，甚至体罚或变相体罚学生。如果教师扮演的纪律执行者的角色超过了学习指导者的角色，就会影响教学的效果。

5．择业的指导者

随着社会主义市场经济体制的逐步建立，教育制度、劳动制度、就业制度改革的深化，人才的流动可能性大大增加，给职业学校学生选择职业创造了条件，但职校生在选择职业时往往具有盲目性，这就要求职业学校教师对他们进行职业指导。教师不仅要教好学科课程，还应指导学生了解所学课程与未来工作的关系，帮助他们了解职业世界，使他们对职业的性质和特点有所了解，同时对自己的心理品质特点也有清楚的认识，及早进行职业定向，接受相关的培训，为未来的职业选择奠定基础。

6．学生的朋友

有效的教学是与有效的交往分不开的。有效的交往有赖于教师对学生的尊重和帮助。职业学校教师热爱自己的学生，与他们平等相待、坦诚相见、热情关怀，思想教育耐心细致、循循善诱，就有可能扮演朋友和知己的角色。职校生非常愿意将自己的困难、忧虑、牢骚、过失和个人问题告诉给这样的老师，甚至会倾吐连父母都不愿意告诉的秘密。当然，职业学校教师在扮演学生的朋友和知己这一角色时，应该认识到师生关系不能完全由个人情感所支配。职业学校教师更不能为了获得学生或学生干部的支持而无原则地迁就学生。也就是说，教师虽然作为职校生的朋友与知己，但不能忘记自己的教师身份。一个与学生建立表面友好而实际上低级、庸俗关系的教师，容易与扮演纪律执行者发生角色冲突。

7．学生心理保健者

职业学校教育，既要给予学生一个健康的体魄，也要重视塑造学生美好的心灵。市场经济带来的激烈竞争，使职校生的心理压力越来越大，心理问题越来越多，使人们对职业学校教师担当心理保健者角色的期待进一步加深。

作为心理保健者，职业学校教师重要的心理工作就是创造良好的课堂气氛，使学生能够在自我激励、自我约束的环境下充分地表现自我，使自己的能力得到充分的发挥。此外，教师还应承担起学生心理问题的解决与疏导工作。教师要提供一个能谅解和宽容的气氛，帮助学生减轻焦虑或紧张，帮助学生满足心理的需要，给学生以情感和心理方面的支持。

二、职业学校教师角色的转化

教师角色的特征是随着社会的变化而变化的。在历史上，教师这一社会角色的特征经历了从长者为师到有文化知识者为师，再到教师即文化科学知识传递者的演变历程。教师这一角色的特征正在发生着新的变化。比如，当社会对教师的职业价值主要在社会功用上认定的时候，社会对他们的赞美，主要是他们那种默默无闻的奉献。从教师劳动的外在社会价值去对角色进行认定，在一个时期对教师起到了激励的作用，但它忽视了教师职业的内在尊严与创造性劳动的欢乐，忽视了教师在劳动过程中生命本质和高级需要的满足，忽视了教师教育生命的成长与发展。当今在教师角色的重塑过程中，需要我们将时代的历史的内容重新整理，填补到教师角色的含义当中去。21世纪的教师对职业角色的认识是，要在每一节课得到生命创造的满足，发展与学生共同成长的欢愉。教师的职业不仅是付出，其自己的生命价值和意义也在教育活动中得到体现和延伸。

职业教育改革对教师的角色提出新的要求。教师的职责越来越少地传递知识，而越来越多地激励思考；教师必须集中更多的时间和精力从事那些有效果的和有创造性的活动。要适应这一转变，职业学校教师角色也要发生变化，由传授者转化为促进者，由实践者转化为研究者，由管理者转化为引导者。

（一）教师即促进者

当前，学生的学习方式正由传统的接受式学习向创造性学习转变，这就要求教师必须从传授知识的角色向教育促进者转变，教师要以更大的适应性和灵活性来面对他们的工作。

在信息网络时代，人们很容易从外部数据资源中获得信息和知识，教师的角色不再以信息的传播者、讲授者或组织良好的知识体系的呈现者为主，其主要职能从知识的传授者转变成为知识的促进者。教师作为促进者，他的角色行为表现是：帮助学生确定适当的学习目标，并确认和协调达到目标的最佳途径；指导学生形成良好的学习习惯、掌握学习策略和发展元认知能力；创设丰富的教学情境，激发学生的学习动机，培养学习兴趣，充分调动学生的学习积极性；为学生提供各种便利，为学生服务，建立一个接纳的支持性的宽容的课堂气氛；作为学习的参与者，与学生分享他们的感情和想法；和学生一道寻找真理；能够承认自己的过失与错误。

（二）教师即引导者

真正实施素质教育，教师就需要将自己的角色定位在引导者上，因为学生素质的形成，是一个主体的建构过程，而不是在整齐划一的批量加工中完成的，教师要尊重差异性，尊重多样性，尊重创造性。作为引导者，教师要具有如下的一些角色行为：① 教师要牢记自己的职责是教育所有的学生，因而要坚信每个学生都有学习的潜力。② 教师要慎重地运用学生的原有鉴定和介绍材料，对来自周围对某一学生的评价小心地听取，对学生不能有先入为主的成见。③ 在课堂教学中，要尽量地给每位学生同等的参与讨论的机会。④ 要经常仔细地检查、反省自己是否在对待不同学生上有差别。要尽量公开地评价学生的学习过程和结果。⑤ 要经常了解学生的意见，了解他们是否察觉到了教师在期望上的偏差，随时审视，随时修正。

（三）教师即研究者

未来的教育是一种个性化的教育，这给教师提出了多方面的挑战。教师只有把自己定位在研究者上，才能成为教学改革的积极参与者和主动适应者。成熟的教师应该是专家型的教师，不仅要有有效的经验行为，还要有理性的思考，应能解释、反思自己的教学实践，完善教育实践，不断交流自己的见解。教师既不能依赖习惯和经验工作，又不能等待研究者提供新成果。每个课堂都是实验室，每名教师都是科学研究队伍中的成员。教师要成为批判地、系统地考察自己实践的研究者，从而更好地理解自己的教学和改善自己的实践。

事实证明，教师一旦以研究者的心态置于职业教育情境，以研究者的眼光审视已有的职业教育理论和教育实际问题，则对已有的职业教育理论更愿意思考，对于新的职业教育问题更加敏感。

三、职业学校教师角色的适应

所有的社会角色，都是由特定的时代和具体的生活方式赋予的，这意味着随着社会文化的发展和变化，社会中的各种角色也必须随之发展变化，调整自己以适应变动的社会，这就是角色适应。教师角色适应，是他们从事教育教学活动的心理前提。因此，教师要依据社会的期望与职业活动的要求以及特定的教育情境，随时调整自己的心理与行为，以适应教师这个角色。面对当前新课程与新形势所要求的教师新角色，教师还存在着一些不适应的情况。

社会对教师的实际期待与教师的实际地位不符。具体说，就是社会对教师的期待较高而教师对自身社会地位感受低，教师对职业角色带有明显受挫感。

教师对自身职业角色现状的感受与教师角色的实际表现具有比较突出的矛盾。具体表现在教师对自己角色的自我感觉较好，但其角色的表现则较差，这里的反差过大。这种矛盾的形成，一方面来源于较差的工作环境，另一方面来源于实际角色扮演中的疲惫。

有些教师对多种工作角色认知不完整，明显地忽视了一些必要角色，特别是"学生的朋友知己"、"心理保健者"等角色。也有些教师对具体角色的认识不全面，有时取其积极含义，同时也吸收消极的东西，比如伴随着管理者的角色行为，也出现了家长制作风和专制主义倾向。

社会客观上对教师角色的要求与角色的主观努力，是角色心理的两个不同方面。保持这两者的一致性的方向是：职业学校教师努力实现社会期待，使自我形象达到社会满意，从而获得角色的胜任感、愉快感。教师要完成这个角色的适应过程，主要应从以下几个社会期待方面来强化自身的角色意识，并力图去解决问题。

（一）素质期待

素质期待，是完成社会期待的基础和前提，是社会对教师个体思想品德、个性特点、文化素质、身体条件等方面做出预期的要求。这主要靠教师在职前准备阶段完成。如果教师入职时储备不足，就有待入职后进一步完善。

（二）形象期待

形象期待，是社会对角色的外部特征，如风格、气质、言行习惯，乃至长相衣着方面的预期要求。对教师职业的形象期待尽管没有量化的指标，社会要求还是比较严格的。突出强调整洁朴素的外表，可敬可亲的面容，严谨的作风和学者的风度。

（三）义务期待

义务期待，即社会要求教师所要承担的社会责任与社会服务。角色义务既是角色的中心要素，也是社会期望于角色的最重要内容。社会衡量角色，最终是以其是否履行义务为准绳的。它可以弥补教师素质和形象上的某些不足。义务期待不足，素质和形象上的优势也会被忽略或低估，而素质和形象上的不足却易被突出或夸大。教师义务期待就是要完整有效地履行教师多种角色的职责。

第二节 职业学校教师的心理素质

一、职业学校教师的心理特征与效能

（一）职业学校教师的性格与效能

教师的性格对教学效能的影响重要而深远。教师的性格在认知、态度和情感三个方面直接影响学生。理想的性格，可能帮助创造和维持一种舒适而有动力的学习气氛；教师和学生性格的相互作用将影响学生对教师、对教师所教的课程及学校的态度。在情感方面，教师性格与教学密切相关。学生喜欢某教师，学习积极性就高，反之则厌恶学习。

有效能的教师有如下特点：合作、民主、仁慈、体谅、能忍耐、兴趣广泛、和蔼可亲、公正、有幽默感、言行稳定一致、有兴趣研究学生问题、了解学生、给予鼓励、精通教学技能。

无效能的教师有如下特点：脾气坏、无耐心、不公平、偏爱、不愿帮助同学、狭隘、对学生要求不合理、不和善、讽刺挖苦学生、言行横霸、骄矜自负、无幽默感。

（二）职业学校教师的认知风格与效能

认知风格是人进行知觉、整理与贮存信息方面的独特而稳定的方式。教师的认知风格直接影响其教学行为，因而影响教学效能。教师和学生的认知风格有相互作用，若二者互相协调，教学效能会因此提高。

教师的认知风格一般包括以下类别：场依赖/场独立；冲动/审慎；认知复杂/认知简单；注意广度；反应模式；思维模式；学习速率；冒险/谨慎；记忆。每个教师基本上应具备各项认知风格，但各方面的强、弱或偏向因人而异。

许多研究表明，在智力与知识达到一定水平之后，教师的表达能力、组织能力、诊断学生学习困难的能力以及他们思维的条理性、系统性、合理性与教学效果有较高的相关。研究表明，学生的知识学习同教师表达的清晰度有显著的关系；教师讲解的含糊不清则与学生的不良学习成绩有显著关系；教师思维的流畅性与他们教学效果有显著的关系。教师专业需要某些特殊能力，其中最重要的可能是思维的条理性、逻辑性以及口头表达能力和组织教学活动的能力。

（三）职业学校教师的价值观与效能

一个人的价值观影响其对事物的好恶、动机、抉择以及行为。教师要提高教学效能，需要有适当的价值观，只有当他认为教育工作有极重大的价值，能满足自己的需求、成就以及情感上的需要时，才会为教学工作尽己所能，求取进步。一位教师，即使有卓越的才能，若没有正确的价值观，如认为能赚大钱才是幸福，教师犹如寒冬的蜡烛，照亮了他人，燃烧了自己，因而轻视教育工作，就不可能安心工作，更谈不上有良好的教育效果和重大的成就。

一般认为，教师本身的价值观应当和当时社会的核心价值观相和谐。否则，不仅不能很好完成教学任务，还可能产生矛盾冲突，影响整个教学工作的培养目标，把学生引向歧途。由于教师的价值观直接影响其对学生人格的塑造，所以许多国家的教育领导机构往往对教师提出一些核心价值，作为教师献身教育事业的保证。美国就曾对教师提出十项核心价值：① 人类的个性；② 道德责任；③ 社会公仆；④ 和谐共处；⑤ 追求真理；⑥ 尊重优秀者；⑦ 平等；⑧ 友爱；⑨ 追求快乐；⑩ 精神生活丰满。

二、职业学校教师的教学能力

职业学校教师的职业能力，除了要具有人的基本认识能力（包括观察力、注意力、记忆力、想象力和思维能力）之外，还应具有教师的教育能力。职业学校教学活动具有一系列特殊性，需要职业学校教师具有一些特殊的能力。

（一）全面掌握和善于运用教材的能力

教师要精通所教的专业知识，全面掌握教材，善于运用教育学、心理学、教学法的知识，根据学生的接受能力，分析教材的重点、难点并进行加工改组，使之系统化，便于学生深入理解和促进学生智力的发展。

这一切都要求教师具有适当的分析、综合和概括的能力，并能够化繁为简，深入浅出，善于用生动的形象例证，帮助学生接受抽象的理论。这是一种教学艺术，是教师教育能力的重要组成部分。

（二）简洁生动的言语表达能力

教师的语言，不仅要求语法正确，语音、语调也要有变化，不能平铺直叙，要抑扬顿挫，并伴随适当的面部表情和手势。

要做到这一切，教师语言必须富于情感，只有富于情感的语言才能激起学生的情感体验。教师的语言能力有正式语言能力和非正式语言能力。正式语言能力即符号化的语言能力，包括口头语言能力和书面语言能力。前者表现为语言的组织能力，即具有较强的连贯性、逻辑性，结构上的完整和严密，也表现在语言具有形象性、情感性、准确性。教师的书面语言能力，主要表现在批改作业、课堂板书等活动中。教师的非正式语言能力即体态语言能力，包括面部表情和身体动作、仪表和装饰品等，是正式语言的补充。研究表明，非正式语言的作用在教育活动中是不容忽视的。教师在教育活动中必须注意正式语言的锤炼和非正式语言的妙用。

（三）多方面的组织能力

教师的组织能力首先表现在善于制订教育工作计划，编写和使用教材及组织课堂教学等方面。教师必须充分估计教学时间和教学内容，能够长计划和短安排，并具有一定的灵活性。

教师的组织能力也表现在善于组织良好的集体方面，如班集体、团队和学习小组等，包括从集体中选拔学生干部，培养积极分子，正确地分配班上的职务，形成积极分子的核心，发挥每个学生的积极性与能力，从而使学生在集体工作中养成善于合作和自觉遵守纪律的习惯。

职业学校必须同外界保持密切的联系，因而职校教师除了要组织课堂教学以外，还要组织学生进行生产实习、技术开发、技术推广、生产经营、社会服务等环节的活动，同时，还要与家长、生产实习单位的技术员、售货员、工人等各种人员保持密切联系。要胜任这些工作，教师必须具有较强的组织管理能力和现场教学组织能力。

（四）机敏地处理偶发事件的能力

教师每天面对几十名性格、能力、成绩不同的学生，随时都可能发生各种意想不到的事情，有些学生会提出各种各样的问题。因此，教师要有随机应变的能力，善于解决。对发生的事情要及时做出正确的判断，能够正确解决问题和有意识地去影响学生。对于固执的学生，或一时处于激情状态中的学生，教师要能够灵活对待，耐心地稳定学生的情绪，避免僵局。教育方式不是固定不变的，只有掌握学生的特点和分寸，才能取得良好的效果。

（五）手脑并用、长于操作的能力

根据职业教育的特点和发展前景，职业学校要培养既懂理论，又能掌握基本技能，会实际操作的应用型人才。这就要求职业学校的教师全面发展，既能传授基本理论，又熟悉生产过程，特别是能实际操作，指导学生进行生产实习，成为"双师型"教师。

三、职业学校教师的信息处理能力

教师的信息处理能力，通俗地讲就是教师利用信息的能力。这种能力表现为：

（1）对各种有用信息具有高度的敏感性，能够广泛地接受各种信息源，其中包括来自学生、教育行政部门、新闻机构、学术刊物和著作、日常交往等方面的信息，能够辨别它们对职业学校教育教学的有用程度。

（2）对接收到的各种有用信息具有简化、归类、存档和联系发挥的能力，能够及时地或适时地把这些信息转化为自己的资源，与自己已有的知识结为一体，并且把这种经过加工的信息连同自己的知识、评价运用到教学实践中去。

（3）熟悉现代化信息工具，如计算机、录像机、打印机、复印机等的操作方法，特别是会利用网络技术来检索和提取自己需要的信息。

四、职业学校教师的创造力与教育科研能力

职业教育对象的多变性与差异性，决定教师工作本身应是一种创造性劳动。但是，现实生活中，有一些职业学校教师，常常是按照某种常规或模式周而复始地从事自己的教育教学工作，没有进行创造性的工作，因而工作平平，无所建树。21世纪需要培养具有开拓、创造精神的一代新人，而学生的创造品格、创造才能需要教师的创造性教学来培养。教师需要在教育科研中来提高自己的教学水平，因此，职业学校教师的创造能力与教育科研能力就成了教师诸能力中最具根本意义的能力。

（一）创造能力

教师的教学创造能力，集中体现在能充分发挥自身的创造精神，勇于标新立异，能够进行创造性教学。

有创造精神的人具有这样一些特点和表现：勇于向假设提出挑战，开拓新的思路；设计新的模式；建立新的联系；建立新的网络；敢冒风险；把握时机；有强烈的求知欲望；富于想象和创见、灵活的发散思维；能够深入探索；能够进行改革和创新。

教师应有的创造能力包括：能更新教学内容，能创造新的教学方法，能优化教学过程，善于寻找有助于提高创造性的场景；发现尚未解决及有多种答案的问题；设计并向自己和学生提出调查性学习的作业；提出跨学科问题独立研究或用于课堂讨论；具有综合能力和应用系统分析技术的能力；提出探索性问题，激发求知欲等。

（二）教育科研能力

教师的教育研究能力，是指教师在职业教育教学过程中，从事与教育教学有关的各种课题的实验、研究与发明创造的能力。它包括教学研究和教学研究之外的其他方面的教育课题研究。

在教师职业所需要的诸种能力中，教师的教育研究能力的潜力和作用不可低估。教师的研究能力提高了，对待教育教学问题能以科学的态度去审视，能用科学的方法去解决，就会大大提高工作效率和教育教学质量。"向教育科研要质量"，教师应由工艺型、经验型教师向科研型、创造型教师转变。

教育研究，包括实证性研究和思辨性研究两类。前者是指目的明确、条件完善、操作规范的各项教育教学实验；后者是指从新的角度，用新的思维方式和方法，研究已有资料，从而得出新结论的研究。这两类研究，由于思维和操作方式的不同，所需能力各有侧重，各具特点；但是，就教师教育研究能力的整体来说，主要包括以下几个方面：

（1）选题能力。选题能力，是指教师根据教学实践及其发展的需要，选定研究课题、实验项目或确定教育科研论著名称的能力。衡量选题能力大小的依据是选题的质量。

（2）教改实验能力。教改实验能力，是指教师根据研究课题的设想，在周密计划和专门设置的特定条件下，进行教育教学改革实践的能力。

教改实验，尽管有单项、综合和整体之分，课题可大可小，时间可长可短，方式灵活多样，教材的组合、结构的调整、课型的变化、教法的探讨、学生能力的培养、测试方法的运用等，都可作为改革实验的选题。教改实验的目的必须十分明确：或者是检验预告的设想是否能够成立；或者是探索所要研究的教育现象发生、发展和变化的原因及条件；或是鉴定教育教学的某种方式方法的效果等。

（3）收集整理教育研究资料的能力。收集整理研究资料的能力，是指教师根据研究范围和课题的需要，有目的、有计划地查寻及归纳整理有关资料的能力。

五、职业学校教师的人际交往能力

教师的劳动方式是个体的，但劳动成果——学生德智体诸方面的综合发展，却不仅是教师集体智慧的结晶，也是全体教职员工、家长、社会各方面共同努力的结果。这就需要教师不但对此有清醒的认识，而且要能自觉处理好与其他人之间的关系，形成团结、互助、友爱、和谐的人际环境和共育良才的合力。

（一）正确处理与领导及行政工作者的关系

在与领导和行政工作者的合作中，教师应做到以下几点：① 能配合直接行政领导工作，特别是教研室主任（组长）的工作。② 与高一级的行政者讨论事情，而不过分越级。③ 支持教务处主任工作，不难为教务干事；④ 避免公开批评、顶撞教育行政人员。⑤ 不挑剔行政人员布置的工作。⑥ 对组织任务有义务感，不借故使用否决权。⑦ 对教学会议持支持态度。⑧ 接受教学评价，有心理承受力。

（二）正确处理教师之间的关系

在教师间的关系中，教师应有以下表现：① 承认同事的成就，并从内心表示赞赏；② 避免嫉妒和互相伤害；③ 不责备以前教师的工作基础；④ 避免同事之间的非原则是非；⑤ 不盲目否定评价同事；⑥ 不介入其他教师与学生间的事情，除非被邀请提供帮助；⑦ 与同教学班科任教师工作配合默契，追求集体成果。

（三）正确处理师生之间的关系

在师生关系中，教师应有以下表现：① 对教育对象熟悉了解，能正确地对待学生；② 对个别学生的教育教学有足够的能力；③ 能全面分析学生的素质和能力；④ 能有效地组织学生进行教学活动；⑤ 能创造学生集体的友善和互助气氛；⑥ 能接收学生的行为影响，调整和改善自己的方法；⑦ 学生教学反馈满意率高；⑧ 不能让学生敬而远之；⑨ 不以成见对待学生。

（四）正确处理与家长之间的关系

在与家长的关系中，教师应注意以下问题：① 教师应想方设法与家长取得联系，赢得家长的信赖与合作；② 要尊重家长，尊重他们的感情与人格，切忌摆出一副教育权威的架子；③ 要注意家长会的有效性，把学生积极的信息传达给家长，而不是向家长"告状"；④ 建议家长学习家庭教育的方法，帮助家长提高教育素养；⑤ 避免与家长交往的功利性。

第三节　职业学校教师的角色技能

教师的职业技能是后天获得的，因为教师扮演的所有角色都包含了从以前社会化经验所获得的内容。下面从教师威信、教育态度及教学反思来讨论教师角色技能的获得。

一、职业学校教师威信的形成与维护

（一）教师威信概述

威信是指教师所具有的一种使学生感到尊严时信服的精神感召力量。它与神圣不可侵犯的威严不同，威信使学生敬而信之、亲而近之，威严则使学生疏而远之。

威信是教师成功地扮演角色的一个重要条件。首先，职业学校教师的威信是职校生接受教诲的基础和前提。古人云："亲其师，信其道"。深得学生敬重和爱戴的教师，学生将确信其教导的正确性和真实性。对于他们所授的课，认真学习；对于他们的教导，乐于接受。其次，有威信的教师能唤起学生积极的情感体验，他们的表扬能引起学生的愉快感和自豪感，激发其进一步努力的愿望。他们的批评能引起学生的悔悟、自责和内疚的心情，自觉地改正缺点和所犯错误。最后，有威信的职业学校教师能被职校生视为理想的榜样和行为的楷模，产生向教师学习的意向，使教师的示范起到更大的教育作用。总之，教师的威信越高，他的教育效果一般就会越好。

（二）影响教师威信形成的因素

教师的威信是通过教师的人格、能力、学识及教育艺术在学生心理上所引起的信服产生的。职业学校教师威信的形成取决于许多因素。这些因素是：社会对职业学校教师的态度；教育行政机关、校长对职业学校教师的态度；学生家长对职业学校教师的态度；学生对职业学校教师的态度等。但职业学校教师本身的条件对教师威信的形成是最根本的决定性因素。以下就职业学校教师本身的条件因素作一些分析：

1. 教师崇高的思想品德、优秀的心理品质和业务能力

教师崇高的思想品德、优秀的心理品质在教育工作中具体表现为：① 热爱党，热爱社会主义，忠诚于党和国家的教育事业，有强烈的自豪感，不计名利，甘为人梯，出色地完成教育和教学工作；② 对学生有深厚的情感，有坚强的意

志，适应教师工作的良好性格和高尚的兴趣爱好，还有丰富的想象力和灵活机智的心理品质；③努力钻研业务，有深厚广博的专业知识和熟练的教育艺术，能创造性地完成教育及教学任务。

教师如果不扎扎实实深入钻研，教学质量不能提高，想以华而不实的动作和言语博得学生听课的兴趣，不久就会被学生厌恶。教师可以使用生动幽默的语言，但决不能使用那些低级趣味的语言。

2．教师给学生的第一次印象

教师与学生初次见面给学生留下的印象十分深刻，因为学生对新教师总怀有新奇感，十分注意教师的一言一行。第一印象好，学生对教师以后的言行常常往好的方面解释；第一印象不好，学生往往会感到大失所望，常常从不好的方面解释教师的言行，教师威信就难以形成。职业学校教师必须高度重视与学生的第一次见面，力求在第一次讲话或上前几节课时就给学生留下深刻的印象，树立初步的威信。

3．教师的仪表、生活作风和习惯

许多研究表明，职业学校教师仪表大方，衣着整洁朴素，也会引起学生尊重和好感；生活作风懒散、不讲卫生和做怪动作等不良习惯，不仅会影响学生的情绪和注意力，而且会损害教师威信。

4．改正对教师威信形成的错误观点

有人主张严教可以树立威信，即从保持教师威信的意愿出发对学生提出主观要求，如果学生不能满足教师提出的要求，就进行体罚或变相体罚，其结果只能是让学生感到被压服，绝不能使学生心悦诚服。教师这样的行为可能使学生养成当面一套、背后一套、阳奉阴违的行为表现。有的教师不尊重学生，甚至辱骂和斥责学生，如辱骂学生"笨蛋"、"糊涂虫"、"不可救药"等，其结果，不但不能树立自己的威信，反而会降低教育威信。

（三）教师威信的维护

教师的威信不是一成不变的，它可能继续保持，不断发展，也可能逐渐下降。因此，教师不仅要注意在学生中形成威信，而且还要注意巩固已经形成的威信。维护教师威信的首要条件是使自己的道德和心理品质以及业务能力始终处于积极的发展状态。如果不严格要求自己，对于艰苦的教育工作的兴趣和热情逐渐淡漠，业务上不求上进，备课不认真，教学质量下降，就难以维持原有的威信。教师要维持自己的威信，应时时处处意识到自己的教师身份。在各种场合都不要忘记自己是教师，不应出现有失教师身份的言行。

二、职业学校教师教育态度的培养

教师的教育态度指教师对教育工作的认识、情感和行为特征方面的比较持久的倾向。教育态度既影响学生的知识学习，也影响学生的人格发展，它是教师获得角色技能的必要条件。

（一）树立正确的学生观

教师的学生观是指教师对自己的教育对象的基本看法。不管教师是否自觉，他们所有的学生观会影响教师的教育态度和教育方式，支配教师的言行，制约教师角色技能的获得。一般认为，教师中存在两种不同的学生观。

1. 评价性的"学生观"

有些教师，由于受世俗的社会观念影响或某些其他原因，往往会先入为主或感情用事，过多地强调职业学校学生不足的一面，认为学生中调皮捣蛋的多、不听话的多、愚笨的多，因而批评、贬斥多于肯定和表扬，造成师生关系紧张。他们体会不到尊师爱生的乐趣，导致对教育失去信心。有的教师因此胆怯，不敢管教学生，怕学生"捉弄教师"；有的教师采取"放任政策"，睁一只眼闭一只眼，听其自流；有的则生硬粗暴，采取"高压政策"，致使师生关系对立。

2. 移情性的"学生观"

教师的移情性"学生观"产生于积极的移情作用。移情，是指站在学生的角度考虑问题，进入学生的内心世界，体验学生的所思、所想，通常讲的"将心比心"、"设身处地"就有这种移情的因素。

持移情性"学生观"的教师认为，职业学校的学生是可爱的，是可以教育成人的。他们能深入了解学生，在考查学生时，不带主观预想的框框，能设身处地地体验学生的所作所为，耐心细致地观察、分析、了解学生的内心世界，不论是聪明的、笨拙的、听话的或顽皮的学生，都能以同情、真诚、热爱、关怀的态度对待。他们坚信，没有教育不好的学生，只有不会教育的教师。因此，他们以满腔的热情，坚强的意志，不断提高教育艺术，努力把每一个学生教育好。教师通过对学生移情的理解，设身处地地体察学生的思想感情，了解学生对某些问题的看法和态度，逐渐与学生有了共同的语言，在思想和感情上更加融洽。

不仅教师有移情作用，学生也有。教师的以上种种情感在教育教学过程中感染了学生，使学生思想感情上产生了共鸣，逐渐对教师产生一种亲切感、安全感，从而努力学习。

（二）形成良好的教学风格

教学风格是教师执教时所表现出来的独特技能、手段和方法。例如，有些教师的教学充满热情，有些则比较平淡；有些教师讲课条理清楚，有些则比较凌乱；有些教师的课富有激情，有些教师则呆板被动；有些教师的课只满足于将所有的信息提供给学生，有些教师则鼓励学生通过自己的研究作出结论。总之，教师在使用奖惩的方式、对制定的教学目标所承担的责任以及如何实现这些目标的方式上的差异都属于教学风格。

教师的教学风格与其本人的许多特征有关。某个教师能以某种教学风格取得满意的教学效果，但对另一位教师来说，则未必如此。因此，教师的教学风格应当同自己的知识结构、认知水平以及人格特征等方面的优点和弱点相适应，也应当学习必要的教学技巧。同时，良好的教学风格总是同某一时期力求达到的教育目标相关。这个目标可能是有效地传授已确定的知识，探索有争议的知识领域，形成或改变态度，提高解决问题的能力等。针对不同的教育目标，教师有必要调节自己的教学风格。

由于学生在不断地变化，他们的需要各异，身体、认知反应方式、智力、焦虑水平和学科兴趣各不相同，这就要求教师经常研究学生的需要和特征，有必要根据学生的具体情况而适当改变自己的教学风格，以特定的反应方式满足学生的要求，促进他们的发展。

三、职业学校教师的教学反思

教师成长与发展的基本途径主要有两个方面，一方面是通过教师教育培养新教师作为教师队伍的补充，另一方面是通过实践训练和教学反思提高在职教师的水平，促进教师自身专业发展（参阅第一章第二节）。

要想促进新教师的成长，新教师可以参加专门的训练。有人曾将某些"有效的教学策略"教给教师，其中关键程序有：① 每天进行回顾；② 有意义地呈现新材料；③ 有效地指导课堂作业；④ 布置家庭作业；⑤ 每周、每月都进行回顾。

对教学经验的反思，又称反思性实践或反思性教学，这是一种思考教育问题的方式，要求教师具有作出理性选择并对这些选择承担责任的能力。波斯纳提出了一个教师成长公式：经验＋反思＝成长。他还指出，没有反思的经验是狭隘的经验，至多只能形成肤浅的知识。如果说教师仅仅满足于获得经验而不对经验进行深入思考，那么他的发展将大受限制。

科顿等人1993年提出了一个教师反思框架，描述了反思的过程：① 教师选择特定问题加以关注，并从可能的领域，包括课程方面、学生方面等，收集关于这一问题的资料。② 教师开始分析收集来的资料，形成对问题的表征，以理解这一问题。他们可以利用自我提问来帮助理解。提出问题后，教师会在已有的知识中搜寻与当前问题相似或相关的信息。如果搜寻不到，教师就会去请教其他教师和阅读专业书籍来获取这些信息。这种调查研究的结果，有助于教师形成新的、有创造性的解决方法。③ 一旦对问题情境形成了明确的表征，教师就开始建立假设以解释情境和指导行动，并且还在内心对行动的短期和长期效果加以考虑。④ 考虑过每种行动的效果后，教师就开始实施行动计划。当这种行动再被观察和分析时，就开始了新一轮循环。

第四节 职业学校教师的心理健康

教师是学校教育的关键所在，教师的心理健康状况直接或间接地影响着学生及其他教师的心理与行为，对于教师个人工作的成败也有极其重大的作用。对待教师出现的各种心理问题要有正确的态度，维护和促进教师的心理健康需要个人、学校以及社会共同努力。

一、职业学校教师心理健康的意义

（一）心理健康的教师才能培养出心理健康的学生

教师对学生的影响，不仅可以通过实际的教育、教学过程和学生管理工作来实现，而且教师自身的心理特点对学生产生的潜移默化的作用也是不容置疑的。例如，教师若缺乏健全的人格，赏罚无度，喜怒无常，就容易引起学生的情绪困扰，适应不良，甚至引起心理问题。尤其是处于人格形成关键期的职业学校学生，更是如此。反之，教师人格健全，适应良好，能与学生建立良好关系，能根据心理卫生的要求组织教学和日常教育活动，那么对促进学生心理健康发展会有积极的影响。教师与其他职业不同，其他职业的心理不健康者所造成的损失是局部的、个人的，教师心理不健康所造成的影响是总体的、社会的、长远的。因此，教师人格和心理健康状况，比教师的专业学科知识和教学方法更为重要，教师不仅在对学生传授知识，更是在塑造人格。

（二）心理健康是教师自身发展的需要

职业学校教师经常会面临生存和发展的问题，同时难免或多或少地有某种程度的适应问题，如果这些问题不能及时有效地解决，就会形成心理问题。教师在开始工作时，都充满热情并乐于奉献，他们感到自己的工作是具有社会意义的，并产生个人满足感。由于教学中不可避免的困难、个人问题及个人性格脆弱性、加上社会压力与价值观的影响，产生了挫折，促发对工作的可能性进行重新评价。教师如果有严重的心理问题，就无法将潜能发挥出来。这不仅使教师不能从事社会工作，同时也阻碍教师个人的成长与发展。

二、职业学校教师心理健康的维护

（一）建立对教师角色的合理期望

教师产生心理压力的重要原因之一是，自己在本职工作中的角色出现了问题，不能顺利进行角色转换，或面对多种角色期待不能有效地调节，出现角色冲突或角色混淆。教师是一种集多种角色于一身的职业。因此，教师自己对教师职业应建立合理的角色期望。首先，教师自身要对其职业角色有正确的认识。尽管教师担当历史的重任，教师应是合格的教育者，但教师也会有七情六欲、喜怒哀乐。教师应了解自己的优缺点，做一个真实的人。其次，教师应了解所从事职业的艰巨性及各种问题出现的可能性，做好心理准备，提高自己的耐挫力。

（二）教师应做好应激的心理准备

教师遇到的应激事件是教师产生心理压力的重要因素。因此，教师要理清自己所遇到的应激源。但是，现实生活中大多数应激是无法预测的，这就要求教师做好迎战挫折的心理准备。教师应自我检查，参考如下标准判断自己的心理是否正常：① 与大多数人相比，自己的心理与行为是否有差异；② 自己的主观体验是消极的还是积极的；③ 自己的主观体验是否影响到生理和心理的变化，并进而影响到工作和生活。

（三）积极寻求职业反馈和交流

职业反馈是指来自不同人之间的与工作有关的信息。每个人都需要反馈信息，通过别人的反馈来调整自己的行为。教师应清楚组织的期望、工作的要求及职业中的责任与义务等，这样通过别人对自己的行为结果评价，树立职业意识、价值、目标及成就感。人际交流是人成长与发展所必需的，工作环境中的人际交流可以提供更多的社会支持，增加工作满意度。教师如果缺乏职业反馈与交流，就可能导致目标的混乱、责任心的降低和成就感的下降，出现职业倦怠。教师通过人际交流，可以疏导负性情绪，缓解现实的压力。

（四）提高班级管理能力

许多研究表明，教师对班级管理的效果如何直接影响对自身的评价。学生的纪律问题是造成教师倦怠的重要原因。随着社会变化，学生的问题行为也更加突出，它严重地影响到教师的教学，甚至成为教师重大的工作压力。因此，教师需要加强处理学生问题能力的训练，让教学在安静、有秩序的情境下进行，这样就可以减少教师的挫折感，增加教师的自信心。

（五）积极寻求心理专家的帮助

教师的心理问题，有些问题个人能解决，有些问题个人不能解决，于是积极寻求专家的帮助是很好的方法。一般来说，心理专家能在一定的理论指导下，严格按照心理咨询和心理治疗的程序，给咨询者进行训练，如认知疗法、行为疗法等。教师往往不喜欢求助于别人，特别是不善于寻求心理专家的帮助。因此，教师要树立正确的观念，寻求积极的帮助，使自己不断地健康发展。

（六）寻求社会支持系统

大量研究表明，在压力情境下，那些来自伴侣、朋友或家庭成员较多心理支持或物质支持的人身心更健康。当教师受到压力威胁时，不妨与家人或朋友同事一起讨论目前的压力情境，在他们的帮助下确立更现实的目标，以及对压力的情境重新审视。此外，教师可以从家人和朋友那里获得感情的支持，舒缓压力与紧张情绪。

（七）学会放松

放松是指身体或精神由紧张状态朝向松弛状态的过程。当压力事件不断出现时，持续数分钟的放松，往往比一小时睡眠的效果还好。除了日常的游泳、做操、散步、洗热水澡、听音乐等松弛方法外，教师还可以学习放松训练的应付压力技术。这是通过机体的主动放松来增强自我控制能力的方法，即在一个安静的环境中按一定的要求完成某种特定的动作程序，通过反复的练习，学会有意识地控制自身的心理生理活动，可以降低机体唤醒水平，增强适应能力，调节因紧张反应而造成紊乱的心理生理功能。

（八）坚持体育锻炼

体育锻炼可以帮助教师明显地减轻压力与倦怠。一方面因为体育锻炼使身体健壮，精力充沛，应付能力增强；另一方面，由于锻炼的进行减少了暴露于压力情境的时间，某些锻炼如散步、慢跑等也提供了一个难得的"空闲"机会，可以对问题加以反思，寻找解决问题的策略。体育锻炼的关键是有规律和持之以恒。应以适量和娱乐性为原则，过量或竞争性过强的运动不但不会减轻压力，而且其本身也是压力的潜在来源。

（九）学会休闲

教师面对繁琐的工作与单调的工作环境，除了工作环境的调节外，还应有适当的休闲生活，使身心得到调节，以便提高生活质量与工作效率。在休闲活动中，教师可以发泄负向情绪，减缓现实的压力。教师可以选择自己专长的休闲活动，以满足教学以外的个人价值。教师的社交圈狭窄，人际互动非常有限，可通过休闲活动，增加与他人互动的机会。教师的工作范围常限于学校和班级，平时很少接触社会的其他层面，因此，教师可以借助休闲活动，深入社会，了解社会现象，扩展社会领域。另外，教师与家人一起参加休闲活动，有助于与家人关系的和谐。

第五节　职业学校师生关系的心理分析

一、职业学校师生关系的作用

师生关系是学校环境中最普通、最基本的人际关系。教学过程是师生两方面在理性和情绪上的动态的人际关系过程。学校一切有效学习活动的进行，都是建立在良好的师生关系之中。正如苏联教育家苏霍姆林斯基所言："我坚信，常常以教育上的巨大不幸和失败而告终的学校内的许许多多冲突，其根源在于教师不善于与学生交往。"美国心理学家珀金斯（H. V. Perkins）的研究表明，师生关系的性质是班集体的主要决定因素，在课堂中最早建立起来的感情和关系决定着班级风气，又影响着以后的课堂教学。

（一）良好的师生关系具有调节教师行为与学生行为的功能

良好的师生关系可以激发教师对教育工作的热情，使教师更乐于接受学生，亲近学生，缩短与学生的心理距离，同时，良好的师生关系有助于教师能随时了解学生的需要，并尊重学生的人格尊严，帮助学生获得知识与人格的健全发展。

职业学校学生往往有自卑感，他们常常担心教师瞧不起他们，他们希望教师能够尊重他们，关心他们，获得与教师交往的满足。心理学研究证明，凡是喜欢与教师接近的学生，其学习态度和成绩一般较好，学生尊重教师并乐于接近教师，在他们有学习困难或个人生活上遇到问题时，就容易向教师请教，使他们在学习和生活上进步很大。

（二）良好的师生关系，有助于学生正确自我意识的形成

健全的人格是心理健康的一个重要标志，也是心理健康教育的最终目的。自我意识是人格的核心，是人格健全的心理基础，自我意识的发展完善过程也是人格健全的过程。自我意识是经由个人与他人的互动，从周围人们尤其是重要他人的期待与评价过程中，由主观体验发展起来的。因此，学生与作为重要他人的教师的交往，是学生认识自己的重要途径，学生可以从教师的态度和评价中了解自己的优点和不足。在良好的师生关系中，教师一般会给予学生更多的积极评价和期待，这易于学生形成健康的自我意识，获得自信和自尊。

（三）良好的师生关系，有助于学生社会化的发展

个体的心理健康不仅表现为内部协调，也表现为外部适应。个体的外部适应反映了其社会化的程度，而人际交往是个体社会化的起点。在良好的师生关系中，作为社会代表者的教师与学生的和谐交往，不仅为学生提供了一种交往的范

例，锻炼其交往技能，而且也能使学生由此透视社会上人与人之间的关系，学习社会生活所必需的知识、技能、态度、伦理道德规范等，从而推动学生的社会化进程。

二、影响职业学校师生关系的因素分析

（一）教师方面的因素

在师生关系中，教师占主导地位。教师不仅要指导学生之间的人际交往，对师生关系的建立也起主导作用。学生的交往技能靠教师来培养，师生人际关系的发展主要靠教师来导向，师生人际关系的矛盾主要靠教师来协调。师生关系的好坏，责任主要在教师。因此，当师生关系紧张时，教师应先反省自己，而不应把责任推给学生。此外，教师对待教育事业、对待学生的态度，教师的言语技术以及教师的交际技术是影响师生交往的重要因素。

（二）学生群体因素

影响师生交往的学生因素主要有学生的年龄因素、群体的氛围因素、群体的认知因素等。学生群体的年龄因素是影响师生交往的重要因素，一般说来，年龄越小，其向师性就越强。职业学校学生正处于"心理断乳期"，他们的独立性日益增强，向师性有所减弱。群体的氛围因素主要是指一个学生群体的集体化程度，一般说来，集体化程度越高的群体，其成熟性也越高，越有利于师生交往。所以教师构建良好的班集体，同时掌握与集体交往的技巧是发挥集体促进因素的重要手段。群体认知水平也是影响师生交往的因素之一，如果群体认知水平过低，特别是群体认知水平的参差度过高、类型差异太大，都不利于师生交往的有效开展。

（三）环境因素

影响师生交往的环境因素，从外及内依次可分为社会氛围、社区规范、家庭环境、学校文化及班级文化，其中重要的环境因素是校风与班风。一个学校的校风好坏在很大程度上左右着教师的价值取向，制约着师生间的交往。一个班级的班风也影响师生关系。因此，教师进行教育教学时，应注重环境育人、管理育人、服务育人，创造和谐的班级文化氛围，减少不良因素对学生的影响。

三、建立良好师生关系的心理策略

教师职位因素是制度本身赋予教师的权力性影响力，它还不足以让学生完全接受教师，更谈不上信服，所以单纯依靠职位权威的教师建立起的威信，在很大程度上是"虚假的权威"。教师更应该注重人格魅力等非权力性影响力在师生交

往中的作用，教师应采取必要的策略来建立良好师生关系或改善师生关系。

（一）克服人际偏见，形成对学生的正确认知

在人际关系中，人际知觉具有调节作用，直接影响人际交往中的情感流露和行为表现，从而影响人际关系的深度和融洽度。而人际知觉是一个主观色彩较浓的过程，在人际交往中，由于受主客观条件的限制，易形成各种人际偏见，如第一印象、晕轮效应、自我投射等。因此，为建立良好的师生关系，教师就必须正确地认识和理解学生，克服对学生的偏见和误解。在实践中，教师可以通过移情体验、移情理解等方式，设身处地理解学生的感情与行为；可以通过自我扩展教育等方式，听取学生表达内在的情感和思想；可以通过师生共同活动等方式，多角度、全方位地了解学生。职业学校教师只有在正确认知学生的基础上，才会对学生采取正确的教育方式和态度，并产生相应的情感，才能建立与学生的良好师生关系。

（二）加强个性修养，增进对学生的人际吸引

人际吸引是人与人之间彼此喜欢、相互悦纳的现象。教师是否具有人际吸引力，直接影响着师生关系。教师有很多因素影响到人际吸引，包括学识、修养、能力、仪表、个性品质等。因此，为建立良好的师生关系，教师应充分运用这些因素来增强自己对学生的吸引力，其中，尤其要加强个性品质的修养。优秀教师的个性品质主要有：渊博的知识、卓越的才能、待人诚实热情、温和等。为此，职业学校教师不仅要加强业务知识与技能的进修，以自己的才识确立在学生心目中的地位，而且要诚实、热情地对待学生，关注、关怀每一个学生，养成与学生积极交谈的习惯，主动促进良好师生关系的建立。

（三）采取民主型的领导方式，促进与学生的心理相容

教师的地位和角色决定了师生关系是一种特殊的人际关系。在师生关系中，教师扮演着领导者的角色。教师采取的领导方式，直接影响师生双方的心理相容性，从而影响师生关系的状况。心理学的相关研究证实：教师采取民主型的领导方式，在学生的学习效率、道德发展等方面，明显优于专制强硬型、专制仁慈型以及放任型的领导方式。因此，从优化师生关系的角度来考虑，应倡导教师采取民主型的领导方式，尊重学生，在人格上把学生摆在与自己平等的位置，让学生有更多的讨论、选择、合作和创造的机会，发展合作型、对话型的师生关系。在这种人格平等的合作与对话过程中，师生的心灵才能有交流、碰撞和融合，师生间的心理才能相容，良好的师生关系也才能建立起来。

【本章思考与练习】

1．职业学校教师的专业角色主要有哪些？

2．职业学校教师的教学能力主要有哪些？

3．职业学校教师的创造能力及教育科研能力要求是什么？

4．影响职业学校教师威信形成的主要因素有哪些？

5．职业学校教师如何维护自身的心理健康？

6．职业学校师生交往的心理策略有哪些？

第六章　职业学校学生学习概述

　　学习是人类生存发展的基本手段。现代社会已经进入学习社会，学习将成为贯穿人们一生的活动。学习一直是教育心理学研究中最为核心的课题。引导职校生学会学习也成为现代职业教育教学改革最重要的命题。

第一节　职业学校学生学习的基本认识

一、学习的概念

（一）学习的含义

　　在日常生活中"学习"这个词使用得很普遍，其实学习是一个含义极广的概念。在传统心理学中，它也包含动物学习在内，因此，学习的概念有广义和狭义之分。作为有机体普遍存在的适应环境的手段之一的学习是广义的学习。一般定义为：学习是指人和动物在生活过程中，凭借经验而产生的行为或行为潜能的相对持久的变化。广义学习有以下几方面特征：

　　1. 学习时主体自身必须产生某种变化

　　主体自身的变化是学习是否发生的依据，只有当主体在行为上或行为倾向、潜能上产生变化，学习才发生了。例如，个体从不会骑自行车到会骑自行车，这就是学习。但学会骑车以后，再以自行车作为交通工具的骑车行为就不是学习，只是已习得的技能的运用，个体在这时没有行为和能力上的变化。

　　2. 学习是一种活动过程

　　学习是行为功能产生变化的过程而非结果。学习是刺激导致学习者的内在变化，又由这种内部变化引起反应的活动。活动的结果并不是学习，活动的过程才是学习。上例中，从不会骑车到会骑的过程中，个体的行为、活动的变化过程才是学习，会骑自行车本身不是学习，只是学习的结果。

　　3. 学习导致的主体变化是相对持久的

　　许多原因都可导致主体的变化，但这些变化只是暂时的，一旦原因消失，行为即恢复原始状态，这些都不在"学习"范畴之内。如疲劳、醉酒、疾病、药物等都会影响或引起主体发生变化，但这些变化都是暂时性的，当休息之后，病愈之后，酒精与药物作用消退之后，这种变化就消失了，故不能称作学习。

　　4. 学习是凭借经验引起的主体习得变化

　　学习所导致的主体变化是后天习得的，是主体与环境的相互作用过程产生的。那些由先天反应倾向或发育成熟所导致的变化则不是学习。如口渴时的喝水行为，就是先天反应倾向。身体发育而导致的活动能力增强，如青年期比少年期跑步速度快、记忆能力增强等都不是学习。此外，生理因素如机体损伤（大脑受损或腿骨折等）或生化条件病变（体内某种激素含量的非正常变化等）都会引起行为的持久变化，但这些变化都不是凭借经验习得的，因而也不是学习。

5. 学习是指在主体身上产生的倾向或能力的变化

学习会使主体产生变化，这种变化不一定是外显的，或者不总是明显地表现出来，而是作为一种倾向或能力潜在在主体内部，例如，一个人有绘画的知识与技能，已习得了绘画的能力，但当前他并不绘画，就可以说绘画的能力是潜在的，只有当他产生绘画的动机时，才会表现出绘画的外显行为。

学习是人和动物共有行为，对广义的学习定义的分析和理解，有助于了解人和动物共同的学习机制及最一般的学习规律。人类的学习与动物不同，动物的学习行为无论多么高级和复杂，都只是对外界环境的自然适应，是受生物学的规律支配的，因而与人类学习有着本质的区别。

（二）人类学习和学生的学习

狭义学习主要是指人类的学习。

人类学习除了具有广义学习的一般特点外，还有与动物学习存在本质区别的显著特点。首先，人的学习除了要获得个体的行为经验外，还要掌握人类世世代代积累起来的社会历史经验和科学文化知识；第二，人的学习是在改造客观世界的生活实践中，在与其他人的交往过程中，通过语言的中介作用而进行的；第三，人的学习是一种有目的、自觉的、积极主动的过程。因此，我国心理学家一般把人的学习定义为：在社会生活实践中，以语言为中介，自觉地、积极主动地掌握社会的和个体的经验的过程。

学生的学习是在教育情境中的学习，与日常情境下的学习不完全相同，它是人类学习的一种特殊形式。学生的学习可定义为：在教育情境中和在教师指导下，主要凭借掌握间接经验而产生的比较持久的能力或倾向的变化过程。

学生学习的主要特点体现在：首先，学生的学习是在教育情境中，在教师有目的、有计划、有组织的系统指导下进行的；第二，学生的学习是以系统掌握间接经验为主要任务的过程；第三，学生的学习是在相对集中的期限内发展认识能力和培养品德的过程。此外，学生的学习还有年龄的差异性。

二、学习的基本类别

从学习方式的角度进行分类的代表人物是美国心理学家奥苏伯尔（Ausubel D. P.）。他从两个基本的维度对学习进行分类，一个维度是学习进行的方式，分为接受学习和发现学习；另一个维度是根据学习内容与学生已有知识之间的关系，分为机械学习和有意义学习。学生学习知识中现成的结论、原理、概念等，称之为接受学习；从不同事例中独立发现将要学习的内容，称之为发现学习。学生只记住词语或符号，并不理解内容，只是死记硬背，称之为机械学习；不仅能记住词语或符号，而且能理解其内容实质，称之为有意义学习。

这两个维度不是彼此独立的。接受学习和发现学习都有机械学习和有意义学习。认字、记外语单词等最初必须通过机械的接受学习，对概念、原理和规则实现理解就是有意义的接受学习；走迷宫式的问题解决是机械的发现学习；独立地发现了事物间的关系和联系，就是有意义的发现学习。

我国教育心理学家认为，教育系统是通过知识、技能的传递来形成和发展学生的能力和体力，通过行为规范的学习来形成和发展学生的态度和品德。因此，为促进学生德、智、体的全面发展，主张把学生的学习分为知识的学习、技能的学习和行为规范的学习。

知识是客观事物的特征和联系在人脑中的主观映象，它是来自反映的对象本身的认知经验。这种经验既可以是关于事物是什么和怎么样的描述性经验，也可以是关于做什么和怎么做的操作性经验。学生有了这种认知经验，就可以解决知与不知和知之深浅的问题，从而可以在实际的生活中更好地确立个体活动的方向。

技能是通过学习而形成的符合法则要求的活动方式，它是来自于活动主体所做出的行动及其反馈的动作经验。这种经验既包括在人脑内部，借助于内部言语，以简缩的方式，对事物的主观表征进行加工改造的心智技能；也包括借助于人的肢体或一定的器械，以展开的方式作用于客观对象的动作技能。学生有了这种动作经验，就可以解决会不会做和做得熟练不熟练的问题，从而可以在实际的生活中更好地控制个体活动的执行。

行为规范是用以调节人际交往、实现社会控制、维持社会秩序的思想工具，它来自于主体和客体相互作用的交往经验。这种经验的习得以一定的价值观为中介，并通过态度的形成与改变而最终培养学生的品德。学生有了这种交往经验，就可以协调个体与他人和集体之间的关系，从而在实际生活中更好地为个体的社会行为进行定向和调控。

三、学习的意义

学习是有机体适应环境变化的有效手段，是有机体与复杂的外界环境保持平衡的必要条件。动物有机体和周围环境处于永恒不断的相互作用之中，外界环境总是在不断变化，有机体要生存，就需要适应不断变化的周围环境。当个体原有的经验不能适应环境变化时，就要重新学习再获得新的个体经验，与外界环境保持平衡。

学习对人类来说，更有特殊的作用。人的一生就是一个不断学习的过程。在社会中，人的学习从来就是在历史经验的积累过程和个体经验的积累过程互相交叉渗透中进行的。人类几千年积累的极其丰富的系统性的社会历史经验，是人必须要学习的内容。人对社会历史经验的学习在人的学习中占有重要地位。因为个体取之于社会的历史经验，就是学习人类认识了的客观事物（包括自然界和社会及本身）的规律。学习可使人径直地去从事实践活动而不走弯路并富有成效。但是学习吸取社会历史经验，并不是轻而易举的事。它要求人在学习活动中要深入思考、真正懂得，有意识地把社会历史经验转化为个人的经验，使之成为改造世界的力量源泉，为人类创造更多的物质财富和精神财富，同时自身也得到正常发展，形成自身的行为方式和道德品质，发展自己的个性和智力。

第二节　职业学校学生学习的主要特点

职校生正处于身心发展的转折时期，他们的学习生活由普通教育向职业教育转变，发展方向由升学为主向就业为主转变。与高中生相比，无论是职校生学习的目的、任务，还是学习的内容、方式，都有其独特之处。因此，在教与学的过程中必须对此加以积极关注。

一、职业学校学生学习的主要特点

（一）学习目的的职业性

绝大多数职校生在入学时就已选择了自己未来的职业。职校生在校学习的目的就是为将来更好地就业作充分准备。他们希望通过在职业学校的学习能掌握一定的专业知识和专业技能，从而为就业打下基础。因此，职校生必须重视加强职业道德、职业意识、职业基础知识和技能、职业纪律及职业习惯等方面的发展。职业学校的教学计划、教学过程、教学方式方法、教学组织形式与生产实习等都应该以就业为导向，将指导帮助职校生就业作为学校教学工作的重要内容，应在课程设置、教学安排、技能训练等方面突出为职校生的就业服务。

（二）学习要求的全面性

职业教育要求职校生能得到全面发展，相应地，职校生的学习就必须具有全面性。全面发展的"全面"主要不是一个量的概念，"全面"不是指包罗万象的一切方面。全面发展，实质是个性发展。全面发展，应是一些基本方面的发展。① 从学习目标来看，职校生不仅要习得知识，形成职业技能，发展智力，还要增强体质，培养正确的思想道德素质和审美素质。从学习水平来看，职校生不仅要识记和理解知识，还要分析和综合知识，在此基础上加以评价和应用。从学

---

① 张楚廷．全面发展实质即个性发展：重温马克思全面发展学说的启示．北京大学教育评论，2004，(2)：71~73.

习内容来看，职校生要重视对德、智、体、美、劳等方面的全面发展，促进手与脑、身与心的全面发展。"只有发挥身体的全部能力，运用完整的头脑，乃至身体全面的活动与参与，才是正确的学习方式。"① 从学习系统来看，要促进知、情、意、行的全面发展。在学习过程中，教师应该引导职校生学会全面学习，正确处理好德与才、专与博的关系，做德才兼备、学识渊博的人才。职校生要注意全面、综合地发展知识、能力与素质，把全面发展与个性优化紧密结合起来，这样既有利于自己聪明才智的发挥，也能使未来社会对人才多样化的需求得到满足。

（三）学习过程的实践操作性

"学以致用"是职校生学习的最终目的。根据斯腾伯格的成功智力理论，只有发展了实践性智力才能使我们最终获得成功。加涅将解决问题学习作为学习的最高级的形式，而且他认为"教育计划具有的重要的、终极的目的是教会学生解决问题。"② 职业学校要根据培养目标，按照不同专业的特点，组织职校生参加大量的社会生产生活实践活动，培养职校生的动手操作能力和实践应用能力。因此，职校生必须既具有基本的理论知识，更要具有熟练的实践操作技能，能解决社会生产生活实践中的一般问题。在操作知识解决问题的过程中，不仅能巩固知识，形成技能，而且"把你所学的东西跟你的生活联系起来会增加学习的热情。"③

（四）学习内容的专业性

职业学校与普通高中有着明显的专业性差别，它强调在一定的文化基础上侧重实施专业技术教育，要求职校生能够熟练地掌握本专业基本的操作技能，能完成本专业中等复杂程度的作业。换句话说，职业学校要求培养的人才是"专才"，是在某一领域具有扎实技术的专业人才。职业学校的教学过程主要围绕职校生专业知识的获得和专业技能的形成来进行。在教学活动的整个过程中，专业知识和专业技能的内容特征，专业学习的科学规律特点表现得非常突出。因此，职业学校要加强专业课的模拟实习与实践操作活动，加强专业技能课、见习和实习活动，加强职校生知识技能学习的专业性。

（五）学习方式的半自主性

随着职校生学习内容选择范围的增大，专业发展方向的变化和自我支配时间

---

① 陈建翔，王松涛．新教育：为学习服务．北京：教育科学出版社，2002.59.

② ［美］加涅．学习的条件和教学论．皮连生等译．上海：华东师范大学出版社，1999. 221.

③ ［美］班纳，卡隆．现代教师与学生必备素质．陈廷榔等译．北京：中国轻工业出版社，2000. 173.

的增多等因素，要求职校生能动地选择适合自己的学习内容、方法和策略，能动地计划、实施、调节和评价学习，不断优化知识结构，适应自身与社会发展的需要。在学习过程中，"学生必须自己教自己，因为只有他们自己才晓得哪种方法最适合自己。"① 这样，他们在面临种种情境和问题时才能及时能动地做出反应。但是，由于职校生的生理、心理特点所限，他们的学习不可能具有较强的自主性，还需要教师的指导和监控，因而只能达到半自主性。

（六）学习范围的开放性

职业教育打破了单纯的课堂教学的基本教学形式，突破了职业学校的范围。由于学习目的的职业性、学习过程的实践操作性和学习内容的专业性等特点，决定了职校生在学习期间必须通过"产学结合"，一边学习、一边实践，必须尽量利用专业知识和技能参加社会服务，投身社会实践。这样，课堂和教材不再是职校生惟一的学习资源。"学校再也不会是一个为学生一生准备一切的地方。"② 课堂学习仅仅能够满足职校生系统接受知识的需要。"闭门"难以造出"好车"。在课堂以外的学习空间里，职校生可以拓展视野、了解社会需求和专业发展现状，以使学习更具有目的性和针对性，可以广泛接触不同人群，面向社会生产生活实践，应用和创新所学知识，不断发展与提高专业技能和素养。

（七）学习策略方法的定势性

很多职校生尚未探索出科学的学习策略和学习方法体系，他们习惯于采用初中阶段惯用的学习策略和学习方法，容易产生学习的定势心理。他们对不同学科、不同任务所采用的学习方法趋于一致，满足于简单诵读、机械识记。他们的学习策略多表现为重复地诵读和机械地练习等较低水平的复述策略，缺少高效率的预习、复习和听课等学习策略，很少对学习内容进行高水平的思维操作，难以将所学知识整合为一个完整的知识体系。

（八）学习动力的匮乏性

进入职业学校后，很多职校生觉得未来没有前途，学习的抱负水平减低，学习热情不足，厌学情绪突出。他们对自己的所学专业不够满意，对学习无热情、无兴趣，厌倦刻板的教与学的方式方法，往往产生一种"混"的学习心态，难以取得良好的学习效果。此外，由于远离家长的管束，缺少外部学习压力，缺乏引

---

① ［美］斯腾伯格，史渥林. 思维教学：培养聪明的学习者. 赵海燕译. 北京：中国轻工业出版社，2001.149.
② 联合国教科文组织. 学会关心：21世纪的教育——圆桌会议报告. 王一兵译. 教育研究，1990，(7)：76.

发他们学习的强化刺激，从而难以产生继续努力学习的需要。有的职校生在考取职业学校后非常自卑，缺少基本的自信心，觉得前途渺茫。

二、职业学校学生学习心理的指导

1. 加强对不同阶段职校生的学习适应指导

一年级是适应阶段，要对职业学校新生进行"导向"教育，使其尽快适应职业学校的学习和生活环境。"学校教育的主要目标是让学生为灵活地适应新问题和新情境做好准备。"[①] 教师要引导职校生调整心态，建立信心，激发兴趣，在学习中发展和形成良好的学习方法与习惯，体会成功的愉悦。教师要注意新生学习方法的衔接、指导与适应。教师要将职校生的学习方式由消极被动扭转为积极主动，改变职校生"应试式"的学习方式，去除职校生对中学阶段学习方法的固守心理。二年级是充实阶段，要对职校生加强"定向"教育，帮助他们掌握有效的学习方法和策略，提高他们的思维能力、创新能力和操作能力，引导职校生学会自主学习、创新学习、高效学习，发展他们的学习素质。三年级是冲刺阶段，要对职校生进行"去向"教育，帮助他们做好就业前的心理准备，确立就业目标、继续学习的发展方向，引导他们树立终身学习信念。

2. 加强对职校生学习方法的指导

首先，教师应针对职校生的心理特点，引导他们制定具体明确的学习目标。一旦学习目标确定，前进就有方向，学习就有力量。其次，要引导职校生制定科学合理的学习计划，既不要高不可攀，又不要触手可及。第三，要指导职校生做好精心的学习准备。职校生既要做好知识准备，也要做好身体和心理准备。第四，要努力培养职校生学习的基本技能，如学会做笔记、学会读书、学会预习、学会听课和学会复习等。第五，要促使职校生养成良好的学习习惯。从某种角度看，良好的学习习惯有利于职校生优秀学习素质的形成。第六，要引导职校生进行积极合理的学习归因，为获取学习成功奠定良好的心理基础。第七，要帮助职校生形成独特的学习风格，张扬学习个性，促进自我发展。第八，要促使职校生经常性地进行学习反思。每个"学程"结束后，职校生可以通过多种途径，根据学习内容效果、学习方法策略等方面的定期反馈，及时进行反思。第九，要引导职校生根据反思结果进行调整。教师应引导职校生不断改进学习计划，完善学习方法，优化学习策略，调适情绪。第十，要引导职校生追求更高的学习境界。教师应激发职校生不断进取，努力达到"一览众山小"的境界。

3. 合理转变职校生的学习方式

首先，在学习态度上，由他主学习转为自主学习。职校生应该始终以主动积

---

① [美]布兰思福特. 人是如何学习的：大脑、心理、经验及学校. 程可拉等译. 上海：华东师范大学出版社，2002.264.

极的态度对待学习，摆脱被动消极的学习方式，注重训练独立学习、思维和工作的能力。其次，在学习性质上，由重复学习转向创新学习。职校生要学会创新学习，发展创新个性，培养创新意识，发展创新的积极信念和坚强意志。第三，在学习空间上，由课堂学习转向社会学习。社会学习能使职校生获得更为丰富的学习资源和知识信息，掌握科学探索的方法和途径。第四，在学习途径上，由经验学习转向体验学习。体验学习有利于职校生亲历学习过程并在过程中体验生动的知识和丰富的情感；有利于培养动手操作能力，使手脑结合，身心结合。第五，在学习内容上，由理论学习转向应用学习。"学以致用"是知识学习的最终目的。不要把应用知识仅仅看作是一种做事的方式，更应当把它看作是一种思维方式。① 第六，在学习组织上，由单独学习转向结伴学习。结伴学习能增加同伴之间的交往互动、取长补短，能去除自我中心的思维方式。第七，在学习风格上，由匹配学习转向失配学习。通过学习方式的匹配与有意失配策略的相互补充，最终促使职校生更好地应对复杂的学习任务，掌握并采用多样的学习方式。

4．加强职校生学习心理的自我教育

自我教育既是教育的途径，又是教育应该追求的最高境界。职校生学习心理问题的解决、学会学习能力的发展不仅要依靠外力的促进，更需要自我的认同、理解和内化。随着职校生自我意识的增强，学习心理教育必须启发和培养职校生进行自我教育。"通过帮助学生发展自我监控的技巧，教师可以将学习的责任移交给学生。"② 教师要在全面了解职校生学习心理特点的基础上，帮助职校生正确认识和了解自己的学习心理特点和问题，不断培养职校生正确的自我认识、积极的自我体验、合理的自我评价和有效的自我调控的能力。

第三节　职业学校学生学习的基本理论

一、学习的联结理论

（一）桑代克联结主义的学习论

桑代克是美国著名心理学家，西方教育心理学奠基人之一，联结主义学习理论的创始人。他把人和动物的心理过程，特别是学习过程，定义为刺激与反应之间的联结，认为知识和技能是通过尝试——错误——再尝试这样一个往复过程习得的。他这一理论观点是在动物实验的基础上建立起来的。

---

① ［美］班纳，卡隆．现代教师与学生必备素质．陈廷榔等译．北京：中国轻工业出版社，2000.232.

② ［美］齐莫尔曼，邦纳，科瓦齐．自我调节学习：实现自我效能的超越．姚梅林，徐守森译．北京：中国轻工业出版社，2001.24.

1．实验

让饿猫学习逃出迷箱是他的经典实验之一。他把一只饥饿的猫放入迷箱，迷箱外放着一盘食物，箱内设有一种打开门闩的装置，例如，绳子的一端连着门闩，另一端安一个踏板。猫只要按下踏板，门就会开启，饿极的猫第一次被放入迷箱中，拼命挣扎，乱抓、乱咬，试图逃出迷箱。终于，它偶然碰到踏板，逃出箱外，吃到了食物。他记下猫逃出迷箱所用时间后，即把猫再放回迷箱内，进行下一轮尝试，猫仍然会经过乱抓乱咬的过程，不过所需时间可能会少些。经过如此多次连续尝试，猫逃出迷箱所需时间越来越少，无效动作逐渐被排除。最后，猫一放入迷箱，就能逃出来。

2．主要理论

（1）学习的实质在于形成刺激与反应之间的联结。情境（以 S 代表）有时也叫刺激，包括外界情境和思想、情感等大脑内部情境。反应（以 R 代表）包括"肌肉与腺体的活动"和"观念、意志、情感或态度"等内部反应。所谓联结，就是结合、关系、倾向，指的是某种情境只能唤起某种反应，而不能唤起其他反应的倾向。用"→"作为引起或导致的符号。联结的公式为：S→R。情境与反应之间是因果关系。它们之间是直接的联系，不需要任何中介。桑代克认为联结即本来（本能）的结合，是先天决定的原本趋向。他把联结的观点搬运到人类的学习上，认为人类所有的思想、行为和活动，都能分解为基本的单位刺激和反应的联结。人与动物学习的区别在于："动物的学习过程全属盲目"，"无需观念为媒介"，而人的学习是以观念为媒介，是有意识的。但二者的本质区别仅在于简单与复杂、联结数量的多少，动物学习的规律依然适合于人类的学习。

（2）学习是"尝试错误"的过程。桑代克认为动物的学习没有任何推理、演绎的思想，没有任何观念的作用。动物的基本学习方式是试探式的、尝试错误式的学习，随着错误反应的逐渐减少、正确反应的逐渐巩固，最终形成了固定的稳定的刺激——反应联结。这种联结是尝试错误的机制，它是以神经元之间的联结为生理基础的。从这个意义上说，桑代克的所谓学习即试误，亦可称之为学习即联结。

（3）学习的基本规律。桑代克在一系列动物实验的基础上，总结出三条主要的学习律：效果律、练习律和准备律。效果律是指学习者对刺激情境作出反应过程中，当给予满意时，其联结就会增强；而给予烦恼时，其联结就会削弱。例如，猫踩着踏板开启门逃出迷箱是"满意"后果，而在迷箱中乱咬、乱抓是"烦恼"。桑代克还发现，赏和罚的效果并不相等，赏较之罚更加有力，即更能促成联结的增强。练习律是指任何刺激与反应的联结，一经练习运用，其联结力量逐渐增大，不用则联结的力量逐渐减少。例如，猫逃出迷箱时间越来越短。他也曾补充说明：使我们倍感痛苦的实践，重复再多也是无用的。重复本身并不能产生有效的学习。而只有重复那些有意义的东西，才会有利于学习。准备律指当刺激与反应之间的联结，事前有一种准备状态时，实现则感到满意，否则感到烦恼，反之，当此联结不准备实现时，实现则感到烦恼。

桑代克的联结说是学习心理学中第一个比较完整、系统的理论，对学习心理学的发展具有重大贡献，特别是他的三条学习基本定律对学习有着十分重要的实用价值。例如，在帮助职校生学习过程中，考虑到职校生具有较强的独立与自省意识而强调以鼓励、表扬为主；考虑到职校生希望学以致用而加强有意义的练习；考虑到职校生的学习准备直接取决于社会角色而强调教学内容与学习需求相一致等，均已成为普遍运用的原则。

当然，联结说的错误与缺陷也是极其明显的。这一理论过于简化了学习过程的性质，用生物学的观点把人的学习的基本形式看成是与动物一样的一种"尝试错误"的过程，是不正确、不科学的。人的学习可能存在尝试的现象，但其本质与动物对自然的适应是有根本区别的，它应是一种有意识的分析、综合形式，而不是盲目混乱的反应。

（二）巴甫洛夫的经典条件反射学说

巴甫洛夫（Ivan Pavlov，1849～1936）是俄国著名生理学家，经典性作用理论就是在他的工作基础上建立起来的。他用条件反射的方法对人和动物的高级神经活动作了许多推测，发现了人和动物学习的最基本的机制。

1. 实验

例如用灯光（条件刺激物）与肉粉（无条件刺激物）多次结合，原先是由肉粉引起的唾液分泌（无条件反射），后来单独出现灯光也引起类似的唾液分泌反应（条件反射）。这就是说灯光与肉粉之间形成了巩固的联系时，学习出现了。

2. 实验引出的定律

巴甫洛夫的经典性条件反射实验引出了一系列富有创造性的定律，其中主要有：接近律、消退律、恢复律、泛化律、分化律等。接近律（亦称结合律）是指条件反射必须在条件刺激和无条件刺激接近于同时呈现才能建立。消退律指假如条件刺激重复多次而缺乏增强，即无条件刺激与条件刺激不配合出现，业已形成的条件反射将趋于减弱或消失。恢复律是消退律的辅定律。条件反射的消失往往并非永久性的消失，在若干时间内虽未得到增强，仍有可能自然恢复。泛化律指条件反射可能被与最初的条件刺激相类似的刺激而引起。分化律与泛化律相辅，分化是对类似刺激中的相异点进行辨别。

巴甫洛夫条件反射现象的发现，可以说是心理学发展的一个里程碑。当巴甫洛夫的条件反射原理被引用到职业教育中来的时候，至少可以看到：① 它有助于知识的获取，如在外语教学中，向学习者出示 pipe（烟斗），同时念出拼音，或在黑板上写出字形，反复多次，学习者听到 pipe 之音或见到 pipe 的字形，就能想到此 pipe 的实体，或见到实体而想到它的拼法与读音。② 有助于技能的培养。如练习打字，初时换行铃声与换行动作之间会有明显的间隔，而经练习，可使换行动作与铃声同时发生。③ 有助于个性或感情的培养。人们既然可以因条件反射而望梅止渴、谈虎色变，便可用同样的方法使学习者形成其他的喜怒哀乐惧等感情，甚至是其他的习惯或态度，如勤奋、友爱等。此外，经典性条件反射引出的定律还为我们学习提供了一种值得参考的强化方法。

(三) 斯金纳的操作性条件反射学说

美国心理学家斯金纳（Skinner，1904～1990）是操作条件作用理论的创立者。

1. 操作性条件反射实验及其基本内容

20世纪30年代斯金纳研究白鼠的学习。他把饥饿的白鼠放入实验箱内，白鼠在里面杂乱地活动，偶然踏动杠杆，食槽内滚出一粒食丸。重复多次之后，白鼠就不再做出多余动作，而径直操作杠杆便取得食物。这样白鼠便获得了按压杠杆可以得到食物的经验。按压动作与得食之间由此建立联系。前者为后者显现的手段，这就是一种操作性条件反射。在这里，按压动作是条件反应，食物的出现和吃食是对按压动作的强化，而杠杆则可被看作是条件刺激或辨别刺激。

斯金纳把一切行为分为应答性和操作性两类。经典条件反射属于应答性条件反射，即强化物（无条件刺激物）伴随条件刺激物，但强化物要与条件刺激物同时或稍后出现，这样条件反射才能形成。在操作条件反射中，强化物同反应相结合是有机体必须先作出适当的反应，然后才能得到强化，即 R—S（反应—强化）形式。

与桑代克的猫学习开迷箱的实验相比有相似之处，斯金纳箱比迷箱刺激少，是迷箱的简化，但是，它们是有区别的，桑代克实验"饿猫"看到笼外食物（强化物），而斯金纳实验"饿白鼠"没有看到食物。

2. 操作性条件反射的基本规律及应用

根据实验，斯金纳归纳出如下两条操作性条件反射最基本的规律：习得律和强化律。习得律是指任何一个反应或操作发生之后，接着给予一个强化刺激，那么这一类反应或操作在以后出现的强度（概率）就会增加。斯金纳对强化的解释与巴甫洛夫不同。他把凡能增强反应概率的刺激均称为强化物。他指出，行为之所以发生变化是由于强化的作用，直接控制强化物就是直接控制行为。

后来，斯金纳对动物学习实验中得出的理论与模式，直接应用到人的学习活动上，认为人类学习行为也是操作性的。他把操作性条件学习理论用于教学，提倡程序教学和机器教学，被称为"机器教学之父"。目前仍然流行的成人学习规划和自学规划的设计方法也大都来自斯金纳。

斯金纳提倡发展的机器教学等技术，对了解人的学习、提高人的学习效率，具有一定的启示和参考意义。但是，他和桑代克等一样否认人的学习的意识特点，而把人的学习简单地归结为机械的操作条件反射，与动物学习等同是不科学的。

二、学习的认知理论

（一）古典的格式塔学说

"格式塔"为德语名词 Gestalt 的译音，意为"形"或"形态"。格式塔学派反对学习是建立刺激与反应之间联结的观点，而注重知觉在行为中的作用，学习是知觉系统的组织与再组织。

1. 实验

苛勒设计这样一个实验情境：将一只饥饿的黑猩猩关在笼中，笼外放置香蕉和笼内放粗细不等的两根竹竿，黑猩猩用"手"和任何一根竹竿都够不到香蕉。起初猩猩用"手"和单根竹竿均未取到香蕉。稍顷，猩猩开始摆弄笼内的两根竹竿，在这一过程中突然停止摆弄竹竿，似有所悟，把两根竹竿接起来，成为一根长竿，用接长的竿取到了香蕉。黑猩猩为自己的这一"创造发明"而高兴，并不断地重复这一接棒取香蕉的动作。在第二天重复这一实验时，苛勒发现黑猩猩很快就能把两根竹竿连起来取得香蕉，而没有漫无目的地尝试。

2. 基本观点

（1）学习的实质在主体内部构造完形。苛勒认为，学习过程中问题的解决，都是由于对情境中事物关系的理解而构成一种"完形"来实现的。例如，在黑猩猩接棒取物的实验中，黑猩猩往往先看一看目的物，考虑到所要达到的目的，再开始接棒取物的。它的行为是针对食物（目标），而不仅是针对棒子（手段和工具）的。这就意味着，动物领会了食物（目标）和棒子（工具）之间的关系，才发生了接棒取物的动作。

（2）学习过程是一个顿悟的过程。苛勒认为，学习是个体利用本身的智慧与理解力对情境及情境与自身关系的顿悟，而不是动作的累积或盲目的尝试。顿悟虽然常常出现在若干尝试与错误的学习之后，但不是桑代克所说的那种盲目的、胡乱的冲撞，而是在做出外显反应之前，在头脑中要进行一番类似于"验证假说"的思索。动物解决问题的过程似乎是在提出，动物只有在清楚地认识到整个问题情境中各种成分之间的关系时，顿悟才会出现。因此，苛勒断言动物学习是一种突然的领悟和解释，苛勒的学习理论就称为"顿悟说"。

格式塔心理学派针对刺激—反应理论的缺点率先提出了人的感观知觉在学习中的作用，并强调学习情境中对各种关系之基本结构与模式的理解和顿悟，强调动力的内部形成，这对全面认识学习的机制与规律作出了十分重要的贡献。在指导职校生学习过程中，学习必须从整体上加以考虑，学习必须注意理解，学习必须从解决问题着手，教学内容必须符合学习者的需要等，这些都已被公认为是应当认真遵循的原则。格式塔学习理论的缺陷在于具有强烈的唯心主义色彩，对经验的作用未作充分的阐述，对顿悟的形成也缺乏令人满意的解释。

（二）认知结构理论

在当代认知心理学家看来，柯勒等人建立在动物心理学基础上的，且仅限于知觉水平的认知理论同样已经不足以解释人类的学习，而需要获得进一步的开拓与完善。据此，他们以人类学习为基础，由原为知觉水平的认知朝着抽象思维水平的认知研究方向扩展和发展。其中，布鲁纳在《教育过程》一书里，接受皮亚杰思想的影响，以认知结构理论为基础，提出了一套关于学习的理论，后被有的心理学家称之为"认知——发展说"。该学说的基本观点如下所述。

1．学习的实质是主动地形成认知结构

认知结构就是指学习者头脑中的知识结构，即他们已有的全部观念的内容和组织。布鲁纳认为，学习的本质不是被动地形成刺激—反应的联结，而是主动地形成认知结构。学习者不是被动地接受知识，而是主动地获取知识，并通过新获得的知识和已有的认知结构联系起来，积极地建构其知识体系。

2．学习由一系列过程所组成，教师要研究学生的学习过程

布鲁纳指出："学习一门科学，看来包含着三个差不多同时发生的过程。"这就是新知识的获得、知识的转化、评价。新知识同学生已有知识的关系可能是各种各样的。教师若在教学前了解学生已有的有关知识、经验情况，既可以促进新知识迅速掌握，又可以使已有的知识进一步提炼。知识的转化是指对知识进一步分析和概括，使之适合新任务，也就是通过各种加工的方法，把所得知识转化为另一种形式，目的在于学得更多的知识。评价是对知识转化的一种检查。通过评价可以核对处理知识的方法是否合适，分析、概括是否得当，运算是否正确等。教师在帮助学生进行评价时具有决定性作用。

3．强调学习各门学科的基本结构

布鲁纳非常重视学习各种学科的基本结构。他认为，学生理解学科的基本结构，能使接受的知识在以后一生中发挥作用。他指出："知识是我们经验中的规律性的意义和结构而组成的一个模式，知识体系的组织意味着经验的简约和联系的构造。"他主张改革或重编基础课的教材，要把那些基本知识结构放在中心位置。同时教材要清楚地反映有关学术领域的发展新水平，要使新编的学科知识能由普通的教师教给普通的学生。这样的学习才能促进学生智能的发展。

4．提倡使用"发现法"

布鲁纳主张学习者要有发现的态度和方法，即采用"发现学习"。他说："发现不限于寻找人类尚未知晓的事物，确切地说，它包括用自己的头脑亲自获得知识的一切方法。"所谓发现法，就是由教师创设情境，使学生在这种情境下产生

矛盾，从而进行主动思考，提出来要解决的问题和设想，通过分析、运算和操作等过程，对教材进行加工、改组，最后激起学生的内存学习动机和学习兴趣，启发学生独立思考，发展学生的创造性思维能力，并且利于巩固知识。

总的来说，布鲁纳的"认知——发展"学习理论是格式塔学习理论的深化和完善。其中突出强调了学习的动力来自学习者的内存，是一个主动的认知过程；强调了掌握学科的基本结构，培养学习者的思维能力、创造能力以及解决问题的能力等。这些都对人们的学习实践、教学实践具有巨大的影响作用。

三、社会学习理论

社会学习论是美国社会心理学家班杜拉（Bandura）提出的。他认为，以往的学习理论家一般都忽视了社会变量，主张要在自然的社会情境中而不是在实验室里研究人的行为。他通过观察和实验，研究并阐明人在社会环境中怎样进行学习、形成和发展他们的智力和人格特征。

1. 实验

这个实验分两个阶段进行。第一阶段先把儿童分成两组，让他们分别看一段录像片。甲组儿童看的录像片是一个大孩子在打一个玩具娃娃，过一会儿来了一个成人，给大孩子一些糖果作为奖励。乙组儿童看的录像片开始也是一个大孩子在用力打一个玩具娃娃，过一会儿来了一个成人，为了惩罚这种不好的行为，打了那个大孩子一顿。看完录像片后，再把两组儿童一个个领进一间放着一些玩具娃娃的小屋里，结果发现，甲组儿童都学着录像片里大孩子的样打玩具娃娃，而乙组儿童却很少有人去打一下玩具娃娃。这一阶段说明，榜样的作用能使儿童很快学会攻击性行为。在实验的第二阶段，班杜拉鼓励两组儿童学录像片里的样打玩具娃娃，谁学得像就给谁糖吃，结果两组儿童都争先恐后地使劲打玩具娃娃。这说明通过看录像，两组儿童都已学会了攻击性行为。第一阶段乙组儿童之所以没有人敢打玩具娃娃，是因为他们害怕打了以后会受到惩罚。一旦条件许可，他们也会像甲组儿童一样把学到的攻击行为表现出来。

2. 学习理论及其意义

在一系列实验研究的基础上，班杜拉逐渐形成了他的观察学习理论。他认为，观察学习是人类的主要学习方式之一，其核心是替代性学习和替代性强化。替代性学习实际上就是指观察学习，亦称模仿学习，说明人类能通过观察模仿习得新的行为模式。替代性强化是指学习者通过观察对示范者榜样的强化所引起的行为变化。他认为，观察学习是否有效，主要受以下几种因素的影响：① 榜样的刺激特征及其行为后果；② 观察者的动机；③ 观察者的认知水平和过去的经验。

观察学习理论的意义在于：第一，它注重社会因素影响，改变了传统学习理论重个体轻社会的思想倾向，把学习心理学的研究同社会心理学研究结合在一起；第二，它吸收了现代认知心理学的研究成果，综合行为主义学习理论有关认知过程的研究；第三，它强调了社会因素和认知过程在学习中的作用，纠正了把从动物实验中得出的结论推论至人类学习现象的错误倾向。

四、人本主义学习理论

20 世纪中叶，一些心理学家感到现有的心理学（主要是行为主义心理学）没有恰当地探讨人类的思维能力、情感体验和主宰自己命运等问题。这种心理学往往过于关注"严格"的研究方法，以致忽视了人之所以为人的实质性的东西，因而把对动物的研究结果应用于人类学习。这些心理学家主张像精神分析学家那样采用个案研究方法，而不是用实验步骤来揭示人的本质。但他们批评精神分析学家只关注有情绪障碍的人，而不去研究心理健康的人。到了 60 年代，他们的观点已形成一种学派，即人本主义心理学。

人本主义心理学家认为，心理学应该探讨的是完整的人（the whole person），而不是把人的各个从属方面（如行为表现、认知过程、情绪障碍）割裂开来加以分析。由于人本主义主要是在对新行为主义和精神分析学派的批判中形成和发展的，所以常常被人称为第三势力心理学（Third Force Psychology）。代表人物有马斯洛和罗杰斯等。在他们看来，"要理解人的行为，就必须理解行为者所知觉的世界，即要知道从行为者的角度来看待事物。在了解人的行为时，重要的不是外部事实，而是事实对行为者的意义。如果要改变一个人的行为，首先必须改变他的信念和知觉。当他看问题的方式不同时，他的行为也就不同了"。换言之，人本主义心理学家试图从行为者，而不是从观察者的角度来解释和理解行为。他们强调人的本性、尊严、理想和兴趣，认为人的自我实现和为了实现目标而进行的创造才是人的行为的决定因素。

与此相应，人本主义学习理论以罗杰斯的"以学习者为中心"的学说为代表。他主张学生要充分发挥自己的潜在能力，能够愉快地、创造性地学习。其主要观点有：① 意义或经验的学习是重要的学习，即让学生学习对自己有意义、有价值的材料；② 学习是愉快的事，即不应有过重的学习负担，不能用威胁、蔑视、讽刺等手段强制学生学习；③ 学生必须在老师的指导下主动发现、运用有效的学习方法；④ 学生自我评价，即引导学生分析自己的学习历程与学习水平，而不是和别人比较；⑤ 学生自己引导，即学生自己决定学什么，并自己安排学习活动；⑥ 情感在学习中有重要作用，即要发展学生的积极情感，使学生以饱满的热情投入学习。与行为主义和认知学派学习论相比，人本主义学习理论的资料与研究较为单薄，但这一学派的学习理论有着不容忽视的发展潜力。

五、建构主义的学习理论

建构主义（constructivism）是学习理论中行为主义发展到认知主义以后的

进一步发展，即向着与客观主义更为对立的另一方面发展。

（一）建构主义的认知论

建构主义的核心观点认为：第一，认识并非主体对于客观实在的简单的、被动的反映（镜面式反应），而是一个主动的建构过程，即所有的知识都是建构出来的；第二，在建构的过程中主体已有的认知结构发挥了特别重要的作用，而主体的认知结构亦处在不断的发展之中。

（二）建构主义的学习观

（1）学习是学习者运用自己的经验去积极地建构对自己富有意义的理解，而不是去理解那些用已经组织好的形式传递给他们的知识。

建构主义认为，学习者对外部世界的理解是他或她自己积极的建构的结果，而不是被动地接受别人呈现给他们的东西。他们认为，知识是个体对现实世界建构的结果。根据这种观点，学习发生于对规则和假设的不断创造，以解释发现观察到的现象。而当学习者对现实世界的原有观念与新的观察之间出现不一致，原有观念失去平衡时，便产生了创造新的规则和假设的需要。

建构主义强调学习者的积极主动性，强调新知识与学习者原有知识的联系，强调将知识应用于真实的情境中而获得理解。

（2）学生的学习是在学校这样一个特定的环境中，是在教师的直接指导下进行的，主要是一种文化继承的行为，即学习这一特殊的建构活动具有明显的社会性质，是一种社会行为。

学习并非一种孤立的个人行为，适当的环境不仅是学习的一个必要条件，而且也在很大程度上决定了智力的发展方向。

根据建构主义的基本立场，教师和学生以及学生和学生之间的相互作用对学习活动有重要影响。小组合作学习近年来受到普遍的重视，因为它为更充分地去实现"社会相互作用"提供了现实的可能性。正是基于这样的认识，人们提出了"学习共同体"的概念，即认为学习活动是由教师和学生所组成的共同体共同完成的。也就是说，学习不能被看作是孤立的个人行为，而是"学习共同体"的共同行为，或者说共同行为与个人行为之间存在着一种相互依赖、相互促进的辩证关系。此外，我们还应看到整体性的社会环境和文化传统对于个人的学习活动亦有十分重要的影响。

（3）学习的结果是围绕着关键概念建构起来的网络结构的知识。传统的认知派学习理论认为，学习的结果是形成认知结构，这是高度结构化的知识，是按概括水平的高低分层次排列的。建构主义认为，学生学习的结果是建构围绕着关键概念的网络结构知识，包括事实、概念、概括化以及有关的价值、意向、过程知识、条件知识等。其中关键概念是结构性知识，而网络的其他方面含有非结构性知识。因此，建构主义学习理论认为学习的结果既包括结构性知识，也包括非结构性知识，而且认为这是高级学习的结果。

（三）建构主义学习观在教学中的应用

建构主义者以其对学习的理解为基础，对教学过程中的教学目标、教师的作用、促进教学的条件、教学方法、教学设计等问题提出了自己的观点，进而形成了建构主义的教学观。

（1）教学并非传递客观世界的知识，而是教育者根据明确的知识目标，指导和促进学生按自己的情况对新知识进行建构活动，最后建构起关于知识的意义。

（2）教师不应被看成是"知识的传授者"，而应成为学生学习活动的促进者。在肯定学生的主体地位的前提下，教师应在教学活动中充分发挥主导的作用。这种主导作用要求教师应在以下几个方面促进学生的学习：第一，教师应努力调动学生学习的积极性，激发学生学习的内、外动机；第二，教师要发挥教学活动组织者的作用，包括根据教学的具体情况在"小组学习"、"个人学习"和"全班讨论"等多种形式之中作出适当的选择，很好地加以组织，以及培养出一个好的"学习共同体"，创造一个良好的学习环境等；第三，教师应当发挥"启发者"、"质疑者"和"示范者"的作用，教师要善于引起学生观念上的不平衡；第四，教师应努力帮助学生获得必要的直接经验和先备知识；第五，教师应充分注意各个学生在认识上的特殊性和差异性，以便因材施教。

（3）学生主体、实际情境、协作学习和充分的资源是促进教学的重要条件。建构主义认为：第一，学习要以学生为中心，注意学生主体的作用，教师的作用只在于协助学生建构意义；第二，学习情境要与实际情境相符合，因为只有在实际情境中，才能使学生接触结构不良领域的问题，才能使学生进行高级的学习；第三，学习要注重师生之间以及学生与学生之间的协作，强调讨论和合作学习；第四，要注重教学环境的设计，为教育者提供充分的资源。

（4）教师要超越单纯讲座或讲授式的教学方法，灵活采用随机通达教学、情境性教学、支架式教学及交互式教学等方法。建构主义者批评传统教学脱离特定情境，使学习形式化、抽象化的做法，提倡情境性教学，认为学习应在与现实情境相类似的情境中发生，学习内容要选择真实性任务，以解决学生在现实生活中遇到的问题为目标，指导学生探索并解决问题。

支架式教学是以维果斯茨的最近发展区理论及"辅助学习"为基础而提出来的，强调通过教师的帮助（支架）将学习的任务逐渐由教师转移给学生自己，最后撤去支架，使学生达到独立学习。

交互式教学是一种通过教师与学生之间的相互作用，指导学生通过自我提问、总结、澄清和预演等步骤，监控学习的过程，并建构起对所学知识的理解的教学方式。

（四）对建构主义学习理论的评价

建构主义学习理论是学习理论的一种新的发展。该理论强调学习过程中的积极主动性、对新知识的意义的建构性和创造性的理解，强调学习的社会性质，重视师生之间和学生与学生之间的社会相互作用对学习的影响，将学习分为初级学习和高级学习，强调学生通过高级学习建构网络结构知识，并在教学目标、教师的作用、促进教学的条件以及教学方法的设计等方面提出了一系列新颖而富有创见的主张，这些观点和主张对于进一步认识学习的本质，揭示学习的规律，深化教学改革都具有积极意义。

尽管长期以来心理学家对于学习进行了长期研究，但迄今为止，还没有一种理论是适用于解释所有学习现象的。职业学校学生学习类别多样，相当复杂。各种学习理论的研究成果虽然存在一些不足之处，但对于我们认识和研究职业学校学生学习具有重要的理论指导价值和实践意义。

【本章思考与练习】

1．如何理解学习的概念及其特征？
2．如何理解学习的基本分类及其内涵？
3．职业学校学生学习具有哪些特点？
4．如何加强对职校生学习的教育指导？
5．简要述评学习的联结理论。
6．简要述评学习的认知理论。
7．简要述评社会学习理论。
8．简要述评人本主义学习理论。
9．简要述评建构主义学习理论。

第七章　职业学校学生的学习心理（上）

职校生的学习过程是一个特殊的认识过程。教师要了解职校生学习的心理过程，要研究职校生的学习动机、学习兴趣以及学习迁移的基本原理，在此基础上再根据课程计划、教学大纲和教科书，有计划、有目的地向职校生系统传授知识，并通过职校生积极主动的认知活动来实现。

第一节　职业学校学生学习的心理过程

学习论是关于学习的本质、学习的过程和有效学习的条件的学说。从现在的观点看来，早期的学习论，不论是认知派的学习论或是行为派的学习论，都把学习的实质、过程和条件看得过于简单。要真正理解和把握学习的实质，必须深入剖析、探讨学习的过程和有效学习的条件。

一、职业学校学生学习心理的基本过程

从 20 世纪 60 年代开始，受计算机科学和信息论等学科的影响，心理学又发生了革命性的变化。它以 60 年代末和 70 年代初信息加工心理学出现为标志。信息加工心理学家认为，电脑是一个信息加工系统，人脑也是一个信息加工系统。因此，心理学家在研究人类的学习和记忆时，可以用电脑加工信息的过程作比拟。现代心理学家一般把人类的学习过程看成信息加工过程，提出了各式各样的学习与记忆的信息加工过程模型。[①]

（一）加涅的学习与记忆的信息加工模型

加涅认为，学习是一系列认知过程，这些过程把来自环境的刺激转化为获得一种新能力所需的信息加工的几个阶段，也就是说，学习是学习者通过自己对来自环境刺激的信息进行内在的认知加工而获得能力的过程。他提出了一个较为完整和系统的学习与记忆的信息加工模型（图 7-1），以便形象地反映学习与记忆的内在过程。

从信息加工模型可以看出，学习是以下三个系统协同活动的过程：

1. 加工系统

又称操作系统，它由受纳器、感觉登记器、工作记忆（短时记忆）、长时记

---

① 皮连生.学与教的心理学（修订本）.上海：华东师范大学出版社，1997.97～101.

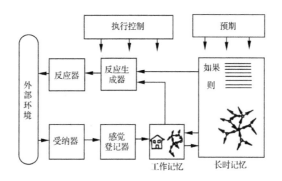

图 7-1 加涅的学习与记忆的信息加工模型

忆、反应发生器、反应器构成。来自环境的刺激作用于受纳器，受纳器将接收到的信息传递至感觉登记器。信息在此处只保存 1 秒左右或更短，在这一阶段，绝大多数信息未能受到注意，只有一小部分信息被注意选择而进入短时记忆加工阶段。信息进入短时记忆便被编码和储存。但短时记忆对信息的储存时间很短，一般只有 30 秒左右，而且容量极为有限，只有 7±2 个单位。这个数量又称记忆广度。如果学习者能进行复述，信息就能保持较长时间，即进入下一个加工阶段——长时记忆加工阶段，否则就被遗忘。短时记忆又叫"工作记忆"，这两个术语分别强调同一概念的不同方面。短时记忆强调信息的停留时间，工作记忆强调其功能。长时记忆对信息保留时间很长，且储存容量很大。存储在长时记忆中的信息如果要用，必须通过"提取"，提取的信息构成"反应发生"的基础。对有意识的认知活动而言，信息从长时记忆流向短时记忆，然后到达"反应发生器"，而对于熟练的自动化反应而言，信息可以直接从长时记忆流向反应发生器。反应发生器对反应序列进行组织并指引反应器。反应包括人的所有肌肉活动和腺分泌。对学校学习活动来说，主要的反应器是书写中的手臂及发音器官。

2．执行控制系统

在图中，这一系统的箭头不与任何一个操作成分直接相连，意味着它对整个加工系统进行调节和控制。好比一个工厂或企业的生产活动需要有专门部门和专门人员进行监督、协调和控制，以提高生产效率和产品质量。与此同理，学习活动作为一个信息加工过程也需要自我调节和控制。比如，通过对感觉系统的调节，可以使之选择适当的信息加以注意；对记忆的编码方式进行调节，可以提高信息的储存质量等。这种对信息加工过程内在调节控制能力，在加涅学习结果的分类系统中称为"认知策略"；从知识分类的角度看，属于程序性知识。

3．期望

期望是信息加工过程的动机系统，它通常不包括在完整的信息加工过程中，但对加工过程起定向作用。任何学习活动都是指向一定目标的活动。如读完一段文章后回答课后的问题，或给该文章分段，归纳段落大意等。这些目标有时是教师或学校确定的，有时是学生自己设定的，它会影响学习者的努力程度和注意集中水平。如果学习者对达到预定目标有强烈愿望，即处在较高水平的动机状态，他就能集中注意，专心学习选择行之有效的学习和记忆策略。学习目标的实现会令学习者感到满足、愉快，从而增强其学习信心，使其更加努力地投入下一个学习活动。

（二）梅耶的学习过程模型

美国教育心理学家梅耶（R. C. Mayer）在加涅的学习信息加工模型基础上进行简化，于1987年提出一个极为简约的学习过程模型。

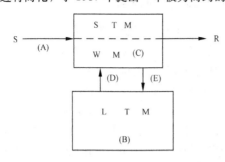

图7-2　梅耶的学习过程模型

学习过程模型（图7-2）显示，学习活动始于学习者的注意（A），通过注意，学习者选择了与当前学习任务有关的信息材料，并将有限的心理能量集中在相应的活动上，同时与新信息有关的储存在长时记忆中的原有知识被激活（B）。新信息进入工作记忆系统（WM，又叫短时记忆STM）。学习者找出新信息各部分的内在联系（C），与此同时，与新信息有关的处于激活状态的原有知识和新信息产生联系（D）。最后，新知识进入长时记忆中储存起来（E）。

如果将梅耶的学习模型进一步简化，会发现它事实上是"S—O—R"简式。只是梅耶将认知过程"O"假设为注意、短时记忆、长时记忆的加工活动。新信息被学习者注意后，便进入短时记忆系统，被激活的原有知识也进入短时记忆系统，新旧知识相互作用。在学习过程中强调新旧知识的相互联系，是梅耶学习模型的最大特点。

二、职业学校学生有效学习的一般条件

从加涅和梅耶对学习过程的理论假设中，可以归纳出职校生有效学习的一般条件：

（一）内部条件

1. 学习者应当具有适当的知识准备

储存于长时记忆中的原有知识和技能是新的学习产生的重要内部条件。美国著名教育心理学家奥苏伯尔（Ausubel）在他1978年出版的《教育心理学：认知观》一书的扉页上写道："假如让我把全部教育心理学仅仅归纳为一条原理的话，

那么，我将一言以蔽之：影响学习的唯一最重要的因素就是学生已经知道了什么，要探明这一点，并应据此进行教学"。关于原有知识对当前学习活动的影响，先哲们早就有所领悟，我国古代就有"以其所知，喻其不知，使其知之"的精辟论点。德国教育家赫尔巴特认为，学习者要习得的新知识只有与旧观念结合起来构成观念团，才能被理解和习得。他把观念与观念的相互作用的过程称之为统觉。然而，将原有知识作为学习的重要内部条件提出，是近二、三十年的事。由于认知心理学的发展，人们对学习过程的心理机制的了解日趋深入。许多实验研究显示，学习实际上是新旧知识相互作用的过程。在梅耶的学习过程模型中，已充分强调和解释了这一点。加涅的学习模型中，长时记忆阶段有两个箭头朝向外，表明储存于长时记忆中的原有知识或进入工作记忆或直接引发外显的反应。

2. 学习者应当具有主动加工的心理倾向

如果学习者头脑中有了适当的知识准备，而没有学习的愿望或积极性，新的学习仍然不能发生。这种学习者的主动加工倾向，在加涅的信息加工模型中被描述为"执行控制"和"预期"两个系统。在梅耶的模型中，表现为学习者的"注意"，"发现新知识的内部联系"并积极将"新旧知识联系"起来的愿望。

（二）外部条件

学生的学习作为一种结果，是学习者的内部条件和外部条件相互作用的产物。外部条件的含义极为广泛，大至社会、学校、家庭，小至班级、课堂。就职业学校教学而言，与职校生的学习活动关系最紧密的外部条件是教师的"教"，它主要包括教材的组织与呈现、教学方法的运用、教师的知识技能水平和人格特征等。

第二节　职业学校学生的学习动机

人的各种活动总是由一定的动机引起的，并指向于一定的目标。动机是由人的需要引发，在外在目标的推动下，直接激发人进行活动的，是人发起和维持自身行动的一种心理状态。职校生在进行学习时，总是受一定的学习动机所推动，并在不同程度上受到学习动机的支配。因此，激发职校生适度的学习动机、调动职校生的学习积极性，是职业学校教师做好教育教学工作的基础之一。

一、学习动机的概念、功能和类型

（一）学习动机的概念

学习动机是直接推动个体进行学习的心理动力，它是一种能激发并维持个体进行的学习活动，并使个体的学习行为朝向一定学习目标的心理动力。学习动机与学习行为是可以互相激发、互相增强的。如果个体缺乏学习动机，可以先组织个体开展学习活动，随后通过学习活动逐步引发和形成学习动机，而学习动机一旦形成后，它又会反过来增强个体的学习行为。

1. 学习需要与内驱力

学习需要反映的是个体在学习活动中感到有某种欠缺而力求获得满足的心理状态，能使个体产生学习的内驱力。内驱力的主观体验形式是个体主动学习的愿望或意向，这是驱使个体进行学习的根本动力。需要是个体行为积极性的源泉，也是个体认识过程的内部动力。需要往往以个体内部的某种不平衡的方式表现出来的生理性或社会性的需求。需要是以内驱力的形式从个体内部产生并指向满足内部需求的行为动力。一般而言，学习需要与内驱力呈正相关。

2. 学习期待与诱发力

学习期待是个体对学习活动所要达到学习目标的主观估计。学习期待与学习目标二者密切相关，但是不能等同。学习目标是个体通过学习活动所想要达到的预期结果，而在学习活动完成之前，这个预期结果是以观念的形式储存于个体的头脑之中的。这样来看，学习期待也就是学习目标在个体头脑中的反映。

学生是否能产生学习动机和学习行为，不仅由其内驱力决定，还需要一定的外部条件的诱发，这个外部条件就是诱因。诱因是指能驱使个体产生一定行为以满足某种需要的外部条件。诱因既可以是物质的，如食物、水等；也可以是精神的，如名誉、地位等。诱因可分为正诱因和负诱因两种。凡是能使个体趋向或获得它而满足其需要的刺激物称为正诱因，凡是使个体逃离或回避它而满足其需要的刺激物为负诱因。如教师给职校生的口头表扬或物质奖励等都是正诱因，学业考试的不及格就是负诱因。研究表明，家长、教师的期望水平，原有学习成绩与职校生的学习期待存在着不同程度的正相关。适度的诱因能对职校生产生一定的诱发力，能诱发职校生通过学习活动来达到学习目标。

3. 外部环境与外压力

一般认为，学习需要和学习目标是引起学习动机的两个重要因素，由学习需要产生内驱力，而由学习目标产生诱发力。除了内驱力和诱发力而外，学习动机还应该具有第三个成分——外压力。当学习目标对个体缺乏诱发力，个体自身缺乏学习的内驱力时，来自社会、学校和家庭等外部环境的外压力显得尤为突出。外压力迫使职校生重新设定学习目标，不断提高学习需要和学习期待，通过学习活动实现学习目标，降低来自外界的心理压力。

(二) 学习动机的功能

学习动机在职校生的学习活动中具有十分重要的作用，学习动机是职校生学习的动力，指引着学习活动的方向。学习动机对学习有促进作用，直接影响着职校生所取得的学习成绩。一般而言，学习动机具有以下功能：

一是激发功能。学习动机能促使学生产生学习活动。如果没有动机，学生也难以进行学习活动。

二是指引功能。在动机的作用下，个体的行为指向某一目标。如在学习动机的支配下，职校生会到图书馆去看书，到厂矿企业去从事生产实践活动等。

三是维持和强化功能。当学习活动开始后，学习动机可以维持和调整学生的学习活动。学习动机能使学生的学习活动维持一定的时间，能调节学生学习活动的时间、内容和紧张度。当学生的学习活动指向既定目标时，学习动机便会获得强化，因而学习活动就会持续下去。

(三) 学习动机的类型

学生的学习动机比较复杂，可以从多个角度，根据不同标准进行分类。以下只从三个方面对学习动机进行分类：

(1) 根据学习动机的来源，可以分为内部学习动机和外部学习动机。内部学习动机是指由学生的内部心理因素引起的动机，如职校生的学习需要、求知欲和兴趣爱好等引起的学习动机。通常，内部学习动机会促使学生更为积极主动地学习。外部学习动机是指学生由外部诱因所引起的动机，如学习成绩、竞赛活动与奖励表扬等引起的动机。一般而言，外部学习动机的效果和持续时间不如内部学习动机，但是具有一定的爆发力。这两种学习动机是共同作用于学生的学习活动的。在教学过程中，教师应该关注学生的内部学习动机，但也不应忽视外部学习动机的作用。教师应一方面逐渐使外部动机作用转化为内部动机作用，另一方面又应利用外部动机作用使学生已经形成的内部动机作用处于持续的激起状态。①

(2) 根据学习动机的来源与起作用的时间，可以分为直接的近景性动机和间接的远景性动机。直接的近景性动机往往是与学习活动的过程本身直接相联系的，来源于对学习内容的兴趣和学习结果的追求。如职校生对某学科内容的浓厚兴趣，教学内容的新颖以及教师生动形象的讲解等都直接影响到学生的学习动机。这类动机的效果比较明显，强度很大，但稳定性、持久性较差，容易受到外部环境和一些偶然因素的影响。如有的职校生为了能考取某种职业技能证书而废寝忘食地学习。但是，这很可能在考完后就立即停止而不再继续保持。间接的远景性动机往往是与社会及教育的要求，与学生个人的前途相联系的。如职校生为了能在将来找个较好的工作而努力学习。这些久远的、间接的学习动机往往与远大的理想和生活目标密切联系，因而其作用也是较为强烈、稳定和持久的，能激励学生努力学习并取得好成绩。

(3) 根据学习动机的内容和性质，可以分为高级的、正确的学习动机和低级的、错误的学习动机。当职校生的学习动机在很大程度上取决于自己内在的心理因素，动机成分具有更多内驱力的成分时，这种内在的、自律的学习动机就是高

① 伍新春. 高等教育心理学. 北京：高等教育出版社，1999. 115~116.

级的。而当职校生的学习动机在很大程度上受到他人及外在环境的影响，动机成分具有更多诱发力、外压力的成分时，这种外在的、他律的学习动机就是低级的。如果学习动机不仅有利于自己的学习和发展，还有利于他人的学习和发展，同时还有利于国家和社会发展时，这种学习动机就是正确的、高尚的学习动机。如果职校生的学习动机只从一己私利出发，甚至有损于他人和社会的利益时，这种学习动机就是错误的、低级的，甚至是庸俗的学习动机。

（四）学习动机与学习效果的关系

学习动机和学习效果之间存在着相互制约的关系。学习动机与学习效果之间的关系并不是直接的，它们之间往往以学习行为为中介，而学习行为不仅受学习动机的支配，还受制于一系列的主客观因素，如职校生的智力水平、学习基础，学习方法、学习策略与教师指导等。因此，必须把学习动机、学习行为和学习效果三者放在一起加以考察，才能看出学习动机与学习效果的关系。它们之间通常具有以下 4 种关系类型（表 7-1）。

表 7-1　学习动机与学习效果关系类型

	正向一致	负向一致	正向不一致	负向不一致
学习动机	＋	－		＋
学习行为	＋	－	＋	－
学习效果	＋	－	＋	－

注："＋"表示好或积极，"－"表示差或消极

从上表可以看出，有两种类型的学习动机与学习效果的关系是一致的，另两种类型的学习动机与学习效果的关系则不一致。一致的情况是：如果学习动机好，学习行为也好，其学习效果也会好（正向一致）；相反，如果学习动机差，学习行为也差，则学习效果也会很差（负向一致）。不一致的情况是：如果学习动机好，而学习行为不好，其学习效果也不好（负向不一致）；相反，如果学习动机差，而学习行为好，则其学习效果也可能好（正向不一致）。由此，我们便可以得出这样的结论：学习动机是影响学习行为、提高学习效果的一个重要因素，但却并非是决定学习效果的唯一条件。在学习过程中，激发职校生的学习动机固然非常重要，但是应当把改善各种主客观因素以提高学习效果作为关键来抓。只有抓住了这个关键，才能努力保持正向一致与正向不一致，消除负向一致与负向不一致。在学习过程中，职校生要保持学习动机的积极性，并努力保持学习行为的积极性，从而保证产生积极的学习结果。

如果去除学习行为这个中介因素，只考虑学习动机和学习效果之间的关系。我们会发现，在一般情况下，随着学习动机水平的增加，学习效果也会逐渐提高。但是，学习动机水平也并不是越高越好，如果学习动机水平超过一定

限度，学习效果反而会下降。1908 年，美国心理学家耶尔克斯（Yerkes）和多德森（Dodson）发现，中等程度的动机水平最有利于学习效果的提高。同时，他们还发现，最佳的动机水平与学习任务的难度密切相关：任务较容易，最佳动机水平较高；任务难度中等，最佳动机水平适中；任务越困难，最佳动机水平越低。这就是著名的耶尔克斯-多德森定律（简称倒"U"曲线），如图 7-3 所示。

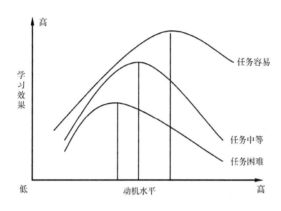

图 7-3　动机水平与学习效果的关系

因此，教师在教学过程中，要根据学习任务的不同难度水平，适当控制职校生学习动机水平。在学习较容易的内容时，教师应尽量使职校生集中注意力，使他们尽量紧张一些；而在学习较困难的内容时，则应尽量创造自由轻松的课堂气氛；在职校生遇到困难时，要尽量循序渐进地引导，以免职校生过度紧张或焦虑。

教育心理学的研究表明，不仅学习动机可以影响学习效果，反过来，学习效果也可以影响学习动机。学习效果好意味着学生在学习中的努力与所取得的成绩是成正比的，这样，学生的学习动机就会得到强化，从而形成新的学习需要，使学生以更强的学习动机去进行学习活动，并使得学习更有成效。这样，学习需要与学习效果相互促进，从而形成良性循环。反之，不良的学习效果，使学生的努力得不到相应的收获，从而削弱学习需要，降低学习动机，导致更差的学习效果，最终可能会形成恶性循环。

二、学习动机的基本理论

尽管不同学派的心理学家提出了各种各样的动机理论，但严格地讲，目前并没有专门的学习动机理论。不过，在已有的动机理论中，有的理论也可以用来解释人的学习行为。

（一）强化理论

行为主义心理学派用刺激-反应（S-R）公式来解释人的行为。他们把动机看成是由外部刺激引起的一种对行为的冲动力量，并特别重视用强化来说明动机的作用。行为主义观点认为，人的某种学习倾向完全取决于先前的这种学习行为与刺激因强化而建立的牢固联系。强化可以增强人在学习过程中可能重复某种反应的力量。不断强化可以使外部刺激与学习者反应之间的联结得到加强和巩固。学习强化既可以是外部强化，也可以是内部强化。外部强化是教师给予学生的强化手段，如奖赏、惩罚、表扬、批评、竞赛和评分等。内部强化是学生的自我强化，是学生在学习过程中由于获得成功而增强了学习的成就感、自尊心和自信心，从而产生更加强烈的学习动机。无论是外部强化，还是内部强化，都有正强化与负强化之分。正强化通过施加有利于学习行为发生的愉快刺激来增强学习动机，如适当的表扬、获得优秀的成绩等。负强化通过消除不利于学习行为发生的厌恶刺激来增强学习动机，如频繁的惩罚、考试的不及格等。学生为了避免这些厌恶刺激，就必须提高学习动机水平，努力学习以获取好的学习成绩。

美国社会心理学家班杜拉（Bandura，A）把强化分为三种：一是直接强化，指通过外部因素对学习行为予以强化，如奖励与惩罚；二是替代性强化，指通过一定的榜样来强化学生相应的学习行为或学习行为倾向；三是自我强化，指学生根据一定的评价标准进行自我评价和自我监督来强化自己相应的学习行为。在学习过程中要结合应用这三种强化，才能达到更好的学习效果。

（二）成就理论

成就理论也称为成就动机理论。早在20世纪30年代，默里（H·A·Murry，1938）就提出了成就动机这一概念，并把成就动机定义为一种努力克服障碍、施展才能、力求又快又好地解决某一问题的愿望和趋势。20世纪40～50年代，麦克里兰（McClelland）和阿特金森（Atkinson）等人接受了默里的思想，并将其发展为成就动机理论。

成就动机是人在成就需要的基础上产生的，它是激励个体乐于从事自己认为重要或有价值的工作，并力求获得成功的一种内驱力。成就动机是人类所独有的，其形成与生理需要无关，它是后天获得的具有社会意义的动机。在学习过程中，成就动机是一种主要的学习动机。

阿特金森认为，个体的成就动机可以分为两类，一类是力求成功的动机，另一类是避免失败的动机。前者指个体追求成功的动机和由成功带来的积极情感的倾向性，后者指个体避免失败的动机和由失败带来的消极情感的倾向性。根据这两类动机在个体的动机系统中所占的强度，可以将个体分为力求成功者和避免失败者。力求成功者在其动机成分中，力求成功的成分比避免失败的成分多一些；

避免失败者在其动机成分中，避免失败的成分比力求成功的成分多一些。力求成功者的主要目的是为了获取成就，因而他们会选择有所成就的任务，而成功概率为50%左右的任务是他们最有可能选择的，因为这种任务能给他们提供最大的现实挑战。而当他们面对不能稳操胜券的任务时，动机水平反而会大大下降。避免失败者倾向于选择非常容易或非常困难的任务，如果成功概率为50%左右时，他们就可能回避这项任务。因为选择非常容易的任务可以保证自己成功、避免失败；而选择极其困难的任务，即使失败，也能找到适当的借口，得到自己和他人的原谅，从而减少失败感。

奥苏伯尔（Ausubel）认为，学生在学校情境中的成就动机由三个方面的内驱力组成。一是认知的内驱力，这是一种要求理解事物、掌握知识、获得技能，能解决学业问题的需要。它以求知作为目标，从获得知识的过程中得到满足。认知的内驱力是学习中最重要、最稳定的动机。二是自我提高的内驱力，指个体把学业成就看作获得相应的地位和威望的需要。它是一种间接的学习需要，属于外部动机。三是附属的内驱力，指个体为了获得教师或家长等的赞许，为了被同伴所接纳而表现出来的把工作和学习搞好的一种需要。它表现为一种依附感。

这三种类型的动机在成就动机的结构中所占的比重并非一成不变，通常是随着年龄、性别、个性特征、社会历史和文化背景等因素的变化而变化。在儿童早期，附属的内驱力表现得最为突出，儿童努力学习的目标主要是为了得到家长的赞许。到了儿童后期和少年期，附属内驱力的强度有所减弱，而来自同伴的赞许和认可逐渐替代了对长者的依附。而到了青年期，认知内驱力和自我提高内驱力开始成为学生学习的主要动机，学生学习的主要目的在于满足自己的求知欲，并从中获得相应的地位和威望。

（三）归因理论

最早提出归因理论的是奥地利社会心理学家海德（Heider，F.）。他认为人们的行为总是由一定的原因引起的，并受对周围事物与行为结果之间关系的认知因素的影响，因而人们往往有一种认识自己与行为环境之间关系的需要。他认为，人的行为的原因或者在于环境，或者在于个人。他人的影响、奖励、运气和工作任务的难易等都是环境原因，而人格、动机、情绪、态度、能力和努力等都是个人原因。如果把行动的原因归于环境，则个人对其行为结果可以不负什么责任；如果把行为的原因归于个人，则个人对其行为结果应当承担责任。

在海德理论的基础上，美国心理学家维纳（Weiner）对行为结果的归因进行了系统的探讨。他从三个维度把归因分为：内部归因和外部归因、稳定性归因和不稳定性归因、可控制归因和不可控制归因。同时，他又把人们活动成败的原因即行为责任主要归结为四个因素，即能力高低、努力程度、任务难易、运气（机遇）好坏等。如果将此"三维度"和"四因素"结合起来，就可组成如

表 7-2 所示的归因模式。

表 7-2　成就动机的归因模式

三维度	内部的		外部的	
	稳定的	不稳定的	稳定的	不稳定的
	不可控的	可控的	不可控的	不可控的
四因素	能力高低	努力程度	任务难易	运气好坏

由于归因理论是从结果来阐述行为动机的，因而在对学习结果进行归因的过程中，其理论价值与实际作用主要表现在三个方面：一是有助于了解学习活动发生的因果关系；二是有助于根据学习行为及其结果来推断学生个体稳定的心理特征和个性差异；三是有助于从特定的学习行为及其结果来预测学生在某种情况下可能产生的学习行为。因此，在职业学校中运用归因理论来了解职校生的学习动机，对于改善职校生的学习行为，提高其学习效果也会产生一定的作用。

（四）自我实现理论

自我实现理论是美国人本主义心理学家马斯洛（Maslow）提出的动机理论。马斯洛认为人的基本需要有五种，它们由低到高依次为：生理的需要、安全的需要、归属与爱的需要、尊重的需要和自我实现的需要。在人的需要层次中，最基本的是生理的需要，如对食物、水、空气、睡眠、性和排泄等的需要；在生理的需要得到基本满足之后，便是安全的需要，如对于安全稳定、秩序、受保护、免除恐惧和焦虑等的需要；这之后是归属与爱的需要，即个体要求与他人建立感情联系，如结交朋友、追求爱情、团体归属等的需要；随后是尊重的需要，它包括自尊和受到他人尊重的需要。自我实现的需要是在前四种需要基础上所产生的一种最高级的需要，包括认知、审美和创造的需要。自我实现具有两方面的涵义，即完整而丰满的人生的实现与个人潜能或特性的实现。自我实现需要是追求实现自我理想的需要，表现为个人潜能的极度发挥，做一些自己认为有意义和有价值的事。事实上，只有极少数人才能成为真正的自我实现者。对于大多数人来说，自我实现的需要的满足仅仅是个人的奋斗目标。

从学习心理的角度看，人们进行学习就是为了追求自我的实现，即通过学习使自己的价值、潜能和个性能得到充分而完备的发挥和发展。因此，可以说自我实现是一种重要的学习动机。职业学校的教育工作者必须意识到：在某种程度上，如果职校生缺乏学习动机，则可能是由于他们的某种低级需要没有得到充分满足，而正是这些因素可能会成为职校生学习的自我实现的主要障碍。因此，教师不仅要关心职校生的学习，也应该关心学生的生活，以排除影响学习的一切干扰因素。

（五）自我效能感理论

自我效能感是美国社会心理学家班杜拉（Bandura）1977 年提出来的。它是指人们对自己是否能够成功地从事某种成就行为的主观期待。班杜拉指出，他的"期待"概念也不同于传统的期待概念。传统的期待概念指的只是对行为结果的期待，而他认为除了对结果的期待以外，还有一种效能期待。结果期待指的是个体对自己的某种行为导致某一结果的推测。如果个体预测到某一特定行为会导致某一特定的结果，那么这一行为就可能被激活和被选择。例如，职校生如果意识到只要上课认真听讲，就会获得他所希望的好成绩，那他就很可能认真听课。效能期待则指个体对自己能否实施某种成就行为的能力的预测。当个体确信自己有能力进行某一活动时，他就会产生高度的"自我效能感"，并会主动去实施这一活动。这种自我效能感，实际上就是我们说的自信心，自信心是个体的一个内在动力源。例如，职校生如果认识到注意听课不仅可以带来理想的成绩，而且还感到自己能听懂教师所讲的内容，那么，他才会真正地认真听课。因此，在人们获得了相应的知识技能后，自我效能感就成为学习行为的决定因素了。

班杜拉还指出，影响个体自我效能感形成的最主要因素是个体行为的成败经验。一般来说，成功经验会提高效能期待，反复的失败则会降低效能期待。同时，归因方式也直接影响到自我效能感的形成。如果个体把成功的经验归因于外部的不可控的因素，就不会增强自我效能感；如果把失败归因于内部的可控的因素，也不一定会降低自我效能感。

一般认为，自我效能感在学习活动中主要具有四大功能：① 决定学生对学习活动的选择及对学习活动的坚持性；② 影响学生对待学习困难的态度；③ 影响学生新行为的获得和习得行为的表现；④ 影响学生学习时的情绪状态。自我效能感理论克服了传统心理学重认知、轻情感的倾向，把个体的需要、认知和情感紧密结合起来研究人的动机，因而具有较大的科学价值。

三、激发与培养职校生学习动机的基本措施

职校生的学习动机不是自发产生的，而是在一定的社会生活条件和教育情境下激发与培养起来的。良好的学习动机能促进职校生勤奋学习、顺利完成学习任务。不良的学习动机可能会使职校生处于消极被动的学习状态之中，影响学习的效果和学习任务的完成。"有必要把刺激学生学习和启发学生学习动机的方法，作为教学方法上一个新的类型来专门分析研究。"① 因此，教师需要采取一定措施，充分利用外部诱因，使职校生的学习需要由潜在状态变为活动状态，形成并保持学习的积极性。

---

① ［苏］巴班斯基. 论教学过程最优化. 吴文侃等译. 北京：教育科学出版社，2001. 112.

（一）开展学习目的教育，设置适当的学习目标

学习目的性的教育是调动职校生学习动机的有效措施之一。很多时候，职校生缺乏一定程度的学习动机，是因为他不知道学什么、为什么学和怎样去学。可以想象，一个缺乏学习的具体目的和意义的职校生，是很难产生强烈的学习动机的；而当其明确了学习的具体目的和意义之后，就会产生一种强烈的学习动机，并推动其积极主动地进行学习。因此，要激发职校生的学习动机，教师在讲授每门课程或每章节课程之前，必须首先确定学习的目标要求，简明扼要地让职校生明确学习的具体任务、重点和难点等，并向职校生解释学习内容在实践中的具体意义和在整个学科知识体系中所占的地位。当职校生认识到学习内容的重要性之后，就能够明确方向，并会对自己如何完成学习任务具有一个基本构想。这样，职校生的学习动机就能得到提升。

在职业教育教学过程中，教师要指导职校生确立适当的学习目标。设置的目标要起到激发动机的作用，还必须具有以下条件：① 具体；② 可控制；③ 难度适中。[①] 不仅要有总的学习目标，还要有阶段性的具体目标。学习目标的高低往往与一个人的抱负水平有关。抱负水平是指人们要达到的既定的学习目标的高度。一般来说，一个抱负水平较高的职校生，其设立的学习目标也较高；反之，一个抱负水平较低的职校生，其设立的学习目标也比较低。必须注意的是，学习目标的实现难度应该在目标实现概率的可能范围之内，超越了条件和实现的可能，是不会产生较强的学习动机的。其次，职校生设立的学习目标应该做到清晰、具体、可操作与方便检查。清晰的、具体的、可以操作的目标，比模糊的、难以操作的目标更能引发职校生学习的动力。

（二）讲求课堂教学的艺术

职校生学习动机的激发和培养是在学习过程中进行的，这主要依赖于教师的教学内容、教学方式方法与教学组织形式等因素。教师在教学过程中需要创设适当的条件，采用启发式教学、合作学习、研究性学习等多种教学方式，来提高职校生的学习动机。就实施启发式教学而言，关键在于创设问题情境。所谓问题情境，是指具有一定难度，需要职校生努力克服，而又是力所能及的学习情境。这就容易激起职校生求知的需要和思维的积极性，使其进入"心求通而未通，口欲言而未能"的境界。在这种情境中，容易激起职校生的求知欲，从而获得理想的教学效果。又如合作学习能在很大程度上提升职校生的学习动机水平，提高其学习成绩，发展良好的社会性和个性。教师可以以组内异质、组间同质的学习小组为基础，将独立学习、合作学习和竞争学习相结合，将个人学习、小组学习和全

---

① ［美］帕森斯，布郎．反思型教师与行动研究．郑丹丹译．北京：中国轻工业出版社，2005.187.

班集体学习相结合，使职校生在竞争学习中学会合作，在合作学习中学会竞争。

（三）给予适度积极的期待

期待是人们主观上的成功概率，是人们对自己或他人行为结果的某种预测性的认知。在职业学校中，期待主要表现在两个方面，即教师对职校生的期待和职校生对自己的期待。二者对加强职校生的学习动机具有很大作用。教师的期望或明或暗、或多或少地被传递给学生，学生也会按照教师所期望的方向来塑造自己的行为。罗森塔尔借用古希腊神话中的典故，把教师的期待效应称为皮格马利翁效应。

在学习中，教师要善于调节职校生的期望，对于那些因成功经验而期望过高的学习优秀的职校生，应适当降低其期望值；对于那些因失败经验而期望过低的学习较差的职校生，又应该适当提高其期望值。因为如果期望总是太高，难免实现不了，久之就会丧失信心；如果期望总是太低，又会促使这些职校生逃避学习。

（四）以多种方式及时给予反馈

心理学研究表明，来自学习结果的多种反馈信息，对学习效果有明显影响。这是因为，一方面，学习者可以根据反馈信息调整自己的学习活动，改进学习的策略方法。如果无法把反馈转化为行为，只是空谈对反馈的敏感是毫无意义的。[①] 另一方面，学习者为了取得更好的成绩或避免再犯错误而增强了学习动机，从而保持了学习的积极主动性。

教师在给职校生提供反馈时，必须注意多用图表等直观的方式加以反馈，这样比较生动形象，显而易见。其次，反馈要及时。教育心理学研究表明，及时反馈比延缓反馈的学习效率更高，学习动机更强。在作业、练习、考试和技能考核后，教师要及时批改和发还作业和练习，及时批改试卷和技能考核的作品，让职校生及时知道结果，从而有助于激发其进一步努力学习。第三，反馈要具有针对性。要使反馈有效，反馈就必须是学习性的、纠正性的、表示尊重的，并且是有价值的。[②] 教师给职校生提供的反馈要具体，有针对性、启发性和教育性，反对千篇一律，"公式化"地走过场。最后，在提供定量的信息反馈的基础上，如果再能给予职校生以适当鼓励，效果就会更为明显。

（五）公正地评价与适当地表扬和批评

公正地评价与适当地表扬与批评的作用在于对职校生的学习进行强化，从而

---

① ［美］斯腾伯格，史渥林．思维教学：培养聪明的学习者．赵海燕译．北京：中国轻工业出版社，2001.41.

② ［美］乔伊斯等．教学模式．荆建华等译．北京：中国轻工业出版社，2002.410.

巩固和发展正确的学习动机，保持并适度提高学习动机的强度。心理学研究表明，表扬与奖励比批评与指责能更有效地激发学生的学习动机，因为前者能使学生获得成就感，增强自信心，而后者恰恰起到相反的作用。对学习结果进行评价能激发职校生的学习动机，对学习有促进作用；适当表扬的效果优于批评，所以在教学中要给予职校生多表扬而要少批评。

在给职校生进行奖励与批评时必须注意以下几点：

(1) 要使职校生对评价有正确的认识。教师要根据职校生的具体情况进行奖励或批评，把奖励或批评看成某种隐含着成功或失败的信息，促使职校生由外部动机向内部动机转换，对信息任务本身产生兴趣。教师要引导职校生认识到分数并不是学习成绩的全部指标，而只在某种程度上反应了学习质量。

(2) 表扬与批评要公正、客观和及时。教师给职校生的评价首先要做到客观、公正，避免主观化、片面化、随意化。这样，才能正确地指引职校生学习发展的方向，增强学习的动力和效果。评价还要做到及时，不能因为过于延缓而影响效果。

(3) 表扬与批评要适度。虽然表扬和奖励对职校生的学习具有推进作用，如果过多使用或者使用不当，也会产生消极作用。有许多研究表明。如果滥用外部奖励，不仅不能促进学习，而且可能破坏学生的内在动机。

(4) 表扬时指出缺点，批评时肯定优点和进步。有经验的教师往往把表扬与批评结合起来运用，表扬时指出进一步努力的方向，批评时又会肯定其积极的一面。

(5) 运用表扬与批评时要考虑职校生的个性、性别和年龄特征等因素。对于性格内向、信心不足的职校生，要多一些表扬和鼓励，对于性格外向、过于自信的职校生，要多提出严格要求，在表扬的同时要指出其不足之处。

(六) 开展适度的学习竞赛活动

一般来看，学习竞赛活动具有以下优点：① 竞赛能激发职校生的兴趣，提高进取心。多种多样的竞赛活动能增强职校生的参与意识，可以激发职校生的学习兴趣，唤醒职校生的威信性动机，不断增强进取心。② 竞赛能促进职校生的努力，提高学习效率。在竞赛活动中，职校生的自尊心被大大激活，精神振奋，精力充沛，注意力高度集中，成就动机增强。职校生之间你争我赶，力争上游，能更快更好地完成学习目标，这都有利于提高他们的学习效率。③ 竞赛能磨练职校生的意志，增强耐挫力。竞赛的重要意义还在于，在竞赛过程中职校生能够得到成功或失败的心理体验，并进行相应的心理调整。职校生能够体验到学习的紧迫感、危机感和成就感。在紧张或落后的情况下，职校生心理的承受力和耐挫力能够得到锻炼与提高。④ 竞赛能帮助职校生向对手学习，准确认识自己。竞赛过程具有社会助长作用，职校生可以观察和学习自己的同伴，甚至可以向竞赛对手学习。在竞赛过程中，职校生以竞赛对手为参照点，通过与对手的比较，能使职校生发现自己尚未显示出来的潜力；同时能够发现自己的不足之处，有助于自觉地克服某些不良的人格特征。⑤ 群体竞赛，加强群体内部的凝聚力。职校生为了使自己所在群体获胜，必须与群体同伴通力合作，这有助于发展成员之间的人际关系，并增强群体凝聚力。

尽管学习竞赛具有很多优点，但是它不可避免地也存在着一些副作用：① 频繁的竞赛会给职校生带来过重的心理负担和压力。频繁的竞赛难以起到教师所期望的激励的功效，反而使职校生长期处于应激状态，身心疲惫不堪，导致过度紧张和焦虑，抑制学习和竞赛的积极性。竞赛的结果可能只是少数人获胜，而多数人只能与失败结缘。频繁获胜可能导致部分职校生产生骄傲轻敌的思想，频繁失败则可能导致部分职校生产生"习得性无助"的心理，"破罐子破摔"，导致更为严重的两极分化。② 不当竞赛可能会降低群体的凝聚力，导致人际关系紧张。由于竞赛胜者总是与某个具体的人联系在一起，因而参加竞赛的职校生往往把别人的成功看作是对自己的威胁，千方百计想胜过对方。在传统教学中，一个学生的成功将会使其他学生的成功变得更为困难。努力完成学术性任务会使学生被贴上"令人讨厌的人"或"教师的宠物"的标签。[①] 频繁的竞赛使得同伴关系紧张，各行其是，对他人漠不关心，产生怀疑、嫉妒、忧虑、自私、排他等不良心理。从某种意义上讲，不当的竞赛活动实际上是鼓励不合作，产生排他心理，这不利于职校生身心的健康发展。③ 过度竞赛导致尔虞我诈。如果外部环境缺乏竞赛规范，学生个体缺乏竞赛道德，可能会形成片面的竞争意识和与之相伴的自我中心、自私利己等行为，为了获胜可能会采用各种手段，使得群体成员整体道德水平有所下降。④ 过度竞赛不利于对职校生的素质教育。学校、班级内部的过度竞赛是应试教育体制下升学竞赛的"微缩"，过于强调职校生个体之间的竞赛、学习成绩的竞赛，不利于对职校生的素质教育。

总之，学习竞赛既有积极作用，也有消极影响，我们既不能简单地全盘肯定，更不能简单地全盘否定。为了最大限度地发挥竞赛的积极作用，同时避免竞赛的副作用，教师必须注意以下几点：① 适度组织学习竞赛，多组织集体竞赛，少组织个体竞赛。在团体竞赛中，培养职校生团结合作、互相关心、互助共进的集体主义精神。② 增加竞赛获胜的机会。要尽可能使更多的职校生获取竞赛的成功，以提高其自尊心和自信心。③ 结合竞赛活动，进行思想教育，这能使得竞赛成为激励职校生集体荣誉感与责任感的手段。④ 引导职校生选择合适的竞赛对手，鼓励多做自我竞赛。

---

① Slavin R E. Cooperative learning and the cooperative school. Educational Leadership, 1987, 45 (3): 9.

（七）对学习结果进行合理归因

根据维纳的成就归因理论，职校生对学习结果的归因，不仅可以解释以往学习结果产生的原因，而且更重要的是对以后的学习行为会产生重要影响。以下，对职校生学习成败进行归因介绍：

（1）就稳定性而言，如果职校生把成功或失败归因于稳定因素（能力、任务难度），则其对未来的学习结果将会抱成功或失败的预期，并会增强他们的自信心或产生羞耻感、自卑感。相反，如果职校生把成功或失败归因于不稳定因素（努力、运气），则不会影响他们对未来成功或失败的期望，也不会影响到将来的学习行为。

（2）就内在性而言，如果职校生把成功或失败归因于内在因素（能力、努力），就会产生积极的自我价值感，进而更乐于参与学习活动，或产生消极的自我意象，从而更避免参与学习活动。相反，如果职校生把成功或失败归因于外在因素（任务难度、运气），学习结果则不会对其自我意象产生什么影响。

（3）就可控性而言，如果职校生把成功或失败归因于可控因素（努力），则其会对自己充满信心或产生一种内疚感或罪恶感。相反，如果职校生把成功或失败归因于不可控因素（能力、任务难易、运气），则会产生感激心理或仇视报复情绪。

在职校生完成某一学习任务后，教师应指导其合理地进行归因。一方面，要引导职校生找出成功或失败的真正原因；另一方面，教师也应根据每个职校生以往的成绩，从有利于今后学习的角度出发，进行合理归因，即使此时的归因并不真实。一般而言，无论对优生还是差生，作努力归因均是合理的。这是因为，归因于努力，可使优等生不至于过分自负，能更加努力，以便今后能继续成功；可使后进生不至于过分自卑，也能进一步努力学习，以争取今后能获得成功。

第三节　职业学校学生的学习兴趣

兴趣是个体力求认识某种事物或从事某种活动的心理倾向。人的兴趣是在需要的基础上，在活动过程中发展起来的。兴趣是推动人们去寻求知识和从事活动的心理因素。兴趣在人的学习、工作等活动中起着动力的作用。

一、学习兴趣的概念和作用

（一）学习兴趣的概念

学习兴趣是指人比较愉快地力求接近并认识某种事物或活动而乐意进行学习的心理倾向。它表现为学生对某种学习内容或从事某种学习活动的选择性态度和积极的情绪反应。

学习兴趣与学习动机有着密切的联系。一般而言，凡是能使我们感兴趣的事物或活动，都可能引起我们的学习动机。在教学活动中，学习兴趣和学习动机是影响学生学习自觉性和积极主动性的最直接的因素。

学习兴趣具有选择性和趋向性的特点。首先，人的意识的选择性有外在的和内在的两种，前者一般与注意相联系，后者一般与兴趣相联系。这两种选择性在学习活动中是密切联系、相互转化的。其次，人对客观事物的趋向性也有外在的和内在的两种，前者是由于外界环境出现了某种新异的变化而趋向于它，这是一种无意注意的表现；后者是对某种客体发生了情感而积极地趋向于它，这是兴趣的表现。这两种趋向性在学习活动中也是密切联系的，相互制约的。一般来看，个体往往是先有选择性，而后才会有所趋向。

（二）学习兴趣的作用

学习兴趣是促进学生学习积极性的重要因素，在学习活动中有着非常重要的作用，主要表现在：

（1）学习兴趣具有活动定向的作用。人是具有相当程度的主观能动性的。去除外部因素的影响，一个人现在和未来的学习活动，常常是由自己的兴趣来定向的。不仅如此，学习兴趣的定向作用还表现在它对未来学习活动的准备作用上。如果职校生的兴趣在于将来成为一名高级技术人才，他就必须奠定坚实的专业基础知识，并反复进行练习以形成熟练的技能，在此基础上还要注意有所研究和创新。因此，教师发展和培养职校生的学习兴趣就显得非常重要，以免产生定向性的错误。

（2）学习兴趣具有增进动力的作用。人的学习兴趣可以直接转化为内驱力，成为激发人进行某种学习活动的推动力。职校生对于某门课程有着浓厚兴趣，就常常会推动他们满怀兴趣、充满激情地进行学习，有时达到废寝忘食的程度。在教学中，教师要善于引发职校生的学习兴趣，以便激励他们更好地进行学习。必须注意的是，尽管兴趣是最好的老师，但是，"兴趣不能在解决矛盾冲突情境中和行为决策中起重要作用，因为单凭兴趣行事，并不一定能把事情搞好。"[①]

（3）学习兴趣对发展创造力起促进作用。学生的学习活动不是被动、机械地接受知识的过程，而应该是主动、积极地建构知识意义的过程。尽管学生的学习更多地是重复性学习，创造性程度较低，但在学习过程中，职校生可能会在学习兴趣的作用下，以创造性的态度和方法进行学习，从而取得良好的学习成绩，同时发展创造技法和创造性人格。可以想象，一个兴趣狭窄、孤陋寡闻的人是难有

---

① 李伯黍. 价值观理论研究的现状及其发展. 载于岑国桢，顾海根，李伯黍. 品德心理研究新进展. 上海：学林出版社，1999.4.

创造的，只有具有广泛的学习兴趣，视野宽广，注意从交叉学科的多方面获取知识，人才容易得到启发和灵感，才可能找到新的活动方式、新的解决问题的思路，才能达到解题的新颖性、流畅性和变通性。

二、学习兴趣的主要规律

（一）学习兴趣发展逐步深化、稳定与集中

从人的心理发展来看，兴趣最初总是分散的、泛化的，表现出对多种事物或活动感兴趣，然后兴趣逐步集中。而后，兴趣又会有所扩展，当扩展到一定限度后，又会逐步趋向集中，最后将兴趣比较集中地稳定在某一两件事物或活动上。教师要顺其自然地引导职校生的学习兴趣。在职校生入学后，要发展其学习兴趣的广阔性，在职校生学习兴趣过于集中、难以取得学习突破时，要从交叉学科激发他们新的学习兴趣，引导他们在保持中心兴趣的同时，再发展广阔兴趣。

（二）直接兴趣与间接兴趣相互转化

直接兴趣是指对学习活动本身所引起的兴趣，而间接兴趣是指对学习活动结果所引起的兴趣。凡是形式生动活泼、能符合职校生需要和已有知识经验的事物或活动，就会使他们产生直接兴趣。但是，有的直接兴趣随着事物或活动的新异性的消除而导致保持时间较短，或者由于遭遇困难、感到乏味、难以继续保持有效学习时，就需要间接兴趣了。反之，由于职校生具有间接兴趣，能够激励他们去学习自己不感兴趣的内容。同时，由于其通过刻苦学习，克服了困难，他们可能会对此又产生直接兴趣了。随着这两种学习状况的交替出现，两种学习兴趣自然就会相互转化。

（三）中心兴趣与广阔兴趣相互促进

中心兴趣是指对某门学科或学习内容的某一方面有着极其浓厚而稳定的兴趣。广阔兴趣是指对多方面的学习活动都感兴趣。中心兴趣和广阔兴趣是密切联系、相互促进的。对职校生而言，首先要有广阔的兴趣，多方面地获取知识信息，以奠定扎实的学习基础；而后再发展中心兴趣。中心兴趣发展的是"专"的方面，广阔兴趣发展的是"博"的方面。职校生不仅要做"专才"，更要努力做"通才"。

（四）由好奇心、求知欲向学习兴趣的渐次发展

好奇心是人们对新异事物或活动积极探究的一种心理倾向，具有先天性和泛化性的特点。"好奇心的优点在于它永不满足。它往往不加选择地对所注意的一

切事情感到好奇。好奇心能够使你不为时空所限制，使你超越现在。"[①] 求知欲是人们积极探究知识的一种内在的认知需要，具有后天性和专门性的特点。求知欲是在好奇心的驱动下，在探究活动中逐步发展起来的，是对好奇心在知识领域的进一步深化和发展。学习兴趣是指人们愉快地力求接近并认识某种事物或活动而乐意进行学习的心理倾向。它们三者之间是紧密联系的，由好奇心向求知欲，再向学习兴趣渐次发展。在职校生入学后，教师要注意保护他们对专业和课程的好奇心，逐步培养他们对专业知识的求知欲，在此基础上，再去培养职校生对专业学习的兴趣。

三、激发和培养职校生学习兴趣的主要措施

（一）创设条件，激发学习兴趣

教师要注意发掘不同专业和学科的特点，来引发职校生的学习兴趣。不同学科、课程都各有特色，教师要加以深入研究，发掘出一些能使职校生感兴趣的学习内容。否则，如果教学采取简易化的做法就会使思想停滞，会降低学生的学习兴趣。[②] 在职校生入学阶段，在每一门课程的开始阶段，教师要注意引发其学习兴趣。在教学过程中，要注意创设问题情境，以问题来激发职校生的学习兴趣，引发其深入思考，从而解决问题并产生更多的问题，形成"问题-兴趣"的良性循环。此外，教师还要合理安排教学内容，选择适当的教学方法和组织形式，讲究教学艺术。

教师要给职校生创造更多的成功机会。如前所述，学习成功能增强职校生的自我效能感，给职校生以比较强烈的自我强化，使职校生能感觉到自己有能力、有信心，能学好，从而可能对所学内容产生学习兴趣。在学习兴趣的驱使下，可能会进一步获得成功。因此，教师要尽可能地给更多的职校生创造成功的机会，使他们能够体验成功的欢愉，产生学习的兴趣。

（二）促成直接兴趣与间接兴趣相互交替与转化

教师首先要注意从不同学科和课程的特点出发，充分发掘其中可能影响职校生的兴趣点。在职校生缺乏学习的直接兴趣时，教师要注意引导职校生着眼于未来的发展，加强学习目的性教育，培养其学习的间接兴趣。对学生来说，不要只是让他们去干自己感兴趣的事情，而要努力去培养他们对应该干的事情感兴趣。例如，一个职校生尽管不喜欢学习机械绘图，但是由于他认识到这是其未来谋生和进行社会服务的工作手段，因此对专业学习的目的会有深刻的认识，所以还是

---

① ［美］班纳，卡隆. 现代教师与学生必备素质. 陈廷榔等译. 北京：中国轻工业出版社，2000.192.

② ［苏］巴班斯基. 论教学过程最优化. 吴文侃等译. 北京：教育科学出版社，2001.31～32.

要求自己克服重重困难，勤奋刻苦地学习，这样也会产生相当程度的学习兴趣。教师要善于把简单容易的学习内容与复杂困难的学习内容结合起来，善于把职校生感到生动有趣的学习内容与枯燥乏味的内容结合起来，相互交替进行，以促成职校生学习的直接兴趣与间接兴趣相互交替和转化。

（三）充分利用学习活动之间的兴趣迁移

学习兴趣也可以进行迁移。学习兴趣迁移是指对某门学科或课程的学习兴趣可以转化为对其他学科或课程的学习兴趣，或者指对其他事物或活动的兴趣可以转化为对学习的兴趣。教师可以充分利用这一规律，来激发、转化和培养职校生的学习兴趣。如面对一个对数学学习有兴趣，而缺乏对会计学学习兴趣的会计专业的职校生，教师可以引导他把对数学学习的兴趣迁移到学习会计学上去。又如面对一个喜欢踢足球但对学习却毫无兴趣的职校生，教师就不能简单地限制他对足球的兴趣，而应该引导他将对足球的兴趣转化为对学习的兴趣。

（四）促成中心兴趣与广阔兴趣的相互促进

如果职校生只有中心兴趣，那么由于学习兴趣范围的狭窄，尽管学习可能会比较深入，但是容易钻牛角尖。如果职校生只有广阔兴趣，那么会由于学习兴趣范围过大，面面俱到，反而导致学习不够深入，浅尝辄止。因此，教师要注意同时关注职校生学习的中心兴趣和广阔兴趣。教师要有意识地在发展职校生中心兴趣的同时，去培养职校生的广阔兴趣，在培养职校生广阔兴趣的基础上，注意培养职校生的中心兴趣，使职校生在"专才"的基础上成为"通才"。

第四节　职业学校学生的学习迁移

无论是知识的学习，还是技能的学习，都以学生原有的学习为基础，原有的学习可能会促进也可能会干扰后继的学习。那么，如何发挥这种积极的促进作用，而防止其消极的干扰呢？这正是本节所要研究的问题。

一、学习迁移的概念、作用和类型

（一）学习迁移的概念

学习迁移（简称迁移）是指在一种学习中获取的经验对另一种学习的影响。"举一反三"、"闻一知十"、"熟能生巧"等指的都是学习迁移的问题。学习迁移的现象普遍存在于人们的各种学习、工作和生活之中。例如，学会骑自行车后就会有助于学习驾驶摩托车；学会了平面几何后会有利于学习立体几何；学生在生活中养成了爱整洁的习惯，会影响到他们在各科作业上也保持这种习惯。可以说，学习的迁移现象广泛存在，不仅存在于知识、技能的学习之中，而且也存在于态度与品德的学习中。

（二）学习迁移的作用

首先，学习迁移有利于培养职校生解决问题的能力，发展他们的创造力。知识的学习是达到"应知"的目标，技能的学习是达到"应会"的目标，而学习的迁移则是要达到"应变"的目标。[①] 学习迁移的作用在于使职校生在一种学习中所获取的经验能得以概括化、系统化，从而能更好地支配、调节学生的行为，并能动地作用于客观世界。迁移不仅是学习，也是发展的一个必要组成部分。[②] 学生学习的目的不只是要将知识经验储存于头脑之中，而是最终将所获得的知识经验应用于各种不同的实际情境中去，以解决现实世界的各种问题。如何有效地应用这些知识经验，并能有效地解决问题，这都要通过迁移来实现。在应用知识经验解决问题，特别是结构不良的问题时，学生需要转换视角，重新组合知识经验，采用新的方式方法，创造性地加以解决，从而使得创造力得到较大发展。

其次，学习迁移有助于教材的选择和编写、教学过程的组织、教学方法的适当运用等。学习具有一种积累性的效果，新的学习依赖于过去学习中所获取的知识经验。新的学习不能脱离已有的知识经验。因此，奠定扎实的知识基础，对于职校生今后的学习和工作都很重要。

（三）学习迁移的类型

在学习过程中迁移的形式很多，可以从不同角度进行分类。

1. 按照迁移的性质可分为正迁移与负迁移

正迁移也叫积极迁移，是指在一种学习中获得的经验对另一种学习起积极或促进作用。通常，我们所说的迁移专指正迁移。在教育教学工作中所说的"为迁移而教"，就是指正迁移在教学过程中的应用。负迁移也叫消极迁移，是指在一种学习中获得的经验对另一种学习起干扰或阻碍作用。如在学习英语的过程中，已经掌握的汉语拼音对学习国际音标的语音会起干扰作用，又如学会了骑自行车对学骑三轮车也会有干扰作用。在职业教育教学工作中，教师要积极利用正迁移的效应，同时避免和消除负迁移的影响。

2. 按照迁移的层次可分为横向迁移与纵向迁移

加涅根据原有知识在新情境中应用的难度和结果，将迁移分为横向迁移与纵向迁移。横向迁移也叫水平迁移，是指处于同一抽象概括层次的学习间的相互影

---

① 谭顶良. 高等教育心理学. 南京：河海大学出版社，2006. 119.
② ［加］戴斯等. 认知过程的评估：智力的 Pass 理论. 杨艳云，谭和平译. 上海：华东师范大学出版社，1999. 171.

响，也就是说，学生已经习得的概念或原理在新的、不需要产生新概念或新原理的情境中的简单应用。如学生学会根据拼音查汉语字典的方法可以迁移到根据英语字母顺序查英语字典。此时，两种学习内容间的逻辑关系是并列的，抽象性与概括性程度相当。

纵向迁移也叫垂直迁移，是指处于不同抽象概括层次的各种学习间的相互影响，也就是说，学生已经习得的概念或原理在新的、需要产生新概念或新原理的情境中的应用。例如，在数学学习过程中，运用习得的定理导出新的定理或推论的过程，就属于纵向迁移。从学习内容的逻辑关系来说，有的学习内容的抽象性与概括性程度较高，这种学习内容在其形成的认知结构方面，是一种上位结构；有些学习内容的抽象性与概括性程度较低，其形成的认知结构属于下位结构。因而纵向迁移也就是指上位的较高层次的经验与下位的较低层次的经验之间的相互影响。加涅认为，学生通过学习所要形成的认知结构是一个网络化、系统化的结构，必须通过纵向迁移与横向迁移才能解决其上下左右的沟通与联系。

3．按照迁移的顺序可分为顺向迁移与逆向迁移

顺向迁移是指先前学习中所获得的经验对后继学习的影响。如在学习了物理概念"平衡"以后，就会对以后所学习的化学平衡、经济平衡、生态平衡等产生积极影响。逆向迁移是指后继学习对先前学习发生的影响，即后继学习引起先前学习中所形成的认知结构的变化。如学习了高等数学后有利于初等数学的进一步巩固。

4．按照迁移的内容可分为特殊迁移与普遍迁移

特殊迁移是指某一领域或课题的学习直接对另一领域或课题的学习所产生的影响，但是在迁移过程中，学习者的技能、态度等普遍性特质并未发生变化。普遍迁移也叫非特殊迁移，是指在一种学习中所习得的一般概念、原理或态度对另一种学习的影响，即将概念、原理或态度应用到具体事例中去。布鲁纳（Bruner，J.）非常强调普遍迁移。他认为，学生所掌握的概念、原理、技能或态度越基本，就越具有迁移的广泛性，对于新情况、新问题的适应性也就越强。

二、学习迁移的基本理论

学习迁移是如何发生的？怎样才能促进学习迁移的发生？针对这些问题，心理学家提出了不同的看法，从而形成了各种各样的学习迁移理论。

（一）形式训练说

形式训练说是以官能心理学为基础的。官能心理学认为，人的"心灵"是由注意、知觉、记忆、思维和意志等官能组成。各种官能都是各自分开的一个个实体，分别从事不同的活动。各种官能可以像训练肌肉一样通过练习来增强力量。某种官能在一种学习中得到训练，就能有效地在另一种学习中发挥作用。同时，

人的"心灵"又是由各种官能组成的整体，一种官能的改进会加强其他的官能。由此可见，形式训练说把迁移看作是通过对组成"心灵"的各种官能分别进行训练来实现的。因此，迁移的实质是"心灵"的官能或心理活动的形式得到训练而发展的结果。

形式训练说把训练和改进"心灵"的各种官能作为教学的重要目标。形式训练说认为，某些学科可能具有训练某些功能的价值。如学习数学可以使人善于运用自己的注意力，能加强思维推理的能力。形式训练说重视"形式"，认为学习的内容并不重要，重要的是所学对象的难度及其训练价值。它还认为，学习要想取得最大的迁移效果，必须经历一个痛苦的过程。因此，学习历史的主要目的不在于记住具体的历史史实，而在于训练人的记忆能力。这种观点，对当今教育引导学生掌握知识的同时重视学生能力的培养，仍然有一定的启发意义。

（二）相同要素说

教育心理学的创始人桑代克以刺激-反应的联结理论为基础，提出了学习迁移的相同要素说，又称共同成分说。相同要素说认为，只有当两种学习活动中具有共同的要素时，一种学习活动才会使另一种学习活动容易些。也就是说，只有当学习情境与迁移情境具有共同成分时，一种学习才能对另一种学习产生影响，即产生学习迁移。当然，桑代克所谓的相同要素指的是共同的刺激与反应的联结。

例如，在一种学习材料中包含有 A、B、C、D、E、F 六个刺激要素，如果学习者在掌握了这种材料的基础上再学习第二种材料，其中包含 E、F、G、H、I、J 六个刺激要素。两种学习材料之间存在着相同的刺激要素 E 和 F。由于学习者对 E 和 F 这两个刺激要素已形成相应的反应，这种刺激-反应之间的联结就能成功地运用到第二种学习之中，导致迁移的发生，从而使得第二种学习更为快速有效。因此，两种学习之间存在的相同要素是产生迁移的根本。也因此，教师在教学中，应引导学生发现各种学习材料之间的相同因素，以促进学生的学习迁移。

（三）经验概括说

心理学家贾德（Judd，C. H.）认为，先前学习中所获得的经验之所以能迁移到后继学习中去，是因为在先前学习中获得了一般原理或对经验作出了概括，这种一般原理或经验可以部分或全部运用于后继学习之中。根据这一理论，两种学习活动之间存在的共同成分，只是产生迁移的必要前提，产生迁移的关键是学习者在两种学习活动中能概括出它们之间的共同原理，即在于主体所获得的经验的概括。

1908 年，贾德曾用"水下击靶"实验来验证这一理论。他把小学五、六年级的学生随机分成两组。开始时，要求两组被试都练习投掷置于水中的靶子。靶子置于水下 1.2 时处，两组被试成绩基本相同。随后，主试给实验组被试充分解释水的折光原理，而对照组被试不学习此内容。接着改变实验条件，将水下 1.2 时处的靶子移到了水下 4 时处。这时，两组被试的成绩差异便明显表现出来：对照组被试表现出极大的混乱，他们投掷水下 1.2 时靶时的练习，不能帮助改进投掷水下 4 时靶时的练习，错误持续发生；而实验组被试能迅速适应了水下 4 时的条件。贾德在解释实验结果时认为，理论曾把有关的全部经验（水面上的、深水的和浅水的经验）组成了一个完整的观念体系。学生在理论知识的背景下理解了实际情况后，就能利用概括了的经验，去迅速地解决需要按实际情况作分析、调整的新问题。

因此，在教学过程中，教师必须将不同教学内容中所隐含的共同原理揭示出来，并使学生充分内化，这样才能促进学生更加灵活有效地进行学习。

（四）关系转换说

关系转换说是格式塔心理学家所提出的迁移观点。他们认为"顿悟"关系是决定学习迁移的重要因素。他们认为，迁移不是由两个学习情境具有共同成分和原理而自动产生的某种东西，而是学习者突然发现两种学习之间存在的关系的结果。学习者所迁移的是顿悟，即对两种学习之间存在的关系的理解。只有学习者发现两种学习情境中不同事物之间的关系，并将这种关系应用到新的学习之中，迁移才能产生。

支持关系转换说的经典实验是苛勒（Kohler）的小鸡（或幼儿）"觅食"实验。他让小鸡在深、浅不同的两种灰色的纸下面寻找食物。通过条件反射学习，小鸡学会了只有从深灰色的纸下才能找到食物。然后，变换实验情境，保留原来的深灰色纸，用颜色更深的灰色纸取代浅灰色纸。如果小鸡仍然到深灰色纸下面寻找食物，那就证明迁移是由于相同要素的作用；如果小鸡是到两张纸中颜色更深的灰色纸下面寻找食物，那就证明迁移是对关系作出反应。实验表明，小鸡对新刺激（颜色更深的灰色纸）的反应为 70%，对原来的深灰色纸的反应是 30%；而儿童在做同样的实验时则始终对新刺激作出反应。

关系转换说启示我们，教学不能仅仅满足于让学生掌握表面的知识，更重要的是要让学生透过表面的知识，理解隐含的深层次知识以及新旧知识之间的关系，并能将其灵活地运用于其他的学习情境之中。

（五）认知结构说

奥苏伯尔根据其有意义接受学习的理论提出了认知结构迁移理论。奥苏伯尔特别强调学生认知结构中原有知识对新学习的影响。所谓认知结构，就是学生头脑内的全部知识内容及其组织。每个人的认知结构都是不一样的，因而对学习会产生不同的影响。学生原有认知结构是实现学习迁移的最关键的因素。学生原有认知结构在内容和组织方面所表现出来的特征，称为认知结构变量。

奥苏伯尔认为，学生的认知结构有三个变量，对学习迁移会产生直接的影响。

（1）认知结构的可利用性，指在新的学习前，学生原有认知结构中是否具有同化新知识的适当观念可以利用。根据有意义接受学习理论，原有知识与新学习的知识具有三种不同的关系，即上位、下位或并列的联系。奥苏伯尔认为，如果学生原有认知结构中有可以利用的上位的、概括程度高和包容范围广的知识，则新的学习将以下位学习的形式出现。一般而言，下位学习比上位学习和并列学习容易进行。因此，学生良好的认知结构的第一个重要特征是他所掌握知识的概括程度和包容范围。概括程度越高和包容范围越广的知识，越有助于同化新的知识，也就越有助于迁移。

（2）认知结构的可辨别性，指在新的学习前，学生认知结构中的原有知识与要学习的新知识之间的异同是否能清晰可辨。如果一个学生的原有知识是按一定结构、系统严密地组织好的，则他在进行新的学习时，不仅能迅速在原有的认知结构中找到新知识的固定点（即用来同化和固定新知识的原有知识点），而且也易于辨别新旧知识的异同。

（3）认知结构的巩固性，指认知结构中原有知识的巩固程度。原有知识越巩固，越有助于新的学习；相反，原有知识本身不巩固，则不但不会产生积极的作用（正迁移），反而可能会出现干扰（负迁移）。

三、通过教学促进职校生的学习迁移

"为迁移而教"是职业教育教学的一个重要目标，希望学生能够"举一反三"，在不同情境都能够应用所学知识解决问题。要实现这一目标，教师就必须了解影响学习迁移的条件，也要以此为根据改进教育教学，促进职校生的学习迁移。

（一）丰富职校生的知识经验储备

丰富的知识经验是职校生学习迁移的前提，也是新知识的生长点。两种学习活动之间的某些共同点是学习迁移的必要条件。而各种知识、技能之间或多或少会有一些共同的要素或一般的原理，它们是促进职校生学习迁移，帮助掌握新知识和形成新技能的非常重要的前提条件之一。因此，一般来说，职校生所掌握的知识经验越丰富，在进行新的学习时，越容易产生学习迁移，越容易顺利地掌握所学的新知识。

（二）引导职校生进行积极的心理准备

职校生的心理状态，如自信心、决心和紧张程度等都会对学习迁移产生影响，它既可能促使正迁移的产生，也可能导致迁移障碍。如有的职校生在应用知识解决问题时，比较自信，具有一定的决心，他们头脑清醒、思维清晰，能够灵活应用原有的知识经验、策略方法来解题，很容易产生良好的学习迁移；有的职校生可能由于缺乏自信，明知不是解决该问题的方法，还是盲目地反复套用。又如有的职校生在考试时，由于心理过于紧张，会造成对已有知识经验的提取障碍，从而影响学习迁移。

（三）科学地选择教学内容

认知结构同化论告诉我们，学生认知结构中具有用来同化新知识的适当观念，是保证新的学习顺利进行的基本条件。奥苏伯尔认为，学生的认知结构是从教材的知识结构转化而来的。因此，为了促进学习迁移，应把各门学科中具有广泛迁移价值的科学成果作为教材的主要内容。所谓具有广泛迁移价值的材料，就是学科的基本概念、基本原理、基本方法及其相互之间的关系。奥苏伯尔认为："不论我们选教什么学科，务必使学生理解该学科的基本结构"，"懂得基本原理就可以使学科更容易理解"，"领会基本的原理和概念，看来是通向适当'训练迁移'的大道。"因此，教材内容的选编除了保持学科基本概念、基本原理的相对稳定外，还必须用科学研究的新成就来代替陈旧的材料，使教材内容不断得到更新。

（四）合理地编排教学内容

在精选出教学内容之后，如何组织这些材料就显得非常重要。因为同样的内容，如果编排合理，迁移的作用就能得到充分的发挥，教学就省时省力；如果编排得不合理，则迁移的效果就不够理想。那么，怎样才能合理地编排教学内容呢？基本标准就是要使教学内容结构化、整体化和网络化。结构化指教学内容的各构成要素应具有科学、合理的逻辑关系，能体现出事物的上下、并列、交叉等内在关系。整体化指教学内容的各构成要素应能整合成具有内在联系的整体。网络化是一体化的延伸，指沟通教学内容各要素之间上下左右、纵横交叉的联系，突出各种知识之间的联系，这样不仅利于在教学过程中充分发挥整合作用，而且便于教师与学生了解以往学习中的断裂带及断裂点和今后学习中的发展带及发展点。[①]

（五）改进教学内容的呈现方式

认知心理学认为，人们在认识一个全新的知识和技能领域时，比较倾向于遵循从整体到部分，从一般到特殊这一逻辑顺序。人的认知结构是一个由上而下的有层次的结构，越在上层的知识，其包容性、概括性程度越高。根据人们认识事物的自然顺序和认知结构的组织特点，在呈现教学内容时，应遵循从一般到个

---

① 伍新春．高等教育心理学．北京：高等教育出版社，1999.153.

别、从整体到部分的"不断分化"的原则。如机械专业的职校生在刚接触《金属材料学》时，一般先学习金属材料的性能、结构、合成等，再学习具体的铸铁、合金等整体的一般性知识。与此同时，还应遵循"综合贯通"的原则，加强概念、原理、课题乃至章节之间的横向联系，使职校生能发现相关知识之间的异同，揭示相互之间的关系，概括出其中所隐含的共同原理，从而对所学知识能够做到融会贯通。

(六) 训练职校生的学习策略

根据迁移的形式训练说，职校生学习的主要目的不在于他们掌握学科的具体知识，而在于训练学习能力。学习能力能对后继学习产生一种比较广泛的一般性迁移。认知策略和学习策略的研究及其应用是当代教育心理学研究的一个热点领域。为了促进学习的迁移，教师必须重视对职校生学习方法与学习策略的指导，把学习策略作为教学的一项重要目标和内容，使职校生掌握学习策略，促进学习迁移，从而学会学习。

【本章思考与练习】

1. 简要比较加涅和梅耶的学习心理过程理论。
2. 什么是学习动机？学习动机在学习活动中有什么作用？
3. 简要阐述学习动机的主要理论及其观点。
4. 结合职业教育实际，阐述如何激发和培养职校生的学习动机。
5. 什么叫学习兴趣？学习兴趣有什么规律？
6. 如何激发和培养职校生的学习兴趣？
7. 什么叫学习迁移？学习迁移有哪些类型？
8. 学习迁移有哪些主要理论？简要阐述其中的主要观点。
9. 结合职业教育实际，阐述如何通过教学来促进职校生的学习迁移？

第八章　职业学校学生的学习心理（中）

第一节　职业学校学生知识学习的心理过程

对于知识学习过程的具体阶段，有不同的分类方法（表8-1）。根据归纳和总结，一般认为知识学习的过程主要包括知识学习的准备、知识的感知、知识的理解、知识的巩固和知识的应用等五个基本环节。[①] 在知识学习之前，职校生必须具有相应的学习准备，在此基础上才能有效地感知和体验知识，深刻地理解和巩固知识，做到融会贯通、熟练地掌握所学知识，从而分析、解决学习和生活中的问题。

表8-1　知识学习过程的比较

学派	知识学习过程的基本阶段					
我国古代	立志	博学	审问、慎思、明辨	时习	笃行	
赫尔巴特		明了	联想、系统		方法	
加涅	动机	领会	习得	保持、回忆、概括	作业	反馈
列昂捷夫	定向	行动				反馈
总结	准备	感知	理解	巩固	应用	反馈

一、学习的准备

根据桑代克学习理论中的准备律，教学所面临的首要任务就是帮助职校生形成良好的学习准备状态。这种学习的准备包括生理与心理发展水平的准备、知识基础的准备和学习动机的准备。

（一）生理与心理发展水平的准备

生理与心理发展水平是职校生知识学习的必要的物质前提和基础。在泰勒看来，学习准备由生理的成熟、心理的成熟及学习的心向三个因素组成。[②] 知识学

[①] 反馈通常作为激发学生学习动机的有效措施和手段，因此，此处没有专门列为知识学习的基本过程。

[②] 张爱卿．放射智慧之光：布鲁纳的认知与教育心理学．武汉：湖北教育出版社，1999.79.

习必须以职校生现有的生理发展水平和心理发展水平为基础，低于或大大超越职校生现有的发展水平，都不利于职校生的学习和发展。职校生的知识学习是与其生理发展过程，特别是脑的发展密切相关的。强迫学生学习超越他们理解能力的知识和技能，无异于让刚会坐的婴孩去站立，让刚会爬的婴孩去走动一样，其后果只会是导致他们丧失学习的乐趣和积极性，有时甚至会对身体或心理造成不同程度的伤害。因此，知识学习必须适应职校生的生理和心理发展水平和特点，在此基础上进行适当的训练，使职校生的潜能得到充分的发展。

个体生理和心理发展具有一定的顺序性和阶段性。例如，个体思维的发展总是从动作思维到具体形象思维再到抽象逻辑思维，这个顺序是不会颠倒的。不同年龄层次学生的生理和心理发展水平是不一样的。不同专业的知识学习对学生的生理和心理要求也是不相一致的。忽视学生生理与心理发展的一定程序和规律，企图用超前、灌输或训练的方法加速知识的学习都是徒劳的。

（二）知识基础的准备

知识的准备是学习新知识的重要条件。我国古代就有"以其所知，喻其不知，使其知之"的说法。有效学习的最重要的内部条件就是学习者的原有知识和主动加工活动。[①] 所有的认知过程都在知识基础这一背景中运行，接受和加工信息以及输出的程序化都是在知识基础上进行的。[②] 奥苏伯尔的有意义学习理论认为，学生原有的知识基础能够帮助同化新知识，因而也是使知识由逻辑意义转为潜在意义的必要条件之一。奥苏伯尔说过，"如果要我只用一句话说明教育心理学的要义，我认为影响学生学习的首要因素，是他的先备知识。研究并了解学生学习新知识之前具有的先备知识，配合之以设计教学，从而产生有效的学习，就是教育心理学的任务。"[③]

布卢姆（Bloom, B. S.）认为，"学生对新的学习任务的认知准备状态、情感准备状态和教学的质量，将决定学习结果的性质。"[④] 在教学中，教师应了解职校生原有的知识基础以及新的学习任务所必需的基础知识。教师应当采取各种有效的方式，唤起职校生原有的知识经验，并在此基础上讲授新的科学知识，使新旧知识相互作用，这样才能更好地促进职校生对新知识的理解和对旧知识的巩固。

（三）学习动机的准备

学习动机是影响职校生学习活动的重要因素之一。学习动机是直接推动职校

---

① 皮连生. 教学设计：心理学的理论与技术. 北京：高等教育出版社，2000.33.

② ［加］戴斯等. 认知过程的评估：智力的 Pass 理论. 杨艳云，谭和平译. 上海：华东师范大学出版社，1999.18.

③ 转引自张春兴. 教育心理学. 杭州：浙江教育出版社，1998.219.

④ 施良方. 学习论：学习心理学的理论与方法. 北京：人民教育出版社，1994.352.

生进行知识学习的内部动力。知识学习首先必须激发职校生主动、积极的学习动机，使他们在头脑中产生达到某种学习目标的期望，从而引起职校生主动积极的学习活动。学习动机不仅影响职校生知识学习的效果，而且还关系到他们的学习热情和良好学习态度的形成。奥苏伯尔有意义学习理论也指出，学习者必须有学习的心向，即具备积极主动地在新知识与已有适当观念之间建立联系的倾向性，这样学习者才能够获得知识的心理意义。教师还要引导职校生树立知识学习的决心，增强学习的紧迫感，避免懒散、拖拉，从而有效地提高知识学习的效果。

二、知识的感知过程

感知是感觉与知觉的总称，是人们最基本的认识活动的形式。感觉是人对客观事物个别属性与特征的反映，而知觉是人对客观事物整体属性的反映。知觉除了以各种感觉为基础外，还需要借助于个体过去的知识经验的帮助。感知是职校生认识客观世界的基础，是获得感性认识和直接经验的主要形式。感知是知识学习过程的第一步，只有通过感知，知识才能进入大脑，其他高级的、复杂的心理活动才能产生和发展。

观察是一种有目的、有计划的知觉过程，它不仅简单地感知和综合信息，还含有思维的成分，是感知的高级形态。职校生通过感知和观察，获得大量丰富的感性材料，才能理解事物的本质和规律。良好的观察品质是职校生进行知识学习的重要环节，也是成材的必备条件。正如巴甫洛夫在《给青年的一封信》中所说的"观察、观察、再观察"。在教学过程中，教师应该有目的、有计划地组织职校生进行系统观察，培养他们良好的观察能力和品质。

三、知识的理解过程

知识理解是职校生知识学习过程中的一个重要环节，它是运用职校生已有的知识经验去认识事物的种种联系、关系直至认识其本质、规律的一种逐步深入的思维活动。用信息加工论的观点看，知识理解的过程就是把由感知所获得的大量信息，进行编码加工，使其系统化、概括化和精炼化的过程。

理解作为职校生学习的中心环节，它是在感知的基础上借助思维而实现的。思维是人脑对客观事物的间接的和概括的反映，它反映事物的本质和规律。心理学研究和教学实践证明，知识只有得到深刻的理解，才能更有效地得到记忆、迁移和应用。

（一）知识理解的基本过程

1. 分析与综合

分析是在头脑里把复杂事物的整体分解为简单的要素，进而分别加以考虑的思维过程，如把植物分解为根、茎、叶、花、果等。分析是否恰当，在很大程度上取决于人们所选择的分析标准是否符合客观实际。与分析相对应的是综合。综合是在头脑里把事物的各个部分、各个方面或不同特征结合起来组成整体并加以考虑的思维过程，如把单词组成句子，把句子组成篇章。综合需要根据客观事物的内部联系，而不能简单地任意地将部分联结起来，这样不利于把握事物的整体。

分析和综合是辩证统一的，是同一思维过程中不可分割的两个方面，是彼此相对又相互联系、相互制约又相互转化的过程。分析反映事物的要素，综合反映事物的整体。没有分析，认识就不能深入，对整体的认识只能是简单的、表面的；缺乏综合，认识可能会局限于部分，导致"一叶障目，不见泰山"。在知识理解的过程中，分析与综合是相互统一的。人的思维过程是遵循"综合——分析——再综合——再分析"这种方式而不断向前发展的。随着分析与综合的不断转化，人对客观事物认识的层次也在不断深入。

2．比较与分类

比较与分类是在分析与综合的基础上进行的。比较是在头脑中把各种事物加以对比，并确定它们之间的差异性和同一性。为了比较，首先必须了解事物的各个部分和特征，并认识事物之间已分出的部分或特征间的关系，然后才能确定他们之间的不同点和相同点。比较是在一定的关系上，根据一定的标准，从不同的角度进行的。对事物进行比较，首先要确定一个标准。在知识学习过程中，教师应启发职校生运用比较去掌握知识。在这里，最重要的是培养职校生能够从不同的事物中看出共同点，从相似的事物中看出不同点。

分类是在头脑中根据事物的共同点和不同点，把他们区分为不同类别的思维过程。比较是分类的基础。通过比较，可以初步了解事物的异同，根据共同点把事物归并为较大的类，根据不同点把事物划分为较小的类，这样就能使知识结构化、系统化，便于理解和巩固。分类也必须有一定的标准，教师应注意培养学生根据事物的本质特征和内在联系进行分类。

3．抽象与概括

抽象与概括是在比较的基础上进行的，是更高一级的思维过程。"抽象就是将事物从其所在的情景中分离出来。"[①] 换句话说，抽象是在头脑中抽取出一些事物的共同的本质属性，舍弃其非本质属性的思维过程。概括是在头脑中把同类事物中抽取出来的共同的本质属性结合起来，并推广到同类其他事物的思维过程。抽象实际上是把事物的本质属性和非本质属性区分开来的过程，而概括则是把事物的本质属性联合起来的过程。只有通过抽象和概括，才能认识事物的本质属性和规律性的联系，并最终由感性认识上升到理性认识。

---

① ［美］斯腾伯格，金奇洛．学生作为研究者：创建有意义的课堂．易进译．北京：中国轻工业出版社，2002.17.

（二）促进职校生有效理解知识的条件

1. 运用正例和反例

知识理解的过程就是要在思维的基础上，区分出知识的本质特征和非本质特征，抽取知识的本质特征，而摒弃知识的非本质特征。因此，教师在指导职校生进行知识学习时，不仅要关注知识的本质特征，也要注意舍弃非本质特征。为此，教师必须配合使用概念或规则的正例和反例。正例称为肯定例证，指包括知识本质特征和内在联系的例证。反例称为否定例证，指不包括或只包括极少部分知识的主要属性和关键特征的例证。一般来说，知识的正例传递了有利于概括的信息，而反例则传递了有利于辨别的信息。在教学过程中，如果同时使用正例和反例，知识学习将更为容易。适当运用知识的反例，可以排除无关特征的干扰，有利于加深职校生对知识的本质属性的认知。

2. 提供丰富的变式

变式就是将概念的正例加以变化，例如，2、3、5、7、11、13、17、19、109、157等都是"质数"的变式，鸡、鸭、鸽子、鹦鹉、鸵鸟、企鹅等都是"鸟"的变式。变式用不同形式的直观材料或事例说明事物的本质属性，即变换同类事物的非本质特征，以便突出本质特征。大量的教学实验研究证明，概念的本质特征越明显，学习越容易，而无关特征越多、越明显，学习就越困难。因此，在概念教学中可采用突出有关特征、控制无关特征的方法来促进教学。在知识理解的过程中，教学总是先出现若干个变式例子，使概念的无关特征不断变化，同时保持概念的本质特征不变。如果变式不充分，学生在对教材进行概括时，往往容易发生错误。一种情况是把许多事物所共有的特征看作是本质特征。另一种情况是在概括中人为地增加或减少事物的本质特征，因而不合理地缩小或扩大概念，导致未将应该包括的对象包括进去，或者将不该包括的对象包括进来。例如，有的学生将"会飞"作为所有鸟的本质特征，不认为鸵鸟和企鹅是鸟，却将蝙蝠误认为鸟。

3. 科学地进行比较

知识学习只有通过比较，揭示知识之间的联系和区别，确定其相同点和不同点，才能巩固旧知识，获得新知识。同时，知识只有归入一定的顺序和体系中才能加深理解、巩固记忆、便于应用。为此，教学中就要经常运用比较法，让学生在知识学习的过程中，学会做比较、辨异同、找联系。

比较主要有两种方式：同类比较和异类比较。同类比较即同类事物之间的比较，寻求同类事物所共有的本质特征。异类比较即不同种类事物之间的比较，旨在准确理解异类事物之间的联系与区别，有助于知识得到分化。在教学过程中，应首先进行同类事物之间的比较，以促进概括，然后再进行异类事物之间的比较，以使相关的概念和规则分化出来。

4．启发职校生自觉概括

有研究表明：教师对知识清楚地解释是学生学习的必要条件而不是充分条件，关键还在于学生的理解。[①] 通过对所学知识的积极有效的概括，可以使职校生在感性经验的基础上获得理性经验，从而顺利掌握科学知识。在教学过程中，教师应该启发职校生进行自觉的概括，鼓励职校生主动参与问题的讨论，鼓励职校生自己去总结知识的原理和规律。在讨论的时候，教师不仅要鼓励职校生主动提出问题，还要鼓励他们主动概括问题、分析问题和解答问题。在讨论的过程中，教师不应代替职校生概括，惟有从"台前"退到"幕后"，由"主演"转为"导演"，作为职校生知识学习的引导者和辅导者，才能充分调动职校生的思维，引导职校生主动地进行概括、归纳和总结。

四、知识的巩固过程

在对知识进行感知和理解的基础上，必须巩固知识。如果不加以巩固，可能会造成知识的遗忘，从而影响学习的结果。知识的巩固是积累知识的前提，是知识应用的必要条件，也是进一步学习新知识的准备。

知识的巩固，就是通过记忆把感知和理解的知识牢固地保留在头脑中，以便在需要时能及时地提取出来加以应用。从信息加工心理学的观点看，知识的巩固就是把感知和理解这两个环节中所获得的大量信息加以储存。知识学习的巩固环节的核心心理因素是记忆。记忆是整个心理活动的基础，也是积累经验、丰富知识的基本手段。

（一）记忆的实质与分类

1．记忆的实质

记忆是通过识记、保持和回忆（再认或再现）等方式，在头脑中积累和保持个体经验的心理过程。记忆是一个从"记"到"忆"的过程，它包括识记、保持和回忆三个基本环节。从信息加工论的观点来看，记忆就是信息的输入、加工、储存、提取和输出的过程。识记和保持是回忆的前提，回忆是记忆的最终目的，是识记、保持结果的表现和加强。

识记是记忆过程的第一个基本环节，它是个体把知识信息输入头脑，并获得知识经验的过程，具有选择性的特点。保持是记忆过程的第二个基本环节，它是对识记过的知识在头脑中储存和巩固的过程，是实现回忆的保证，是记忆力强弱的重要标志之一。保持的过程也是防止遗忘的过程。回忆是记忆过程的第三个基本环节，是在不同条件下人脑对过去经验的提取过程。回忆包含着对过去经验的搜寻和判定，它是通过一定的思维活动进行的。回忆有两种水平，即再认和再

① 皮连生．教学设计：心理学的理论与技术．北京：高等教育出版社，2000.140.

现。再认是指过去经验过的事物再度出现时能够被识别，而再现则是对以前经验过的事物在头脑中重新呈现并加以确认的心理过程。一般认为，再现的水平高于再认的水平。

2. 记忆的类型

根据记忆保持时间长短不同，可以把记忆分成瞬时记忆、短时记忆和长时记忆三种不同系统（图8-1所示）。

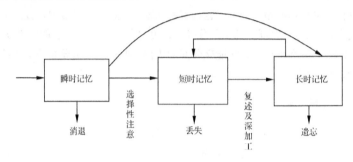

图 8-1 记忆的三种系统

（1）瞬时记忆。瞬时记忆又称感觉记忆，是指通过感觉器官所获得的感觉信息保持在 0.25～2 秒钟之间的记忆。瞬时记忆的信息是未经加工的原始信息，如视后像就是这种记忆。一切输入记忆系统的信息，首先通过感觉器官的活动产生感觉和知觉。作用于人感官的各种刺激，当其作用停止后，感觉并不立即消失，其信息仍能继续保持一个极为短暂的时间，这个信息保持的过程也就是瞬时记忆的过程。瞬时记忆痕迹很容易消退，只有当被登记了的信息受到特别的选择性注意，该信息才能被转入短时记忆，否则很快就会消失。当然，如果刺激极为强烈深刻，也可能一次性转入长时记忆系统。

（2）短时记忆。短时记忆是指所获得的信息在头脑中储存不超过 1 分钟的记忆，如电话接线员接线时对用户号码的记忆就是短时记忆。当他们接完线后，一般就不再把对方的号码保持在头脑里。

短时记忆是瞬时记忆和长时记忆的中间阶段。和瞬时记忆中的信息容量相比，短时记忆中信息储存的数量是有限的，大约是 7±2 个组块。组块是指在信息编码过程中，将若干较小的单位联合成有意义的、较大的单元的信息加工的记忆单元，它通常受到主体原有知识经验的影响。短时记忆中信息的保持时间最长不超过 1 分钟。短时记忆易受干扰，任何性质的分心都容易引起短时记忆的丢失。短时记忆的信息若经过复述、运用和进一步的深加工，就会进入长时记忆系统。

（3）长时记忆。长时记忆是指保持时间在 1 分钟以上甚至保持终生的记忆。人们日常生活中所提到的记忆大都是指长时记忆。一般来说，长时记忆是由短时记忆经过充分的、有一定程度的深加工后，在头脑中长时间保留下来的。信息储存的方式是有组织的知识系统。长时记忆储存信息的容量似乎无限，但有人认为它的容量为 5 万到 10 万个组块。只要有足够的复习，把信息按意义加以整理、归类，整合于已有信息的储存系统中，就能把信息保持在长时记忆中。当然，如果长时记忆中的信息不经过复习巩固、提取应用，可能会造成遗忘。

瞬时记忆、短时记忆和长时记忆系统在信息的保持时间、记忆容量、信息的加工水平、编码方式和加工方式等方面都各有特点（表 8-2）。

表 8-2　三种记忆系统之间的比较

	感觉记忆	短时记忆	长时记忆
保持时间	0.25～2 秒	1 分钟以内	1 分钟以上直至终生
记忆容量	较大，各感官不同	7±2 个组块	无上限
加工水平	最低	一般	最高
编码方式	感知映像，以刺激物的物理特征编码	以言语听觉编码为主	以表象、语义编码为主
加工方式	注意	复述	复述、检索

（二）信息的编码与知识的识记

从信息加工论的观点来看，识记是对输入信息的编码。可见，编码在识记中起着决定性的作用。所谓编码，就是对信息进行转换，使之适合于记忆储存的过程。通过编码，可以对新的知识信息不断地加以处理，使其越来越与个人储存在长时记忆中的心理格局相匹配，从而妥善地加入到个人的经验体系中去。

1. 信息编码的主要方式

（1）视觉编码。视觉编码是瞬时记忆的主要信息编码方式。斯波林的图像记忆实验（Sperling，1960）证实了视觉器官的这种编码能力。根据这一实验，斯波林认为在人的记忆系统中存在着一个感觉储存阶段，视觉器官保存图像信息的容量相当大，但是保持的时间非常短，超过 0.25 秒遗忘就开始发生了。

（2）语音听觉编码。一般认为，短时记忆系统中的信息编码方式主要是语音编码或听觉编码的方式。这是根据短时记忆中产生的错误与正确信息之间存在着语音听觉上的联系而推测出来的。人们在对视觉信息进行加工的同时，也存在听觉的编码方式。

（3）语义编码。在记忆一系列语词概念材料时，人们总是倾向于把它们按语义的关系组成一定的系统，并分门别类地进行记忆，而不是按照它呈现的顺序去记忆。例如，阅读一篇文章或听一个讲座，我们头脑中最终保持下来的是它的意义，而不是逐字逐句地加以储存。在学习中，人们往往将材料按意义进行归类，并形成一定的结构和系统。心理学研究表明，对于人类长时记忆系统中的有意义的学习材料，人们主要是以语义编码的形式进行加工的。

2．影响信息编码与知识识记的主要因素

（1）识记的目的性和积极性。提高信息编码与知识识记效果的主要方法是明确识记的目的和任务。在教学实践中，必须注意充分利用有意识记，提高学生的识记效果。有意识记是指具有明确目的，并需一定意志努力的识记。有意识记是人们获得系统的科学知识、完成学习任务和积累个体经验的主要记忆形式。一旦明确了识记的目的和任务，就会使人们的全部心理活动趋向于一个目标，使学习任务从背景中分离、突出出来，从而在大脑中留下比较深刻的痕迹，其保持的时间也会更加长久。

在识记时，职校生应该保持积极性，并必须树立识记的决心。记忆过程绝不是一个被动的、无足轻重的活动，而是一种积极的、主动的追求。决心能够增强职校生记忆的紧迫感，使得职校生的知识识记能做到及时、快速、完整和准确。缺乏决心会导致拖拉、懒散，难以及时完成知识识记的任务，并可能形成不良的学习习惯。

（2）材料的性质和长度。学习材料的性质、数量、长度和部位等属性都会对信息编码与识记过程产生较大影响。认知心理学的研究表明，识记材料的性质直接影响着识记的效果。一般说来，识记有意义的材料比识记无意义的材料效果较好，识记直观形象的材料比识记抽象概括的材料效果好。因此，教师可以引导学生对识记材料进行加工处理，将无意义的材料赋予人为的意义。

材料的长度也对识记效果有很大的影响。一般认为，要达到同样的识记效果，识记材料越多，平均需要的学习时间或学习的次数就越多。有人做过这样一个实验，让学生识记单词数不同的课文，而这些课文的题材内容是相同的。实验结果表明，学生的识记效果随着课文单词数的增加而显著降低（表8-3）。

表8-3 对单词数不同的课文识记效果的比较（时间：分钟）

课文单词数	识记的总时间	识记100个单词的平均时间
100	9	9
200	24	12
500	65	13
1000	165	16.5
2000	350	17.5
5000	1625	32.5
10000	4200	42

因此，在识记较长的材料时，可以采用分散识记进行，提高识记效果。有一个实验，让小学四年级学生识记一首古诗，甲组采用集中识记的方式，乙组采用分散识记的方式，每天识记两次，直到记住为止。实验结果表明，分散识记的效果优于集中识记（表8-4）。

表 8-4 集中识记与分散识记的比较

次数 \ 方式	集中识记	分散识记
准确呈现平均识记次数	18	7
错误的平均识记次数	9	4

材料中不同位置的内容的识记效果也是不同的。处在材料首尾的内容，容易识记。其中，处于材料开头部分内容的回忆率高，这称为首因效应。处于材料结尾部分内容的回忆率也比较高，这称为近因效应。相对而言，材料中间部分的内容的回忆率最低，非常容易遗忘。识记材料的这种属性称为系列位置效应。因此，对识记材料的中间部分的内容要增加练习次数。当然，也可以将材料分成几个小的部分，既可以缩短中间部分的内容，也可以增加首尾的首因效应和近因效应。

（3）对材料意义的理解度。根据识记材料有无意义或学生是否理解了其意义，我们可以把识记分为意义识记和机械识记。意义识记是在对材料理解的基础上，依据事物内在的联系和规律对材料进行识记。而机械识记指的是对材料没有理解的情况下，只根据材料的外部联系或表现形式，采取简单重复的方式进行的识记。研究表明，对材料意义的理解程度是影响识记效果的最重要的条件。在教学中，教师应该指导学生对识记材料进行深刻的理解，学会在理解的基础上进行识记。例如，面对 816449362516941 这 15 位数字，如果进行机械识记，可能非常困难。如果我们能发现这是 9～1 的平方数的组合时，就能立刻记住。从学习效果看，机械识记不如意义识记，但机械识记在儿童时期，在人们的学习、生活和工作中又是必不可少的。无论从实践上还是从理论上讲，机械记忆、背诵、训练，也是必要的，是不能完全否定的。[1] 因此，我们不能完全否定其作用。

（4）编码组块化。在识记过程中，应注意将信息编码组块化。不同组块所含的信息量是不相等的，组块的方式主要依赖于人过去的知识经验。如果能够对识记材料进行合理组块，赋予一定的意义，不仅能增加识记容量，而且还有助于长期的保持。如有人将农历 24 个节气进行编码，组块为 4 句有节律的口诀："春雨惊春清谷天，夏满芒夏暑相连，秋处露秋寒霜降，冬雪雪冬寒更寒。"以上每句话都包括 6 个节气，这样记得很快，也不容易遗忘。

（5）识记的信心。学生的信心对识记也有很大的影响。如果学生比较自信，他就能集中注意力，积极思考，深入理解材料，进行意义识记，这样，识记的效果自然就会提高。反之，如果缺乏信心，就会影响识记时的注意力、思维和理解，以及必要的意志努力，也就很难有良好的识记效果。

（6）采用多通道、多途径进行识记。存储信息时使用的通路越多，学习也就

---

① 王策三．认真对待"轻视知识"的教育思潮．北京大学教育评论．2004，（3）：18.

变得越巩固。[1] 采用多种感觉通道和多种识记途径，可以提高识记的效果。那些通过我们的多种感官被感觉到的东西能产生最好的记忆效果。每一个感觉通道都含有能与新材料建立联系的旧材料。[2] 这样，既有助于知识学习的精确性，也有助于知识的保持和提取。

苏联心理学家沙尔多科夫曾经做过这样一个实验：他让三组学生分别用三种方式识记几张图片。第1组只用视觉识记，第2组只用听觉识记，第3组则用视觉和听觉结合识记。实验发现，有多种感官共同参与的识记效果优于单一感官(表8-5)。

表8-5　三种不同识记方式的效果比较

分组	识记方式	识记效果/%
1	单纯视觉识记	70
2	单纯听觉识记	60
3	视觉和听觉结合识记	86.3

(三) 信息的储存与知识的保持

1. 信息储存与知识保持的组织形式

保持是识记过的知识在人脑中的巩固过程，也就是信息的储存过程。在长时记忆系统中，已习得的知识是以不同的形式组织起来并储存在大脑里的。这些储存形式主要有：

(1) 空间组织形式。人们认识的许多事物都是以空间方式组织在头脑中的。空间组织形式是人们保存情景信息与形象信息的一种重要方式。

(2) 系列组织形式。系列组织形式是指人们记忆的内容按照一个连续的、系列的顺序在头脑中储存的方式。如乘法口诀表、化学元素周期表等都是按照顺序来组织的。系列组织形式主要用于保存简单的符号水平的语义信息。

(3) 网络组织形式。网络组织形式是人们语义记忆时信息储存的主要方式，人类的概念和命题主要是按照网络组织形式储存在记忆系统中的。这种组织形式采取分级储存的方式，有助于节省储存空间，促进知识保持，提高记忆效果。

(4) 联想组织形式。联想组织形式是人们对字词水平的语义信息储存的重要方式。它是指一种经验的发生必然伴随着其他经验的出现，这种伴随的经验与原有经验接近、相似或者相反。如人们倾向于由"父亲"想到"母亲"，由"绿色"

---

① [美]斯普伦格著. 脑的学习与记忆. 北京师范大学"认知神经科学与学习"国家重点实验室，脑科学与教育应用研究中心译. 北京：中国轻工业出版社，2005.74.

② [美]乔伊斯等. 教学模式. 荆建华等译. 北京：中国轻工业出版社，2002.243.

想到"和平"、"春天"等。

2. 知识遗忘的过程、特点与原因

（1）知识遗忘的过程。知识的保持是一个动态的过程，人脑所储存的信息在数量和内容上都会发生变化。识记内容在量与质上最明显的表现就是遗忘。遗忘是指识记过的内容不能再认与再现，或者是错误的再认与再现。从信息加工的观点来看，遗忘就是信息不能提取或提取错误。遗忘和保持是相反的过程，没有保持就无所谓遗忘，遗忘得越多，保持得则越少；反之，遗忘得越少，保持得就越多。

对遗忘进程的研究，首推德国心理学家艾宾浩斯（Ebbinghaus）的开创性研究。艾宾浩斯在对遗忘的实验研究中，首创用无意义音节字表作为记忆实验的材料。在实验中，他随机取用 13 个无意义音节构成一组字表，并按此方法组成多组不同的字表。他首先对 8 组无意义音节字表进行识记，直到能够连续两次背诵无误为止。然后，间隔不同的时间对上述材料以再现的方式进行回忆，实验结果见表 8-6。当他不能完整地将全部材料正确回忆时，就需要重新学习，并以达到第一次学习时所能回忆的水平为准，记录并计算重新学习比初学时达到连续两次背诵无误所节省的时间百分数作为记忆保存量的指标。

表 8-6　不同时距的记忆成绩

次序	时距/小时	保持的百分数	遗忘的百分数
1	0.33	58.2	41.8
2	1	44.2	55.8
3	8.8	35.8	64.2
4	24	33.7	66.3
5	48	27.8	72.2
6	144	25.4	74.6
7	744	21.1	78.9

将表 8-6 中的时间作为横坐标，单位转为天数，将保持的百分数作为纵坐标，将实验中得到的数据标到坐标图中，并按顺序用线段连接，这样就得到了一条曲线，称为艾宾浩斯遗忘曲线（图 8-2），也称为保持曲线。

遗忘曲线表明遗忘的过程是不均衡的。遗忘的进程可以简述为"先快后慢"。在学习结束的较短时间内，遗忘的速度很快，遗忘的内容也很多。接着，这种下降的趋势就变得较为缓慢，遗忘速度有所减慢，数量有所减少，最后则在很长时间内基本不再变化。

（2）知识遗忘的特点主要表现在以下几个方面：

1）遗忘是一种普遍的和自然的现象。记忆过程是一个动态的过程，我们在识记和保持知识信息的同时，也会遗忘一些知识。从某种意义上来看，有时遗忘还是好事。在学习过程中，如果能去粗取精、去伪存真，将会显著提高记忆与学

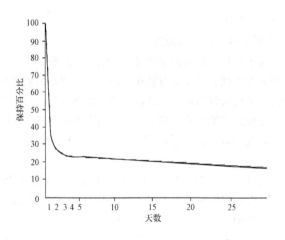

图 8-2　艾宾浩斯遗忘曲线

习效率。我们应该学会有选择地遗忘，以减轻记忆的负担。

2）遗忘与记忆材料的性质和长度有关。抽象的材料比形象的材料更容易遗忘。无意义的材料比有意义的材料更容易遗忘。具体事实比一般的概念和原理更容易遗忘。材料越长，就越容易遗忘。

3）遗忘与个体的心理状态有关。能满足个体需要或对个体有重要意义的材料容易保持，不能满足个体需要或对个体没有意义的材料容易遗忘；能引起个体愉快情绪体验的材料容易保持，能引起个体不愉快情绪体验的材料容易遗忘。

4）遗忘与个体的学习程度和学习方式有关。从学习程度上看，相对而言，学习重复的次数越多，就越不容易遗忘。从学习方式上看，反复阅读与试图回忆相结合比单纯的反复阅读记忆保持的效果好。

（3）知识遗忘的原因，主要有以下几种说法：

1）衰退说。这是对遗忘原因的最古老的解释。这一理论认为遗忘是记忆痕迹随着时间的推移而逐渐衰退的结果。从巴甫洛夫条件反射理论来看，记忆痕迹是大脑皮层相关部位所形成的暂时神经联系。如果缺乏强化，条件反射的反应强度将逐渐减弱，最后完全消失。尽管许多心理学家对衰退说理论提出种种怀疑，并设计许多实验试图加以否证。但是，至今也没有找到令人信服的证据。记忆痕迹随时间的推移而逐渐衰退、消失的假说接近于常识，容易为人们所接受。因为某些物理的或化学的痕迹也是随着时间的推移而逐渐衰退的，所以衰退仍然被看作是导致遗忘的重要原因之一。

2）干扰说。干扰说理论认为，遗忘是因为我们在学习和回忆时受到其他无关刺激的干扰而造成的。一旦排除了这些干扰，记忆就能够恢复。干扰说理论最经典的证据就是前摄抑制和倒摄抑制。先学习的材料对后学习的材料的干扰作用叫做前摄抑制。后学习的材料对先学习的材料的干扰作用叫做倒摄抑制。学习一篇课文，一般总是开头和结尾部分容易记住，而中间部分则容易忘记。其原因是，课文的开头部分只受到倒摄抑制的影响，不受前摄抑制的影响；而结尾部分只受前摄抑制的影响，不受倒摄抑制的影响；中间部分则受前摄抑制和倒摄抑制的双重影响，因而最容易遗忘。如果先后两种学习的时间间隔越短，干扰就越大。先后两种学习具有中等程度的相似性时，干扰最大；先后两种学习具有高相似、低相似或不相似，则干扰较小。

3）同化说。奥苏伯尔根据他的有意义学习理论，对遗忘的原因提出了一种独特的解释。他认为，干扰说是根据机械学习实验提出来的，只能解释机械学习的保持与遗忘，不能解释有意义学习的保持和遗忘。同化说认为，遗忘是知识的组织与认知结构简化的过程。当我们学到了更高级的概念和规律之后，高级的观念可以代替或包容低级的观念，使低级观念遗忘，从而简化了认识，并减轻了记忆负担。这是一种有着积极意义的遗忘。但在有意义学习过程中或者由于原有知识不巩固，或者由于新旧知识辨析不清，以原有观念代替表面相同而实质不同的新观念，或者由于对新知识曲解而导致的遗忘则是一种消极的遗忘，教学中应该努力避免这种遗忘。

4）动机说。动机说理论认为，遗忘是由于某种动机所引起的，不是保持的消失，而是记忆被压抑。因此，这种理论也叫压抑理论。弗洛伊德（Freud）认为遗忘是因为我们不想记忆，而将一些记忆推出意识之外。人们常常压抑痛苦的记忆，以免因为这种记忆可能引起的焦虑。这种经验难以回忆既不是痕迹消退造成的，也不是干扰造成的。通过某些方式（如催眠或自由联想等），往往能够恢复被压抑的记忆。有人做过实验，在人的回忆中，愉快的事约占 55％，不愉快的事约占 33％，平凡的事约占 12％。由此可见，对不愉快事件的回忆明显地少于对愉快事件的回忆。

5）提取失败说。这一理论认为，遗忘是因为失去了提取线索，或者线索错误而导致保持在头脑里的知识信息提取失败。有些人在催眠状态下能回忆起他们平时绝对属于"遗忘"、完全没有意识到过的细节。这表明，被我们"遗忘"的材料并没有真正地消失，而仍然保持于我们的大脑中，只是没有被提取出来而已。因此，我们在识记知识时，要对知识合理编码，按照一定的路径、线索储存到长时记忆系统中去。如果我们的编码不够合理，随意性较强，如果我们杂乱无章地将知识纳入长时记忆系统中去，那么我们可能会因为提取失败而导致"遗忘"。

总之，遗忘的原因是多方面的。以上每一种理论都能解释遗忘的部分现象，但不能解释所有的遗忘现象。因此，对于遗忘原因的解释，应综合考虑以上各种理论。

（四）信息的提取与知识的回忆

回忆是记忆过程的最后阶段，也是记忆知识的最终目的。从信息加工论的观点看，回忆的过程就是信息提取和输出的过程。它标志着整个记忆过程的质量和数量，是衡量记忆效果的唯一标准。回忆是指过去经验过的事物不在面前，能在头脑中重新呈现并加以确认的记忆过程。回忆有两种形式，即再认和再现。再认就是先前记忆的内容重新出现时，能够将它们辨认出来。再现是在大脑中把所记忆的内容再现出来。再认和回忆没有本质的区别，只是水平不同而已，再认比较容易，回忆则比较困难。知识的回忆能否成功，关键取决于两个条件：一是知识信息的巩固程度。对原有事物越熟悉，则越容易被再认；反之，则越难被再认。二是提取信息的线索是否适当。通常，对所保持的信息建立的意义联系越丰富就越容易找到信息提取的线索；同时，积极而平静的情绪状态和灵活的思维活动也有助于寻找提取信息的线索。

五、知识的应用过程

知识学习的最终目的就在于应用。知识的应用是知识学习过程中不可缺少的一个环节，它与知识的理解和巩固是相辅相成的。知识的理解和巩固是知识应用的前提和基础，而知识的应用又可使知识的理解和巩固得到检验和发展。职校生通过运用知识解决问题，既检验了职校生对知识的理解和巩固，也使职校生加深了对知识的理解和巩固。

知识应用的含义广泛，凡是依据已有知识解决有关的问题，都可以称之为知识的应用。但教育心理学所讲的知识应用主要指学生应用所学知识来解决新的练习性问题或生产生活中的实际问题的学习过程。

（一）知识应用的重要意义

1. 知识的应用有利于提高学习效果

知识的应用不仅是使知识得以深化和发展的主要途径，也是检查和考核知识的重要途径。职校生所学的知识多为抽象的间接知识，由于他们可能缺乏相应的感性知识和体验，因而这些知识总有着一定的局限性。一方面，在解决问题时，职校生必须应用已经掌握的知识去具体分析，揭露问题的本质，并将其纳入知识体系和认知结构中去。这样，才能使抽象概括的知识具体化，便于加强理解和巩固。另一方面，职校生要使所掌握的知识真正有价值、有意义，成为自己的精神财富，就必须通过各种形式的反复应用，使抽象概括的知识不断具体化、系统化，从而在产生实际价值的同时也能提高记忆效果。从这个意义上看，"读书是学习，使用也是学习，而且是更重要的学习。"[1] 通过知识的应用，可以检测和考核知识理解的水平，这有助于他们及时弥补学习上的不足和缺漏，改进学习的方法。

2. 知识的应用有利于能力的形成和发展

知识的应用是职校生能力形成与发展的必要途径。只有知识的堆砌是形成不

---

① 毛泽东选集（第1卷）．北京：人民出版社，1967.165.

了能力的。离开应用，每个词和符号都是僵死和无意义的。只有使用知识，它才是活的和有意义的。① 学到知识而不加以应用，或不会应用，或不善于应用，这就不能算做学会学习。高分低能的人缺乏将理论知识应用到实践中去的能力。因此，只有经常性地、系统地应用知识来解决问题，才能形成相应的技能。知识的应用有助于培养职校生发现问题、分析问题和解决问题的能力。在知识的应用过程中，职校生需要将智力活动与实际操作相结合，可以使职校生的智力得到实际锻炼。职校生既要面对问题又需要具有问题意识，不断提出新的问题，从而发展创造性思维的能力，又要学会选择有效的策略来解决问题，从而促进多种能力的发展。通过知识的应用，职校生才能学会迁移和创造，才能以"不变"应学习与生活实践中的"万变"。必须注意：不要把应用知识仅仅看作是一种做事的方式，更应当把它看作是一种思维方式。②

3．知识的应用有利于适应未来发展

知识学习的最终目的在于应用。我们不应该仅仅是为"学"而学，而应该树立为"用"而学的观念，即使现在还"用"不上。这样做，一方面有利于扭转应试教育为"考"、为"学"而学的状况，另一方面有利于加强学习的深刻性和高效性。职校生学业任务中的问题多是结构良好的问题，都有比较明确的解题路径和答案；而现实生活中的问题多为结构不良问题，难以直接应用所学知识。可以说，在所有的领域，只要将知识运用到具体情境中去，都有大量的结构不良的特征。③ 只有加强知识的应用，才能使职校生的知识结构由结构良好领域向结构不良领域变化。由于职校生即将走上工作岗位，需要应用知识来解决问题。因而他们的学习应该努力做到"学以致用"，而不应是"述而不作"。学习要加强应用，回归生活，以与社会生产生活尽快地、全面地接轨。只有会应用知识，把所学知识运用到实践中去，知识才有价值，个人也才更具竞争力。

4．知识的应用有利于提升学习兴趣和发展意志力

职校生应用知识来解决问题，能增强其学习兴趣和热情，增强有意义学习的心向，从而有利于发展学习的主动性，用已经掌握的知识经验来与新的知识经验发生联系。"把你所学的东西跟你的生活联系起来会增加学习的热情。"④ 否则，整天与符号、文字打交道，可能会使大脑产生保护性抑制，使人产生疲劳感和厌倦感，从而导致学习效率降低。

知识的应用还能不断给职校生以学习结果的强化和意志的磨练。在知识的应

① 张之沧．马克思主义与当代西方社会思潮．上海：上海人民出版社，2003.168.

② ［美］班纳，卡隆．现代教师与学生必备素质．陈廷榔等译．北京：中国轻工业出版社，2000.232.

③ 陈琦，刘儒德．教育心理学．北京：北京师范大学出版社，1997.101.

④ ［美］班纳，卡隆．现代教师与学生必备素质．陈廷榔等译．北京：中国轻工业出版社，2000.173.

用过程中，职校生可能会遇到各种困难，不断尝试错误。英国哲学家波普尔指出，人类是通过向错误学习而获得真正的知识。[①] 人类通过深入研究问题，寻求解决的最佳方案、途径和策略，并最终解决问题，获得成功。

5. 知识的应用有利于体现学校的教育目标

我国的教育方针指出，教育必须为社会主义现代化建设服务，必须与生产劳动相结合。马克思在《资本论》第1卷中指出，"生产劳动同智育和体育相结合，它不仅是提高社会生产的一种方法，而且是造就全面发展的人的唯一方法。"[②] 职业学校要培养职校生获取新知识的能力、分析和解决问题的能力，要注重培养职校生在实践中学习；强调职校生通过实践，增强探究和创新意识，学习科学研究的方法，发展综合运用知识的能力。

当代职业学校仍不同程度地受残存应试教育思想的影响，教师过于重视课本知识的传授和学生解题技能的培养，职校生的学习依然以书本、课堂和教师为中心，学习的目的似乎只是将所学知识简单地用于应付考试。学校教育现行的课程设置、教学大纲和教科书等都比较重视理论知识的学习，忽视对知识的灵活应用和创造。"在大部分课堂中，真实的学习结果与社会预期和大多数师生的努力都不相符。高遗忘率、对知识和技能的低水平应用、不善于发现问题和解决问题、厌烦学校学习等，都是经常出现的问题。"[③] 因此，职业学校教育不能远离社会生活，不能只教会学生通过记忆的方式完成应试升学的任务，而忽略应用能力的培养，从而导致职校生的高分低能和眼高手低。

(二) 知识应用的基本形式

职校生知识应用的具体形式很多，一般而言，主要有以下三种：

(1) 应用知识去解决有关口头或书面作业问题。如回答老师和同学的提问、完成课堂和课后作业，这也是学生应用知识的最常用的形式。虽然这种应用形式比较简单，但是只有在这种形式的基础上，才能进一步应用知识，所以这是必不可少的一种应用形式。

(2) 应用知识去解决各种实际操作的问题。如根据教师的要求、示范动作或演示实验完成学习任务。这种形式一般常用在学完某一部分知识后去巩固知识，并在实际操作过程中发现和解决新的问题。它要求职校生在一定范围内应用较多的知识，需要一定的技能的配合，还要求职校生能有一定的独立操作能力，来处理和解决实际问题。因此，这种应用方式涉及的范围比前一种要更广一些。

---

① 姜进章. 知识重建论：一种超越时代的管理哲学与方法论. 北京：科学出版社，2004.8.

② 华东师范大学教育系. 马克思恩格斯论教育. 北京：人民教育出版社，1986.230.

③ [美] 戴维·H. 乔纳森. 学习环境的理论基础. 郑太年，任友群译. 上海：华东师范大学出版社，2002.108.

（3）应用知识去解决社会生活中的问题。主要包括应用知识参加社会实践活动，如见习、实习、社会调查和参观访问等。这种形式能根据不同的情况和条件，把多种知识综合起来灵活地加以应用。因此，这种方式是更为复杂，难度更大，独立性、创造性要求更高的知识应用的形式。

（三）知识应用的基本过程

学生解题的过程主要包含以下四个环节（图8-3）：

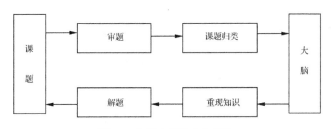

图8-3　知识应用的基本环节

1．审题

审题又称为分析课题。通过审题，需要对课题进行深入的分析和综合，需要抓住课题的关键，确切地理解题意，全面明确课题的任务和条件，弄清其中已知条件是什么，未知条件是什么，要求的结果什么，各个条件之间的关系怎样。然后才能通过联想从长时记忆系统中提取问题解决所需要的相关知识信息，寻找解决问题的途径和方法。如果学生盲目审题，往往会产生方向性的错误，千万不能因为审题时的"一着不慎"而导致"满盘皆输"。

2．课题归类

在审题的基础上，职校生必须通过思维把握知识的关联，把课题与过去所学过的或所经历过的相关知识信息发生联系。职校生只有把课题归类、纳入到已有的知识系统中去，才能进一步去寻找解决课题的有关知识和方法。课题归类的过程往往取决于课题本身的难度，课题与例题、与已有知识之间的相似程度以及抽象知识的应用状况。如果课题不能归类，那么也就无法通过知识的具体化来解决问题。因此，提高分析问题的能力，提高对知识的理解水平是非常重要的。

3．重现知识

当职校生对当前课题进行归类后，他就需要到长时记忆系统中去寻找解决这一类课题的有关知识，只有把与解决课题有关的知识提取出来，使它们从原来的长时记忆转入到工作记忆中来，才能够为下一步的解题做好充分的准备。

4．解题

解题是根据重现的有关知识，在对课题进行一系列比较复杂的分析、综合、抽象和概括等思维活动的基础上实现的。解题还必须掌握相应的解题方法与技巧。当职校生从长时记忆系统中找到解决课题的有关知识后，他就按照一定的程序和步骤进行求解，或者由已知推向未知，或者由未知推向已知，直到找出问题的答案。在课题得到解答之后，检查和验证答案也是知识应用的不可缺少的一个部分。

（四）促进职校生的知识应用

1. 指导职校生审题

审题是应用知识的第一步。审题有时是简缩的，有时又是扩展的，具体要视课题的复杂程度而定。教师要指导职校生养成良好的审题习惯，形成审题的技能。同时，在编制课题时，要使课题类型尽可能有所变化，要注意让课题由"结构良好领域"的课题向"结构不良领域"的课题转变。在一个结构不良的领域，初学者在顺利进入专家的世界前会遇到许多困难和障碍需要克服。[①] 也只有在结构不良的困境中，学生才能自己形成问题的过程。[②] 同时，这也有助于防止学生简单照搬，增强学生的问题分析和解决能力。

2. 提高职校生智力活动水平

智力活动水平对职校生应用知识进行解题具有明显的影响。智力活动水平高的职校生能有目的、有计划、有步骤地解题，能善于根据课题的条件和要求探索具体的解题方法。智力活动水平低的职校生在解题时往往表现出缺乏目的性、思维的灵活性和创造性，只是通过盲目尝试去探索解题的途径和方法。教师要注意在平时引导职校生不断将智力活动与问题解决的操作活动紧密结合，不断提高问题解决过程中智力活动的积极性。

3. 加强知识的理解和巩固

职校生只有加强对知识的理解和巩固，才能为有效应用知识、解决课题提供相应的知识基础。知识融会贯通，应用起来就会得心应手。如果职校生对知识仅停留在感性阶段，其应用的范围将会很狭窄，往往局限于他所经历过的事物上，而不能揭示新的情况。如果对知识的理解不够确切，也会发生扩大或缩小应用范围的错误。如果习得的知识不够扎实、巩固，在解决问题时，职校生就不能将所需要的知识准确地再现出来。

4. 提高职校生问题解决的能力

职校生在解题时应明确问题情景，学会排除无关条件的干扰，要解决好认知结构的限制问题和心理定势的问题。职校生要努力掌握问题解决的技能，在应用知识解决问题时，可以采用探索性分析法、手段目的分析法、反推法等，也可以迁移、创造新的独特的解题方法。教师要为职校生创造适当的氛围，以利于他们解决问题。让职校生熟悉本学科专业在基本理论、研究方法方面的问题，熟练掌

---

① [美]艾碧. 网络教育：教学与认知发展新视角. 丁兴富等译. 北京：中国轻工业出版社，2003.326.

② [美]戴维·H. 乔纳森. 学习环境的理论基础. 郑太年，任友群译. 上海：华东师范大学出版社，2002.31.

握本专业所特有的解决问题的策略。

第二节　职业学校学生的知识学习与能力发展

在教学过程中，职校生不仅要努力学习和扎实掌握专业基础知识，而且还要发展一系列的能力。职校生的知识学习对发展智力，提高独立学习、工作的能力及问题解决的能力，特别是对创造力的发展等都具有非常重要的意义。因此，在教学过程中，职业学校教师要正确认识和处理好传授知识与发展能力之间的关系。

一、知识与能力的关系

在知识与能力的关系上，早期形式教育派与实质教育派之间曾对此争论较长时间。

形式教育派认为，教育的主要任务在于发展学生的能力。这正如坚持学习的认知观的心理学家所认为的那样，教学的真正目标不是具体的行为变化，而是内在的能力或情感的变化。[①] 人类的知识浩如烟海，纷繁复杂，不可能全部教给学生，教育与其向学生灌输知识，不如发展其能力。

实质教育派认为，教育的主要任务在于使学生获得知识。学生的头脑需要各种具体知识来充实，学生掌握了知识，能力也能得到相应的发展。他们非常重视课程和教材的实用性。

虽然两种学派都有其合理性，但是又都具有片面性。两个学派不断修正自己的观点，双方的观点逐渐接近。

当代心理学认为，知识与能力既有区别，又有联系。

（一）知识与能力的区别

1. 知识与能力所属的范畴不同

知识是人对客观事物和现象的属性、联系和关系的系统抽象的概括，是人类社会历史经验的总结和概括；能力则是人们成功地完成某种活动所必备的个性心理特征。如关于音程、音高、音阶、和弦等的概念和理论属于知识范畴，而听音、辨音、节奏感、曲调感等就属于能力范畴了。

2. 知识的掌握和能力的发展不同步

能力的形成和发展比知识的获得要晚，而且不是永远随知识的增加而发展的。在人的一生中，知识可以随年龄增长而不断地积累，但是能力却是一个发展、停滞和衰退的过程。

---

① 皮连生. 教学设计：心理学的理论与技术. 北京：高等教育出版社，2000. 61.

3．知识与能力的概括水平不同

尽管知识与能力都是一些巩固了的概括化系统，但是它们的概括水平不同。知识的概括水平较低；能力则是对调节人的认识活动和行为方式的心理活动功能的较高水平的概括，更具有一般性、概括性。

（二）知识与能力的联系

知识与能力既是相互制约的，又是互相促进、相互转化的。在学习过程中，知识、能力二者都不可偏废。

1．知识学习促进能力发展

能力是在掌握知识的过程中形成和发展起来的。如果教学得当、训练合理，职校生在掌握知识的过程中，同时会发展能力。职校生在知识学习过程中，必然会有一系列的智力操作，会不同程度地发展不同能力。如职校生通过阅读掌握一定语法知识、文学常识的同时能使其阅读能力得到明显提高。

2．能力发展对知识获得起促进作用

能力是掌握知识的必要前提，没有起码的观察力、记忆力、思维力，感性知识就无法获得。没有一定的比较、抽象和概括能力，理性知识也难以掌握。因此，能力制约着知识学习的快慢、难易、深浅和巩固程度。

二、职业学校学生职业能力的培养

近年来，各级各类职业学校开始加强对职校生职业能力的培养。一般认为，职校生的职业能力包括生存能力和发展能力。生存能力指有胜任某项具体工作的能力，也包括随着职业要求的提高而进行自我提高的能力。发展能力指用自己的智慧和才能进行创业的能力，这是一种建立在生存基础之上的能力。

（一）在实践活动中培养职校生的职业能力

职校生的能力是在实践活动中形成和发展起来的。离开了实践活动，即使有再好的素质和环境，能力也难以得到较好的发展。一个人只要有从事某种活动的需要和目标，那么活动对他不断提出的能力要求就会与他现有的能力水平之间形成矛盾，而这正是其能力发展的动力源泉。职校生必须通过多种多样的实践活动来形成专业技能，发展智力、发展创造力、发展职业能力。职校生不能闭门造车，不能仅仅满足于在学校、课堂和书本中进行单纯的知识学习，并以此来发展能力，不能发展片面的应试能力，而要努力把自己塑造成为具有一定职业能力的人才。绝大多数职校生都要以就业为主，因而更要努力走出学校，走进工厂、企业等单位，通过见习、实习等社会生产生活实践来发展自己的职业能力。

（二）指导职校生科学练习，促进其知识和技能向职业能力的转化

知识和技能是职业能力形成和发展的基础和条件。职业能力的形成需要职校生长期系统地练习。因此，教师要加强对职校生职业知识和技能的教学与指导，鼓励职校生进行科学有效的练习，练习时必须注意以下几点：① 明确练习的目的要求。有了明确的学习目的和任务，就可以激发职校生强烈的学习动机和高涨的学习热情。在职业能力形成过程中，教师若能依据学习进程，不断引导职校生提出适宜的练习目标，积极鼓励他们达到预期目标，就能加速职业能力的形成。② 掌握正确的练习方法。可以由教师通过讲解、动作示范，使职校生在理解的基础上加以练习。③ 练习要有计划、有步骤地进行。

在教学过程中，教师可以给职校生创设问题情境，使他们把解决问题变为发展自己职业能力的需要。可以给职校生讲明从职业知识、技能到形成职业能力的基本过程。在教学过程中可以采用启发式教学，采用发现教学法、合作学习法等，培养职校生自我发现问题，通过合作解决问题，发现培养职业能力的有效途径和方法，以及独立解决问题的能力。教师要教给职校生思维的方法和策略，引导职校生学会分类、比较、分析、综合，学会归纳、抽象、具体化，学会迁移、变通。职校生要学会提炼知识，努力使感性知识上升到理性知识，再用理性知识来指导实践活动。此外，职业学校和教师要给职校生增加实践的时间，创设实践教学的基地。实习基地是训练、形成职校生职业能力的有效场所。各个职业学校都要重视实习基地建设，让实习基地的发展朝着有利于职校生职业能力发展的方向进行。通过科学系统的实践练习，职校生最终能够形成扎实的职业技能和良好的职业能力。心理资源论认为，随着实践与训练的深化，不仅职业劳动原来所必需的心理资源总量不断减少，而且资源的结构、运用资源的方式都得到了优化。①

（三）努力培养和发展职校生的元认知能力

职校生学习的过程不仅是对所学知识的识别、加工和理解的认知过程，它同时也是对认知过程积极地进行监控和调节的元认知过程。"提高学生的元认知能力，有助于促进学生进行创造性和批判性思考。"② 认知过程的有效性如何，在很大程度上取决于元认知过程的运行水平。元认知是指对认知的认知，具体包括三个方面的内容：一是元认知知识，即个体关于自己或他人的认识活动、过程、结果以及与之相关的知识；二是元认知体验，即伴随着认知活动而产生的认知体

① 刘德恩等．职业教育心理学．上海：华东师范大学出版社，2001.239.

② ［美］巴里斯，爱丽斯著．培养反思力：通过学习档案和真实性评估学会反思．袁坤译．北京：中国轻工业出版社，2001.48.

验或情感体验；三是元认知监控，即个体在认知活动进行的过程中，对自己的认知活动积极进行监控，并相应地对其进行调节，以达到预定的目标。

元认知能力的发展是职校生职业能力发展的重要内容，也是职业能力发展的重要途径。职校生的职业能力发展应该同时重视认知能力和元认知能力两个方面。这就强调要从过程的角度深入分析学习的过程，特别是学习过程中主体积极监控、调节自身学习活动的思维过程。因此，在职校生职业能力发展的过程中，需要从更高的层次和角度加以深刻认识，积极体验，自觉地进行监督、控制和调节。教师要不失时机地观察、发现、指导和培养职校生的元认知能力。

（四）针对职校生能力的个别差异进行因材施教

职校生职业能力的培养既要面向全体，全面提高全体学生的职业能力和综合素质，又要兼顾他们的个别差异，采取不同的教学措施，使每个职校生的个性都能得到充分自由的发展，让各类职校生都能成材。教师要全面了解职校生，熟悉职校生在知识、能力、身体和心理等方面的差异，在教学中扬长避短、有的放矢地进行因材施教。教师还要帮助职校生了解自己各种能力方面的优点和缺点，使他们能够做到取长补短，不断进步。对少数学习能力强的职校生，教师要注意帮助他们端正学习态度，向他们提出更高要求，以满足其学习与能力发展的需要。教师还要帮助大多数学习能力中等的职校生克服缺点，向高水平转化。对少数学习能力弱的职校生，教师要重点辅导、个别帮助，消除自卑，增强自信，逐步培养他们对学习的兴趣，发展自学能力。这样，全体学生的职业能力都能得到较好发展。

第三节　职业学校学生知识学习的心理技巧

一、知识学习心理技巧的重要性

（一）有利于提高职校生的学习素质

职校生掌握了知识学习的心理技巧就意味着他们能够学会选择适宜的学习目标，学会优化和组合多种学习方法，学会运用科学的学习策略进行学习，而且在获取更多知识的同时，能够习得获取知识的方法，能够学以致用，从而不断提高学习素质。由于很多职校生缺乏学习的心理技巧，可能导致学习素质不高、基础薄弱、努力不够、学法不当、适应困难、自制力差等，造成缺乏明确的学习目标、缺乏基本的学习策略、缺乏刻苦的学习毅力、缺乏不竭的学习动力等学习心理问题。职校生一旦能够掌握有效的学习技巧，就能提高自身的学习素质，这些学习问题也将迎刃而解。

（二）有利于提升职校生的生活质量

职校生掌握了知识学习的心理技巧，就能提高学习效率，能以较少的时间高质量地完成学习目标，从而节约更多的时间。节约的这部分时间，职校生可以用来进行其他方面的学习、工作，汲取必需的知识信息；可以用来养精蓄锐，以更充沛的精力进行后继的学习、工作；可以用来进行文娱、体育等活动，来发展和提高自己的综合素质，以成为一个全面发展、有鲜明个性特长的现代职校生。当然，职校生在学会学习的过程中还可能将其中的基本方法、技巧迁移到工作、生活中去，从而进一步学会工作和生活，提升生活质量。

（三）有利于增进职校生的身心健康

学习与身心健康之间存在着互相制约、相互作用的关系。掌握知识学习的心理技巧能对人的身心健康产生积极影响，可以提高职校生智力、开发潜能；可以使职校生不断获取进步和成功，体验积极的情绪，从而增强自尊心、自信心，当然职校生也会面对困难和失败，从中能体验并调适消极的情绪、磨练意志力；可以使职校生获得更多的身心健康的知识信息，掌握科学合理的锻炼身体、磨练心理的方法技巧，从而促进身心的健康发展。反之，如果因为缺乏学习技巧而造成长期学业不良，则容易使职校生丧失自信、降低自尊、消极自卑、缺乏毅力、动力不足；学习过程中如果过度疲劳，容易对身体健康造成危害，进而影响心理健康。因此，从正反两方面看，知识学习的心理技巧对职校生而言十分必要。

（四）有利于改变职业教育的现状

一方面，掌握知识学习的心理技巧，意味着职校生开始学会学习，这有利于改变择业过程中职校生相对于大学生的劣势。目前，职校生人数逐渐增多，他们毕业后自主择业竞争的压力在不断增加。如果职校生不能学会学习，而是依然像以往那样"学习"，那么在成人和成才的道路上将会陷入更多的误区，在择业的过程中也必将处于劣势。相反，如果职校生能够在掌握学习技巧的基础上学会学习，能够准确定位，注重发展的专业方向性和实践操作性，做到学习成绩好、技能水平高、考级考证多，这些都将会使此现状得到扭转。另一方面，学会学习有利于改变职业学校教育教学的注重知识技能、忽视学习技巧指导的现状。《学习的革命》一书指出，"全世界在争论着这样一个问题：学校应该教什么？在我们看来，最重要的应当是两个'科目'：学习怎样学习和学习怎样思考。"[1] 联合国教科文组织报告《学会生存》也指出，"教育应该较少地致力于传递和储存知识，

① ［美］珍妮斯·沃斯，［新西兰］戈登·德莱顿著. 学习的革命. 顾瑞荣，陈标，许静译. 上海：上海三联书店，1998.73.

而应该更努力寻求获得知识的方法。"① 由此，职业学校不仅应该重视传授知识，更应该帮助职校生掌握知识学习的心理技巧，学会学习。"当我们进行教学时，应当将大量精力用于帮助学生学会学习，以便使他们越来越有自主性，越灵活且充满活力。"②

（五）有利于促进当代社会的发展

联合国教科文组织的报告《学会生存：教育世界的今天和明天》曾预言："未来社会最终将走向'学习化社会'"。学习化社会需要人人皆学、人人好学、人人能学、人人善学和人人思学。掌握知识学习的心理技巧可以节约大量的教学、信息和社会资源。从科学发展观来看，有助于创新学习，有助于终身学习，有助于社会生产力的发展。从此角度而言，当今世界也非常重视让公民"学会学习"。美国未来学家阿尔温·托夫勒说过，"未来的文盲不再是目不识丁的人，而是没有学会怎样学习的人。"因此，职校生都要努力掌握知识学习的心理技巧，学会自主学习、高效学习、终身学习和创新学习。

二、职业学校学生知识学习的心理技巧

（一）做好精心的学习准备

"工欲善其事，必先利其器。"在学习之前，教师必须引导职校生在学习时间、学习空间、心理和身体等方面做好精心的学习准备。

1. 时间准备

"如果把学习理解为一种经营自己的知识结构和思维的活动，那么我们可以说在学习中也存在一个资源的合理、有利分配的问题，因此也存在着一种'学习的经济学'"。③ 因此，首先就要树立明确的学习目标。教师应该针对职校生的心理特点，引导他们制定相应的近期目标、中期目标与长期目标。学习目标要适当、明确、具体。如果学习目标是由学生自己提出并掌握的，那么更能提升学生的学习动机。让学生自己确定学习目标，采取行动达到目标，这样能使学生的表现更加出色。④ 在此基础上，要制定科学的学习计划，充分安排学习时间，要努力做到全面、合理、高效。教师要引导职校生进行有效的时间管理，确立有规律的学习时段，确立切合实际的目标，分清任务的轻重缓急，学会对分心事物说"不"，从而促进学习，增强自我效能感。

① 联合国教科文组织国际教育发展委员会.学会生存：教育世界的今天和明天.华东师范大学比较教育研究所译.北京：教育科学出版社，1996.12.

② ［美］乔伊斯等.教学模式.荆建华等译.北京：中国轻工业出版社，2002.122.

③ 王言根.学会学习：大学生学习引论.北京：教育科学出版社，2003.250.

④ ［美］帕森斯，布郎.反思型教师与行动研究.郑丹丹译.北京：中国轻工业出版社，2005.187.

2．空间准备

学习的空间准备主要指选择良好的、相对固定的学习环境。良好的学习环境，如较低的噪音、柔和的光线、适宜的温度、舒适的座位等有利于职校生良好学习状态的保持。学习场所的相对固定能使得职校生比较熟悉学习环境，能增强学习状态的稳定性。而经常变动学习环境，会浪费学习时间去适应它。

3．心理准备

首先，职校生学习要有决心。决心可以理解为学习的心向，这也是学习的内部条件之一。其次，要有信心。要通过一系列活动增强自己的自我效能感、力量感、成功感和胜任感。第三，要有恒心。学习要做到脚踏实地，实事求是，能静下心来学习知识和练习技能，排除轻率、浮躁、冒进、马虎与急功近利等不良学习态度。此外，职校生在学习时还要杜绝惰性心理、侥幸心理等不良心理。

4．身体准备

有规律的生活有助于形成良好的条件反射，从而保证各种生理机能得到良好的发挥。职校生要保持好充足的睡眠，要调节好自己的生物钟，注意调整好自己每天、每周的高效工作时间。职校生要经常锻炼身体，做到劳逸结合。必须注意，在运动之前要做好充分的准备，运动的方式、强度和频度要得当，避免造成过度疲劳，影响学习。

（二）掌握必要的学习策略

学习策略是学习者为有效地达到学习目标，在认知与元认知的基础上对学习方法和学习心态的选择与调控。[①] 学习策略包括认知策略、元认知策略和支持性的学习策略三个部分。

1．认知策略

从加工层次和水平上看，认知策略主要包括：① 复述策略，指为了保持信息而对信息进行多次重复的过程。有证据表明，说比听更能够促进学习和保持。[②] 复述策略主要包括摘录、划线、圈重点，边复述边检验、简单概括等。② 精加工策略，主要指对要学习的材料补充细节、举出例子、作出推论、联想、写概要、类比和记笔记等。精加工策略的核心在于寻求新旧知识的联系，对新旧知识做出相应的思维加工，如比较、归纳、演绎、分析、综合、抽象、归类、概括等。③ 组织策略，指发现学习材料之间的层次关系并使之归入某种结构体系

---

① 谭顶良．高等教育心理学．南京：河海大学出版社，2002.96.

② Johnson D W, Johnson R T, Roy P, Zaidman B. Oral interaction in cooperative learning groups: Speaking, listening, and the nature of statements made by high-, medium-, and low-achieving students. The Journal of Psychology, 1985, 119 (4): 305.

的策略。组织策略的实质是发现要记忆的项目的共同特征或性质，而达到减轻记忆负担的目的。① 组织策略可以使知识得到概括，由繁到简，去粗取精，去伪存真，从无序到有序，形成系统化、网络化，使所学知识成为一个整体和系统。

2．元认知策略

元认知策略包括：① 元认知知识的策略，主要包括了解某项学习的目标任务的知识，如学习的性质、数量、难度、结构、逻辑条理性、呈现方式和掌握程度等；有关自我的知识，如个人的认知技能、认知风格的优势与劣势，与他人的异同等；有关方法策略的知识，如学习方法策略的类型及其优缺点、使用范围与条件等。② 元认知体验的策略，主要包括元认知过程和元认知的情感体验过程。前者包括对感知对象清晰性、完整性和理解性的自我判断；记忆的程度、回忆的自信度的自我判断；思维中的问题难度、思维清晰性、逻辑性和创新性的自我判断等。后者包括满意与不满意、快乐与焦虑、紧张与放松等。③ 元认知监控的策略，主要包括学习目标的选择与修改、学习过程的监督与调控、学习方法策略的选择与调控等。

3．支持性的学习策略

支持性的学习策略主要包括预习策略、复习策略、听课策略、笔记策略、阅读策略、应试策略、时间管理策略、环境管理策略等。职校生除了必需掌握必要的认知策略和元认知策略以外，还应该努力掌握支持性的学习策略，从而更大程度地提高学习效率。

（三）掌握课堂笔记制作策略

1．课堂笔记的重要性

记课堂笔记是职校生在课堂学习中必须做的事情。笔记具有非常重要的作用：① 记笔记的过程能够促进职校生在学习时高度集中注意力，深入理解教师的讲课内容，从而保证课堂学习效率的提高。"记笔记不但可以帮助你记忆，而且可以逼得你仔细，刺激你思考。"② 与此同时，记笔记的过程也是一种智力活动的过程，而且是一种动觉方面的记忆，有助于提高记忆效果。从这个角度来看，笔记制作属于复述的学习策略。② 课堂笔记往往是个性化的，记笔记时往往会筛选个人认为"无关"的和次要的内容，聚焦并优先考虑关键的信息。如果记笔记是以关键词方式记录的，复习将很容易，耗时少而记忆却更深刻、更全面。③ 因此，笔记制作策略属于精加工的学习策略。③ 职校生在记笔记时往往是去粗取精，线条式地记录教学内容的纲要，使得笔记成为系统化、结构化、网络化的知识体系。这能够提高职校生的逻辑组织能力。此时，笔记制作属于系统化

---

① 邵瑞珍．教育心理学．上海：上海教育出版社，1997.82.

② 朱光潜．给青年的十二封信．合肥：安徽教育出版社，1996.7.

③ ［英］巴赞．开动大脑．李永明译．北京：作家出版社，1998.103.

的学习策略。④ 笔记可以用于解决问题和作为考前复习时的快速参考资料。

2. 增强笔记效果的策略

为了提高课堂笔记的效果，有人提出做课堂笔记的基本要诀：准确记录、详略得当、层次分明、提高速度、注意格式、认清风格、留有空白、提示线索、记下事例、注意结尾、比较思考、改进结构等。①

为了培养职校生做笔记的良好学习习惯，教师讲课时应注意如下几点：① 讲课速度不宜过快。记笔记时学生短时记忆的容量大小、笔记速度决定着教师的语速和重复次数，决定着课堂教学的有效时间。② 重复比较复杂的材料。③ 把重点写在黑板上。④ 为学生提供一套完整和便于复习的笔记。⑤ 为学生记笔记提供结构上的帮助，如列出大、小标题，表明知识的层次。②

（四）掌握高效记忆的策略

1. 记忆编码策略

（1）记忆要有决心。决心从某种程度来看，就是有意义学习的心向。如果缺乏决心，是难以将知识由潜在意义转化为个人心理意义的。如果缺乏决心，将难以保持对记忆内容的积极关注和努力，也就难以高质量地完成学习任务。如果缺乏决心，也将难以做到及时记忆与复习，造成不必要的遗忘，养成懒散、拖拉的习惯和学习态度。因此，在记忆时，职校生要有决心，要坚定信念，告诫自己必须记住所学知识，也要相信自己能够记住所学知识。

（2）加强理解，进行有意记忆。在记忆无意义材料时，如果只靠机械识记难以记住时，必须将无意义的材料进行意义化，进行有意记忆。只有理解所学知识的意义，掌握知识点之间的相互关系，所学知识才能牢固保持，并能被灵活运用于解决问题。相反，如果只满足于机械记忆，不了解学习材料的来龙去脉，尽管当时能记住，但过不了多久就会遗忘。由于理解不仅是对材料进行字面形式的表层加工，而且还对材料意义进行深层加工，这就需要职校生付出额外的心理努力，进行较为广泛而深入的编码，才能提高记忆效果。

（3）组块化。组块化指运用已有知识经验，把较小的意义单元组合成较大的意义单元，从而扩大和增加记忆广度的信息加工处理过程。组块化策略的应用，可在缩减记忆空间或在不增加记忆空间的前提下扩大记忆容量，所以它确实是一种有效的记忆策略。如我国的四大牧区为内蒙古、新疆、青海、西藏，这四个记忆单位可通过组块化策略组合成"内新青西"（谐音"内心清晰"）这一个记忆单位，可使记忆效果更好。

（4）联想。联想是指将一个事物与另一事物建立某种程度的联系，从而当其

---

① 谭顶良. 高等教育心理学. 南京：河海大学出版社，2002.109～110.

② 皮连生. 教育心理学. 上海：上海教育出版社，2004.118.

中一个事物出现，就会使人回想起与之相联系的另一个事物的编码方式。记忆基本上是一个联想和连接的过程，而且在很大程度上取决于关键字，以及用于恰当想象的关键概念。[①] 联想有接近联想、类似联想、对比联想和因果联想等形式。

（5）记忆术。记忆术是记忆的窍门和方法，旨在促进人们记忆材料的一种程序。它是一种通过对本无内在联系的项目之间建立联系，以增强项目意义性的策略。记忆术的基础或者是利用视觉表象，或者是寻找语义之间的联系。常见的记忆术主要有：替换法、首字母缩略词法、谐音法、位置法、编制知识网络和画内容框架图等。

2．记忆保持策略

记忆过程的第二个环节是保持。如果所记材料不能保持，即为遗忘。心理学家从不同角度探讨遗忘的原因，提出了种种遗忘的理论，如衰退说、干扰说、同化说等，从不同的侧面对遗忘的原因作出了解释，为记忆保持策略奠定了理论基础。

（1）衰退说与复习策略。衰退说认为，记忆过的材料会在大脑皮层上留下一定痕迹，如果这些材料在储存期内不被提取或复述，这些痕迹就会随着时间的延长而逐渐衰退，从而导致遗忘。如果要使痕迹得以保存，必须加以复习巩固。

（2）干扰说与复习材料和复习时间的组织策略。干扰说所揭示的材料的系列位置效应表明，一段材料的首尾两部分比中间的记忆效果好，这是因为首尾两部分分别只受到一种干扰，或者是倒摄抑制，或者是前摄抑制，而中部的材料既受到前摄抑制，又受到倒摄抑制。导致遗忘的原因是不同识记材料之间的相互干扰或抑制。要避免识记材料间的相互干扰，必须对复习材料和复习时间进行有效的安排。主要的复习策略有：分散复习，或者将重要的事情放在首尾进行记忆和充分利用清晨起床后和晚上临睡前这两段时间进行记忆。当然，如果工作学习一天后到晚上已筋疲力尽，昏昏欲睡，大脑本身已进入抑制状态，这种情况应另当别论。

（3）同化说与过度学习。同化说认为学习的过程就是学习者认知结构中原有知识与新知识相互作用，新知识纳入原有认知结构的过程，在这一过程中可能会产生两种性质的遗忘：一种是积极的遗忘，一种是消极的遗忘。为了避免消极的遗忘，就必须增强原有知识的巩固程度，使之与新知识既有关联又能明确区分，而这需要通过"过度学习"策略得以实现。过度学习有利于熟悉所学材料，从而能够长久保持和应用。因此，对学过的材料，既要进行必要的过度学习，但也不要无限制地加重职校生的学习负担而使他们对学习感到枯燥乏味。

3．回忆策略

回忆有再认与再现两种方式。一般来说，再现的难度、所需的识记强度和回忆水平均高于再认。再现是学习者对识记材料主动搜索的过程。相对而言，再现

---

① ［英］巴赞．开动大脑．李水明译．北京：作家出版社，1998.87.

的意义更大些。职校生学过的知识能提取、再现出来加以应用是学习的最终目的。如果只有输入（识记），而不能输出（回忆），那么学习的效果就无法得到体现。促进知识的回忆（主要是再现），可采取以下策略：

（1）主动采取"过电影"的方式进行复述。有些职校生在复习时，只满足于机械重复地读书、看笔记、看做过的题目。他们以为这样就能达到加强记忆的目的，其实这只是被动地将外部信息重复输入脑中，而并未激活头脑中已经储存的信息并使其能再现出来，容易产生"翻开书本什么都能想起来，合上书本就全忘光了"的现象。职校生应采取主动复述的记忆策略，反复在头脑中以"过电影"的方式进行，在某些线索的提示下，努力再现所学知识。这样，一方面可以激活头脑中已经储存的信息并使其活化，而信息活化本身又是记忆痕迹加深的过程；另一方面又可以从总体上对知识的保持状态作出检验，起到查漏补缺的作用。职校生所保持的知识只有在回忆时才能得以检验其掌握的程度，而复述策略正是一种科学有效的回忆策略。因此，职校生要使所学材料长久保持并能在需要时清晰、快速地再现，必须经常复述。心理学研究表明，用40％左右的时间进行识记，用60％左右的时间进行尝试回忆（过电影），这样的时间组合效率最高。①

（2）向他人解释自己理解的知识，达到精制的目的。现代认知心理学理论认为，如果要使信息保持在记忆中，并与记忆中已有的信息相联系，学习者必须对材料进行某种形式的认知重组或精制。② 而精制的最有效的方式之一便是向他人解释所学材料。做过教师的人都有这样的体会，自己教过的东西比仅仅学过的东西回忆起来更加清晰，这是因为学习更多地是进行信息的输入，而较少有信息的输出。当学生不得不组织他们的思维以向同伴做出解释时，他们必须参与认知精制，从而大大地增进其自身的理解。③ 如果职校生能脱离书本将所识记并保持过的知识信息用自己的话清晰地加以阐明，这表明他确实理解和扎实掌握了所学材料。相反，如果不能阐明，或阐明有误，或遗漏要点，这表明他们并没有真正地理解巩固，还需要继续复习。很多职校生都习惯于独自读书做题，而不习惯于向他人解释自己理解的知识，当然很多职校生也不愿意做"听众"。因此，教师应向职校生明确精制和解释是深刻理解和透彻巩固知识的有效策略，创设条件，引导职校生把理解并记住的知识讲给他人听。

（3）主动应用所学知识解决问题，如自己提问、出题和一题多解。职校生在学习之后需要完成一些习题，虽然这对他们再现有关知识有很大帮助，在一定程度上能激活已有知识，加深记忆痕迹，但这还只是一种比较被动、机械重复的回

---

① 转引自谭顶良．高等教育心理学．南京：河海大学出版社，2002．106．
② 转引自王坦．合作学习：原理与策略．北京：学苑出版社，2001．70．
③ Slavin R E. Cooperative learning and the cooperative school. Educational Leadership, 1987, 45 (3)：9.

忆方式。教师可以启发职校生从多种角度自我提问、自编问题并予以回答，或者鼓励职校生不满足于一题一解，尝试一题多解。自己提问、出题的策略使已有知识能够时常得到激活并使知识网络、认知结构的联系得到加强，这有利于各种知识的激活巩固，还有利于对各种题型及其解法的总结归纳，能促进学习迁移。一题多解的策略可以使职校生充分理解知识之间的各种联系，实现知识体系的融会贯通，还能使职校生拓展视野和问题空间，培养创造性思维，达到既掌握知识又发展能力的目的。通过这种训练，可以使职校生在用一种方法解答不了问题时，还能快速灵活地尝试运用其他方法予以解决，而不至于"钻进死胡同"。

（4）采取提取定位的策略，有效回忆所需知识。在需要提取知识解决问题时，职校生一定要注意认真审题，搞清题目考核的知识点。在此基础上，再按图索骥，在已有知识体系中进行定位，而后才能有效提取知识信息。遗忘理论的提取失败说指出，遗忘是因为失去了提取线索，或者线索错误而导致保持在头脑里的知识信息提取失败。由此可见，线索在记忆过程中的重要性。因此，在识记时，职校生要尽可能采取精加工策略和组织策略，对知识进行分析、综合，进行比较、分类、抽象、概括，使学科知识体系能够系统化、网络化。

（5）充分利用兴奋与抑制的规律，克服暂时性遗忘。在需要提取已有知识解决问题的过程中，职校生有时会产生较强烈的情绪波动，特别是在进行重要考试时。这时，就会在大脑皮层上出现一个与之相应的优势兴奋中心。按照神经活动过程负诱导的规律，由于这个优势兴奋中心的存在，会使得职校生储存解题所需知识信息的那部分大脑皮层出现抑制状态，导致暂时性遗忘，使得原本比较熟悉的知识也回忆不起来。而负诱导所引起的抑制，又会按照正诱导的规律反过来增强大脑皮层上与情绪波动相联系部分的兴奋，从而使职校生的情绪波动更加激烈。如此恶性循环，最终可能导致职校生的知识提取失败，难以回忆起所需知识进行解题。如果发生在考试过程中，就可能会出现"考试怯场"现象。

因此，在回忆时要注意大脑皮层的兴奋与抑制的拮抗作用。如果出现暂时性遗忘，职校生可以闭目休息片刻，使自己暂时终止对自我的注意和对问题的思考。这将使他们的大脑皮层上相关区域的兴奋性降低，根据神经活动正诱导的规律，大脑皮层周边区域的兴奋性将提高。这样，所需知识就可能比较容易地在大脑中重现，从而消除紧张情绪，使心理趋于平衡。此外，职校生也可以做些与解题无关的活动，如看看窗外景色，回忆欣喜往事，这样会使大脑皮层产生一个新的优势兴奋中心，从而抑制原来由于心理紧张而引起的优势兴奋中心，这样也可以克服暂时性遗忘。

（五）学会成败归因与反思

在学习过程中，职校生可以通过做作业、单元练习、测验考试，也可以通过自我提问或回答教师和同学提问等方式得到学习反馈。在得到学习反馈的基础上，职校生需要进行成败归因，进行深刻的反思：收获在哪里？存在哪些不足？计划设置是否合理？计划完成质量如何？自己情感体验的满意度、紧张度如何……在此基础上，深刻总结经验和教训，从而采取更积极的学习态度、更科学合理的学习方法和策略，进行高效率的学习。

根据维纳的四因素归因方法（见表7-2），可将归因分为四种情况：

（1）能力归因。如果一个职校生做学习成败的能力归因，那么他就会认为学习成功是因为自己能力高，可能会显得信心十足，甚至有些自负；或者认为学习失败是由于自己能力低下，可能会丧失信心，感到无能为力，只能听天由命。

（2）努力归因。如果一个职校生做学习成败的努力归因，那么他就会认为学习成功是因为他付出了努力，可能会激励他继续努力，不断进取；或者认为学习失败是由于自己没有努力造成的，那么他可能会相信只要付出较大努力，就会获取学习的成功。

（3）任务归因。如果一个职校生做学习成败的任务归因，那么他就会认为学习成功是因为任务容易，那么他可能会期待下一次任务同样容易而不会加倍努力，或提醒自己要加倍努力，以迎接困难任务的挑战；或者认为学习失败是由于任务困难，那么他可能会埋怨客观，并把今后学习成功的愿望寄托于减轻任务难度上而拒绝做出更多努力。

（4）机遇归因。如果一个职校生做学习成败的机遇归因，那么学习成功可能使他产生侥幸心理，并祈求今后能够再交好运；如果学习失败，那么他可能会自认倒霉，觉得运气不佳，但愿今后吉星高照，好运当头。

根据维纳的归因理论，不管学习成败，职校生都要多做努力归因。正如《学记》所云"不积跬步，无以至千里；不积小流，无以成江海。""锲而舍之，朽木不折；锲而不舍，金石可镂。"学习如果成功了，要总结经验，不要过于高兴，以免骄傲自满；如果失败了，要吸取教训，不要沉沦迷途，谁知塞翁失马。失败不仅是必然的，而且是必要的。因为没有失败，就无所谓成功。"如果你对失败和成功进行分析，在某种程度上你会从失败中学到更多的东西。"[1] 因此，职校生应该把失败看成是一种推动力，要提高自己对失败和挫折的耐受力。

（六）科学、及时地进行学习调整

高效率学习的关键在于学习是否得法，在心理机制上主要就是学习方法、学习策略、学习技能技巧的优化问题，正所谓"得法者事半功倍，不得法者事倍功半。"因此，为了提高学习的效率，职校生应该学会科学、及时地调整学习的计划、目标，调整学习的方式、方法和策略，调整学习的时间和环境，调整学习的紧张度和心境等，这样才能更好地适应学习的发展需要。

---

① ［美］布鲁克菲尔德．批判反思型教师ABC．张伟译．北京：中国轻工业出版社，2002.205.

1．学习目标计划的调整

职校生应该根据需要及时调整学习目标、改进学习计划。如果学习目标定得过高，需要适当降低；反之，学习目标则需要有所提高。因为学习计划赶不上情况变化，"有计划的行为并不是习惯的或固定不变的行为"，[①] 因此，职校生还应该调整学习计划。在此基础上，再对学习速度、进度、作息时间和学习环境等进行调整，这是一个需要逐渐适应的过程，而不能突然打乱人体生物钟的节奏。

2．学习方式方法和策略的调整

没有一种学习方式、方法与策略可以一直保持较高的效率。某种学习方式、方法与策略在某时可能是高效的，但在彼时可能就是低效的、无效的，甚至是负效的。因此，需要根据学习任务、学习材料的内容、性质、形式、学习时间、学习环境及主体身心状况等因素做出科学、及时的调整。学习有法，学无定法，贵在得法！职校生不可机械模仿、照抄照搬，不能削足适履，而要明白适合自己的才是最好的，一定要选择、创造出适合自己的学习方式、方法和策略。

3．学习心态的调整

教师要引导职校生调整学习心境与控制学习虑焦。耶尔克斯-多德森定律告诉我们，适度的学习焦虑是必要的。良好的心境和适度的焦虑对职校生的学习来说非常重要，有利于使职校生保持良好的学习状态。适度的焦虑对学生是一种内在的驱动力量，如担忧失败的适度焦虑会激发争取好成绩的努力。教师的任务是造成适度的焦虑。[②] 为此，教师应该教给职校生想象训练、呼吸调节、积极自我暗示的技术，以使他们能够进行自我的心理调节。职校生在进行高度紧张学习的同时，要学会放松，不能成为强弩之末。

4．学习领域的调整

职校生的学习和就业都是面向社会生产生活实践的，同时，现代科技的发展导致生产制造业、服务业的要求也在不断发展。因而在学习过程中，教师在引导职校生加强书本知识学习的基础上，要注意加强结构不良领域问题的练习。现行的教学内容多局限于结构良好领域问题，这对学生的创新能力的发展非常不利。生活中的真正问题没有几个有这样良好的结构，只有解决结构不良问题才能使我们准备好面对生活中最常面对的挑战。[③] 建构主义认为，对学生进行结构不良领域问题的训练，有助于发展学生的创新思维能力和创新学习能力。结构不良问题

---

① ［加］戴斯等著．认知过程的评估：智力的 Pass 理论．杨艳云、谭和平译．上海：华东师范大学出版社，1999.77.

② 乔建中．课堂教学心理学．南京：江苏人民出版社，1998.136.

③ ［美］斯腾伯格，史渥林．思维教学：培养聪明的学习者．赵海燕译．北京：中国轻工业出版社，2001.129.

的已知条件、求解过程和结果都具有不确定性，因而学生不能简单套用原有的解决方法，而要根据具体问题情境，在其现有知识经验的基础上建构用于指导问题解决的图式。因此，从面向社会实践、面向未来发展的角度出发，结构不良问题的解决能发展职校生较强的探索和研究能力，能培养他们探索创新的意识，发展创新研究的素质。

（七）努力形成独特的学习风格

学习风格是学习者持续一贯的带有个性特征的学习方式，是学习策略和学习倾向的总和。[①] 国内外教学研究表明，如果教学的过程能尊重学生的学习风格，那么学生的学习就会更为有效（表现在学得多、学得快），学业成绩就能得到提高。有时学习者最需要的事情是自己偏好的学习方式得到确证。[②] 因此，教师要帮助职校生了解自己的学习风格以及学习风格中的长处与短处。教师要帮助职校生充分发挥其学习风格中的优势和长处，同时还要弥补其在学习方式和学习倾向上存在的劣势和不足。

现行的职业教育多提倡匹配学习，即扬长避短式的学习，使职校生能有机会按照自己偏爱的方式进行学习。但是，如果职校生只进行扬长避短式的匹配学习，那么他们在面对结构不良领域的问题时，由于缺乏弥补自己学习风格中的短处，凭借原有风格中的优势将无法应对新的学习任务。因此，为了使学习能力和身心素质得到全面和谐的发展，职校生应该在匹配学习的基础上，提倡有意失配学习，即抑长补短式的学习。为了更好地应对复杂的学习任务，职校生需要经常采用平时用得较少，对自己来说为劣势或短处的学习方式。"我们的任务不是选择尽力减少学生不适的学习方法，而是让他们去接触那些新的、会在将来给他们带来不适的教学方法。"[③] 此外，职校生的学习风格经常会与教师的教学风格不相一致，这就可以理解为一种失配学习的方式。因此，职校生要自觉进行有意失配学习，同时努力适应不同教师的教学风格。通过学习方式的匹配与有意失配策略的相互补充，其最终目的是促使学生掌握并采用多样的学习方式。[④]

【本章思考与练习】

1. 如何培养职校生的观察力？
2. 如何促进职校生有效地理解知识？
3. 简析瞬时记忆、短时记忆和长时记忆的联系和区别。

---

① 谭顶良．学习风格论．南京：江苏教育出版社，1995.12.
② ［美］布鲁克菲尔德．批判反思型教师 ABC．张伟译．北京：中国轻工业出版社，2002.74.
③ ［美］乔伊斯等．教学模式．荆建华等译．北京：中国轻工业出版社，2002.478.
④ 谭顶良．学习风格论．南京：江苏教育出版社，1995.381.

4．影响识记的主要因素有哪些？

5．阐述知识遗忘原因的主要理论，给你的记忆带来什么启示？

6．知识应用的基本过程有哪些？

7．如何促进职校生知识的有效应用？

8．简述知识与能力的区别与联系。

9．如何有效地培养职校生的职业能力？

10．结合实际和自己经验，谈谈知识学习的心理技巧。

第九章　职业学校学生的学习心理（下）

现代社会要求公民具有丰富的知识，高度发展的智慧能力，还要求他们掌握熟练的操作技能。学校教育的主要目标是让学生为灵活地适应新问题和新情境做好准备。[①] 因此，职校生不仅要善于动脑，也要善于动手；不仅要学习和掌握科学文化知识，而且还要在此基础上不断形成一系列的操作技能。操作技能的形成是理解、巩固和应用知识的重要条件，对于高效率地学习和掌握知识，对于发展智力、创造力，提高独立学习、工作及问题解决的能力等，都是非常重要的。

第一节　操作技能概述

一、操作技能的定义

技能是学习者运用已有知识经验来完成特定目标的操作程序，它是通过练习而逐渐熟练掌握的。例如，打字、骑车、游泳、阅读、写作、解题等都是不同复杂程度的技能。技能水平有初级技能和高级技能之分。初级技能是指某项活动方式经过一定时间的练习之后能达到会做的水平。如刚刚学会游泳的人，可以说他有了游泳的技能。懂得一些计算机知识，刚刚学会操作计算机的人，就可以说他有了应用计算机的能力。当初级技能经过反复的练习和实践，达到了迅速、精确、自动化的阶段，则称为技巧，此时技能已经达到高级技能水平，比较得心应手，不需要分配更多的注意资源，达到了有意后注意的水平。

操作技能也称为运动技能或动作技能，是指由一系列外部动作以合理、完善的方式组成的操作活动的方式。如日常生活中的书写、骑车、游泳、打球、使用生产工具等，主要是借助于骨骼肌肉运动来实现的一系列外部动作，当这些动作以完善的方式组织起来，并近于自动化时，就成为操作技能。操作技能形成以后，具有以下特点：从操作方式上来看，个别操作联合成一个整体，多余操作和错误操作消失；从操作控制上来看，视觉控制让位于动觉控制，操作方式达到自动化；从操作品质上来看，操作比较敏捷、稳定、灵活、准确。

二、操作技能的分类

操作技能的分类可以从很多维度进行，这里只从四个维度进行分类。

---

① ［美］布兰思福特. 人是如何学习的：大脑、心理、经验及学校. 程可拉等译. 上海：华东师范大学出版社，2002.264.

1. 连续性操作技能与离散性操作技能

连续性操作技能是人对刺激的结合作出连续的调节和校正，其中有些刺激是从肌肉中反馈的。它没有明确的开端和结尾，动作行为会一直持续下去，直到被人为打断为止，如游泳、跑步、打球等。离散性操作技能是对一个特殊的外部刺激作出一个特殊反映的活动。它有明显的开端和结尾，精确性程度较高，可以计数。如投篮、举重、投掷铅球、急刹车等。一般来说，离散性操作技能的动作持续时间较短，一般在5秒种内完成，少数需要较长的时间才能完成。

2. 精细性操作技能与粗壮性操作技能

精细性与粗壮性是根据参与操作技能的有关肌肉的性质和数量划分的。精细性操作技能主要运用手腕关节和手指的运动，如绘画、演奏乐器、手工活动等。粗壮性操作技能主要指运用大肌肉的，并且经常是全身性的运动，如踢足球、游泳、搬运东西等。

3. 简单性操作技能与复杂性操作技能

从完成操作技能所包含的刺激量和反应数，或完成操作技能时加工的信息量来看，可将操作技能分为简单性操作技能和复杂性操作技能。简单性操作技能如走路、写字等，而复杂性操作技能如驾驶汽车、操作大型机器等。随着个体经验的积累和技能自动化的形成，复杂性操作技能可能会变得"简单"，成为简单性操作技能。

4. 开放性操作技能与封闭性操作技能

根据操作技能执行过程中的环境是否可以预测，操作技能可以分为开放性操作技能和封闭性操作技能。开放性操作技能的环境一直处于变化发展之中，难以预测，因此，操作者不能事先对整个动作进行有效的计划和准备。相对而言，封闭性动作的环境是可以预测的。

三、操作技能的迁移

已经形成的操作技能可能会对另一种操作技能的掌握产生迁移作用。有时会产生正迁移，促进新的操作技能的形成；有时则会产生负迁移，干扰新的操作技能的形成。

（一）操作技能的正迁移

已经形成的操作技能对新的操作技能的形成发生积极的影响，促进和加速新的操作技能的形成，称为操作技能的正迁移。如会骑自行车的人，就比较容易学会驾驶摩托车；毛笔字写得很好的人钢笔字写得也会好。

学习者在学习新的操作技能时，总是依靠其已有经验和已经掌握的操作技能。丰富的经验和多方面的操作技能，能促进新的操作技能的形成。根据迁移的相同要素说理论，新、旧操作技能之间的共同成分越多，相似性程度越大，已有操作技能越熟练，那么操作技能的迁移程度就越大。因此，职校生在学习新的操作技能时，需要对新、旧操作技能的活动方式、基本结构、程序和技能特征等进行比较分析，在此基础上概括出二者之间的相同成分和相似之处，从而促进操作技能的迁移。如机械类的职校生如果能深刻理解机械动力传送原理，具有使用杠杆、轮轴等基本经验，那么他们就可能更好地使用、修理或制造相关机械。

（二）操作技能的负迁移

已经形成的操作技能对新的操作技能的形成发生消极的影响，阻碍或延缓新的操作技能的形成，称为操作技能的负迁移，也称为操作技能的干扰。如会骑自行车的人，在学骑三轮车时就会受到骑自行车经验的严重干扰。

当两种操作技能在活动方式、操作结构、操作程序和技能特征等方面具有较大相似性，但其中某些共同成分却要做相反的操作方式时，就会产生操作技能的干扰。这样，如果旧的操作技能越熟练、越巩固、越自动化，就越容易干扰新的操作技能的形成，使得新的操作技能经常出现不自觉的"自动化"的、顽固性的错误。这些错误常常就是旧的操作技能中的某些成分。一般来说，负迁移是暂时性的，经过系统的练习与矫正是可以消除的。在学习新的操作技能时，如果能够注意利用正迁移及其产生作用的条件，采取相应的措施，在一定程度上能够减少甚至防止负迁移的消极影响。

操作技能的正迁移和负迁移常常是结合在一起的。要克服操作技能的干扰，最重要的手段是在练习的过程中把新、旧操作技能的不同目的、程序、结构和练习的方式方法等方面加以仔细辨别和区分。在此基础上，保持相同的操作方式，高度关注相反的操作方式，这样，就能有效克服负迁移，而增进正迁移。

第二节　操作技能形成的心理过程与训练

一、操作技能形成的心理过程

操作技能的形成是通过练习逐步掌握某种操作方式的过程。复杂操作技能的形成，一般经历四个主要阶段：

1. 认知阶段

操作技能形成的初期为认知阶段，这是操作技能形成的重要环节。认知阶段的主要目的在于学生通过观察他人的示范或接受指导，来了解和认识操作的基本要求。学生对所学的操作技能有初步认识，就能在头脑中形成操作映像。具体地说，此阶段就是让学生通过观察、听讲、阅读等方式，对操作学习任务及其完成方法等形成初步的认识，了解"做什么"和"怎么做"。认知阶段的长短取决于操作技能的性质和复杂程度。在认知阶段，职校生在教师的讲解和示范的基础上，或者自己根据活动的目的和任务，对所学操作技能的性质、要点和注意事项等进行分析和了解。处于认知阶段的操作不够稳定和协调，速度较慢。此时，职校生的操作在意识控制下进行，能初步运用反应结果的反馈信息。

2. 操作分解阶段

在这个阶段，学生开始能将完整的操作技能分解为若干个局部的、个别的操作，然后理解每个分解操作的基本要求和特征，对各个分解操作逐个进行练习。在这个阶段，学生的操作显得紧张忙乱、顾此失彼、呆板而不协调，并可能会出现多余操作。他们难以觉察自己操作的全部情况，因而不易发现操作过程中的错误。

3. 操作联系阶段

操作联系阶段的主要特点是经过反复的练习或实践，使已掌握的局部的、个别的操作联系起来，形成比较连贯的整体操作，最终把知识由口头或书面的形式转化为操作性的技能。但是，各个操作之间的联系尚不紧密，从一个环节过渡到另一个环节，即实现操作转换时，常出现短暂的停顿现象。这时，动觉信息对于操作的联系和调节起着重要作用。动力定型开始形成，视觉控制作用逐渐减弱，操作相互干扰不断减少，紧张程度减弱，多余操作逐渐消失。由于技能接近形成，自己发现错误的能力和纠错能力也在不断增强。

4. 自动化阶段

在这个阶段，各个操作联合成为一个完整的自动化的操作系统。自动化阶段的主要特点是各个操作相互协调，操作能够按照准确的顺序以连锁反应的方式实现。在执行操作时，意识的调节作用大大降低，肌肉运动感觉的作用占主导地位，视觉控制进一步减弱。此阶段学生的操作已协调、完善，紧张状态也已经消失，注意范围扩大，并能根据情境的变化，自觉、适当地调整操作技能。

二、操作技能形成的心理特征

心理学家将初学者和"专家"完成同一任务的操作过程加以比较，发现熟练的操作具有以下特征。

1. 操作的有意识控制程度减弱

在操作技能形成的初期阶段，内部语言起着重要的调节作用。这时，技能的各种操作都受意识控制。如果意识控制稍有减弱，操作就会出现错误或停顿，难以继续。随着技能的稳定发展，到了操作熟练阶段，整个操作系统已经是相对自动化了。学生的操作控制从有意识向无意识转化，操作的有意识控制程度逐渐减弱而由自动控制所取代。

2. 利用线索的减少

在操作技能形成初期，学生只能对那些很明显的线索发生反应，他不能觉察到自己操作的全部情况，难以发现自己的错误。但是，随着操作技能的形成，学生能觉察到自己操作的细小差别，能运用细微的线索，使操作逐渐完善。当技能非常熟练时，学生就能根据很少的线索完成操作。此时，学生头脑里已储存了与特定的一系列线索有关的信息，当某一线索出现后，学生便能预测出会发生怎样的操作。因此，随着操作技能的完善，利用的线索逐渐减少。

3. 动觉控制的加强

动觉控制与熟练操作技能的形成有密切联系。初学者主要依据外部反馈来调节自己的操作，而熟练者主要依据动觉反馈来协调自己的操作。在操作技能形成之后，学生借助于操作程序来控制操作的进行。此时，视觉、听觉等外部感觉系统反馈的作用降低了，但动觉控制的作用不断加强。在操作熟练阶段，动觉反馈是操作程序的控制器，它保证着操作技能的稳定发展和完善。

4. 运动图式的形成

人脑类似于计算机，可以储存复杂的操作技能的程序，可以向肌肉发出一系列执行操作技能的正确指令。这些程序被称为运动图式，其内在机制可能是在人脑内储存了这种指导程序。运动图式是经过长期的练习而形成的有组织的系统性知识和程序性知识。在技能经过充分练习的情形下，神经系统中的程序很少需要知觉系统的监视，可以自行连续运行。在长时间的练习过程中，运动图式随着练习而不断精炼，反应方式精确，操作流畅，好像完全自动化了。在活动之前这些运动图式构成了一种总的运动图式并在无反馈的情况下使活动进行下去。

5. 错误不断减少并于发生之前基本排除

在操作技能形成的早期阶段，由于对操作的要点和注意事项没有完全领会，在操作的规范性和操作之间的连接上会产生很多错误。任何领域的新手在一开始行动时，都会对自己的领域产生各类错误观念，并遇到各种看似无法解决的困境。[①] 随着大量的练习，操作逐步达到高度熟练和自动化，此时错误不断减少。在连续的操作技能中，学生会不断进行尝试和校正。心理学家希金斯（Higgins，J. R.）等人研究发现，熟练的专家甚至尚未等到肌肉信号的到来，便能预料到他给自己的肌肉发出了不正确的指令，在错误发生之前，就能收回这个指令。[②]

6. 预见和应变能力的增强

在连续的操作技能中，学生可以根据丰富的操作经验、运动图式、细微的操作过程和周围环境的信息，对下一步操作进行充分的预测，表现出较强的预见性和应变能力。这样，可以将合理的操作继续执行下去，而将错误的操作排除在发生之前。在操作技能的熟练阶段，由于学习者有较强的应变能力，即便他们面对各种复杂的情况，也会做出合理的应对措施。熟练的学习者即使在不利条件下，也能保持正常的操作水平。表现出同样操作水平的人，其熟练程度可能有所不

① 吴庆麟. 教育心理学. 上海：华东师范大学出版社，2003.4.
② 皮连生. 教育心理学. 上海：上海教育出版社，2004.198.

同。检验谁是最熟练的操作者的最好方法就是看他在条件变化时是否能继续保持正常的操作水平。

三、操作技能的训练

(一)操作技能的练习曲线

练习是以掌握一定的操作方式为目标所进行的反复操作的学习过程,它是操作技能形成的基本条件和途径。操作技能是在练习过程中逐步形成和提高的。

操作技能练习的结果可以用练习曲线来表示。练习曲线又称学习曲线,它把多次练习的次数和练习成绩之间的关系用统计方法进行处理,然后绘制成曲线,用以描绘练习的进程。练习曲线通常用函数坐标图来表示。通过练习曲线,可以看到练习过程中速度、准确性、效率和灵活性等方面的变化和特点。练习曲线通常有四种形式(图 9-1):

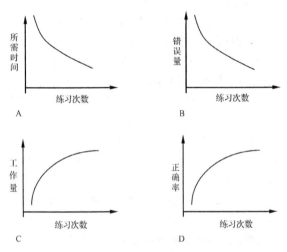

图 9-1　四种练习曲线

第一种形式是表示每次练习所需时间与练习次数之间关系的练习曲线(图 9-1 A)。这种练习曲线通常是下降的,因为随着练习次数增加,一般所需时间是逐渐减少的。从每次练习所需时间的长短,可以看出练习的速度。

第二种形式是表示每次练习的错误数与练习次数之间关系的练习曲线(图 9-1 B)。这种练习曲线常常是下降的,因为随着练习次数增多,练习中发生的错误会逐渐减少。从每次练习的错误数量,可以看出练习的准确性。

第三种形式是表示工作量与练习时间之间关系的练习曲线(图 9-1C)。这种练习曲线往往是上升的,因为工作量是随着练习时间的增加而增长的。从单位时间内所完成的工作量可以看出练习的效率。

第四种形式是表示正确率与练习时间关系的练习曲线（图 9-1D）。这种练习曲线通常是上升的，因为随着练习次数的增加，完成操作的正确率也在不断增加。

在操作技能的练习过程中，总的来说，练习成绩是逐步提高的，练习曲线也呈上升趋势。但是，学习不同操作技能时所获得的练习曲线是极其多样化的。甚至同一个人在完成相似的操作任务时也难以得到相同的练习曲线。从练习进程的总体趋势来看，有的表现为先快后慢；有的则表现为先慢后快；还有的表现得前后变化不大，比较一致。通常，操作技能的练习成绩是波浪式上升的，有时可能迅速进步，有时可能进步缓慢或没有进步，有时甚至可能退步。在一些较复杂的操作技能的形成过程中，练习的中后期常常会出现成绩暂时停顿的现象，这就是练习曲线上的"高原期"现象。麦克唐纳（Macdonald，1959）综合了各种技能的学习和各种不同的学习条件下操作技能的形成进程，提出了操作技能学习的"六段学习曲线"（图 9-2 所示），即把操作技能学习的总过程分为六个阶段：A为无进步阶段；B为迅速进步阶段；C为学习速度逐渐减慢阶段；D为高原阶段；E为再次缓慢进步阶段；F为再次缓慢进步并临近极限阶段。

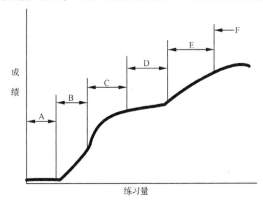

图 9-2　操作技能的学习曲线

这个学习曲线并不是从哪一种具体的操作技能的学习进程中描述出来的，它只是说明操作技能学习进程具有上述六个阶段的可能性。这个综合模式对于判断练习阶段或者根据判断来考虑练习的指导方法，是有一定的参考价值的。

（二）职校生操作技能的学习指导

1. 使职校生理解学习情境，明确操作技能学习的目的和任务

在职校生操作技能的形成过程中，教师要注意操作技能学习的目标和任务的可行性和现实性。教师必须使职校生能够理解学习情境，明确操作技能学习的目的和任务。理解学习情境，这能使职校生从整体上来把握和学习操作技能。

练习是一种有目的、有计划、有组织的学习过程，它不同于单纯的机械的重复，不能盲目地进行。因此，教师要指导职校生理解学习的目的和任务，在此基础上形成一定的作业期望，以使职校生对自己要掌握的操作技能有一个明确的期望和目标。一般说来，有明确的期望和目标的操作技能学习比无明确期望、无明确目的、任务模糊的学习更为有效。提高职校生练习的自觉性和主动性是顺利完成练习，形成操作技能的内部动因。目标和期望的提出既要考虑到任务的难易，也应熟悉职校生的实际情况。因此，教师要注意目标的可行性和期望的现实性。

2. 给职校生以正确的操作示范

示范是将操作技能演示出来以便职校生能够观察到操作的成分。在职校生操作技能的学习过程中，有时是"只可意会，难以言传"的，仅靠言语指导难以传递特有的节奏和动感。这时，要使职校生充分理解和把握技能，就需要教师一边示范一边让职校生反复跟着练习，同时还应向职校生说明技能的操作要领。教师的操作示范对职校生的技能学习有重要影响，教师要使职校生注意观察并理解正确示范的操作技能。教师在进行操作示范的同时，要一边"身教"，一边结合"言传"，这是帮助学习者理解和形成操作技能的有效方法。

教师给职校生的操作示范主要有三种形式：①整体示范法。它将全套操作按操作程序完整地做出示范。它常运用于操作技能学习的初期和后期，目的是帮助职校生了解操作技能的全过程以及各个局部操作之间的联系。②分解示范法。对于较为复杂的操作，由于信息量过大容易影响学生学习，因此，需要把复杂的整体连续操作合理地分解为若干局部操作，然后逐一示范。分解示范法更适合于学生的模仿练习。③对比示范法。为了强化学生的注意力，可以采用正确操作和典型错误操作之间的对比示范，以达到防止和纠正错误操作的目的。在运用对比示范法时，教师应先示范正确操作，再演示错误操作，注意切不可颠倒次序。

许多研究表明，在操作技能学习的初期阶段，要使示范有效，示范操作必须慢速、逐步分解进行。这是因为初学者在刚刚接触一项新的操作技能时，往往顾了手，顾不了脚；抬起腿却忘记了收手。他们很容易因为新的信息量过多而"超载"。当"超载"发生时，操作学习就非常困难，可能就会由此终止了。

3. 指导职校生掌握正确的练习方法

练习是以掌握一定的操作技能为目标所进行的反复操作的学习过程。这里的练习是指有意练习，即练习者以改进和提高其操作水平为目的，而且这种练习并不一定是快乐有趣的，往往需要付出一定的意志努力。研究发现，练习的不同方法对操作技能的学习有重要影响。在科学的练习方法指导下，随着练习次数的增加，进行某种操作活动的速度加快，准确性提高，从而使得操作技能水平不断提高。因此，教师应根据操作技能的性质和难度、职校生的技能水平、运动能力、年龄和体力等因素来指导职校生掌握正确的练习方法，进行有计划、有步骤的练习。

（1）身体练习与心理练习。利用身体进行活动的练习，称为身体练习。操作技能的练习通常是指身体练习。只在头脑中反复思考操作技能的过程和程序的练习，称为心理练习。心理练习有助于操作技能的改进，因而有必要将身体练习和心理练习相结合。对从未进行过身体练习的操作，不能做心理练习，即使进行心理练习也只能是凭空想象和错误练习。此外，心理练习的时间不能太长，否则容易产生厌烦情绪。

（2）集中练习与分散练习。集中练习是指将练习时段安排得很近，中间没有休息或只有短暂的休息。分散练习是指用较长的休息时段将练习时段分隔开。一般地说，分散练习对连续操作技能学习的效果较好，不易疲劳。

（3）部分练习与整体练习。如果一项完整的操作技能是由若干局部技能构成，且各部分技能之间不存在相互协调的问题，那么要先进行局部技能的部分练习，而后再进行整体练习，将这几个局部技能有机地结合起来，灵活运用。但是如果连续性操作技能的各部分要经常相互协调，就要进行整体练习；如果不考虑这种协调，只是孤立地练习这些局部操作，将无助于整个技能的学习。

4. 给予及时合理的反馈

教师要及时给职校生反馈，或者让职校生之间相互反馈，以使他们知道练习的结果，这对于提高操作技能的练习效率有着显著的影响。只有能够察觉反馈，个体才有改进其工作的可能。不管怎样，这种能力既影响着未来的表现，也影响着现在的表现。[①] 有人曾经做过这样一个实验：证明反馈对射击成绩的影响。在射击每一发子弹后，第一组告知被试射击的环数和偏向情况，如"9环、偏左下"，"8环、偏上"等；第二组只告知被试环数，如"9环"、"8环"；第三组被试不做任何反馈。结果发现，第一组被试的射击成绩最高，第二组略低一些，而第三组最差。每次练习之后，教师要使职校生知道自己的成绩和错误，知道自己哪些操作做对了，哪些操作做错了。然后，再通过练习把做对的操作巩固下来，把做错的操作舍弃掉，这样就可以使正确的操作得到巩固，错误的操作得到克服，从而有效地促进技能的形成。为此，教师要加强对职校生练习的指导，及时详细地告知职校生练习的正确结果，同时帮助职校生分析错误的性质与数量及错误的原因，并找出改进方法，这会明显地提高练习效率。

此外，教师还应引导职校生作合理的自我反馈。自我反馈就是职校生自己对照操作技能的练习目标和要求，进行自我评价后获得信息的反馈。有条件的职校生可以通过重放录音、录像的形式来进行自我观察。

---

① ［美］斯腾伯格，史滩林. 思维教学：培养聪明的学习者. 赵海燕译. 北京：中国轻工业出版社，2001. 41.

第三节　错误操作技能消除的心理技术

在操作技能的练习过程中，常常会产生很多错误。错误的操作技能经常会阻止、延缓和妨碍正确的操作技能的获得。因而很有必要探索错误操作技能形成的原因，并积极寻求消除错误操作技能的心理技术。

一、错误操作技能形成的原因分析

错误操作技能的形成有多方面的原因，如练习的目标任务不明确、练习的态度不够端正、缺乏正确的示范和指导、练习方式方法的不当、强化对象和强化方法不当、不同操作技能之间的相互干扰、缺乏及时有效的结果反馈等。以下，仅就其中的主要原因作简单分析：

（一）练习的态度不够端正，方式方法不够恰当

有的职校生在练习操作技能时，由于学习态度不够端正，导致注意力不够集中，没有认真听讲和观察指导教师的操作示范，没有用心领会操作要领，因而难以掌握正确的操作要领。结果在独立练习时，就很容易采取不正确的操作，形成错误的操作。还有的职校生在练习过程中害怕吃苦、偷工减料，有的不求甚解、自以为是，这都会造成操作产生错误。此外，在练习过程中，如果职校生态度散漫、注意力不够集中，还可能造成机器损伤和人身意外伤害。因此，在操作技能的练习过程中，职校生要端正态度，保持警醒，高度集中注意力。

操作技能的形成需要系统的、多次的练习。如果练习的方式方法不当，会造成练习的质量低下，使得操作产生较多错误，影响操作技能的形成。在练习过程中，有的职校生盲目进行练习，并不考虑练习的科学性和有效性。有的练习时间过于集中，造成过度疲劳，影响练习的效果；有的过于分散，造成操作程序、要领和注意事项的遗忘；有的忽略操作技能整体与部分的关系，造成操作衔接的错误等。因此，在练习过程中，要注意心理练习与身体练习、集中练习与分散练习、整体练习与部分练习等的密切结合。

（二）缺乏正确的操作示范和指导

在操作技能学习的初期，如果教师过于追求教学的进度或者高估职校生的学习能力，那么可能会忽视对职校生的操作示范，导致操作示范过快、过于笼统。这可能会导致职校生"顾头不顾脚"，很容易因为信息量过多而"超载"，从而可能产生较多错误。有的教师理论知识丰富，但是实践操作技能不够熟练，特别是在他们面对新式设备与装置时，如果准备不够充分，可能会影响示范和演示操作。因此，职业学校特别需要加强"双师型"教师的培养，使他们不仅具有扎实

的理论知识，还具有丰富的实践操作经验。在指导学生实践操作时，操作要做到规范、细心和耐心。

（三）缺乏及时的反馈

由于职业教育规模的不断扩大，职业学校的师资，特别是"双师型"教师比较紧缺。一名教师往往要指导十几名，甚至几十名职校生。在指导职校生进行操作技能练习时，很难及时、详细地告知每一位职校生练习的正确和错误情况，很难帮助每一位职校生分析错误的性质与数量，以及错误的原因，并找出改进方法。有时仅仅在给职校生一些结果反馈的基础上，抓住多数人的典型错误操作进行讲解，而可能会忽略一些个别的特殊的错误问题。有时，在反馈的同时，教师会给职校生一些强化，以刺激他们进一步练习操作。如果强化对象不够精细、强化方法不当，可能会强化职校生的一些错误操作，并使之得到巩固，严重影响正确操作技能的形成。

（四）不同操作技能之间的相互干扰

已经形成的操作技能可能会对新的操作技能产生干扰作用，阻碍或延缓新的操作技能的学习。如果两种操作技能在操作结构、程序和特征等方面具有较大相似性，而其中某些共同成分却要做相反的操作方式时，由于先前经验和操作习惯的定势，就会产生操作技能的干扰（详见本章第一节"操作技能的负迁移"）。

二、错误操作技能消除的心理技术

（一）消退抑制技术

斯金纳提出了操作性条件反射的概念。操作性条件反射就是通过练习，将有意的操作和强化结合起来，从而引发特定的操作行为。操作行为的塑造是强化物多次强化的结果。与正确操作被强化相同的是错误操作也可能因为被强化而习得和保持。因此，在消除错误的操作技能时，要利用消退抑制的技术，使形成错误操作的条件反射不能得到强化而使其产生抑制，使得错误操作的条件反射得以减弱或消失。但是，此时错误操作技能的条件反射的消退只是一种抑制，并没有完全消失。在消退抑制后，经过一段时间的间歇，错误操作技能的条件反射可以不同程度地恢复。如果继续不被强化，那么很快会进一步消退，直到最后完全消失。错误操作技能消退的速度取决于其条件反射建立的牢固程度，当然同学习者的神经类型也有一定的关系。

使用消退抑制技术时，必须注意：①消退技术的关键在于发现与错误操作行为相联系的强化物并将其撤除；②由于错误操作技能有自发恢复的规律，在消除错误操作技能时，要注意常抓不懈。

（二）分化抑制技术

错误操作技能的产生可能由于教师在强化职校生正确操作行为的同时，不经意间也强化其错误的操作行为，使得错误操作行为通过练习也会得到巩固和发展。分化抑制是指在建立条件反射时，只对正确的操作行为加以强化，对类似的错误操作行为和其他无关行为不予强化，从而使得错误的操作行为和其他无关行为引起的反应受到抑制。因此，在职校生操作技能的形成过程中，教师在强化职校生的操作行为时，必须注意区分正确的和错误的操作行为，选择性地强化正确的操作行为，而对其他行为不予理会，使得正确的操作行为因受到强化而得以保持，其他无关行为受到分化抑制而逐步消失。

使用分化抑制技术时，必须注意：①教师对职校生的指导和强化必须是个别化的，避免千人一面和过于笼统模糊；②在撤除对错误操作行为的任何强化物的同时，更要加强对正确操作行为的强化。

（三）对抗性条件作用技术

在消除错误操作技能时，如果引进一种与错误操作不能同时并存的相对抗的操作，并对它进行多次练习并予以强化，可以达到消除错误操作技能的目的。这种技术称为对抗性条件作用技术，简称对抗技术。在职校生入学军训时，需要进行队列训练。在学习"齐步走"时，总有人错误地先迈出右脚。为了帮助他们纠正错误的动作，可以运用对抗技术。如要求动作错误的职校生立正不动，当听到"齐步走"的口令后，抬起右手，因为人在走路时为了保持平衡和协调必须对侧手脚同时抬起或放下。这意味着如果抬起右手，为了保持平衡和协调，就会先出左脚。这样，经过反复练习，让他们记住在齐步走时先抬右手而不要去想先迈哪只脚，因此先迈右脚的错误动作就能得到纠正。在这里，"抬右手"与"迈右脚"便构成了一对对抗动作。

使用对抗技术时，必须注意：①所引进的操作必须包含于整个操作技能，且不能与错误操作并存；②对新的操作要适当进行过度练习。

（四）过矫正技术

过矫正技术就是在学习者做出错误操作技能时，要求其立即恢复正确操作，并进行更为严格的过度练习，从而消除错误操作技能，形成正确操作技能的心理技术。这种技术是对错误操作的"矫枉过正"。在练习操作技能时，如果发现某职校生的操作错误，教师可以在告知或示范正确操作的基础上，指导其模仿和加倍练习正确的操作。不仅如此，还可以让他弥补由于错误操作技能造成的后果。总之，通过过矫正练习，既要使职校生认识到错误操作的不良后果，又要使其正确操作通过练习而得到巩固并达到熟练掌握的程度。

使用过矫正技术时，要注意：①在职校生进行过矫正练习时，教师一定要给他们提供正确的操作示范，避免再次误入"歧途"；②在职校生进行正确操作技能的过度练习时，还要注意"适度"的问题，不能造成"超限逆反心理"。

第四节　职业学校学生实习的心理过程

实习是职校生把理论应用于实践和进行职业技术训练的重要环节，是实现职业学校人才培养目标的必要途径。实习是指在教师的组织和指导下，根据专业要求，在校内或校外实习场所进行模拟或实际操作，以获得有关的实际知识和技能，形成独立工作能力和良好职业道德的实践性教学过程。职校生在完成理论知识学习任务的基础上，要进一步加强生产实习实训，增强实际动手操作能力，培养综合职业能力。

一、实习准备阶段

在实习开始前，教师不仅要指导职校生做好适当的物质准备，更要引导他们做好充分的心理准备、知识和技能准备。

（一）做好实习的心理准备

实习前的心理准备是进行实习的前提和基础。很多职校生对实习的心理准备不足，他们对将要从事工作的角色意识淡薄，对未来职业角色缺乏一定程度的认同感。因此，教师要引导职校生做好充分的心理准备。首先，要加强对职校生的岗前教育，端正实习态度；同时通过组织职校生学习实习守则和有关规章制度，来加强实习规范教育、安全教育和职业道德教育。教师要向职校生介绍实习场所的基本情况，帮助职校生明确实习的主要目的、基本任务和具体要求，引导职校生做好充足的思想准备。其次，要激发职校生参与操作实习的主动性、积极性，增强他们的实习兴趣。教师要采取有效措施来激发职校生主动参与实习，如加强实习目的性教育、确立专业价值观、增强实习角色的认同感、确立适当的实习目标、采取分组竞赛的方式等。在进驻实习场所后，要引导职校生积极适应实习工作和实习环境，努力与实习基地的相关人员做好沟通工作，为正式进行实习操作奠定坚实的心理基础。

（二）做好相关知识和操作技能的准备

在引导职校生做好心理准备的同时，还要引导他们做好实习专业的基础知识和基本操作技能的准备工作。首先，职校生要加强专业基础知识的复习。根据实习目的、任务和要求，遴选出专业实习所需要的知识，特别是与具体原理、操作有关的知识，以及还没有扎实掌握的重要知识，以免造成"临阵磨枪"的尴尬场面。其次，职校生要加强相关专业操作技能的练习和复习。进行系统的专业实习，目的是要给职校生提供实际应用书本上的理论知识、并进行实际操作的机会，通过实习使职校生能够将平时学习和形成的局部的操作整合成完整操作，将不熟练的操作优化为熟练的、自动化的操作。因此，职校生有必要在实习前做好必要的知识和技能准备。第三，职校生要做好详实的实习计划。根据实习的目的、任务和要求，再综合考虑自己的能力、时间、环境，设置操作实习的具体目标、实习材料、实习程序和具体环节、注意事项等，对一些特殊情况要有预案，以免到时惊慌失措。

二、练习操作阶段

练习操作阶段是职校生专业技能练习的初级阶段，也是职校生形成专业基本功的关键阶段，因而显得十分重要。

(一) 加强操作的示范指导

实习指导教师通过科学、规范的教学和指导活动，通过讲解和演示操作，直观形象地把基本操作技能展现给职校生。由于职校生还不会利用操作信息反馈，难以觉察自己操作的全部情况，不容易发现操作的错误，因此，教师要指导职校生正确掌握操作要求和操作方法，帮助学生发现问题和错误并及时予以反馈。教师要根据实习计划和工件技术要求，对职校生的操作进行巡视检查，根据不同问题，采取集体指导或个别指导，而且对学生的学习态度、技术质量、操作方法、文明生产、环境卫生、设备维护、安全操作、遵守纪律等方面进行简单考核和记录，及时纠正职校生不正确的姿势、多余的动作与粗心的操作，养成良好的操作习惯和生产习惯。

(二) 加强基本功练习

本阶段主要是通过练习掌握局部操作的基本功。基本功水平的高低，关系着完整操作技能的掌握和新技能的形成。职校生要扎实掌握专业操作技能，形成专业技巧，就必须提高观察能力、模仿能力，加强思考和练习，注意技能操作练习的规范性，需要进行长时间练习。在练习时，职校生不仅要有明确的练习目的和具体的练习要求，还要有正确的练习方法。

(三) 加强常规检查和反馈

在实习过程中，实习指导教师必须加强实习常规检查，这既有利于及时给予学生反馈，从而保证实习质量，同时还能避免意外事故的发生。因此，教师必须对职校生进行安全、文明生产和操作设备维护的教育，提出操作要求和注意事项，并检查是否符合安全操作规程、卫生要求。在操作过程中，要经常性地检查职校生的生产技术准备和设备维护情况，检查安全措施、文明生产情况，更要检查操作方法和过程，检查他们加工工件的技术要求和产品质量，及时给予职校生反馈意见，使他们能够及时调整实习计划，保证实习质量。

三、辅助操作阶段

（一）加强局部操作技能之间的联系

辅助操作阶段是实习过程中时间最长的阶段。职校生在实习指导教师的指导和帮助下，已经逐步掌握了一系列的局部操作，开始通过反复的练习或实践，使已掌握的局部的、个别的操作联系起来，以形成比较连贯的完整的操作。但是，各个操作之间的联系尚不紧密，还没有达到自动化的程度，从一个环节过渡到另一个环节，经常出现短暂的停顿现象，甚至还会出现操作错误。因此，这时还需要教师的辅助和引导。

（二）加强对职校生操作过程的引导

辅助操作阶段是职校生在教师指导下，初步正确地掌握完整操作的阶段。职校生把单项工序配合连贯起来进行多次反复的练习，使局部操作逐步形成完整技能，并形成一定的专业技巧。在此基础上，结合生产实践过程进行综合训练，形成综合操作能力和基本的职业技能。教师还要继续指导职校生，注意发现他们的操作问题，要采用多种指导方式，纠正职校生在操作过程中的错误，从而使职校生养成良好的操作习惯和文明的生产习惯。教师特别要加强对操作技能较差学生的重点辅导。教师指导职校生操作时，要引导职校生综合各工序的各种操作方法，循序渐进、分段实习、分段要求，定期轮换不同的实习岗位，以使职校生的操作技能逐步实现复杂化、多样化、系统化、全面化和熟练化，从而形成专业技能和技巧。

四、独立操作阶段

在独立操作阶段，职校生的操作比较协调、完善并已达到一定的熟练程度。各个操作联合成为一个完整的自动化的操作系统，基本不需要教师指导就能独立进行操作，这能有效锻炼职校生的独立操作能力。职校生在掌握基本操作技能的基础上，达到一定的熟练程度，即可进行独立操作。职校生运用已经掌握的基本专业技能，通过练习，使操作进一步协调、完善、有效，并达到一定的自动化的熟练程度。

在独立操作阶段，教师仍然要发挥指导作用，帮助职校生考虑如何独立完成实习计划，提示实习中可能出现和应该预防的问题，检查职校生独立操作、完成生产任务的情况，组织互相学习、观摩。实习指导教师要注意对职校生独立性和创造性的培养，提高职校生自编工艺和解决实际问题的能力，逐步引导职校生克服依赖性，充分发挥职校生的积极主动性和聪明才智。

五、技术考核阶段

技术考核阶段，一般分为阶段考核和终期考核。阶段考核要根据每一实习阶段的实习计划、课题任务和目的要求，结合操作生产的过程进行。终期考核可以按照国家规定的专业技术工人的等级标准，在职校生毕业前进行全面的综合考核。在阶段考核前，教师要将考核范围告知职校生，让职校生做好全面、充分的准备；考核时，要客观公正地评定职校生的成绩；考核后，教师要及时予以反馈，会同职校生总结经验教训，提出改进生产实习工作的意见和建议。

六、检验总结阶段

在一个实习日或一项实习任务结束后，实习指导教师要组织职校生对实习情况进行总结和评价。教师要对实习过程中职校生操作技能的掌握情况、实习产品的质量、实习设备维护保养、遵守实习纪律等方面，加以综合分析，在肯定成绩的基础上引导职校生找出存在的问题，并加以积极改进，不断积累实践的经验。

【本章思考与练习】

1. 操作技能的形成主要经历哪些阶段？
2. 熟练的操作技能具有哪些主要特征？
3. 如何对职校生操作技能的练习进行指导？
4. 简述错误操作技能产生的原因。
5. 消除错误操作技能的心理技术有哪些？
6. 简述职校生实习的心理过程。

第十章 职业学校学生学习的测量与评价

对学生学业成绩的测量与评价是职业学校教学的一个重要方面，也是提高教学效果的一种重要手段。它不仅关注学生的知识和技能的获得情况，更关注学生的学习过程、方法以及相应的情感态度和价值观等方面的发展。中等职业学校应当建立促进学生全面发展的科学测量与评价体系，以促进学生发展为目的，以过程性评价为主，定性评价与定量评价相结合，不仅评价学生的学业成绩，而且评价学生的学习能力。

第一节 学习测量与评价的心理学基础

一、学习测量与评价的含义与作用

（一）学习测量与评价的含义

测量，是依据一定的法则使用量具对事物的特征进行定量描述的过程，也就是指依据一定的标准，对评价对象的各项反映指标所规定的方面进行事实判断并赋值的过程。一定的法则是指任何测量都要建立在科学规则和科学原理基础之上，并通过科学的方法和程序完成测量过程。事物的特征是指所要测量的事物的特定属性。量具是指测量中所使用的工具。定量描述是指任何测量的结果总是对事物特征量的确定。因此，学习测量是依据一定的心理学和教育学理论，使用测验对人的心理特征和学习成就进行定量描述的过程。

评价，是评价主体在对价值客体属性、本质、规律等知识性认识的基础上，对价值客体能否满足并在何种程度上满足价值主体需要做出判断的活动。学习评价是指评价者按照一定的评价标准，在对学习活动及其相关因素进行系统分析的基础上，就学习活动满足社会和个体需要的程度做出判断的特殊认识活动。学习评价的本质特征是：第一，学习评价必须依据一定的评价标准；第二，学习评价必须建立在事实判断的基础之上；第三，学习评价的本质是做出价值判断。

学习测量与学习评价紧密联系，学习测量是学习评价的基础，是评价获取定量信息的渠道和来源。两者又相互区别，例如，某学生机械制图考得90分，这是一个测量的结果，那么这个90分是属于好成绩还是差成绩呢？不把它放在一定的标准下进行比较判断，仅凭这一数据无法说明被评者的优劣。因此，测量是对学习现象事实的认识，具有客观性；而评价是对学习现象价值关系的认识，使主观见之于客观的活动。在实践中，只有事实认识转化为价值认识，才能成为人们活动的指导思想和行为准则，也才能对以后的活动提供指导作用。同时，任何事物或现象都有质和量的规定性，评价不仅需要量化的信息，而且需要质性的信息，需要把量化信息和质性信息结合起来使用。

(二) 学习测量与评价的作用

对学生学习的测量与评价的功能在于教育学生，促进学生在原有水平上发展。发展应是评价的出发点和归宿。第一，职业学校学生学业成绩发展性评价相信每个学生的发展水平，并使每个学生意识到自己能发展，即在评价过程中，要充分调动学生的积极性，挖掘学生的潜能，引导学生去参与。第二，职业学校学生学业成绩发展性评价不仅要使职业学校学生在各自的水平上得到全面、和谐的发展，更应该使每个学生在各自水平上有特长地发展，把他们的兴趣激发、调动起来。第三，发展性评价应为职业学校学生潜能及个性的发展创造良好的条件，使学生在感兴趣的领域内展示自己的才能，有机会得到发展。

二、学习测量与评价的种类

(一) 过程性评价

过程性评价包括课堂评价、学习技能评价、知识评价、学习能力评价、课后活动评价，情感、态度、价值观的评价融于各项评价中。课堂评价方式包括课堂即时评价、课堂观察记录等；学习技能评价主要包括学生听、读、练技能和学习策略的评价；课后活动情况评价则包括实践活动、作业评价等内容。通过多维的评价内容、多元的评价主体、多样的评价方式，引导学生反思，促进学生的综合发展。

(二) 终结性评价

终结性评价指的是在每一单元、每一课或每一个学期后，为了判断学生在该单元、课、一学期中学到的知识和技能而做出的评价。终结性评价考试，可以仍然是笔试形式，但在试卷的设计上应该不同于传统的评价，有基础题、自己设计题、综合素质考察题等，还有一学期的实践活动情况评价、综合评语评价（自评、互评）等。通过终结性评价，引导学生对这一阶段的学习情况，包括情感、态度进行反思，明确自己的优势与不足，建立信心，修正不足，促进学生不断发展。

(三) 综合展示性评价

在形成性评价和终结性评价的基础上，每学期对学生进行综合展示性评价，形式有开展各科的第二课堂活动、组织参加各类技能比赛、考证考级，目的是给学生搭建展示自己才能（特长）的舞台，发挥评价的激励作用，让学生感到自己是有用的，建立自信，激发其内在发展的动力，从而促进学生在原有水平上获得发展，实现个体价值，让评价帮助教师创造适合职业学校学生的职业教育。

过程性评价、终结性评价与综合展示性评价的关系如图 10-1 所示。

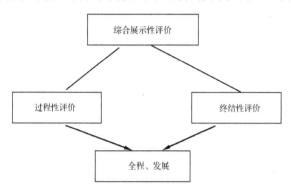

图 10-1 发展性学习评价框架图

三、学习测量与评价的理论基础

（一）多元智能理论对职校生学业成绩评价的启示

长期以来，人们对于智力的理解仅限于智商理论和认知发展理论。传统的智力是以语言能力和数理逻辑能力为核心，以整合的方式存在的一种能力。随着人们对智力认识的不断深入，新的智力理论——多元智能理论引起教育教学界高度重视。多元智能理论的广阔性和开放性对于我们正确地、全面地认识学生具有很高的借鉴价值。各种智能只有领域的不同，而没有优劣之分。因此，每个学生都有可资发展的潜力，只是表现的领域不同而已。这就需要职业学校教师以促进学生发展为目标，从不同的视角、不同的层面去看待每一个学生，而且要促进其优势智能领域的优秀品质向其他智能领域迁移。多元智能理论对学生学业成绩评价的启示主要有：

（1）评价的标准具有多元性。不同个体在智能方面拥有的量各不相同，操作方式各不相同，因此，对学生评价的尺度应该是多元的。

（2）评价的目的应该是为学生的发展提供契机。传统评价中，学生要尽力在他们可能并不擅长的学业领域中适应评价的要求，从而不断发展自己的优势。新的评价体系的目的则在于通过识别学生的优势智能领域，为学生提供发展自己优势智能的机会。

（3）评价的来源应该是学生的活动。传统评价中，决定学生优劣的往往只是一张各学科的成绩单，而多元智能理论认为，只有在学生的活动中，在问题情境或实践操作中，才会有某种智能的体现。因此，评价应立足于学生的学习、实践活动，引导学生扩展学习内容，开拓与多元智能结构相匹配的各种活动。

（4）评价的核心是"以学生为本"。每个学生都能获得成功，评价在于给学生找到并提供成功的支撑，使每个学生都获得成功的机会。每个学生都有自己的优势，对学生的评价，要让学生发现自己的优势，同时又认识到自己的不足，从而协调地发展自己，尽可能使自己在多方面得到发展。学生的智力发展贯穿于生命的全过程，为此，学习评价要有发展的眼光。

（5）评价的方式尽量采用档案袋和活动法。单一的笔试很难测得学生的多元智能，而档案袋和活动法则能从时间、空间两个方面记录和观察学生的表现。

（二）建构主义思想对职校生学业成绩评价的启示

建构主义强调人的主体能动性，即要求学习者积极主动地参与学习，在与客观学习环境相互作用的过程中，学习者自己积极地建构自身的知识框架。"人在认识世界的同时认识自身，人在建构与创造世界的同时建构与创造自身。"著名教育家杜威的教育哲学精髓也在于说明，经验的中心应该是主体在有目的选择对象基础上的客观改造。皮亚杰的结构观和建构观也认为，人的知识是在知识范畴和感性材料结合的基础上建构的，"离开了主体建构活动就不可能有知识的产生"。皮亚杰理论中的同化和顺应正是说明了主体在学习活动中的能动性。维果茨基的"最近发展区"理论，其主旨在于说明学生的学习是在教师有效指导下逐步发展的过程，揭示出教学的本质特征不是行为主义者所认为的"刺激—反应"，而是激发学习者尚未成熟的心理机能。

建构主义思想使得我们在评价职校生学业成绩的过程中有了一个新的标准，对有效评价理解更为深刻，即：①有效的评价应引导学生积极、主动参与学习，要让学生在"做"中进行学习。②有效的评价应使教师与学生、学生与学生之间保持有效互动的过程。③有效的评价应使学生获得对学科学习的积极情感体验。

（三）后现代主义对职校生学业成绩评价的启示

在后现代主义看来，这个世界是开放的、多元的，在这个以创新为时代精神的社会里，科学技术日新月异，各种新鲜事物层出不穷，创新已经成为社会、个人发展的动力源，承认开放性，也就为人充分展示生命的本真提供了大舞台。

后现代主义以其兼容并包的宽容态度和尊重个体主体性的宽广胸怀，给生活在这个世界上的每个人开放了生命的空间。后现代主义注重过程的思想以及目的与手段统一的观点，均认为个体是在活动的过程中得以不断发展的。后现代主义对学生学业成绩评价的启示主要表现在：每个学生都是个体，教师不能以绝对统一的尺度去度量学生的学业成绩，要给学生留有一定的空间。教师不能把学生视为单纯的知识接受者，而更应该看作是知识的探索者和发现者。因此，对学生学业成绩的评价不仅需要注重结果，更要注重过程。学业成绩评价对学生来说不仅是对学习结果的判断，其功能还在于促进学生充分发挥主体能动性，积极参与，促进其全面发展。

四、发展性学习评价的基本要求

学习评价不仅要关注职校生的学业成绩，而且要发现和发展职校生多方面的潜能，了解学生发展中的需求，帮助学生认识自我，建立自信，发挥学习评价的教育功能，促进学生在原有水平上积极发展。

（一）关注学生学业

学业的涵义包括知识与技能，过程与方法，情感、态度和价值观。学习评价所要关注的应当是学生各个方面的掌握和发展情况，而不是某一个方面甚至某一点上的掌握和发展，要防止以点代面，以偏概全。

（二）发掘学生潜能

要使学生在学习过程中充分调动自己的各种潜能。学生的潜能是多方面的，学业成绩评价要采用多种多样的方式方法，让学生的各种潜能都能在评价中得以展现。要通过评价来发现、发展学生的潜能，使潜能逐渐转化为现实的学习能力、分析问题和实际操作能力，从而更好地促进学生的发展。

（三）满足学生需求

通过一个阶段的学习，不同的学生需要提升学业的方面是不一样的，有的需加强自己的基础知识与基本技能，有的需改进自己的学习过程与学习方法，有的需要提升自己的学习态度和学习情感。

（四）多渠道评价

教师是学生的主要评价者，但不是唯一的评价者。学生自己可以评价自己（自评），同学之间可以评价（互评），多元评价可以使评价更合乎实际。

（五）多标准评价

注重学生综合素质的考察，不仅关注学生的笔试成绩，而且关注学生的课堂纪律、参与发言、课外作业、学习态度、实验实践操作等方面；就是关于学生智力方面的评价，也不仅只关注语言言语能力、数理逻辑能力，还要关注图画能力、工具使用能力、组织能力、交际能力等。多元智力论认为，多一把尺子可以量出一个人才来。一个笔试成绩较差的学生，如果能遵守课堂纪律，或有突出的活动能力、绘画能力、动手能力……很可能是一个优秀的销售员、管理者、技术员……总之，能够成为一个社会需要的人才。职业学校教师要尊重学生个体差异，认可学生个体的独特发展。

第二节　职业学校学生学习测量与评价的基本过程

在职业学校教学工作中，教师要及时了解学生对所学知识和技能的掌握情况，就必须对学生的学习进行测量。这种测量不能是随意而为的。为使测量顺利进行，职业学校教师就必须了解评定学生学习成绩的工具，掌握评价过程中的具体操作策略，以达到客观、公正、合理评价的目的。

一、职业学校学生学业成绩发展性评价工具

任何一项测量与评价活动，在内容确定之后，都需解决评价技术问题，即具体的测量与评价方法，否则，要完成评价目标和达到评价目标就只能是一句空话。测量与评价技术是为其目的和内容服务的，也可以说受其目的和内容所制约。

测量与评价方法应根据评价对象加以选择，尤其要注意受教育者的认识规律和年龄特征，以期取得良好的评价效果，学业成绩评价的对象是学生，因此，应当着重围绕学生成绩评价来研究其技术问题。

（一）测量与评价工具的界定

评价工具是指收集评价对象的信息，对评价对象进行价值判断时所采用的一些器具和手段。由于评价过程实际上主要包含制定评价标准、收集评价信息并对之进行价值判断、反馈评价结果等三个步骤，在每个步骤中都涉及方法和工具的问题，所以上述定义只是一个狭义的评价工具。在实际的教学中，更多地使用狭义的评价工具。

（二）职校生学业成绩测量与评价的常用工具

职业学校学生学业成绩测量与评价的常用工具：教师自制的客观测验（单元、期中、期末时采用），问题情境测验（直接的和间接的），行动观察记录，自我论断测验，访谈（谈话），创作成果分析，实验报告、研究报告、作品、实习及其他业绩分析。

这几种方法通常用于收集评价对象的信息。根据收集到的评价对象的信息，对照评价标准，评价者对之做出一个价值判断。表征这个价值判断的工具也属于评价工具，通常有：分数（百分、标准分等），等第（四等、五等等），评语（描述、结论），其他（特殊的等第或分数与等第间的转换）。

（三）职校生学业成绩发展性评价工具的基本类型

1. 自制测验

自制测验就是教师自行编制的测验，是教师根据教学的需要，凭借自己的经

验设计和编制的测验，是一种非标准化的测验，多用于平时教学中的学业成绩评价，目的在于检验教学效果。它的编制和实施简单易行，针对性和适应性较强，但也存在一些缺点，如评分不客观，随意性较大，同一份试卷由不同的教师评阅会得出差异很大的分数；试题的取样缺乏代表性，不能有效反映全部教学内容，学生成绩受机遇影响较大；缺乏可比性，不同的试卷因测验的内容不同，难度不同，导致分数的价值不同；在组织实施等方面也缺乏严格的控制等。它主要有三种形式：

(1) 主观式测验。根据既定的目的提出一定的问题，要求学生运用自己的知识、能力和经验，针对题目做出回答的一种测验，包括两种题型：一是回答问题，如简答题和综合题；二是作文，如命题作文和根据材料作文。

针对主观式测验题量少、回答时间较长、学生对题的中心不易把握的特点，试题的覆盖面要适当扩大，一题多问；要适当控制回答问题的自由度；要制定科学的、具体的评分标准，严格评分的程序和步骤，减少评分的主观性。

(2) 客观式测验。客观性测验是指答案惟一，评分不受主观影响的测验，主要包括判断题、选择题。

在职业学校的考试中，客观式测验被大量采用。作为主观式测验的补充，其优势主要表现在：①解题时间相对较短，题量较大，覆盖面较广；②答案唯一、确立，因而评分客观；③阅卷方便迅速，便于对试题进行分析和调查；④便于存储和交流。

客观式测验也存在着不足，主要表现在：①因答案固定，所以考查不出学生的能力；②因为只看答案，所以看不出学生解题的思路过程；③学生有猜测答案的情况。

客观式测验侧重于考查学生的识记能力和较低层次的理解力、判断力，对职业类学校来说，这样的题所占总分的比例约50％。

(3) 问题情境测验。问题情境测验是创设一个被测者未曾经历的、有一定难度的问题情境，让他们对问题作出反应，以考查他们利用自己所学的知识技能、掌握的原理观点分析问题、解决问题的能力的测验，在专业课考试中经常采用这类测验。

2. 观察记录

所谓行动观察是指在评价过程中对学生的某些心理活动的外在表现行为进行有计划、有目的的观察，把观察的结果记录下来，作为评价的资料和素材。在职业学校中，对学生的学业成绩评价，除了笔试成绩外，还应经常观察学生的课堂表现，包括课前准备、课堂纪律、发言等，作为平时成绩的一部分。

3. 作品分析

作品分析是对被评价对象的创作成果或其它作品进行分析，从而获得有用的评价信息的工具，职校生的作品主要有作文、作业、周记、小制作、小发明、第二课堂的作品、专业课的操作成绩等。教师从分析中了解他们的想象力、观察力、理解力及动手能力，作为评价的依据之一。

4. 档案袋

档案袋是 20 世纪 90 年代以来伴随着西方教育评价改革运动而出现的一种新型质性教学评价工具。目前，此工具在小学中运用较多，但是面对职校生目前的状态，使用档案袋工具可激发学生自我评价技能，促进师生间的交流，特别是对一些文化基础知识较差的学生来说，可以从其他方面来弥补缺陷。

二、职业学校学生学习评价过程的操作策略

（一）档案袋评价法的操作策略

档案袋评价法，也就是进步记录评价法，这里说的是反映职校生学业成绩的学科性档案袋。在具体运用这一评价方法时，必须认真解决好以下几个问题：

（1）装什么。成绩记录袋内装的应该是学校认为能反映学生进校后学习上点滴变化的材料。学生认为最能反映他自己的学习成就的实物材料，如学生基本情况表、学生素质发展报告单，各类活动的成果，如学习小论文、读后感、个人小制作、演讲比赛、技能竞赛等。其实，档案袋里装什么，并没有明确的规定，关键是装的材料能反映职校生的成长历程，促进他们的反思与发展。

（2）谁来装。成长记录袋的材料可由教师与学生讨论决定装什么，互动建成。

（3）怎样用。档案袋可由学科任课教师保管，需注意及时收发。期末交班主任，由班主任综合整理交教务处保管。

例：主题探究档案袋（旅游专业）

（1）确立一个你感兴趣的社区环境建设相关主题：①说明所选主题对社区环境建设的重要意义；②指导教师对"说明"的评语。

（2）制定周详的计划，发现关于这个主题的相关信息：①说明获取相关信息的途径；②概括相关信息的大致内容，优势与不足；③尝试提出假设；④指导教师对收集信息的方法、资料概括、假设的评语。

（3）运用恰当的方法进行探究：①制定有助于假设检验的探究方案；②教师对研究过程的评语。

（4）根据你的研究结果，撰写一份建议。

（5）将你的发现和建议提交给一些有能力发现你的想法的机构，如社区委员会、环保局等。（附采纳情况）

（6）同学及相关社会人士对活动的评价、自我的体会。

活动参加人员签名：＿＿＿＿＿＿＿

（二）学习评价记录卡的操作策略

学习记录卡在评价方面的运用，主要包括学习过程的评价和学习结果的评价。学习过程的评价包括学习情感、态度、合作、交流意识，学习方法、策略，解决问题的方法，思维过程、实践实习等方面的评价。对于职校生而言，更多的是对学习态度的判断，而对于学习策略和解决问题方法的评价，只有有了较好的态度，才能完成。学习结果的评价主要评价学习目标的达成情况，一般根据作业、测验情况进行评价。

1. 常规性课堂评价记录卡

让学生做学习的主人的关键，是让学生做到四个"学会"：学会倾听、学会思考、学会合作和学会评价。例如，我们可以设计如下课堂表现记录卡（表10-1）。

表10-1　课堂表现记录卡

日期 ＼ 内容 ＼ 课堂表现	课堂评价			
	优	良	一般	差
月　日　课前准备				
认真听讲				
主动参与				
整体表现				

2. 随机性课堂评价记录卡

每学期可以选择几节重点课时，设计评定记录卡，对学生学习的态度与情感进行评价。例如，教学数学《排列》时，设计如下表格（表10-2）：

表10-2　随机性课堂评价记录卡

评价内容 ＼ 等级	一般	良	优	自评	互评
①课前找到生活中哪些属于排列问题	找到一个例子	找到两个例子	找到三个以上例子		
②根据计数原理计算的正确性	来不及	大部分正确	全对		
③积极主动参与	不太动脑 不举手发言	能动脑 能举手发言	积极动脑 发言次数多		
④找到解决问题的方法	没有找到	找到一种解决问题的方法	找到二种解决问题的方法		
⑤游戏"废对联为我用"中的表现	合作，但未能成为句子	合作，能正确排列	能正确排列并能说出对联的意思		
⑥合作性	合作少愉快	合作较愉快	合作很愉快		

3. 阶段性学习评价记录卡

每学完一个单元，或期中、期末，教师及时指导学生对学习的兴趣、态度和方法等方面进行各种评价，可有学生自评、互评，教师评价等。

学习评价记录卡在实际运用当中，应根据学生实际和操作中发现的问题进行修正，要有变式与创新。

（三）课堂教学中即时评价法的操作策略

1. 营造民主、平等、温馨的评价氛围

一个民主、平等和温馨的评价氛围，有利于反馈信息的畅通和学生自我调节，有利于增加学生的学习兴趣。教师要做到"眼观八方"，不仅从眼神，而且从语气、态度、表情等方面注意调控自己。

2. 注意评价与学习过程的和谐融合

进行评价时，要避免使用过于繁琐的评价程序或占用过多的时间进行评价，如职校生往往学习态度不够端正，因而对学生的学习积极性或学习态度等进行观察和记录，就不必要让学生知道，而是由教师进行，可称为隐性的评价。有的竞争性评价，可作为显性评价。总之，评价活动应追求评价与学习过程的和谐融合。

3. 在评价过程中关注学生个体差异

每个学生都具有不同于他人的素质和生活环境，都有自己的爱好、长处和不足。学生不仅在学业成绩上存在差异，还包括生理特点、心理特征、兴趣和家庭环境等各个方面的不同特点，设计有所侧重的评价目标，注重差异，尊重差异，这样才有利于学生的发展。

4. 指导学生积极开展互评与自评

让学生开展评价活动，体现着以学生为主体的教育理念。以往的学习评价是教师的事，学生作为被评估的对象，只是学习的主体，以知识和学习技能的形成为主要任务，学生很少参与评价，缺乏评价的主动性，缺乏相应的能力。学生在学习过程中，对自身和同伴的表现有着自觉、能动的反应，尽管程度不同、范围有限。学生参与评价活动，使其主体功能得到进一步的发挥。他们不仅是学习的主体，也是评价的主体之一。

（四）学科考试发展性评价法的操作策略

在学生学业成绩评价改革中，是否还有必要对学生进行考试？回答应该是肯定的。考试特别是笔试依然是对学生学习情况和发展情况进行评价分析的重要方式。问题的关键是，应该针对职业学校的现状，改革考试评价的命题方式和考试评价的形式，改革考试评价，使其符合职业教育改革的要求，符合职业学校学生的实际。

1. 考试评价的命题要求

命题是考试评价尤其是书面考试评价的一个重要环节，必须遵循关注学生学业、发掘学生潜能、满足学生需求、建立学生自信、推动师生发展的原则，突出基础性、综合性、实践性、操作性和开放性。在设计试卷时，需要注意恰当的比例和权重，特别是专业课的试卷，除了基础题、综合题外，还应有学生自己设计的题、自选难度题及实验操作题。

2. 变革考试评价的方式

(1) 口头型考试评价。口试形式更多地应用于英语和语文学科的考试评价之中。评价学生的口语交际能力，应重视考查学生的参与意识和情意态度。评价必须在具体的交际情景中进行，让学生承担实践意义的实际任务，以反映学生真正的口语交际水平。如语文教学中的课本剧表演就是评价学生口语能力的一种尝试。

(2) 开放型考试评价。让学生走出考场，给以充分的时间，在一个命题的引领下，或在一个特定的环境中，查找资料、思考问题、经历研究、解决问题……老师不仅可以对学生的考核结果进行评价，还可以通过观察、交谈或答辩，对学生在整个过程中的情感、态度以及表现出来的能力、才华进行评价。这种考试评价就是开放式考试评价。如汽修专业的汽车构造、路桥专业的测量的"实践部分"，就是在学生观察、答辩、动手的过程中，解决一系列专业问题，从而检测学生对所学专业知识的掌握情况和分析、解决问题的能力。

(3) 操作型考试评价。专业课中有较多的考证、考级内容，如钳工证、汽修操作工证、测量放线员证，这类考试评价，就是操作型考试评价。除此以外，其他学科中也可采用操作型考试评价的方式，考核学生的动手实践能力。如语文的自制专题小报、数学的自制立体模型、路桥专业的自制桥模等。

(4) 合作型考试评价。合作型考试评价是最新颖的一种考试评价方式，它要求几位学生合作完成一件作品或一个项目。老师对具体的作品或完成的项目结果，首先进行量分或等级评价，这种量分或等第是合作的学生共同分享的。其次，由合作的学生再互相对每个人分工完成的情感、态度和质量进行量分或等第评价，这种量分或等第是有差异的。最后，教师对各小组的合作情况和水平进行量分或等级评价，这种量分或等第也是合作的学生共同分享的。把三部分量分或等第用一定的权重和形式合成，便成为每个学生在这次合作型考试评价中的最终得分或等第。这样的考试评价更注重考核的是学生分工合作的过程、责任心和团队精神。

第三节　正确认识职业学校学生学习的测量与评价

一、尽量发挥职业学校学习评价的正效应

职业学校学生学习的测量与评价是为了改进职业学校的工作，推动职业教育发展的手段，而不是最终的目的，决不可为评价而评价。并不是所有的评价都能起到改进职业学校工作的积极效果。日本学者桥本重治研究分析了学习评价可能产生的心理效应，认为学习评价是一把"双刃剑"，既可能产生积极的正效应，也可能产生消极的负效应。

职业学校学生学习的测量与评价可能产生的积极效应有：第一，促进确认的效应，即评价是教师确认教学指导的效果，使学生确认学习取得的成绩；第二，激发动机的效应，当评价结果被师生确认存在问题、缺陷和不足时，具有激发师生改进和调整整个教学活动的效应，当然，教学成果一经确认，也将激发师生更大的教学热情；第三，调整时间与精力分配的效应，评价的结果将促进师生时间与精力分配的合理调整；第四，强化成功经验的效应，强化教师有效的教学方法与学生成功的学习经验，使其巩固原有的长处；第五，消退失败经验的效应，纠正教学中的某些失误，避免重犯以前的各类错误；第六，调整学习态度的效应，促进学生积极专注地学习；第七，赋予安全感效应，通过确认成果，可以使教学双方获得安全感。

职业学校学生学习的测量与评价可能产生的消极效应有：第一，引起不安感，经过评价，师生可能获得一时的安全感，但这个安全感是暂时的，在评价之前和评价之后，尤其是对其学习评价不很好的时候，都可能引起教学双方的焦虑情绪，当这种焦虑达到一定强度后，可能导致动机的削弱，学习效果反而下降；第二，使学生产生不良的自我概念；第三，助长个人主义的学习态度。

因此，作为评价组织者来说，职业学校必须采取措施，尽可能促成学习评价的正效应，控制学习评价的负效应。

二、注意调动师生共同参与学生学习评价的积极性

联合国教科文组织在进行教育考察时发现，任何地区、任何国家的教育改革如果得不到教师和学生的支持，多是很难指望成功的。要发挥职业学校学习评估的正效应，控制职业学校学习评估的负效应，关键在于激发职业学校师生共同参与评估的积极性，帮助他们正确对待评价的结果。这就要求：①做广泛、充分、深入、细致的思想工作，使师生都能了解评价的目的、意义，掌握评价的方法和步骤，提高他们的认识水平。②及时发现师生对评价的种种疑虑，帮助他们以积极、正确的态度对待评价，使其认识到评价并非仅仅为了得出一个评价的结论，

而是为了发现职业学校教学工作中的成败得失，明确改进的方向，促进教学水平的提高。③尽早发现自我概念不准确的学生，及时帮助其形成比较准确的自我评价，防止评价结论与预期结果反差太大，造成抵触情绪，给评价工作带来不必要的负效应。

三、保证学习评价结论的准确性

职业学校学生学习评价的负效应主要产生于评价结论的偏颇与不准确。评价组织者要想保证评价结论的客观、公允，关键在于充分获取被评价学生的背景信息资料。掌握的信息背景资料越丰富，得出的评价结论就会越准确、越可靠。职业学校教师不可偏听偏信，不可以偏概全或以点带面，不可只图简便，不能凭有限的资料得出评价结论。

【本章思考与练习】

1. 职业学校学生学习测量与评价有什么作用？
2. 学习测量与评价的理论基础是什么？
3. 试分析职业学校学生学习评价过程中的具体操作策略。
4. 如何正确认识职业学校学生的学习测量与评价？

第十一章　职业教育教学的心理设计

为了保证职业教育教学活动的有效性，一般都要对教学目标、教学对象、教学内容、教学环境等，进行精心的规划和计划，这种对教学活动的事先规划和组织，就是教学设计。教学设计是多学科研究的对象，教学论、教学技术、心理学等学科都研究教学设计，但不同学科研究的侧重点不同。而职业教育心理学则主要研究职业教育活动中关于教学设计的心理学问题。本章主要从心理学角度探讨职业学校教师怎样进行课堂教学设计，包括职业教育教学目标、教学内容、教学风格、教学环境的心理设计等内容。

第一节　职业教育教学目标的心理设计

教学目标并不像许多教师误认为的那样就是教学内容，它是预期学生通过教学活动获得的学习结果，即学生会做什么或会说什么。只有分析界定好了教学目标，才能根据教学目标选择适当的教学策略，才能使教学结果的评价具有最客观、有效的标准，也才能使学生对所教内容引起注意，产生预期效果，从而使整个教学活动做到有的放矢、重点突出。鉴于教学目标对教学活动的重要意义，不同学科从不同角度对教学目标作了大量的研究，其中教育心理学家们提出的教学目标分类理论和技术，成为教学目标设计的心理学理论基础。

一、职业教育教学目标设计的心理学理论基础

职业教育的教学科目与任务比普通教育要复杂得多，因而教学目标的设计也复杂而多样。在众多的教学目标分类理论中，最具代表性的理论是布卢姆的教育目标分类学理论和加涅的学习结果分类的目标理论。

（一）布卢姆的教育目标分类学理论

根据布卢姆（Bloom）等人的教育目标分类学理论，教学目标分为认知、情感和动作技能三大类型，教学目标除了有类型之分之外，每一类型还有水平高低之分。

1. 认知目标

根据学生掌握的知识和技能的深度，布卢姆等人将认知领域的教学目标分为由低到高六个层次。

（1）知识。指对所学材料的记忆，包括对具体事实、方法、过程、概念和原

理的回忆。这是最低水平的认知学习结果。例如：复述专业术语的定义；列举工具的种类。

（2）领会。指把握所学材料的意义，即把语言信息转换成自己的语言、图式等形式。这一层次超越了单纯的记忆，代表最低水平的理解。

（3）运用。指能将所学的知识和技能应用到新的具体情境，包括概念、规则、方法、规律和理论的运用。这一层次代表较高水平的理解。

（4）分析。指分辨事物的组成部分及其相互关系。例如：分析文章段落；诊断机器故障。

（5）综合。指将所学的零碎知识整合为知识系统。这一层次强调的是创造能力，需要产生新的模式或结构。例如：发表一篇内容独特的文章；拟定一项新方法。

（6）评价。指对所学材料（论点的陈述、小说、研究报告等）作价值判断的能力。这一层次是最高水平的认知学习结果，因为它要求超越原先的学习内容，并需要基于明确标准的价值判断。例如：文章评论、操作评价。

此外，有人为了简便起见，进一步把上述六个层次合并为了解、理解、运用、高级智力运算（即问题解决与创造）四个层次。[①]

2．情感目标

根据价值观内化的程度，布卢姆等人将情感领域的教学目标分为由低到高五个等级。这里的情感，除了道德情感之外，还包括理智情感和审美情感。

（1）接受。指学生愿意注意特殊的现象或刺激，如意识到职业道德的意义、体谅到别人的情感等。这包括三个水平：觉察到有关刺激的存在；有主动接受的意愿；有选择地注意。

（2）反应。指学生主动参与学习活动并从中得到满足。这类目标与教师通常所说的"兴趣"类似，强调对活动的选择与满足。例如：愿意小组合作；乐于学习。

（3）价值化。指对特定活动表现出一贯倾向，并对此坚持一定的价值标准。其包括三个水平：接受价值（如愿意改变以往不良的操作顺序）、偏爱价值（批评和制止别人的不良操作顺序）和信奉价值（为正确的操作顺序与别人据理力争）。这类目标与教师通常所说的"态度"和"欣赏"类似。

（4）组织。指将新的价值标准有机地纳入自己已有的价值体系中。它包括两个水平：价值概念化（如：在与他人交往中，注重换位思考）和价值的体系化（如宽容待人）。

（5）价值体系个性化。指所学到的知识观念经过前面四个阶段的内化之后，已成为自己的价值观，融入性格结构之中。它包括两个水平：泛化，即对同类情

---

① ［美］安德森 L W、索斯尼克 L A. 布卢姆教育目标分类学 40 年的回顾. 谭晓玉等译. 上海：华东师范大学出版社，1998. 197～198.

境表现出同样的态度；性格化，即心理与行为内外一致，持久不变。

3. 动作技能目标

目前对动作技能领域的教育目标分类尚无公认的最好分类，这里主要介绍辛普森（Simpson）等 1972 年的分类，该分类将动作技能教育目标分为七级。

（1）知觉。指运用感官获得信息以指导动作。如：辨别机器的声音是否正常。

（2）定向。指为稳定的活动做好身体、心理以及情绪上的准备。如摆好运动姿势、精神饱满地为活动做好准备。

（3）有指导的反应。指通过模仿别人或自我判断，尝试性地做出动作。如根据示范做出技术动作。

（4）机械动作。指形成动作习惯化，完成动作习惯而且自信。

（5）复杂的外显行为。指动作操作的极其熟练，完成动作迅速、精确且轻松。

（6）适应。指修正动作模式以适应情境的变化，如技术竞赛。

（7）创新。指创造新的动作模式以适合具体情境，如服装设计、创造发明。

在实际生活中，认知、情感和动作技能这三方面的行为几乎是同时发生的。例如：学生在学习开车时（动作技能），也正在回忆老师所教的内容（认知），同时，会对这个任务产生某种情绪反应（情感）。因此，在教学中，教师往往需要同时设置这三个方面的目标。

（二）加涅的学习结果分类的目标理论

指导教学目标设计和陈述的另一种分类系统是加涅（Gagne）的学习结果分类的目标理论。由于教学目标是预期的学生的学习结果，所以教学目标与学习结果是指同一件事。加涅的学习结果分类包括认知、动作技能和态度三方面，认知和态度领域又各有分类。加涅将认知结果细分三个方面：

（1）言语信息。加涅所指的言语信息既是知识也是能力。这里的知识是回答世界是什么的知识。它对学生的能力要求主要是记忆。

（2）智力技能。指的是运用符号办事的能力。这里的知识是回答怎么办的知识，它对学生能力的要求主要是理解和运用概念和规则的能力，进行逻辑分析的能力。智力技能又分为辨别（说明符号的用处，如区别印刷的 m 和 n）、概念（为概念下定义，如为心理咨询下定义）、规则（如在英语教学中，说明一个句子内主语与动词的数一致）、高级规则（如已知光源和镜片的凹度，求预测印象大小的规则）四类，由简单到复杂构成一个层级关系。

（3）认知策略。这是一种对内调控，学会如何学习的能力，是个体对认知过程进行调节与控制的能力，包括学习者控制自己的注意、选择性知觉、调节编码方式、提高记忆质量等能力。

加涅没有对技能领域进行分解，而态度领域则分为情感因素、认知因素和行为后果三类。加涅认为学习的结果就是形成学生的智力技能、认知策略、言语信息、运动技能和态度五种能力。

综上所述，加涅的认知领域与布卢姆的认知领域在用词上和所涉及的范围上完全一致，布卢姆讲的情感即加涅讲的态度。布卢姆的心因动作也就是加涅讲的动作技能。布卢姆的动作前加"心因"两字，意指此处所说的动作是学习的结果，非天生的反应形式。加涅在动作之后加"技能"两字也是意指此处的技能是后天的学习结果。所不同的是认知领域内容各亚类的划分标准和目的不同（见表11-1）。从对教学的指导意义来看，布卢姆目标分类可用来指导测量，但由于在其分类系统中并没有阐明知识和智慧技能是怎样习得的，所以用它来导学和导教则很困难；而加涅的学习结果分类由于阐明了每类学习结果得以出现的过程和评价，以及其检测的行为指标，不仅有助于学习结果的测量和评价，而且有助于导学和导教，日益受到人们的重视。

表11-1　布卢姆的教学目标分类与加涅的学习结果分类

布卢姆的教学目标分类		加涅的学习结果分类	
（一）认知	1. 知识	（一）认知	1. 言语信息
	2. 智慧技能：		2. 智慧技能：
	领会		辨别
	运用		概念
	分析		规则
	综合		高级规则
	评价		3. 认知策略
（二）情感		（二）态度	
（三）心因动作		（三）动作技能	

二、职业教育教学目标设计的心理学技术

职业学校教师分析了教学目标的类型和层次，下一步就是要把它陈述出来，以便指导自己的教学和学生的学习。在表述教学目标时，最关键的是使目标表述得清晰具体而不模糊。为了使教学目标表达更易于导学导教，下面介绍两种克服教学目标含糊性的理论与陈述技术。

（一）克服教学目标含糊性的理论与方法

1. 行为目标

这一理论与技术是马杰（Mager）于1962年根据行为主义心理学提出来的。

---

① 皮连生. 学与教的心理学（修订本）. 上海：华东师范大学出版社，1997.237.

行为目标是指用可观察和可测量的行为陈述的教学目标。教学目标的行为化是教学目标具体化的有效方法，已经得到了广泛应用。行为目标的陈述包括三个要求：①行为，即学生做出什么行为才算达到了目标。目标陈述时要用行为动词描述出学生达标的具体行为，如"写出"、"解答"等。②条件，即学生应在什么条件下做出这种行为。③标准，即学生的这种行为应达到怎样的水平。例如，市场营销专业的一年级学生在教师指导下（行为的条件）能够写出一份市场调研问卷（行为），其合格率不低于 95％（行为的标准）。

2. 心理与行为相结合的目标

根据认知学习理论，教学活动中学生学习的实质是内在的心理变化，但内在的心理变化无法直接观察到。因此，有人提出了心理与行为相结合的目标陈述方法。用这种方法陈述的教学目标由两部分构成：第一部分是笼统的教学目标，用一个动词大概描述学生通过教学所产生的内部变化，如记忆、理解、知觉等；第二部分是具体教学目标，列出具体行为样例，即学生通过教学所产生的能反映内在心理变化的具体的外显行为。例如：理解设计一份市场调查问卷的注意事项（内在心理变化）；用自己的话说出市场调查问卷的注意事项（具体的外显行为1）；找出所给的问卷中不正确的地方（具体的外显行为2）。

（二）教学目标陈述的基本原则

上面提供了两种使教学目标具体化的理论和方法，如果把它们运用到教学目标的设计中，则会大大减少教学活动的盲目性，提高教学的效率和效果。下面进一步分析教学目标表述中应注意的问题。

（1）表述学生的行为，而不是教师的活动。教学目标陈述的是通过教学后学生会做什么或会说什么，即学生的行为，而并不是教师做什么。例如：在心理咨询课中"心理咨询的对象、技法和原则"这一节的教学目标：错误表述：教给学生心理咨询的对象是谁；给学生强调心理咨询的基本原则；向学生重点讲解心理咨询的一些技法。正确表述：要求学生说出心理咨询的对象；分析心理咨询的基本原则；列举心理咨询的一些技法。

（2）表述学生的学习结果，而不是学生的学习过程。表述学生的学习结果的行为动词如了解、理解、掌握、运用等，而像讨论、观察、参与等动词所描述的行为虽然也是可观察的，但它们本身只是说明学生的学习过程中所发生的行为，因而并不能用于教学目标的表述。它们只有辅助那些表示行为结果的动词，才能使目标更明确，比如"观察……并分析……""讨论……并列举……"等。或者把这些动词转化成学生学习的最终结果。例如，英语课中"过去完成时"一节表述的教学目标：学生要学习过去完成时这一时态的意思；进行这一时态与现在完成时的比较练习。这些目标只是说明这节课上学生的活动，表述的是学生的学习过程，应当把它转换成表述学生学习结果的动词，如我们把上面的教学目标修改成；学生应能说出过去完成时这一时态的意思；能分析这一时态与现在完成时的异同。

（3）表述明确具体且易观测，而不是含糊不清、模棱两可。教学目标的陈述应可观察和测量，尽量避免使用模糊的语言或不确定的动词来陈述目标。不可测的动词：知道、了解、理解、掌握、学会、承认、精通、记住、体会……可测的动词：找出、说出、分析、比较、列举、判断、解释、选择、排序……对一些复杂的、高级的目标可"采用心理与行为相结合的目标"这一理论和技术，先陈述一个表述比较笼统的总目标，再细分几个比较具体的行为目标。例如：语文的一个教学目标可这样表述：理解议论文中的"类比法"（总目标）；用自己的话解释运用类比的条件（具体目标1）；在课文中找出运用类比法阐述论点的句子（具体目标2）；能造出运用类比法的句子（具体目标3）。

（4）表述应具有层次性，而不是齐头并重。教学目标的陈述应反映学习结果的层次性，而不是所有的子目标都在一个层次上，从而才能使这节课重点突出，详略得当。认知领域的教学目标一般应反映记忆、理解与运用三个层次。在态度领域的目标应尽可能反映接受、反应和评价三个层次。比如：在计算机课"输入法"这一节的教学目标，错误：说出输入法的类型；说出每一输入法中键符组合的方式；记住每一键代表的字符或功能。正确：说出输入法的类型；比较每一键代表的字符或功能；运用每一输入法中键符组合的方式。

（5）表述要切合实际，而不是盲目拔高。表述的目标要符合学生的实际情况，要落实在学生原有知识结构的基础上。若目标太高，学生达不到，设计再好的目标也没有多大的意义；若目标过低，不能激发学生的求知欲，不利于学生潜能的开发和能力的培养，从而不能取得好的教学成效。比如，"营销班一年级学生独立设计一份完善的市场调查报告"这个目标就有点太高；"汽修专业的毕业生一毕业就能适应新技术、新设备、新工艺"这种要求未免有点苛刻。总之，在设计教学目标时，要先了解学生，了解学生目前的知识储备，使教学目标能够得到圆满的实现。

第二节　职业教育教学内容的心理设计

具体清晰的教学目标，只有和实际的教学内容联系起来，才能使其发挥指导作用。同样的教学目标，不同的教学内容设计，教学效果就大相径庭。所谓教学内容的设计是教师为实现教学目标对教材内容的取舍与安排。教学内容哪些该讲，哪些不该讲，哪些该讲详细，哪些该讲简略，具体应该怎样讲才能让学生学好，这其中颇具设计的艺术性。简略一句话，教学内容的设计就是讲什么和怎样讲的问题，它包括教学内容的分析、教学内容的组织等环节。

一、职业教育教学内容设计的心理学要求[①]

（一）适切性

适切性是指所选择的教学内容应与教学目标、学习者的心理发展水平相适应，这是选择教学内容必须遵循的基本要求。

（1）教学内容应有利于教学目标的实现。凡是和教学目标不相干或者关系不大的内容，即使内容非常精彩，也应放弃。这是教学内容选择时的一个基本原则。在职业学校教学活动中，教师面对内容复杂多样的教材，就应遵循这一原则，对教材进行选择和取舍。

（2）教学内容应与学生的心理发展水平相适应。对这方面的要求，要注意以下两点：一是教学内容的难度要适宜，既要有利于发展学生的"潜在水平"；又要与学生的"现有水平"相衔接，按照前苏联心理学家维果茨基（Vogotsgy）的观点，教学内容的难度应定位在学生现有发展水平的"最近发展区"上，即让学生"跳一跳，摘果子"。二是教学容量要合适。既要避免容量过大，超出了学生能承受的负荷，又要避免容量太少，学生"吃不饱"、"开小差"。

（二）三序合一——知识序、认知序和教学序相结合

所谓知识序是指科学知识本身内在的逻辑体系。任何知识都是由事实、概念、法则、原理等连接起来的具有逻辑体系的统一体。认知序是指学生学习活动内在的认知规律。这种认知规律不仅体现在教学活动应建立在学生原先的认知结构的基础上，还体现在学生认知的发展也有内在的程序性，如从已知到未知、从感知到理解、从具体到抽象、从巩固到应用等。而教学序是指教学的组织方式、教学顺序。

可见，在教学中，不仅要考虑到知识序，用循序渐进的方式逐步地、系统地把学科知识传授给学生，还要了解到学生的认知序，按照认知发展的程序把学科知识点纳入学生原有的认知结构中。只有知识序、认知序和教学序三序合一才能使教学达到预期的效果。

二、职业教育教学内容设计的心理学技术

教学内容设计的方法很多，如加涅的层次性任务分析方法、奥苏伯尔的渐进分化和综合贯通式组织的方法、布鲁纳的螺旋式组织的方法等。下面主要谈谈比较常用的几种方法。

---

① 张承芬. 教育心理学. 济南：山东教育出版社，2000.339～340.

（一）任务分析法——一种教学内容分析的方法

任务分析是一种教学设计技术，任务分析就是对教学内容的分析，实际上就是教师在仔细研读职教教材或其他教学文件的基础上，把教学目标作为起点，对整个教学内容进行一层一层的分解，直到找到可以直接把握的教学内容单位。它主要有以下几个步骤：

1. 教学目标的学习结果分类

加涅认为，学生的学习结果有五种类型，分别是：言语信息、智慧技能（包括辨别、概念和规则）、认知策略、动作技能和态度。教师只要将教学目标中明确陈述的学生的样例归入上述类别，就完成了教学目标的学习结果分类。例如，若教学目标是"陈述职业品德的结构"，则学习类型是言语信息；而教学目标是"举例说明道德意志对道德动机的调节功能"，则学习类型是智慧技能。表 11-2 列举了教学任务的典型例子以及所代表的学习类型。

表 11-2　学习任务举例以及所代表的学习类型

学习任务	学习类型
① 列举计算机输入法的类型	言语信息：陈述事实，提供具体信息等
② 诊断机器故障	智慧技能：将规则应用到具体情境
③ 运用现有的材料进行服装设计	认知策略：创造一种处理问题的新方法
④ 用活动扳手拧紧螺帽	动作技能：执行一项连贯的操作
⑤ 意识到职业道德的意义	态　　度：个体在一类事件中所表现出的一贯的行为倾向

2. 分析学习的条件

加涅把学习条件分为必要条件和支持性条件。必要条件是学习中不可缺少的条件，缺少了必要条件，相应的学习便不能发生。而缺少支持性条件，学习不一定不能发生，只是学习的效率不高、效果不好。不同类型的学习的必要条件和支持性条件是有所不一样的。

（1）智慧技能学习的条件。智慧技能包括辨别、概念和规则三个由低到高的层次，低一级的层次是高一级层次的必要条件。例如，如果教学目标是规则学习，教师在进行讲解时必须先让学生掌握该规则的有关概念，否则，规则学习这一目标便不可能实现。智慧技能学习除了具有必要条件之外，还要分析其支持性条件。现举一个具体实例来说明：

教学目标：能正确造出具有过去完成式时态的英语句子。

该教学目标的学习类型是智慧技能中的规则学习，学习的必要条件是：过去完成式的概念。支持性条件是：推理策略。由于过去完成式这一时态与现在完成式这一时态相对应，前面学过现在完成式这一时态的造句，所以可以借助推理策略将要学习的新知识转化成已知的旧知识，从而来完成这一教学目标。

（2）其他各类学习的学习条件分析。与智慧技能相比，其他几类学习的学习条件有所不同。如学习言语信息的必要条件是言语技能（如句法规则），其支持性条件是有关的背景知识和有意义学习的态度。表 11-3 概括了五种学习的必要条件和支持性条件，可供教师在学习条件分析时作为参考。

表 11-3　五种学习结果的必要条件和支持性条件[①]

学习结果分类	必要条件	支持性条件
智慧技能	较简单的智慧技能的构成成分（规则、概念、辨别）	态度、认知策略、言语信息
言语信息	有意义组织的信息	言语技能、态度、认知策略
认知策略	某些基本心理能力和认知发展水平	智慧技能、态度、言语信息
态　度	某些智慧技能和言语信息	其他态度、言语信息
动作技能	部分动作技能、某些操作规则	态度

3. 确定教学任务的序列

由于前阶段对学习条件的分析得出了许多内部条件，这些条件都是教学的子目标，教师必须对这些子目标排序，先讲什么，后讲什么，具体化为井然有序的教学任务安排。例如：一篇英语课文中的学习包括单词、短语、句型、语法、段落等知识学习和策略学习。在这样的条件下，怎样安排讲解的次序就非常重要。安排教学任务的序列主要是根据学生的起点能力由浅到深、循序渐进地达到教学目标。

4. 分析学生的起点能力

这一步是教学任务分析的终点，也是教学任务分析中最关键的一步。奥苏伯尔（Ausubel）在其《教育心理学——认知观点》一书的扉页上说："假如让我把全部教育心理学仅仅归结为一条原理的话，那么我将一言以蔽之曰：影响学习的唯一最重要因素，就是学生已经知道了什么。要探明这一点并据此进行教学。"[②] 这也就是我们常说的，上课之前有"两备"，一是备教材，二是备学生。只有把教学目标落实于学生的学习基础与需要上，才能取得教学成效。那么，了解学生已有的知识背景与学习动机的方法主要有哪些呢？主要有以下几点建议：

（1）利用学生已有的行为信息，了解学生的学习动机。包括使用参阅学生的学习档案、查找学生的以往的作业、班主任或其他代课老师的介绍、同学之间的评价以及自我评价等方法，来了解学生的学习动机和知识背景情况。

---

① 转引自皮连生. 学与教的心理学. 华东师范大学出版社，2003. 274.

② 转引自皮连生. 学与教的心理学. 华东师范大学出版社，2003. 269.

（2）通过专门的座谈、问卷、观察等方式，来了解信息。如果通过上述的第一种方式，并没有得到你想要了解的信息，可以通过随机抽取班上的数名同学就有关问题进行座谈，或者设计问卷方式来收集信息。

（3）重视第一堂课，建立良好的第一印象。每一科目的第一节课上，教师不仅要介绍这一门课，提出建议和期望，还要了解学生相关知识、经验以及他们的需要与建议。上好这节课，不仅可以调动学生学习这门课的学习动机，而且可以了解学生相关的知识背景，为以后的课奠定基础。

（二）渐进分化和综合贯通式组织的方法

这种方法是美国心理学家奥苏伯尔（Ausubel）提出的。他认为，教师在教学中扮演着主导者、组织者的角色，在教学内容组织中可以采取以下一些教学的基本策略。

1. 不断分化策略

不断分化，就是指教师在教学中根据人们认识新事物的自然顺序和认知结构的组织顺序，对知识进行由上位到下位、由一般到个别的纵向组织，类似于循序渐进。不断分化的策略，就是要求教师在呈现教学材料时，应首先介绍具有较高概括和包摄性的知识，然后再安排那些概括程度逐渐薄弱的知识，因为个人的某一学科领域的知识在其头脑中的组织是由分层次的结构构成的，包摄最广的观念处于这一结构的顶端并逐渐容纳范围较小的高度分化的命题、概念。通过不断分化的策略来呈现材料，学生学习速度快，而且利于保持与迁移。

2. 综合贯通策略

综合贯通，就是从横的方面加强教材中概念、原理、课题乃至章节之间的联系，消除已有知识之间的矛盾与混乱，以促使学生的学习融会贯通。综合贯通的策略，就是要求教师帮助学生牢固掌握知识间的区别和联系，指出它们的异同，将前后出现的连贯观念表面上或实质上不一致的地方融会贯通，使之成为完整的知识体系。若教师在讲授教材时不注重知识的综合贯通，结果会使学生不能区分表示相同意义的不同术语或者表示不同意义的相同术语间的区别和联系，造成认识上的混淆，学生难以理解许多有联系的内容之间的共同特征，先前学习所掌握的知识不能为后继学习提供基础，直接导致知识的生吞活剥、食而不化。

（三）设计先行组织者的方法

在教学实践中，为了提高课堂教学的质量，促进学生对教材知识的理解，奥苏伯尔提出了"先行组织者"的概念与教学方式。先行组织者是先于学习材料呈现之前呈现的一个引导性材料，它在概括与包容水平上高于要学习的材料但以学生易懂的通俗语言呈现，它是新旧知识发生联系的桥梁。它可以是一段概括性的说明文字，一条定律，也可以是一个概念，或者是具体形象化的模型。现在应用比较多的是符号标志（列出小标题 1、2、3 等）①、在材料前或材料后设计附加问题等手段。

使用先行组织者要注意以下问题：它用于学生不熟悉的课文中效果更为有效，可有助于促进学习的迁移；在困难的与要求解决问题的项目上先行组织者有明显的优势，而只要求机械识记的东西无需先行组织者；学习内容本身已经有内在的组织者，编排顺序是逐渐分化的，也不必采用先行组织者；先行组织者可能对学习水平与能力居上等、学习能力强的学生效果不大，对其他不同能力与水平的学生的学习有明显促进作用。

奥苏伯尔根据学生对"学习新知识的熟悉程度"，将"先行组织者"分为两类。第一类，学生对新知识完全陌生，教师可设计采用"陈述性的组织者"策略。这种"组织者"中包含的较高抽象和概括的观念是学生所熟悉的，而其中涉及到的概括化的新知识，虽然抽象性高于正式学习材料的内容，但不低于学生熟悉的上位概念。学生事先学习了这个"组织者"之后，能将这些高度抽象概括化的观念渗入认知结构中，当学习具体的新材料时，认知结构中就有了可利用的"固定观念"。第二类，如果学生对新知识不完全陌生，新知识能与认知结构中的适当观念联系，但由于有具体或特殊的联系性，新旧知识间的差别就有可能被相似性所掩盖，使得学生在正式学习中可能把新旧知识混淆起来。这时教师可采用"比较性的组织者"策略，它能帮助学生事先分清新旧知识间的异同，以增强新旧知识间的可辨别性，从而将概括性观念渗入学生认知结构中，有利于正式材料的学习。

第三节　职业教育教学风格的心理设计

在教学设计中，无论是教学内容的组织，还是教学方式的选择，不同的教师所表现的特点都不尽相同。尤其在教师从教多年后，教学中会无意识地透出自己的个性或形成自己的教学风格。所谓教学风格，"是教师在长期实践中逐步形成的富有成效的一贯的教学观点、教学技巧和教学作风的独特结合和表现，是教学艺术个性化的稳定状态之标志。"② 教学风格都是"有效"的，虽然无好坏，但有类别。无论职校教师想借鉴别人教学中的精彩片段，还是自己备课时设计教学环节，都要设计自己的教学风格，这样才能考虑到自己的教学个性，用自己的教学风格同化引进的片段、内化设计的环节，在和谐的风格中开展教学活动。只有形成了自己的教学风格，教师才能更好地实现教学目标，取得最佳的教学效果。

---

① 所谓符号标志是指在学习材料中加入未增加实际内容的标志或词语，以突出材料的结构和组织，使人一目了然。读者可参阅皮连生. 学与教的心理学. 华东师范大学出版社，2003. 310～313.

② 李如密. 教学风格的内涵和载体. 上海教育科研，2002，(4)：42.

一、职业教育教学风格设计的心理学要求

（一）了解自我，明确优势

1. 了解自己的个性特征

教师的个性特征，特别是性格气质类型的差异，对于形成不同的教学机智、教学风格等，有着直接的关系。教学的风格同样也会或多或少、或隐或显地把气质再现或表现出来。例如，每位教师的课堂上都具有自己的个性色彩，课堂可能思维严谨，可能直观形象，也可能紧凑明快，也可能宽松活泼……而不是所有教师都千篇一律。从教学风格来看，多血质的教师一般表现为热情乐观、感情充沛，与学生关系融洽，教学语言生动，富有文学味，教态具有艺术表演者的气质和风格等；胆汁质的教师一般表现为教学中思维敏捷，教学语言流畅顺达，而且语流快，滔滔不绝，对学生热情相助，感情外露直接，不容易抑制，教学过程按序进行，但缺乏灵活性和新颖性；黏液质的教师一般表现为教学逻辑严谨，说理能力强，对学生的情感真挚深沉，但不轻易外露，办事认真，一丝不苟，教学扎实，一板一眼，富有实效；抑郁质的教师一般表现为重事实和推理，反应速度不快，但很少出错，喜欢使用抽象、概括的语言，教态稳重，给人一种信任感等。[①]

2. 了解自己的思维方式

教师思维特征的差异，像思维的灵活性、敏捷性、逻辑性、广阔性和深刻性等，是偏向形象思维还是偏向抽象思维，或者趋向于二者的有机结合等，对于形成不同类型的教学风格更是有着密切的关系。如上海的语文特级教师卢元和于漪两同志，各自表现出两种不同的教学风格。前者的思维特点是逻辑严密，结构严谨，偏重于抽象思维，善于概括和推理，长于求同求深，教学内容的组织处理合乎知识结构和系统的逻辑，层次清晰，线索明快，富有哲理；后者偏重于形象思维，善于分析和演绎，长于理论联系实际，注重运用激情，以强烈的抒情色彩制造浓重的氛围，其知识的广度大于知识的深度，经验性的知识和实施材料占的比重较大，使教学内容具有强烈的感受力，教学形式欢快热烈、生动活泼。[②] 了解自己的思维方式，就可以选择适合自己的教学方法。例如，偏向形象思维的教师，可以采用创设情景法、认识性游戏法等方法来传授新课，而偏向抽象思维的教师，则可以采用实验法、发现教学法等方法来讲授新课。

由于教师个性特征、思维方式的不同，使教学带有强烈的个性化和独特性的特点，这是教学风格的核心，也是教学风格设计必须遵循的基本要求。因此，职

---

① 李如密. 关于建立教学风格论的若干问题. 课程·教材·教法，2002，(6)：18.
② 洪舜仁. 教学风格再析. 殷都学刊，1996，(1)：109.

业学校教师应根据自己个性特征和思维方式的不同，明确自我优势，选择有效的教学方法和教学技巧以获得最佳的教学效果，更好地实现教学目标。

（二）善于学习，创造风格

教学风格的形成并不是一蹴而成的事情，而是一个艰苦而长期的教学艺术实践过程。这个发展过程可分为摹仿性教学阶段、独立性教学阶段、创造性教学阶段和有风格的教学阶段。教师在摹仿性阶段主要模仿别人的教学语言、组织教学的方式、教学方法的选择等，套用别人成功的教学经验。在教学语言方面，讲课优秀的教师在课堂上运用准确周密、简洁生动、抑扬顿挫、深入浅出的语言，能把无声无息的书本知识讲得有纲有目、有声有色，给学生以立论有据、脉络清晰之感。可见，讲课语言必须精练准确、条理清楚、通俗易懂、生动活泼；讲课语速、语调必须适度，当慢则慢、当快则快，讲课声调当高则高、当低则低，做到"声"、"情"、"形"的有机结合，巧妙运用，而且恰到好处。除了学习别人的教学语言外，还要观察别人怎样组织教学，组织教学是课堂教学的重要组成部分，是集中学生注意力，顺利进行课堂教学的有力保证。它包括课堂秩序的组织、学生注意力的集中、学生思维的调动等良好行为习惯的养成。

由于各个老师的个性特征和思维特征不一样，在选择模仿对象和如何去模仿上标准和方法有些差别。总的来说，学习和选择与自己个性比较接近的风格，学之既久，习惯成自然方可成功。这就要求教师一方面要有清醒的自我意识，了解个性特征、思维品质、个性倾向、审美情趣等，而后选择与自己特点贴近的教学风格。如刚工作的新教师一般选择年轻骨干教师为模仿对象；男、女教师分别选择同性别的教师为模仿对象；思维灵活、反应快的老师选择灵活多变、形式新颖的教学风格；思维灵活度较差、反应较慢的老师选择稳重、凝缓的教学风格等。

经过一段时间的模仿，将学习来的模式进行改造以适应自己的需要。这时，教师已逐步摆脱了模仿的束缚，能够独立地完成教学工作的各个环节，教学中逐步显示出自己的个性，渐渐地创造出异于他人的风格。

（三）善用媒体，服务风格

在教学风格的设计中，教学媒体的使用也是一个关键环节。例如：利用录像、电视等媒体，可为学生操作技能的学习提供反复观察、反复模仿和反复练习的机会。教育部《关于全面推进素质教育深化中等职业教育教学改革的意见》中强调：中等职业学校要积极运用现代化教育技术和手段，开发和使用符合教学需要的现代化教学媒体。[①] 但在运用现代教学媒体时，应注意以下几个方面：一是学生要有相关的知识储备。对教学媒体中出现的学生不熟悉的词汇、术语，教师

---

① 教育部教职成〔2000〕1号文件《关于全面推进素质教育深化中等职业教育教学改革的意见》。

应提前提供相关的解释。二是媒体传递信息的速度不能太快，信息量不能太大，若超过了学生的接受能力，容易造成心理疲劳，反而会降低学习效果。三是某一种媒体传递的时间不能太长，在可能的情况下最好采用多媒体组合教学，以使各种媒体扬长避短，互为补充。

二、职业教育教学风格设计的心理学技术

国外学者多将教学风格和教学方法或教学策略相联系，从对教学方法设计这方面来阐述教学风格设计的心理学技术。关于职业教育教学方法种类繁多，经常使用的方法有：讲授、演示、小组讨论、案例研究、练习等。下面主要从教学课题和课型两方面来谈谈教学方法的选用问题。

（一）不同教学课题的教学方法设计

1. 指导教学——促进知识技能掌握的教学方法

掌握知识技能历来都是教学活动的基本目标之一。于是，采用什么样的教学方法更能促进学生对知识技能的掌握，一直是教学心理学家研究的课题。1979年，罗森赛恩（Rosenshine）提出了指导教学的方法。他认为，促进学生掌握知识技能的最有效的教学便是指导教学。[①] 所谓指导教学就是以学业为中心、在教师指导下使用结构化的有序材料组织教学。指导教学包括六个主要活动：

（1）复习和检查过去的学习。开始上课时批改学生的作业，复习近来教的内容，以此来开始新课。如果发现学生有错误理解，就需要采取一定的补救措施。

（2）呈现新材料。告知教学目标，然后逐步讲授新信息，给出充足的正例来说明所教的知识，并以反例来补充说明。

（3）提供有指导的练习。让学生在老师的指导下使用新知识进行练习，并提出附加问题，给学生大量的机会来正确重复和解释刚学的新知识。调动学生参与的积极性，直到所有学生都能正确回答百分之八十的问题。

（4）提供反馈和纠正。在有指导的练习中，给学生大量的反馈，当学生回答不正确时，如果有必要，重教一遍；当学生回答正确时，解释为什么这个回答是正确的。总之，反馈自始至终都是很重要的。

（5）提供独立的练习。让学生使用新学的知识进行练习，或者做课堂练习或课后作业。教师应对学生的疑问作简短的回答。容许学生之间互相讨论，但学生应理解其所作的作业。独立练习的成功率应达到95%。

（6）每周或每月的复习。每周或每月复习一下，以巩固学生的学习。这类教学方法最适合职业学校中技术理论的教学。它强调完整、准确地阐述教学内容，

---

① 陈琦，刘儒德．当代教育心理学．北京：北京师范大学出版社，1997.255.

强调逻辑性。

2. 发现学习——培养智慧技能的教学方法

发现教学法是由布鲁纳（Bruner）提出的。它指学生在教师所创设的情景中通过自身的学习活动而发现有关概念或原理的一种教学策略。一般来说，发现教学要经过四个阶段：首先，教师创设问题情景，使学生在这种情景中发现问题；其次，学生根据所提供的某些材料，针对所发现的问题，提出解决问题的假设；再次，验证自己的假设；最后，根据实验所获得的一些材料或结果，在仔细评价的基础上证实假设或修正假设，从而引出结论。

这种教学方法在培养学生解决问题的技能、激发学生的好奇心、鼓励学生自学能力方面是一种比较有效的教学方法。这种教学方法最适合于练习和实习课。关于智能练习，它特别要求调动学生的积极思考，要求学生尽可能独立地解决问题或完成任务；关于操作技能的训练，它更强调学生的动手活动，教师的作用主要就是指导学生怎么做。

3. 思潮冲击法——培养创造能力的教学方法

思潮冲击法是由奥斯本（Osborn）于 1957 年提出来的。其基本原则是，在集体解决问题的情景中，通过暂缓做出评价，以便于学生踊跃发言，从而引出多种多样的解答方案。为此，发言者要遵守以下规则：①禁止提出批评性意见；②鼓励提出各种改进意见或补充意见；③鼓励各种想法；④追求与众不同的，关系不密切的，甚至离题的观念。

这种教学方法在培养职业学校学生的创造能力和解决实际问题能力方面扮演重要的角色。例如，汽修专业的学生在实习中，面对无法解决的问题时，可集思广益，寻求比较好的解决方案。

4. 非指导性教学——改进人际关系的教学方法

非指导性教学是美国心理学家罗杰斯（Rogers）所提倡的，强调以学生为中心，教师不是直接告诉学生应该怎样学习和解决他们所面临的问题，而是着重于创造促进经验学习的课堂气氛，以真诚的情感对待学生，给学生以无条件的关注，并能设身处地为学生着想，产生移情。随之而来的便是学生自我指向的学习。这样的非指导性教学显然有助于形成和谐融洽的师生关系，调动学生学习的自觉性和积极性。

这种教学方法最适合于个别辅导和情感教育，它更集中于学生个人的内在意识和感受，强调解决学生个人的问题。

每种教学方法都有其最适合的教学任务，但也不是一成不变的，这取决于教师的个人偏好。例如，有的教师喜欢调动学生的自主活动，那么即使在传授新的知识技能时，也常常采用发现学习法。

（二）不同课型所采取的教学方法

不管哪种类型的教学目标，它的学习一般都分为三个阶段：新知识的获得、知识的巩固或转化以及知识的应用或检测。相应地，课堂教学依次为新授课、复习或练习课、考核或实践课，但不同的学习阶段所选择的教学方法有所不同（见表11-4）。

表11-4　学习的阶段以及不同阶段选择的教学方法[①]

教学过程		教学步骤	可供选择的方法	预期目标
新授课		① 告知教学目标	讲述、板书或由问题导入	引起注意、激发兴趣
		② 复习相关旧知识	提问，小测验等	激活原有知识
		③ 呈现新知识	设计先行组织者、实物展示、讨论、指导学生自学、学生阅读教材以及教师教授等	选择性知觉新信息
		④ 促进新知识的理解	比较新知识内部的异同；比较新知识与相关的原有知识的异同；练习；运用类比	使新知识进入原有认知结构，同化新知识
		⑤ 进一步的学习计划	布置作业	进一步同化新知识
复习或练习课	复习课	① 告知教学目标 ② 对复习与记忆提供指导	布置思考题，让学生带着问题复习、讨论等；对学生的复习、记忆方法提供指导；上系统的复习课	巩固新知识，防止遗忘，学会记忆和复习的方法
	练习课	① 告知教学目标 ② 引起学生的反应，提供反馈与纠正	设计变式练习，指导学生练习；及时提供反馈，纠正练习中的错误	使知识转化为技能或认知策略
考核或实践课		提供提取知识的线索、技能应用的情境	考试、实践	促进知识的应用、技能的迁移

1. 新授课的设计

职业学校学生知识或技能的获得首先是在新授课上，所以新课的教学过程安排的好坏，直接影响着学生的知识积累以及操作技能的获得。根据教育心理学中教学设计的原理，我们可以对一堂新授课的教学过程分为：告知教学目标、复习相应的旧知识、呈现新知识、促进新知识的理解以及进一步的学习计划。在每一阶段所采用的教学方法也有所不同。

步骤①是引起学生对这节课所学知识的注意，通过创设相关的问题和任务情景激发学生的求知欲，唤起学生的学习动机。这一步教学所需要的时间不长，但对学生接受新知识的程度有很大的影响。

---

① 皮连生. 学与教的心理学. 上海：华东师范大学出版社，2003.302.

步骤②是激活学生认知结构中与新知识相联系的原有知识，为新知识的讲授奠定知识基础。

步骤③是一次新授课的主体活动内容。在这一步骤，可以以讲授法为主，即老师讲、学生听，但要尽量避免老师"满堂灌"，不能忽视学生的主动性。在讲授中间可以采用其他一些方法，如提问、让学生阅读教材、练习、实物展示等。也可以以学生讨论、观看视听教材等为主，老师讲解说明为辅。

步骤④是对教学内容的总结，进一步深化学生对新知识的理解。可以利用比较法、归纳法等方法，让学生把刚学的新知识与以往的旧知识联系起来。

步骤⑤是通过布置作业，更进一步强化本节课的内容，使学生进一步将新知识同化到原有的认知结构中。

2. 复习或练习课

在职业学校教学活动中，尽管新授课占了很大的比重，但是仅仅新授课是难以保证教学效果的，必须同时通过复习来巩固新知识，通过练习来使知识转化成技能。复习课就是以巩固知识为目的的课，在复习课中，可以通过布置思考题，让学生带着问题复习、讨论等；也可以对学生的复习、记忆方法提供指导；还可以设计大量的变式练习来巩固知识。在职业教育中，职业技能的培养是职业教育的基本要求和特色，即使是知识的掌握这一环节也是为了技能的形成，所以必须通过大量的练习来形成一套正确的动作技能。在专门的练习课上，为了维持动机，避免疲劳，提高效果，需要变换练习的方法（如设计问题情境、观摩、讨论、游戏等），鼓励学生自己去尝试，老师及时提供反馈，纠正练习中的错误。

3. 考核或实习课

职业教育与普通教育最大的区别之一在于突出学生的操作能力的培养，相应地，为了促进学生技能的掌握，实习课在职业教育中也占了很大的比重。例如，去工厂见习等。实际上，实习课是更为专门化的练习课，因此，练习课的要求也适用于实习课。不过，在实习课上，最主要的就是在保证安全的前提下鼓励学生既动口动脑又实际动手，学生可以自主地进行新的实践探索。

第四节　职业教育教学环境的心理设计

教学设计的环节中还有一项被称为"隐性课程"的环节，它就是教学环境设计。教学环境是教学活动富有成效的一项必不可少的条件，是各种有形"物理环境"和无形"心理环境"的综合。只有了解教学环境、控制教学环境、创设良好的教学环境，使教学环境为教学工作服务，教学才能获得理想的效果。一个良好的教学环境是一部立体的、多彩的、富有魅力的、无声的教科书，它能潜移默化地对学生的学习及生活产生很大的影响。职业教育的教学环境比普通教育复杂得多，对学生的影响更大。

一、职业教育教学环境设计的心理学要求

（一）针对性

这是教学环境设计的最基本的要求。教学环境设计要针对特定的教学目的有意通过或突出教学环境的某些特性，形成特定的环境条件来影响学生，从而促进学生的身心发展。例如，班级中由于人际关系不良而影响学习，那么教师就要特别注重民主和谐的班级气氛的创立，使学生在热情、温暖的氛围中，展开正当有效的竞争方式，激发起强烈的学习兴趣。再如，在讨论课上，将课桌摆成圆圈，可以增加讨论的气氛，提高讨论效果。

（二）主体性

若在教学环境设计中突出主体性就要求教师充分重视学生主体的作用，培养他们自控自理的能力，提高他们参与改善和建设教学环境的积极性。因为无论是物理环境的改善还是心理环境的优化，都离不开学生主体的参与、合作与支持。如良好校风和班风的建设、教室的布置和美化、实习场地的管理等，都与学生联系在一起。正因为如此，职业学校教师应调动学生的积极性和主动性，为教学环境设计提供强大的力量支持。

二、职业教育教学环境设计的基本内容

（一）改善物理环境

物理环境包括空气、温度、光线、声音、颜色、气味等自然环境，教学基础设施，社会信息以及座位编排方式等。尽管物理环境易于观察与理解，但它对学生学习的影响并没有引起应有的重视。下面简述其有关内容。

1. 空气、温度、光线、声音、颜色、气味

这些因素可以直接影响教师和学生的身心活动。一方面它们可以引起教师和学生生理上的不同感觉，另一方面使教师和学生在心理上产生情绪，形成情感，因而尽可能地控制这些因素是十分必要的。空气要新鲜，温度要适宜，一般来说保持在 20～23℃较为理想；光线过强或过弱，都会带来视觉系统的疲劳和人的厌烦心理，一般来说，教学活动的光线宜保持在 300～500Lux。但不同的教学环境对照明的要求也有所不同，例如绘画、手工、车间实习等，教学环境的照明要高于此值，视听室等以听觉为主的活动环境的照明则可低于此值。在声音方面，不仅强烈的噪音会引起学生注意力涣散，而且亲切熟悉的声音（如：悦耳的音乐）分心作用更大，因而教学环境应尽量避免不适当的听觉刺激。颜色的主色调的不同处理，也会产生不同的心理效应，如教学活动是以行为定向为主的话，应以暖色为主；若从事较为安静的活动，如实习操作，则以冷色为主。

2. 各种教学设施

职业教育的教学设施包括校内教学基础设施和校外实践教学基地设施。校内教学基础设施又包括课堂教学设施、实践教学设施及图书资料等，校内教学基础设施是提供实施职业教育所需要的、基本的内部物质保障条件。与普通学校相比，实践教学设施的要求较高。职业学校实践教学的核心是培养一线技术应用能力，因此，无论实践教学设施的配备还是图书资料都必须满足各专业能力培养的需要，突出学生技术能力的获得。为了保证学生在校内能够获得职业岗位能力的培训，校内各个专业的实践教学设施要尽可能贴近、模仿、再现生产、建设、管理、服务一线技术的工作场景和氛围。同时，为了激发职校生的学习动机，教室和实习车间的墙壁上，可以展现一些技术要领和操作图式，专业技术大师的画像或者往届学生的优秀作品。

校外实践教学基地是为学生在校学习期间提供深入生产、建设、管理、服务一线实地进行实习的场所。企业环境、企业管理方式以及学校与企业交往形式等都会影响学生的实践活动。

3. 社会信息

近年来，随着大众传播媒介的迅猛发展，学校通过网络广播、电视、书刊等渠道接收越来越多的社会信息。丰富的社会信息对于求知欲旺盛的职校生来说，无疑起到了增广见闻、开拓思路的作用。但是，社会信息本身是良莠混杂的，既有积极因素，也有消极因素。职校生社会经验少，识别能力不强，对信息往往不能正确地分辨选择。他们可能对积极的信息持怀疑或排斥的态度，而反过来去追求和接受一些不健康的信息，这就容易形成对青少年的"信息污染"。因此，教学环境建设不能忽视信息因素，应当把社会信息作为一个重要的环境因素加以调节控制。职业学校教师应当对大量涌入学校的各类社会信息进行及时的筛选转释处理，保留有利于教学、有益于学生学习和发展的各种信息，并利用有益信息排除不利信息的干扰，将自发的信息影响转化为有目的的信息影响。在此基础上，职业学校教师还须进一步指导学生分辨和选择信息，使学生能够正确地筛选信息，用良好的信息来丰富自己的精神生活，增强抵制不良信息影响的能力。

4. 座位编排方式

座位编排方式是形成教学环境的一个重要因素。当代有关座位编排方式的研究证明，座位编排方式对学生的学习态度、课堂行为和学习成绩均有一定影响。从心理学的角度来看，合理设计和编排课堂座位，充分利用不同座位模式的特点适应教学目标和教学情境的变化，满足不同课程和不同教学活动的需要，是教学环境设计中一项非常重要的工作。

课堂座位排列方式要根据教学目标和方法而定，教学方法若以讲授法为主，则适宜采用传统的纵横排列方法。在这种排列方式中，学生的座位影响课堂教学和学习的效果。有相关的研究表明，坐在前面几排以及中间几列的学生似乎是最积极的学习者，教师大多时间都站在这一中心区域的前面，师生互动大多也集中在这一区域，而其他位置尤其后排学生则难于参与，并且注意力更容易不集中，因此，教师要经常变换学生在课堂中的座位，使每个学生都有机会坐在这一中心区域里。

如果教学方法是讨论课、练习课，则适合采用其他排列方式，如圆形排列法、马蹄形排列法等。这些排列方式既可以充分增进师生之间的交流，有助于问题讨论和实验演示，同时又可以突出教师对课堂的控制，发挥教师的主导作用。其不足之处是所需空间较多，不适合人数较多的大班。

由于职业教育注重操作能力的获得，所以教师采用的教学方法比普通教育更复杂，座位的编排方式也更多样一些。

5. 班级规模

多项研究发现，班级规模不仅对学生的学习动力和学习成绩有影响，而且对师生双方的课堂行为以及个别化教学的实施也有极大影响。罗纳德·S·凯恩（Leonard S. Cahen）认为，教师和学生在规模较小的班级中往往表现得更愉快和更活跃，较小规模的班级可以更好地适应学生的不同需要。

在人数少的班级，学生的学习兴趣更浓，学习态度更好，违反纪律现象较少，师生和同学关系融洽，学生有较强的归属感。在人数较少的班级，课堂气氛更加友好愉快，教师有更多的机会进行个别辅导、因材施教，教学活动和方式更加多样化，学生也更积极地参与课内外学习与实践活动。因此，小班规模更适合于职业教育目标的实现。

（二）创设心理环境

教学环境中的心理环境是由学校内部各种人的心理要素所构成的一种无形的"软环境"，是学校教学活动赖以进行的心理基础。它由人际关系、课堂心理气氛、班风与校风等因素构成。

1. 心理环境的主要因素

（1）人际关系。复杂的人际关系在一定意义上构成了教学的人际环境，它们可以通过影响教师和学生的情绪、认知和行为而影响教学活动的效果。其中，教师之间的关系、学生之间的关系、师生关系，是学校内部最主要的三种人际关系，尤其是师生关系，其对教学活动的影响最直接、最具体。

（2）课堂教学气氛。课堂教学气氛主要指班集体在课堂教学过程中形成的一种情绪情感状态。概括起来主要有三种类型：一种是支持型气氛，一种是防卫型气氛，还有一种是敌对型气氛。前者是积极健康的教学气氛，后两者则是消极的。积极的课堂教学气氛有利于师生间的情感交流和信息交流，有利于教师及时掌握学生的学习情况，得到教学的反馈信息，从而根据具体的教学情境不断调整教学内容和教学策略，取得理想的教学效果。

（3）校风与班风。这两者都是以心理气氛的形式出现的。一旦成为影响整个群体生活的规范力量，它们就是具有心理制约作用的行为风尚。正因为如此，班风、校风对职业学校集体成员的约束作用，最终不是依靠行政管理的规章制度和组织纪律的强制力量，而是依靠群体规范、舆论、内聚力这样一些无形的力量形成的。

2. 创设心理环境的主要环节[①]

要建立或改变教学中的心理环境，创设良好的心理环境，可依次抓住以下几个环节来展开工作：

（1）找出问题。通过下发问卷、访谈教师和个别学生等多种调查方式，来确定目前集体的现状以及需要解决的问题，例如：学习动机水平不高，班级凝聚力不强，对班主任或代课教师的不满等。

（2）设定目标。根据调查结果，切合实际地提出具体性目标（如班级技能考核的过关率、课堂的出勤率等），寻找解决问题以及实现目标的措施，并借助于学生讨论、解释等方式，使学生领会和支持这个集体目标。

（3）形成规范。学生集体规范的形成通常有两种方式：自上而下和自下而上。一般来说，由于自下而上形成规范能够使学生先意识到建立新规范的必要性，且学生也参与讨论形成规范的具体建议，所以更容易贯彻下来。

（4）选择有效的沟通方式。有效的沟通方式应当是激励性的，要尽量避免惩罚性的沟通方式。这并不是说，不需要惩罚性的沟通方式，而是根据学生的个性特点，因材施教。

总之，在设计教学环境时，不能脱离本校的实际情况，职业学校教师要以校为本，突出优势，扬长避短，而且要充分发挥学生的主人翁精神，培养他们对于教学环境的责任感，提高他们控制环境和管理环境的能力。只有这样，创建良好教学环境的工作才能得到最广泛的支持，业已形成的良好教学环境才能得到持久的维护，教学环境将会在职校生自觉自愿的不懈努力中变得越来越和谐、美好。

【本章思考与练习】

1. 布卢姆的教育目标分类理论和加涅的学习结果分类理论在内容要点及其应用价值方面有什么异同？
2. 职业教育良好教学目标的陈述应注意哪些问题？
3. 结合事例说明如何进行职业教育教学任务分析？
4. 职业教育教学风格设计的心理学要求有哪些？
5. 结合事例说明不同教学课题选择哪种教学方法？
6. 结合事例说明不同课堂教学类型选择哪些教学方法？

---

① 刘德恩等. 职业教育心理学. 上海：华东师范大学出版社，2001.122.

第十二章 心理规律与职业教育教学

职业教育心理学的任务就是要通过揭示师生的心理规律,指导师生的职业教育教学实践活动,从而提高职业教育教学的质量。心理规律是心理活动产生的必然趋势和心理现象间的本质联系。心理规律具有普遍性、重复性的特点。心理规律有不同的层次。例如,"心理是脑的机能","心理是人脑对客观现实的主观能动反映",属于宏观层次的规律;"情绪因需要而产生","能力与知识、技能相互制约"等属于中观层次的规律;而"遗忘先快后慢"等则属于微观层次的规律。

第一节 感知规律与职业教育教学

同其他学生一样,职校生掌握知识的过程也是一种特殊的认识过程,这个过程主要包括对教材的感知、理解、巩固、应用等环节。在这一复杂的认识过程中,感知教材是起点。因为只有正确地感知教材,才能从教材中获得较为丰富、全面、正确的知识。为了提高职校生感知教材的效果,职业学校教师就需要根据感知规律来进行直观教学。这样,不仅可以引起他们对教学内容的知觉,而且有助于他们对所学知识的领会、理解和掌握,提高职业教育教学的质量。

感觉和知觉有哪些基本规律?职业学校教师可以运用感知的哪些规律来组织教育教学活动以提高教学质量呢?

一、灵活运用多种直观形式

"从生动的直观到抽象的思维"是人类认识发展的基本规律。直观教学是使职校生通过观察获得丰富的感性认识的一种重要手段。因此,根据职校生注意的规律和感知觉的基本特性等因素,教学应该正确地贯彻直观性原则,灵活运用多种直观形式,以激发职校生的学习兴趣和热情,引起他们对教学内容的选择性知觉,帮助他们理解和巩固所学的知识。在教学过程中,通常采用实物直观、模象直观和言语直观等形式来增强对知识的感性认识。

1. 实物直观

实物直观是在感知实际事物的基础上进行的,它是通过观察实物和标本、演示实验、实地测量、参观访问、社会调查或教学见习等方式,为知识的理解和巩固提供感性材料。由于实物直观具有生动、形象的特点,给学生以真实感和亲切感,因而它不仅有利于职校生正确理解知识,也易于激发职校生的求知欲,提高学习的兴趣和积极性。但由于实际事物的本质特征与非本质特征是紧密结合在一起的，事物的非本质特征往往又比较明显、突出，因而本质属性容易被其他非本质属性掩盖。另外，实物直观受时间、空间或感官特性的限制较大，许多事物的特征与联系在实物直观过程中是难以直接觉察的。因此，还必须采用其他的直观形式。

2. 模象直观

模象是指事物的模拟性形象，它不是实际事物，而是其模拟品。模拟直观也叫教具直观，是指通过图片、图表、模型、幻灯、教学录像、电影、电视等模拟实物的景象给学生提供感性材料的方式。模象直观虽然不如实物逼真，但能摆脱实物直观的种种局限，能提高直观的效果，扩大直观的时空范围，为理解知识创造了有利的条件。为了突出事物的主要特征，模象直观可以人为地排除与当前认识对象无关的特征，从而便于突出感知对象。正是由于模象直观的独特作用，使得它成为现代化教学的重要手段。但是，由于模象与实际事物之间存在着一定差距，职校生有时难以把模象知觉同真实对象联系起来，有时甚至会加以曲解。因此，在可能的情况下，教学应结合使用模象直观和实物直观。

3. 言语直观

言语直观是指通过教师书面或口头语言的生动具体的描述、鲜明形象的比喻、合乎情理的夸张等形式给学生提供感性认识，使学生对所要理解的知识建立起直观形象，从而加深对知识的理解。言语直观虽不如前两种直观形式鲜明、形象、逼真，但具有灵活、经济、方便的特点，不受时间地点和设备的限制，因而可以广泛采用。言语直观的教学效果取决于教师语言的质量。教师教学时要注意声调、速度，努力使语言精练、生动、优美，饱含激情。这样，才能以情唤情、以情焕情，从而激发职校生的感情，提高教学的效果。

言语直观对于实物直观和模象直观而言，是不可缺少的。在实物直观和模象直观中，如果只有形象的作用，而缺乏言语的描述和解释，不但难以使学生形成清晰的感性认识，而且会妨碍学生从中区分出本质特征与非本质特征。在言语直观中，如果形象化的言语缺乏必要的表象的支持，则学生的想象将难以展开，达不到言语直观的目的。所以，在教学过程中，以上三种直观形式必须相互配合使用，才能收到良好的教学效果。一般来说，言语与实物、模象直观结合有三种方式：①言语在前，形象在后，言语主要起动员和提示的作用。②言语和形象同时或交叉进行，言语主要起引导观察、补充说明重点与难点的作用。③言语在形象的后面，言语主要起总结概括或强化的作用。

二、运用感知规律，突出对象特点

在教学过程中，教师应按照感知活动的特点和规律来组织教学，才能提高职校生的感知效果。在知识学习的过程中经常用到的感知规律主要有：

1. 强度律

被感知的事物必须达到一定的强度，才能被学生清晰地感知到。在此，强度主要指相对强度。教学中要求教师讲述的音量要适中，音量太低，学生会听不清或听不见。音量太高会造成学生的听觉疲劳，降低教学效果。教师的板书字体、直观教具等大小要适当，应保持一定的强度，以便学生能看得见、看得清。教室应尽可能有充足的光线，光线太暗既影响学生感知的清晰度，也有损学生的视力。

2. 差异律

被感知的对象必须与它的背景之间有所差别。一般来说，二者差异越大，越易使对象从背景中被区别出来，所以"万绿丛中一点红"的红很容易被感知。教师在教学过程中，应力求使对象与背景在色调、声音强度、形状大小、线条粗细、材料内容和性质等方面有明显的差异。在读书时用色笔将重点和难点作记号，这也是为了突出对象，便于感知。

3. 活动律

一般来说，活动的对象更容易被我们所感知。在静止的背景上，恰当地使对象呈现运动状态，可以增强感知效果。教师在直观教学方面应多采用活动教具、活动模型及现代化的视听传媒工具，把形、声、光结合起来，直观地再现客观事物，可以使教学更加生动形象，能提高知识学习的效果。

4. 组合律

空间上接近、时间上连续、形态上相似、颜色上一致的事物，易于构成一个系统或一个整体，容易被感知为一组对象。"直觉思维是对事物整体结构的感知，散乱的信息、知识无助于直觉思维。而有组织的结构化的信息具有生成作用，使直觉思维容易发生。"[①] 因此，在教学过程中，直观材料和教学内容应力求在时间、空间上组成有意义的或有规律的系统，以便于学生整体知觉。即使是零散的材料也要按上述各种关系组合起来，才易于形成整体概念。教师的板书应力求布局合理，位置顺序排列得当，主次分明，重点突出。

5. 对比律

凡是在性质或强度上具有对比关系的刺激物，当它们同时或相继作用于感觉器官时，往往能使学生对它们差异的感知变得更加清晰，从而提高感知的效果。因此，把具有对比意义的材料放在一起，能更清晰地被感知。如进行颜色对比、形状对比、人物对比、环境对比等，都可以加深感知印象。

6. 协同律

多种感官协同参加的感知活动比单一感官进行感知活动的效果要好得多。朱熹指出，"读书有三到，谓心到、眼到、口到。心不在此，则眼看不仔细，心眼

---

① 张爱卿. 放射智慧之光：布鲁纳的认知与教育心理学. 武汉：湖北教育出版社，1999.57.

既不专一，却只漫漫诵读，决不能记，记亦不能久也。"[1] 在知识学习过程中，利用多种感官知觉协同活动，能够提高感知效果。

7. 变式律

变式是指概念正例的变化，主要从不同角度和方面组织感性材料，使概念的非本质要素不断变化，突出事物本质特征的方法。在观察过程中，必须注意变换材料的呈现形式，以免将材料的非本质属性当作本质属性，得出错误的印象。如果同时还能呈现反例，则更能保证学生概念学习的精确化。

在直观教学过程中，教师应激发职校生积极参与学习的热情和兴趣。要多给职校生提供一些材料，让职校生亲自动手操作、观察、体验和探究，这样，可以改变以往"教师演示，学生观看"的消极被动的直观方式。在可能的情况下，教师应多开展一些能显示职校生主动性的活动，组织职校生广泛参与观察活动。教师要鼓励职校生在观察过程中发现新的问题，引导职校生开展讨论、交流并汇报观察成果，不断提高职校生的观察能力。教师要根据每个职校生表现出来的不同特点，因材施教，努力培养他们良好的观察能力。

第二节　注意规律与职业教育教学

一、正确运用无意注意的规律组织职业教育教学

职校生在学习过程中所产生的无意注意，有积极和消极之分。那些妨碍职校生对教学内容的理解和接受的无意注意，是消极性质的无意注意；那些增强职校生对教学内容的理解和接受的无意注意，是积极意义的无意注意。在职业学校教学中，教师应尽量避免那些分散职校生注意力的因素，紧紧把握住吸引职校生对教学内容产生注意的因素。为此，教师要正确运用无意注意的规律来组织教学。

（一）教学内容新颖、丰富

根据"新颖律"，教学内容应力求新颖、丰富。研究表明，注意维持在单调、贫乏的内容上的时间是短暂的，而新颖、丰富的内容却能使人保持长久的注意。因此，教师讲授的内容必须使职校生有新鲜感。缺乏新鲜感的内容，职校生会感到索然无味，不会引起他们的注意。不过，新的内容必须与职校生已有的知识经验联系起来，才能为他们所理解，才能引起他们的注意。

（二）教学方法和形式多样化，富于变化

（1）教学方法要力求多样化。研究表明，长时间的单调刺激，会使大脑皮层

---

① 转引自孙培青. 中国教育史. 上海：华东师范大学出版社，1992.391.

产生抑制，使人易于疲劳，难以使注意稳定。因此，在职业教育教学中，教师既要讲授，又要让职校生读、写、练，还要让他们发言、讨论，等等。这样，才符合无意注意的"活动变化律"，才能引起和保持职校生的注意。

（2）语言要准确、生动、抑扬顿挫。无意注意的规律表明，那些符合人的需要和兴趣的事物，容易引起人的注意。因此，教师的教学语言应做到四点要求：一是要准确、简洁、生动、形象，富有吸引力，使职校生产生兴趣，以引起他们的无意注意；二是要避免使用抽象、呆板、含混不清的语言和累赘、冗长的语句；三是声调要抑扬顿挫，快慢适度，并伴以适当变化的面部表情和身段表情。这是因为，变化的刺激容易引起职校生的注意，能增强语言的表达效果；四是要富有感情。只有以情动人，引起职校生感情上共鸣，才能引起他们的注意并使注意稳定而集中。

（3）要使用现代化教学手段。在教学中，教师要结合学科特点，尽可能使用多媒体教学，并配以录音、录像、电影等现代化教学手段。使用现代化教学手段，由于内容生动、形象，符合无意注意的"活动变化律"、"新颖律"和"强度律"，因而容易引起职校生的无意注意。

（4）板书要规范化。教师的板书条理清楚，重点突出，容易引起职校生的注意，也有助于他们的理解和记忆。板书时，教师要特别重视对象之间细微差别的比较，要巧妙地运用彩色粉笔加大对象和背景的差别，以引起职校生的无意注意。

（三）善于组织职校生的注意，妥善处理偶发事件

教师要善于控制职校生的注意。例如，上课前不宜宣布一些使职校生的情绪容易产生波动的事情。因为这样做容易使他们把注意集中在这些事情上，引起情绪波动，影响对当前教学内容的注意。教师上课，既要维护好正常的教学秩序，也要妥善处理一些分散职校生注意的偶发事件。例如，当遇到课堂秩序混乱时，如果教师立即停止讲课，把视线指向有关职校生，这种突然发生的变化就会引起他们的无意注意，使他们有所意识，从而使课堂秩序得以恢复。又如，当碰到个别职校生在上课时故意捣乱或闹纠纷，分散了其他同学的注意时，一般不宜作"热处理"而应作"冷处理"。热处理，往往会引起更多职校生注意力的分散，使教学无法继续进行下去，造成被动。冷处理，就是设法使他们安静下来，继续上课，等下课后再作处理。

（四）合理安排教学环境，防止职校生分心

教室周围的环境要安静，最好与操场、马路、音乐教室以及其他容易分散职校生注意力的事物离得远一些；教室内的布置要简朴，不要过多的装饰和张贴，以免引起职校生注意力的分散；教室内要保持空气清新，光线充足。空气不好，

光线暗淡，容易使职校生感到头晕、心烦，视觉疲劳，这些会影响他们注意的稳定；课桌的高低，要适合职校生的身体高度，防止由于坐姿不适而影响他们注意的稳定和身体健康；要妥善安排职校生的座次，特别要妥善安排那些视力、听力上有缺陷以及平时课堂纪律差的职校生的座次，防止由于座次安排不当而影响他们注意的稳定；上课时，教师不宜奇装异服、浓妆艳抹、穿金戴银，不宜有过多的口头禅，不要有过多的身段表情和体态表情等，这些都会影响职校生的注意力，进而影响教学效果。

职校生的分心也叫注意的分散，是指心理活动离开了当前应当注意的对象而被无关事物所吸引。一般来说，在良好教育的影响下，随着心理水平的不断提高和完善，职校生已经能够自主地调节和控制自己的注意，把注意集中在应当注意的事物或活动上，从而自觉、独立地完成学习任务。但是，在职业学校教学中，也有一些职校生不能集中注意学习而出现分心的现象。常见的分心有以下几种表现：①注意的紧张度降低。主要表现为对事物或活动不能做出清晰的反映；对老师提出的问题听而不闻或不知所措，或答非所问。②注意缺乏灵活性。不能根据需要及时地进行注意转移。③注意的稳定性差。不能把注意长时间地指向和集中于当前必须注意的对象，心理活动处于频繁动摇的状态，注意不断地从一个事物转移到另一个事物或其他不相干的事物上。

引起职校生分心的原因很多，属于客观方面的原因，除了前面谈到的无关刺激物的干扰、单调刺激的长期作用外，还有教法不当、学习环境不佳、师生关系紧张等。主观方面的原因有：没有明确的学习目的，对学习缺乏兴趣和信心，不理解学习内容，身体和情绪不佳，有思想问题没有及时得到解决，注意品质差，等等。

针对职校生分心的原因，避免分心应从主客观两个方面着手：在客观上，首先要采取各种措施消除不利于职校生学习的环境和气氛，创造良好的学习环境；其次，教师的教学要富有科学性和艺术性，足以吸引职校生的注意，把学习变成乐事。在主观上，要通过各种教育和教学途径，让职校生明确学习的目的和意义，产生学习的需要和责任感，用坚强的意志同内外干扰作斗争，形成良好的注意品质。

分心是可以控制的。教师应根据实际情况，采取适当的方法，及时地把职校生的注意力引导到学习活动中来。其具体方法有：①超前控制。根据职校生的外部表现，对可能分心的人作预先分析，并进行教育或特殊安排。②信号控制。教师要通过语言、表情、适当停顿、接近等暗示性信号提醒分心的职校生。③提问控制。针对个别分心的职校生提问，或向全班同学提问，可以使分心的职校生把注意迅速转移到学习活动中来，并起到稳定全班同学注意的作用。④表扬（批评）控制。表扬专心听讲的职校生，给分心的同学树立榜样；批评个别严重分心的职校生，使其他分心的职校生接受教育。

综上所述，一是要尽量减少那些容易使职校生离开教学内容的刺激因素，二是要积极创造条件，把职校生的无意注意吸引到教学内容上来。

二、正确运用有意注意的规律组织职业教育教学

学习是有目的、有计划的紧张、艰苦而持久性的活动。职校生要搞好学习，不能只凭兴趣，必须根据教学目的努力学习那些自己不感兴趣但又必须学习的知识。教师在教学中要遵循有意注意的规律来组织职校生的学习。

（一）引导职校生树立明确的学习目的

有意注意的规律表明，个体对活动的目的、任务愈清楚，就越能引起和集中有意注意。在职业教育教学中，教师要尽可能使职校生明确学习每一学科、每一章节的重要意义，以激发他们的有意注意。一位教师在给职校生讲"相似三角形"时先说了几句导言：学了这一节，不上树可以测得树高，不过河可以测量出河宽。这样的导言使职校生的注意为教学目的所吸引。又如，一位化学教师在给职校生讲"溶液"一节时指出：溶液的知识有广泛用途，配制农药，如配得正确，可使农作物大面积丰收；配制错误，将使农作物大面积减产。这使职校生感到学习这项知识关系重大，听讲时注意就更集中。

（二）对职校生的学习要求要严而适当

在课堂教学中，对职校生的学习要求，既要严格也要适当。既是职校生力所能及的，但又不是轻而易举的。要求太高，使他们失去信心；要求太低，他们则会不重视。这些都不利于职校生注意力的集中。

（三）创设问题情境，引导职校生积极思考

引导职校生积极思考的最有效手段，是教师在教学中善于创设"问题情境"，提出启发性的问题，从而引导职校生积极地思考问题。人在积极思考的时候，注意最集中。

（四）组织职校生实际操作

在职业学校课堂教学中，要求职校生记笔记、作摘要、编提纲等，这些实际操作将会增强和保持他们的有意注意。

（五）培养职校生学习的间接兴趣

要把学习外语、数学、电脑等课程与我国现代化建设、国际交往与知识经济时代的要求联系起来，使职校生产生间接兴趣，以引起他们的有意注意。

三、在职业教育教学中交替运用两种注意规律

在课堂学习活动中，职校生的无意注意和有意注意是经常转化交替的。两种注意的相互交替，能使注意长时间地保持集中。因为职校生完全依靠有意注意来学习，大脑皮层长时间地处于兴奋状态，容易产生疲劳和注意的涣散，难以长时间地坚持学习。但也不能单凭无意注意来学习，因为任何学科的内容不可能都是有趣和吸引人的，不是轻而易举就能掌握的，必须通过有意注意来协调活动，才能完成学习任务。因此，在职业教育教学中，教师要善于引导职校生两种注意有节奏地交替轮换。

就一堂课来说，上课之初，职校生的注意还停留在上一堂课或课间活动的有趣对象上，职业学校教师需要通过组织教学来引起他们的有意注意；接着让他们对新课题、新内容发生兴趣，产生无意注意；随后，要根据由近及远、由浅入深、由具体到抽象的原则进行教学，让他们掌握教材的重点难点，使他们由无意注意转入有意注意；在紧张的有意注意之后，又要通过教学方式的改变、直观教学、活动与练习等来引起无意注意。这样，既能使他们保持长时间稳定的注意，又能减少学习时的疲劳，提高学习的效果。

第三节　记忆规律与职业教育教学

记忆一般由识记、保持、回忆或再认三个环节组成。信息加工理论认为，记忆过程就是对输入信息的编码、存储和提取的过程。只有经过编码的信息才能被记住。编码就是对已输入的信息进行加工、改造的过程，编码是整个记忆过程的关键阶段。职业学校教师要根据记忆的一般规律，对职校生的学习加以指导，引导他们提高记忆效果，巩固已有知识，从而切实提高教学质量。

一、引导职校生科学地识记

记忆效果的好坏，在很大程度上受识记的影响。教学过程中，指导职校生科学地识记，不仅有助于提高记忆效果，而且也能够发展职校生的记忆力。

1. 提高识记的目的性

明确识记的目的、任务，能够激发职校生的识记动机，产生学习的责任感，增强识记的自觉性、主动性。明确的识记目的能够使识记材料更清晰、更准确、更全面地被反映。根据这一规律，教学过程中教师应向职校生提出明确、具体的识记目的和任务，使他们对识记内容有一个积极的心理定向。

2. 提高对识记材料的理解程度

识记规律表明，意义识记的效果优于机械识记。理解是意义识记的基础。因此，在识记过程中，加强对材料的理解是牢固记忆的重要条件。教师要帮助职校

生做到两点：首先，正确、深刻地理解材料的内涵。职校生学习的内容一般都是有意义的。在教学中，教师对教材内容要讲明、讲透，使职校生正确理解学习材料，避免误解或浮光掠影似地了解。即使对那些无意义或限于职校生的知识不能透彻理解的材料，教师也应想方设法使职校生对材料建立意义性联系。其次，对识记材料进行深度加工。凡是经过自己再加工、再组织的材料，都易于被保持。因此，教师应使职校生养成对所识记的内容按照自己的知识经验重新加工、组织的习惯，以提高识记效果。

3. 采用多种识记方法

识记方法是指在识记过程中所采取的能够提高识记效率的措施，如多种感官协同活动、整体识记与部分识记、记忆术，等等。

（1）多种感官的协同活动，有助于提高识记效率。实验表明，视觉识记优于听觉识记，视—听觉识记优于单纯的视觉或听觉识记。

（2）整体识记和部分识记。整体识记是对材料的整体进行的识记。部分识记是把识记材料分解为若干部分，然后逐一进行识记。这两种识记方法都有一定的适用性，应视学习材料的特点、职校生的个人特点而选用。如识记形象、较短的材料时，整体识记效果好一些；而对抽象、较长的材料，用部分识记的方法就好一些。

（3）记忆术。指通过给识记材料人为地安排一定的联系或赋予某种意义来帮助识记的方法。如歌诀记忆法、特征记忆法、谐音记忆法等。

4. 把握适宜的学习程度

对学习过的材料还达不到背诵程度的学习，叫"低度学习"；对学习过的材料刚能达到背诵程度的学习，叫"中度学习"；对学习材料在达到背诵程度基础之上的再学习，叫"过度学习"。低度学习和中度学习最易发生遗忘，而过度学习则不容易遗忘。研究表明，过度学习的量达到150％时，识记的效果最好。

根据这一规律，教师在指导职校生进行过度学习时应注意：首先，要有选择地过度学习。对那些必须掌握的、意义性强的、有价值的材料，要通过过度学习达到熟记的程度。其次，把握好过度学习的量。由于超量的过度学习会出现"报酬递减"现象，因此，过度学习的量应适当，一般以150％为宜。那种认为重复次数越多效果越好的观点是错误的。盲目增加练习次数，不仅不能达到预期目的，反而增加职校生的负担，使他们滋生厌学情绪，甚至会造成师生间的心理隔阂。

二、引导职校生合理地再现

再现是对知识的提取过程，包括再认和回忆。对知识的提取，是巩固已有知识的最好方法。对知识的有效提取要做到以下几点：

1. 防止或减少前摄抑制和倒摄抑制的影响

先学习的材料对后学习的材料所起的干扰作用，叫前摄抑制。后学习的材料对先学习的材料所起的干扰作用，叫倒摄抑制。根据前摄抑制和倒摄抑制的特点，前后学习的两种材料应合理安排。例如，前后学习的两种材料应有较大差异，尽量避免在同一时间学习两种相似的材料。若确实必须学习的话，对这两种学习材料应做精细加工，即找出两种材料的相似之处或差异之处，着重于对差异进行分析。同时，两种学习之间的时间间隔应适当增大，这样有利于知识的再现。

2. 重视对材料的复述

复述是学习者对学习材料按照自己的经验和语言特点进行重新组织、表达的过程。复述有两种水平：一种是单纯的重复，即把原有材料按原样表述出来。一种是加工后的复述，即在保持原有材料意义不变的前提下，运用自己的语言对材料进行表述。一般来说，经过复述的材料保持效果更好，更易于被提取和再现。

3. 善于运用回忆策略

（1）联想。由一事物想起其他事物的心理现象，称为联想。联想是回忆的基础。根据联想内容的关系可把联想分成四种：一是接近联想，由事物在时空上的接近而产生的联想，叫接近联想。例如，从春秋想到战国，从诸葛亮想到刘关张，从天安门广场想到人民大会堂，等等。二是对比联想，由事物之间的对比关系而产生的联想，叫对比联想。例如，由小想到大，由矮想到高，由黑暗想到光明，等等。三是因果联想，由事物之间的因果关系而产生的联想，叫因果联想。例如，由春天想到百花盛开，由学习成绩好想到勤奋努力，等等。四是类似联想，由事物之间存在相似之处而产生的联想，叫类似联想。如由出水芙蓉想到亭亭玉立的少女，由季节变化想到人情冷暖，由一片片不同的树叶想到人们相貌与心理的差异，等等。

（2）心理放松。回忆常常是紧张的，回忆失败而产生的焦虑情绪会对回忆起干扰作用。在这种情况下，最明智的办法是暂时停止回忆，过一段时间再回忆。

（3）运用推理。即依据事物之间的本质联系和规律进行推理，为回忆提供线索。研究表明：所提供的可资利用的线索越多，越有利于回忆。

三、引导职校生科学合理地复习

复习具有减少遗忘、强化新旧知识联系和促进理解的作用，以及使学习内容条理化、系统化等作用。那些不复习的人是在不断地浪费自己付诸于学习上的努力，也使自己处在很不利的劣势中。[①] 职校生复习应该注意以下方面：

---

① ［英］巴赞. 开动大脑. 李水明译. 北京：作家出版社，1998.75.

（1）及时复习。及时复习对知识学习而言意义重大。根据艾宾浩斯的遗忘规律的遗忘进程先快后慢的特点，职校生组织复习一定要及时，即当天学的课程一定要在当天就安排复习。及时复习可以有效阻止或减缓学习结束后短时间内的知识信息大规模的急速遗忘，具有事半功倍的效果。及时复习无须花费太多时间就可奏效，如果等知识遗忘后，要想再来恢复已经遗忘的知识，那便无异于再学，这必然会浪费很多时间和精力。那些不复习的人是在不断地浪费自己付诸于学习上的努力，也使自己处在很不利的劣势中。

（2）复习时间的适宜。复习时间和次数的正确分配，是记忆获得良好效果的重要条件。复习可以连续地进行，也可以有一定的时间间隔，前者称为集中复习，后者称为分散复习，二者各有特色。分散复习的优点是比较轻松、不易疲倦，注意力能高度集中，不会造成超限抑制；能将整体知识分成部分，能更好地利用首尾的首因、近因效应，相对而言增强了整体知识中间部位的记忆效果。但是其缺点是比较容易遗忘，增加复习时间，而且知识复习不够系统。集中复习的优点是知识获得比较系统完整，缺点是因为学习时间较为集中，注意力难以持久集中，容易形成超限抑制，而且可能会造成中间部分的知识难以记忆。

一般来说，分散复习的效果优于集中复习（见表 12-1）。苏联心理学家沙尔多科夫的实验表明，在学习同一门课程时，平时分散复习的记忆效果明显地要比在全部课程结束后再集中进行复习的记忆效果好，尽管两种复习方法在所用的时间上是完全相同的。

表 12-1　集中复习与分散复习的记忆效果比较（％）

复习方法	成　　绩			
	优	良	及格	不及格
集中复习	9.6	36.4	47.6	6.4
分散复习	31.6	36.8	31.6	无

在进行分散复习时，每次复习的时间间隔不能过长，时间间隔过长就会造成遗忘，使识记效果降低。一般说来，总的原则是要做到集中复习不感到疲劳，分散复习不至于遗忘。各次复习的安排应"先密后疏"。开始时一次复习的时间要多一些，复习间隔要密一些。以后随着识记的不断巩固，复习的时间可少一点，复习间隔的时间也可长一些。

（3）复习次数的适宜与过度记忆法。一般说来，复习次数越多，记忆的效果越好。因此，过度学习显得非常重要。所谓过度学习，是指在学习达到刚好完全掌握程度基础上的附加学习。一般认为，以 150％的学习程度所获得的记忆效果较佳而又较为经济。如某职校生用 10 次学习就能背诵所记材料，如果他再学习 5 次，就达到 150％的学习程度。根据我国心理学家的实验证明：33％的学习程度，遗忘为 57.3%；100% 的学习，遗忘为 35.2%；150% 的学习，遗忘为 18.1%。[①] 150% 为过度学习的最佳程度，低于或超过这个程度，记忆的效果都将下降。由此可见，复习次数并非总是越多越好。

(4) 反复阅读与试图回忆相结合。反复阅读是记忆的一种方法。但是，如果仅是机械地重复并不一定有效，最好是进行整合性的重复，即寻找意义和建立新知识与已有知识间的联系。[②] 这就需要在反复阅读的同时试图回忆所识记的材料。试图回忆又称为尝试背诵法，简称试背法。这种复习方式的效果要远远好于单纯反复阅读的效果（见表 12-2）。这是因为，读背交替是一种积极的心智活动，能加强学习者的注意力，有利于学习者主动性和积极性的发挥，有利于学习者发现学习材料的重点和难点，也有利于学习者及时改正学习中的错误。至于反复阅读与尝试回忆的时间和比例，则要因人、因学习材料的不同而有所不同（表12-2）。

表 12-2　单纯重复与尝试回忆的记忆成绩比较

记忆方式	回忆成功的单位百分数/%		
	1 小时	1 天	10 天
单纯重复学习 4 次	52.5	20	25
2 次学习 2 次回忆	75.5	72.5	57.5

(5) 复习方法的多样化。复习不等于简单重复。单调机械地重复，会使人倍感枯燥乏味，容易使大脑皮层产生超限抑制，不利于知识联系的巩固。由于许多学生不具备优质高效的学习策略，因此，即便是面对很普通的学业任务，他们也要花费大力气才能完成。甚至是在大学校园，我们都能发现一些学生仍然在依赖简单的记忆策略来学习（Weinstein，Meyer，1991）。[③] 因此，要提高复习的效益，就要适当变换方法、形式。采取多种方式复习时容易使职校生从不同的角度巩固旧有知识，会使他们感到新颖、有趣，因而容易激发他们智力活动的主动性和积极性，使所学知识更加巩固。

学习也是记忆，学习的唯一证据就是记忆，因此，我们存储信息时使用的通路越多，学习也就变得越巩固。[④] 在复习过程中，要尽量使多种感官参与，使复习过程成为有看、听、说、做的联合活动，这样就会使多种感觉通道的信息到达

① 转引自王言根. 学会学习：大学生学习引论. 北京：教育科学出版社，2003.9.

② [美]库恩. 心理学导论：思想与行为的认识之路. 郑钢等译. 北京：中国轻工业出版社，2004.374.

③ [美]温斯顿，休莫. 终身受用的学习策略：帮助学生找到有效的学习方法. 伍新春，秦宪刚译. 北京：中国轻工业出版社，2003.104.

④ [美]斯普伦格. 脑的学习与记忆. 北京师范大学"认知神经科学与学习"国家重点实验室，脑科学与教育应用研究中心译. 北京：中国轻工业出版社，2005.74.

大脑皮层，留下"同一意义"的痕迹，并在视觉区、听觉区、言语区、动觉区等建立起广泛的神经联系，从而加强记忆的效果。因此，要相应地采取多样化的复习方法。心理学研究表明，在接受知识方面，看到的要比听到的印象深刻。如果单纯靠听觉，一般只能记住 15％左右。如果靠视觉，能记住 25％左右。如果将视听结合起来，则能记住 65％左右。必须指出：复习形式是为复习的目标服务的，教师应根据教学目标、职校生的知识掌握情况和他们原有知识水平、年龄特点来选择适宜的方式。其中，让职校生在应用知识过程中来巩固记忆成果是最值得提倡的。例如，在学了某个公式或定理之后，就不应简单地去死记这个公式或定理，而应当尽可能地在解决问题的过程中运用这个公式或定理，进而加深对这个公式或定理的理解。

第四节　思维规律与职业教育教学

人类思维的发展是有其规律的。一般都要经历直观动作思维、具体形象思维和抽象逻辑思维三个相互联系的阶段。职业学校教师要正确认识思维规律，科学引导职校生思维品质的发展，培养职校生的创造性思维。

一、职校生思维品质的发展及其培养

（一）职校生思维品质的发展

1. 职校生思维的广阔性与深刻性

思维的广阔性是指思路开阔，能从各个角度、多个方面揭露事物的联系，全面地思考问题。思维的广阔性是学习系统的科学知识、解决复杂问题必备的思维品质。思维的深刻性是指能深入地思考问题，善于透过事物的表面现象，抓住事物的实质，认识事物之间的内在联系。

由于语言、智力的发展及经验的增长，职校生思维的广阔性和深刻性有了很大发展。他们不再依赖事物的表象，能自觉、全面地从本质上看问题；他们力求对各种经验材料做出理论的和规律性的说明，用理论把各种材料贯穿起来，并以此来指导进一步扩展知识领域。职校生的思维广阔性和深刻性还表现在，能初步地以辩证的观点看待问题，开始看到一般和特殊、归纳和演绎、理论和实践的对立统一关系。

2. 职校生思维的独立性与批判性

思维的独立性是指不受他人的暗示，不盲从别人的见解，不依赖现成的方法和结论，独立地思考问题。思维的批判性是指能严格而精细地思考问题，冷静而客观地评价和自觉地控制自己的思维活动，不易受自己的情绪和偏爱的影响。

思维的独立性与批判性是相互联系、密不可分的。只有具有思维的批判性，从事实出发，经过严密论证，才能保证独立思维的正确性；同时，只有排除陈规陋习的束缚，不迷信前人的结论，才能客观地评价自己的思维活动。

职校生思维的独立性和批判性已趋于成熟。他们喜欢探究各种现象产生的原因，在提出争论的观点时，往往进行具有一定说服力的逻辑论证；他们不仅开始思考学习材料本身的正确性，而且开始思考思想方法的正确性。但他们的思维仍带有一定片面性和主观性，容易出现教条化的问题。

3. 职校生思维的灵活性和敏捷性

思维的灵活性是指能灵活地思考问题。其表现为能从不同角度、运用不同方法思考问题，在条件发生变化时，能及时调整原有计划、方案，寻找解决问题的新途径。思维的敏捷性是指思维活动迅速正确，能当机立断。它与轻率迥然不同，其不仅要求思维速度快，而且要求思维的正确性高。

具有思维灵活性的职校生，能灵活自如地运用各种规则、原理和规律，将书本知识与自己的见解进行比较和融合，而不把书本当教条；能举一反三，由此及彼，善于迁移。思维敏捷性强的职校生能迅速准确地认识事物的本质和规律，能果断地进行判断、推理，得出结论，因而能迅速有效地理解知识和解决问题。

(二) 职校生思维品质的培养

1. 职校生思维广阔性和深刻性品质的培养

思维的广阔性是以丰富的知识经验为基础的。只有具备大量的知识经验，才能从事物的不同方面和不同联系上思考问题，从而避免片面性和狭隘性。职校生求知欲强，正是学习知识的大好时期。因此，教师应注意拓宽职校生的知识面。教学中，不仅要求职校生完成大纲规定的学习内容，还要给他们创造条件进行课外阅读，参加课外科技活动，组织他们参观、访问、听学术报告或看介绍科技新成就的电影等。通过这些活动，丰富他们的知识领域，开阔他们的视野。另外，在各科教学中还应注意渗透辩证的思想，使他们逐步学会以对立统一的观点和发展的观点思考问题，学会全面地分析问题。

思维的深刻性是通过深入的思维活动而形成的，只有通过指导职校生进行深入的思维活动，才能培养他们思维的深刻性。培养职校生思维的深刻性应注意：首先，任何深刻的认识都是以丰富、正确的感性认识为基础的。因此，任何学科的教学都应提供足够的感性材料，不能只从理论到理论地讲解概念和原理，还要提供足够的变式，以指导他们从各种角度认识事物的本质。其次，应指导他们进行逻辑推理，培养他们的推理能力。同时，还应教会他们思考问题的方法。

2. 职校生思维独立性和批判性品质的培养

教师要特别重视培养职校生思维的独立性。对于他们表现出来的"不听话"、毫无顾忌地发表意见、标新立异、独出心裁等做法，要给予理解，不要任意压制，以免挫伤他们独立思考的积极性；要提供机会让他们进行辩论，独立地发表见解。

教师还应该注意培养职校生思维的批判性。在他们发表意见以后，还要引导他们从实际出发，进行严密的思考，做到有理有据。另一方面，应指导职校生对自己的思维活动进行反思，以帮助他们修正错误，避免产生片面性和狭隘性。

3. 职校生思维灵活性和敏捷性品质的培养

在职业学校教学中，教师可以用一题多解、一字多词、一物多用、一义多词等方法来训练职校生思维的灵活性。

思维的敏捷性是以思维的广阔性、深刻性、独立性、批判性和灵活性为基础的。培养职校生思维的敏捷性，在各科教学中都要有速度要求，同时，教师还要教会他们提高思维速度的方法。

二、职校生创造性思维的培养

（一）创造性思维及其特点

创造性思维是指以新颖独特的方法去解决问题，并产生首创的、具有社会价值的思维成果的思维过程。创造性思维是人类思维能力的最高体现。通过这种思维，人们可以在现有科学成果的基础上，揭示事物或现象的本质特征及其规律性，形成新的认知结构，从而达到探索未知、创造新知的境界。创造性思维主要有四个方面的特征：

（1）新颖性。创造性思维最突出的特征是新颖性。这是因为，创造性思维往往要求另辟路径，超越甚至否定传统的思维模式，冲破旧理论的束缚，提出具有重大社会价值、前所未有的思维成果。如哥白尼的"太阳中心说"、伽利略的"自由落体定律"及达尔文的"生物进化学说"等划时代的理论，都体现了创造性思维的这一重要特征。

（2）发散思维和聚合思维的有机结合。发散思维又称求异思维，是指从多种联系、多种角度、沿着不同的方向寻找解决问题的方法和途径的思维形式。由于发散性思维具有流畅性、变通性和独特性的特点，通过发散思维可打破原有模式，拓宽思路，产生新颖、独特的思想，因而是创造性思维的主要心理成分。但发散性思维不能离开聚合思维而单独发挥作用，它必须与聚合思维结合起来，依据一定的标准，从众多选择中寻找最佳方案，以利于问题的顺利解决。在创造过程中，发散思维与聚合思维是相辅相成、交替进行的。创造性思维的全过程，往往要经过从发散思维到聚合思维，再从聚合思维到发散思维的多次循环才能完成。创造性思维离不开发散思维和聚合思维的有机结合。

（3）创造想象的积极参与。创造想象的积极参与是创造性思维的重要环节。因为创造想象可以弥补解决问题时事实链条的不足和尚未发现的环节，提供未知事物的新形象，并使创造性思维成果具体化。因此，文艺作品中新形象的创造，科学研究中新假说的提出，创造发明中新机器的设计等，都离不开创造想象的参与。

（4）灵感状态。灵感状态是创造思维的又一典型特征。所谓灵感，是指人在创造性思维过程中，某种新形象、新观念和新思想突然产生的心理状态。灵感是人集中全部精力解决问题时，由于偶然因素的触发而突然出现的顿悟现象。在灵感状态下，人的注意力完全集中在创造对象上，此时，人的创造欲望非常强烈，创造意识十分清晰和敏锐，思维极为活跃，往往伴随着情绪的巨大紧张和高涨。灵感是人高度积极的精神力量的集中体现，在灵感状态下，人的创造性思维活动的效率极高。

（二）创造性思维的基本过程

创造性思维是一个极为复杂的心理活动过程，在它的运行中又有独特的活动程序和规律。英国心理学家华莱士（Wallas，1926）研究了各种类型的创造经验，提出了创造性思维的四阶段理论，反映了创造性思维的基本活动程序和规律。

（1）准备阶段。这是围绕问题，积累素材，收集资料，理出头绪的过程。收集资料越丰富和充分，越有利于开阔思路，越有利于发现和推测出问题的关键之所在，使问题顺利解决。

（2）酝酿阶段。这是在头脑中对问题和资料进行周密细致的探索和思考，力图找到解决问题的途径和方法的阶段。

（3）豁朗阶段。这是经过充分酝酿之后，新思想、新观念、新形象在脑中突然呈现，使问题有可能得到顺利解决的阶段。这时，事物间的各种联系和关系意想不到地、闪电般地联系起来，思维似乎从"踏破铁鞋无觅处"的困境中摆脱出来，有一种"得来全不费工夫"的感觉，并显示出极大的创造性。

（4）验证阶段。这是对新思想或新观念进行验证、补充和修正，使其趋于完善的阶段。这个过程中，经过理论和实践的多次反复论证和修改，无数次地汰劣存优，使创造性活动获得圆满的结果。

（三）职校生创造性思维的培养

创造性思维在人类的创造活动中起着重要作用。培养大批有创新意识和创造能力的人才，是教育工作的一项重要任务，"为创造性而教"已成为当前教育界的共识。如何培养职校生的创造性思维呢？

（1）保护好奇心，激发求知欲。好奇心是人对新异事物产生诧异并进行探究的一种心理倾向。求知欲又称认识兴趣，它是好奇心的升华，是人渴望获得知识的一种心理状态。好奇心和求知欲是推动人们主动积极地观察世界、进行创造性活动的内部动因。具有强烈好奇心和求知欲的人，对事物有执着的追求和迷恋，不会感到学习和创造是一种负担，而是在活动中获得极大的精神鼓舞和情感满足。职业学校教学中，教师应通过启发式教学或创设问题情境，使职校生面临疑难，产生求知的需要和探索的欲望，主动提问和质疑，要有意识地强化他们对事物的兴趣，以保护好奇心和求知欲。

（2）创设有利于创造精神形成的氛围。教师既是知识的传授者，也是创造教育的实施者。为了培养职校生的创造性，教师应为职校生创造一个能支持或容忍标新立异和偏离常规的环境，让他们感受到"心理安全"和"心理自由"。教学工作中，教师应善于提出问题，启发职校生独立思考，寻求正确答案；要鼓励他们质疑争辩，自由讨论；要指导他们掌握发现、分析问题和解决问题的思维方法。

（3）加强发散思维的训练。加强发散思维的训练对培养创造性思维有重要作用。实验证明，通过有目的、有意识地训练，可以发展职校生思维的流畅性、变通性和独特性。例如，通过一题多解和一题多变等练习，培养职校生思维的灵活性和变通性；鼓励职校生自编应用题，以发展他们思维的独特性和新颖性。通过课外活动也可发展职校生的发散思维。例如，可以给职校生提供某些原材料和元部件，鼓励他们按自己的设计进行组装活动；也可在课外文学小组活动中，鼓励职校生进行填对联和猜谜语活动等。

（4）陶冶创造型人格。创造性思维的发展不仅与智力因素有关，而且与一系列非智力因素和人格特征有密切联系，这些人格因素是促进职校生创造性思维发展的必要和充分条件。综合国内外的研究成果，学术界认为，创造型人格一般具有以下特征：浓厚的认知兴趣、旺盛的求知欲和强烈的好奇心；敏锐的观察力、富于想象、捕捉机遇的能力；较强烈的进取心理和较高的抱负水平、自信心强，且能有效地进行自我激励；较强的独立性、从众行为少、有开拓革新精神、不受传统观念束缚；勇敢、敢冒风险、喜欢富有挑战性的工作；有献身精神、热情、勤奋；具有幽默感、审美感，浪漫、直率、热情开放；坚忍、顽强、目标明确，有锲而不舍的精神。除了这些共同的人格特征外，艺术、自然科学、社会科学、管理等不同领域的创造型人才，还具有一些与本专业要求相关的特殊人格特征。

职业学校教师必须注意改进和完善自己已有的教学风格，并尽可能掌握和使用多种教学方式而不拘泥于自身的风格，进行创造性教学。

哈尔曼（R. Hallman）经过研究，提出了12条教师创新性教学的标准：①引导学生主动地学习。创造性教师十分注重启发学生的思维，鼓励他们自己发现问题，提出假设并亲自实践。②放弃权威态度，在班级里倡导学生相互合作、相互支持，使集体创造力得到充分发挥。③鼓励学生广泛涉猎，开拓视野，理解加深，运用灵活。④对学生进行专门的创造性思维训练。如鼓励学生发现问题的异同及其相互关系，鼓励学生提出自己的主张，创造性地编讲故事等。⑤延迟判断。创造性教师往往不立即对学生的创新成果加以判断，而是给他们足够的时间去想象、创造。⑥发展学生思维灵活性，即帮助学生学会从不同角度观察、分析和理解问题，而不墨守成规。⑦鼓励学生独立评价，即利用自己的标准评价客观事物和思想观点。⑧训练学生感觉敏锐性。使学生对他人的感觉、情绪情感、以及对社会和个人的各种问题具有敏锐的洞察力。⑨重视提问。创造性教师往往对学生提问表现出浓厚的兴趣，并认真加以回答。同时他们自己也提出一些不拘泥于课本的问题，以刺激学生的思维。⑩尽可能创造各种条件，让学生接触各种不同的概念、观点以及材料、工具等。⑪注重对学生挫折承受力的培养。⑫注重整体结构。创新性教师往往注重引导学生理解各知识之间的联系，而不只是让学生机械地、零碎地、无联系地死记课本内容。

创造型人格是在教学和实践活动中逐渐形成的。因此，要培养职校生的创造力，就必须改变传统的教育观念，在教学活动中全面贯彻素质教育的要求，不能只把培养守纪律、听话、应试分数高的职校生作为职业教育的终极目标。职业学校教师应结合教学实际，加强职校生良好个性特征的培养，正确对待创造型的职校生，使每一位职校生的创造潜能都得到充分发展。

第五节　情感规律与职业教育教学

一、职校生情绪情感发展的特点

职校生的情绪情感就其一般发展趋势而言，有以下几个主要的特点：

（一）充满热情，富有朝气

职校生容易动感情，也重感情，他们的情绪高亢强烈、充满激情、活泼愉快、富有朝气。他们的热情和社会性越来越强，有为真理献身的热情，常常为自认为是正确的言行争执得面红耳赤。他们的朝气蓬勃，还表现在对未来充满着美好的憧憬和幻想。他们往往是先进事迹、行为的热烈追求者，并向往和敬佩英雄模范，喜欢抄录伟人的警句和格言。

（二）情绪的两极性明显

职校生情绪的两极性在日常生活中有十分明显的表现，例如，取得成绩时非常高兴，表现出唯我独尊的倾向；一旦失败，又陷入极端苦恼、悲观的情绪状态。又如，他们往往具有为真理献身的热情，盼望完成惊人的业绩，但也可能由于盲目的狂热而干蠢事。

（三）情感不断深刻

职校生的智力和意识不断发展，渐渐形成许多新观念和新观点，这些新观念和新观点与不断增长的高级社会需要相联系，就形成了许多有明确道德意识的社会性情感，如集体荣誉感、社会责任感、义务感、正义感、民族自豪感以及为真理和信仰而献身的热忱和气概等。这些情感若能深刻而持久地发展，变成一个人的情操，就会促进他们形成、确立高尚的人生观、价值观和世界观。

（四）情绪状态日趋稳定

随着年龄的增长和社会经验的丰富，职校生的情绪逐渐趋于稳定，主要表现在：第一，对情绪的自我调节和控制能力逐渐提高。职校生对情绪的控制能力明显增强，并逐渐与前途、理智交织在一起，显得比较稳定、持久和善于自我控制与调节。但是，他们的激情在一定场合仍表现得比较明显。第二，他们的情绪逐步带有文饰的、内隐的、曲折的性质。他们能够根据一定的条件支配和控制自己的情绪，往往出现表情与内心体验不一致的情况。

二、情绪情感与职业教育教学

（一）情绪情感对职校生学习的影响

情绪情感对职校生学习活动的作用表现在两方面：既可能提高学习的积极性，促进和增强学习效果，也可能降低学习的积极性，削弱和减低学习效果。一般说来，高兴、快乐、喜悦、热情等积极情绪，对学习有促进作用；痛苦、忧伤、愤怒、冷漠等消极情绪，对学习起阻碍作用。

心理学家泽尔勒（Zeller）就情绪对学习的影响进行了实验研究。研究表明，愉快而平稳的情绪，使人的大脑处于最佳活动状态，人在愉快的心情下学习，精力会更集中，思维更敏捷，记忆效果大大提高。相反，如在痛苦、烦躁、不安的情绪状态下进行学习，就不能集中精神，思维变得混乱，记忆力下降。

（二）焦虑与职校生学习

焦虑是指由对未来活动的预想而引起的一种不安、忧虑、紧张、恐惧的情绪状态。通常在人的需要得不到满足或受到威胁时，焦虑就会产生。例如，当职校生面临重要考试时，他们认识到考试的成绩同他们的毕业、就业密切相关，所以他们有考取好成绩的强烈需要，如果对这次考试感到把握不大，那么个人的需要就受到威胁，害怕不能考好的焦虑情绪就油然而生。对职校生来说，学习焦虑尤其是考试焦虑是普遍存在的，其原因有主观和客观两方面。引起职校生学习焦虑的客观原因主要有：社会舆论的压力、家长和教师逼迫他们学习、作业过多、考试频繁、完不成作业、考试分数低会挨骂受罚等。主观原因则与个人的学习水平、抱负水平、个性特点有关。

焦虑对学习的影响还与学习者本身的能力有关。学习能力一般的职校生，焦虑水平高，学习成绩下降；焦虑低成绩反而较好。对后进生（或是由于学习能力低下，或是由于对学习抱无所谓态度）来说，压力大小、负担轻重，对他们的学习成绩都影响不大。而优生在高焦虑和低焦虑的条件下，其学习成绩都相差不大，这或许是由于优生具有较强的学习能力。

总的说来，一定程度的焦虑对学习的正常进行是必需的，但高度的焦虑则干扰、阻碍学习活动，而焦虑不足又会不够兴奋、缺乏注意，也会影响学习效率。一般而言，难度大的学习，则低焦虑效果好，高焦虑效果差；难度小的学习，则高焦虑效果好，低焦虑效果差。短期焦虑对学习的不良影响不大，但长期焦虑不仅影响学习，而且影响健康。

（三）教学中职校生情绪状态的调节

职校生的情绪状态对教学效果有直接的影响。他们的情绪还很不稳定，时而高涨，时而低落，有时突然由好变坏，有时又突然由坏变好。因此，教师了解和把握职校生的情绪状态，善于引导和驾驭他们的情绪，使他们经常在积极、良好的心态下学习，至关重要。为使职校生在最佳的情绪状态下学习，职业学校教师在教学中应注意以下几方面：

1. 教师在课堂上要保持积极的情绪

情绪具有信号功能，在交往中起着信息传递的作用，交往双方的情绪很容易影响对方，产生共鸣。根据这一规律，教师在课堂上要注意保持高昂的情绪、饱满的精神。教学活动是师生之间的一种双边交往活动，它不仅是知识的传递过程，而且是情感的交流和传递过程。师生之间的互相感染和影响在教学中起重要的作用。为此，教师要通过自身的高昂情绪来沟通师生情感，使他们形成积极的心理状态，乐于接受教诲。

2. 要关心和爱护职校生

师爱是教学成功的重要条件。许多研究表明，相容、接近、融洽、亲切等健康的师生关系，往往使学生情绪愉快和稳定，易于形成高尚的情感，从而有助于智力的发展；反之，排斥、疏远、摩擦、冲突等不健康的师生关系，则易给学生心理上造成压力和挫折，使之产生焦虑、烦恼、抑郁、灰心、反感、害怕等不健康的情绪情感，从而干扰其智力活动的正常进行，阻碍其智力发展。职校生为自己所喜爱的教师而学的情况是常见的。职校生对某教师有好感，往往会对这一教师所教学科产生兴趣，积极主动地学。相反，师生关系紧张，则对该教师所教学科无兴趣，上课时情绪低落，无精打采。

3. 保护职校生的自尊心和自信心

在教学活动中，教师应充分发挥每一位职校生的自尊心和自信心的作用，正面引导，善于启发。对于他们取得的成绩和进步，要及时给予表扬，对他们的积极性与创造精神要充分肯定、信任，使他们增强信心，从而产生不断奋发向上的力量。对于他们的缺点要进行批评，但要适可而止，不要太过分，以免挫伤他们的自尊心。心理学研究表明，教师以温和、热情、赞扬的方式对待学生，比过多的指责、否定、批评，效果要好得多。

4. 注意调控职校生的课堂情绪状态

课堂气氛对于课堂教学的顺利进行是很重要的，而职校生的情绪状态往往决定着课堂的气氛。因此，教师要善于控制职校生在课堂上的情绪，使他们在良好的情绪状态中学习。例如，教师不应对他们采取命令、批评、教训的态度，而应启发他们对功课的兴趣，表扬他们的成绩，尤其要善于发现后进生的闪光点，鼓励他们积极参与教学活动等，以保持和稳定他们的最佳情绪状态，因为教师的每一句话，下达的每一个任务，对他们的每一句评语，都直接影响职校生的学习心理及情绪状态。

【本章思考与练习】

1. 怎样遵循感知规律来提高教学效果？
2. 如何运用注意规律组织职业教育教学？
3. 如何依据记忆规律有效组织教学？
4. 如何科学合理地组织复习？
5. 在职业教育教学中如何培养职校生良好的思维品质？
6. 创造性思维有哪些基本过程？怎样培养职校生的创造性思维？
7. 职业教育教学过程中如何调节职校生的情绪？

第十三章　职业学校课堂心理与管理

课堂不仅是职业学校教师教育教学的主要阵地，也是学生成长和发展的重要舞台，更是师生互动、和谐发展的重要空间。课堂管理是建立有效课堂环境、保持课堂互动和促进课堂成长的重要保证。本章主要探讨职业学校课堂管理的心理效应，课堂管理气氛的心理调节和课堂问题行为的处理，以及课堂互动的心理设计。

第一节　职业学校课堂管理的心理效应

职业学校课堂教学的效果不仅取决于教师的教和学生的学，而且更取决于在课堂教学中的师生双方心理上的互动。成功的课堂教学需要有良好的师生心理效应作保障，营造一种真诚、理解和信任的心理氛围，让学生感到轻松、积极而无压力，从而充分释放活力，舒展个性，并激起思维的火花。

一、职业学校课堂管理概述

（一）课堂管理的含义

课堂管理是课堂教学的重要保障。美国著名教育社会心理学家班尼（Bany）曾通过实验得出如下结论："在教师从事的一切任务中，没有比管理技巧更为重要的了。"[①] 著名心理学家詹金斯（Jenkins）等人的研究结果也表明，在影响学生课堂学习的诸因素中，教师所具有的管理行为能力居第三位；罗杰斯（Rogers）等人通过研究认为，应该把教学视为包括管理在内的过程，而且教学可以作为一系列管理行为或角色加以研究。[②] 因此，课堂管理的重要性可见一斑。

职业学校课堂管理是一种协调和控制的过程，主要是指教师在课堂活动中通过协调课堂内部的各种人际关系，吸引学生积极参与课堂活动，使课堂环境达到最优化的状态，从而实现预定教学目标的过程。

职业学校课堂管理是一项融科学和艺术于一体的富有创造性的工作。要做好这项工作，职业学校教师不仅要懂得课堂教学的基本规律，掌握一定的职业教育学、职业教育心理学的相关理论知识，还必须学会运用一些课堂管理的技术。总

---

① ［美］班尼·Ｍ Ａ等. 教育社会心理学. 昆明：云南教育出版社，1986.

② 傅道春. 教师组织行为. 上海：上海教育出版社，1993.

之，重视课堂管理，学会课堂管理，对于有效提高职业学校课堂教学质量具有十分重要的意义。

具体来看，课堂管理是由一系列要素构成的有机统一体。其管理的主体是教师，管理的环境是课堂，管理的客体是班级的各种人际关系，如师生关系和学生关系，管理的目标是实现预定的教学目标。教师是课堂教学的组织者和领导者，与学生同属于课堂管理中相互影响、相互作用、具有能动性的两方面。教师在矛盾中处于主导地位，通过确定课堂管理目标、实施目标、控制目标以及检查和评价目标等一系列环节，建立和保持良好的教学条件，使课堂内每个学生都能充分发挥自己的潜能，最大限度地利用课堂内的各种资源，以完成教学任务，实现教学目标。相对而言，学生在课堂管理中处于被管理者的地位，但教学是师生双边共同进行的活动，教学目标的实现程度应取决于师生两方面的协同配合。教学效率的高低是师生双方教与学效率之积，如果缺少任何一方的努力，教学效率都势必降低。

课堂管理实际也就是对课堂中人际关系的管理。课堂是职业学校中最基本的教学单位，是一种有组织的群体教学活动场所。在课堂内主要有两种角色，即教师与学生，相应的课堂中的人际关系也就是师生关系与学生关系。只有妥善处理好课堂中的各种人际关系，才能实现教师、学生与课堂情境的协调，有效地实现职业学校教育教学目标。

（二）课堂管理的功能

有学者把课堂管理的功能归纳为六个方面：一是维持良好的课堂秩序，二是提供良好的学习环境，三是提高学生学习效果，四是培养学生的自治能力，五是增进师生情感交流，六是促进学生人格成长。[①]

课堂管理在职业学校课堂教学的整个环节中起着重要作用，它对课堂教学各个环节的计划、决策、组织起着一定的监督和调节的作用，直接影响着课堂的教学效果与评价。一般而言，职业学校的课堂管理具有两个基本功能。

1. 课堂管理的促进功能

课堂教学是职业学校师生围绕教材内容，按照课堂教学的要求，促进学生掌握知识、发展能力的一种活动，同时也是一种促进师生合作、同学互助的活动。在教学中教师应有意识地使课堂环境优化，激发学生的学习兴趣，使课堂气氛积极、健康，师生双方都有饱满的学习热情，师生关系融洽，课堂纪律良好，学生的思维活跃，对教学内容理解迅速准确，静心聆听与积极思维和谐进行。学生在这种有张有弛的课堂情境中才能有效地并且轻松愉快地学习。

职业学校课堂管理的促进功能不是通过严厉斥责或放任自流来实现的，而要

---

① 吴清山等. 班级经营. 台北：台湾心理出版有限公司，1990.12～13.

靠明确的教学目标来指引，靠符合学校规章制度并为学生所接受的课堂行为准则来约束，靠正确处理正式群体与非正式群体的关系来保障。同时，在此基础上形成和谐的课堂人际关系，建立自由轻松而有生机的课堂管理情境，以实现课堂管理的促进功能。

　　2. 课堂管理的维持功能

　　教学活动需要一个良好的环境。职业学校课堂管理的维持功能是指教师通过一定的管理手段，较好地维持课堂教学的基本秩序和良好的内部环境，保证课堂教学活动的顺利进行，并吸引学生最大限度地投入学习，以较好地完成教学任务。由于课堂教学是一个动态变化的过程，在教学过程中难免会遇到各种与课堂教学目标相违背的因素的干扰，因此，为了保证教学目标的实现，教师必须及时预见并排除各种干扰课堂教学活动的不利因素，有效维持正常教学秩序，使教学得以顺利进行。同时，必须制定符合教学目标的课堂行为准则，维持课堂纪律。此外，良好的课堂秩序和环境还需要优良的班风来保障。

　　无论是课堂管理的促进功能还是维持功能，对职业学校教学活动都会产生较大的影响，因而教师在课堂管理过程中要尽量避免因管理不当而引起的负面影响，在维持教学正常秩序的基础上，最大限度地发挥课堂管理的促进和维持功能，使课堂管理在提高教育教学质量方面发挥应有的作用。

二、职业学校课堂管理目标

　　课堂管理目标通常表现为两种取向：一是规范性目标，一是促进性目标。规范性目标常常从对学生的负向估价出发，关注学生的不良品性和问题行为；所确立的管理措施通常是强制性的，主要用来管束或控制学生，尤其是有问题行为的学生。促进性目标常常从对学生的正向估价出发，相信学生在课堂中的行为和表现；所确立的管理措施通常偏重于激励，立足于激发学生的内在自主的要求和自我管理的动机状态。具体来说，职业学校课堂管理的目标主要体现在以下几个方面。

　　（一）提高学生学业学习时间的效率

　　课堂管理的一个首要目标是争取更多学生把更多的时间用于有效学习。通常，学生所花的学习时间越多，学习成绩就越好，但时间资源并不是无限的，学校和教师都不能任意增加学生的学习时间，正是在这个大前提下，我们来探讨如何在所规定的课堂教学时间里为学生争取更多的学习时间并提高学习效率。

　　有国外学者将课堂时间划分为分配时间、教学时间、投入时间、学业学习时间四个层次。分配时间是指学校为完成某一学科的教学任务而安排给教师的课堂时间，这是由课程表决定的。由于教师在分配的课堂时间内要检查学生出勤和处理课堂纪律问题等，便衍生出了教学时间。教学时间是指教师在完成课堂常规管理和教学组织之后所剩的实际用于教学的时间。在教学时间内，教师无法使所有学生一直专心于学习活动，比如有些学生思想开小差等，便衍生出了投入时间。投入时间，也叫专注于功课的时间，是指在教学时间内学生实际上投入学习或专注于学习的时间。然而投入时间并非总是积极的，因而在投入时间里便有了学业学习时间，它是指学生以高度的成功率完成学业任务所花的时间，亦即学生花费在学业任务上并取得成功的时间，它不包括学生听不懂或理解错误的那些时间。

在通常情况下，学生在课堂内的学业学习时间越多，学业成就便越高。美国一些心理学家的研究表明：倘若学生每天在校时间为5小时，学生学业学习时间最多的班级平均为111分钟，而最少的班级平均才16分钟，几乎相差7倍。虽然学生很难做到将在课堂上的每一分钟都用于学习并获得成功，但学生不宜将过多的时间花费在活动转换、学习准备、无事可干、思想开小差、课堂违纪等方面。我国中小学课堂教学的实践证明，很大一部分教学时间被浪费了。如有些教师计划不周，教学内容安排不当，缺乏教学设计，在课堂纪律上耗费过多时间等，这些均会影响教学时间。这就要求教师应使得更多学生把更多的课堂时间变为学业学习时间，为此教师必须合理组织课堂教学结构，维持学生学习的注意和兴趣，这一方面能提高课堂教学效率和学生的学业成绩，同时也从积极意义上维持了课堂学习纪律。

（二）帮助学生自我管理

任何管理系统中，帮助学生很好地管理自己都是一个重要的目标。正如高尔顿所认为的："唯一有效的管理方法，是学生个人发自内心的自制。教师的主要任务是在帮助学生发展这套自制功夫，使他能凭靠自己去做适当的决定，去约束个人的行为。"[①] 当然，鼓励学生自我管理需要一个过程，而且，教学生如何对自己负责，可能不如教师自己关照所有的事效率那么高，但是这种努力是非常值得的。

如何让学生对自己的课堂行为进行自我管理呢？丹博（Dembo）建议，首先，让学生更多地投入课堂规则的制定；其次，用较多的时间要求学生考虑制定某些规则的原因以及他们自己不良行为的原因；再次，应当给予学生机会考虑他们将怎么计划、监视和调节自己的行为。

三、职业学校课堂管理的心理效应

职业学校课堂管理的过程就是师生心理、行为的相互作用和影响的过程。师生任何一方对对方施加某种心理的作用或影响都会产生相应的心理效应。教师只有用自己的心灵呼应学生的心灵，课堂才能步入一个相容而又和谐的世界，教学

① 邱连煌. 班级经营：学生管教模式、策略与方法. 台北：台湾文景书局，1998.155.

才能成为一种赏心悦目、最富有创造性的活动。

（一）首因效应

在初次交往中给对方留下的印象很深刻，人们会自觉地依据第一印象去评价一个人，并在今后的交往中验证第一印象，这就是首因效应。所以，师生在交往中给对方留下的第一印象的好坏，直接关系到师生间在以后课堂教学中的相互评价和交往。

在处理关于他人的信息，形成对他人的印象时，输入信息的顺序性有重要影响。一般说来，最先接收的信息在印象形成中起较大作用，往往被当作某人最具代表性的特征。当学生在课堂上首次见到教师时，他们对教师的品德、才能和个性等尚无了解，但他们总是根据教师的言谈举止来推测其内在特征，分析他的品行、风格和个性，从而形成对教师的第一印象。

教师在学生心目中的第一印象在很大程度上决定了学生对教师的看法，影响教师威信的建立和教师对学生有效的教育管理。因而教师要特别注意和同学的第一次见面，上好第一堂课，充分发挥"首因效应"的积极作用，同时还要尽量避免让学生产生错误的第一印象，并帮助学生克服因第一印象所造成的对教师片面的看法。

（二）皮格马利翁效应

皮格马利翁效应又叫期望效应、罗森塔尔效应。它是课堂教学管理中一种重要的人际效应。1968年，心理学家罗森塔尔与雅科布森对小学一至六年级的学生进行了一次"预测未来发展的实验"（实为智力测验），而后随机地在各班抽取20%的学生，并故意告诉教师说所有被抽到的学生都是"未来的花朵"，他们有着很大的"学业冲刺"潜力。八个月后，再对这些学生进行一次同样的测验，结果发现，这些所谓的"未来的花朵"真的在智力上比其他学生有了更大的提高，教师在期末评定时也都认为他们"求知欲更强"，"更有适应力和魅力"等。罗森塔尔与雅科布森根据古希腊一个神话，将这个实验命名为"皮格马利翁效应"。

那么，为什么会出现这种奇迹呢？由于教师对心理学家提供的名单深信不疑，于是在教育教学中产生积极的期待的情感，并通过各种态度、言语和表情传递给学生，学生便在这种深情厚爱的滋润下，产生了显著的变化。

可见，教师的期望对学生的学习和成长起着非常重要的作用。值得注意的是教师不能只寄期望于少数学生，而应对全体学生都给予期望，使学生都能体会到老师的关注与期待。尽管学生不可能都达到同样的发展水平，但每个同学都能够获得最大程度的发展。因此，教师在课堂教学中要积极运用这种"期望效应"，发挥其对学生成长的促进作用。

（三）马太效应

1973年，美国科学史研究者罗伯特·默顿经过研究发现：对已有相当声誉的科学家做出的科学贡献给予的荣誉越来越多，而对那些未出名的科学家则不承认他们的成绩。他把这种社会心理现象命名为"马太效应"。

"马太效应"反映在课堂管理上，它是一种既有积极作用又有消极作用的社会心理现象。其积极作用主要表现为："马太效应"所带来的"荣誉追加"现象能产生较强的激励作用，对优秀的学生能促使他不断努力，而对其他的同学，只要奖惩制度合理且操作恰当，也能充分发挥其巨大的吸引力。当然，凡事过犹不及，"马太效应"的消极作用也是存在的。诸如"好生好对待，差生差对待"，以分数衡量学生的优劣，这对于全体学生来说都是不明智的举措。对于一些教师心目中的好学生来说，如果把不该属于他的荣誉都加在他头上，使其成为社会、家庭和学校的宠儿，这种优越的社会心理环境会使他们在成长中变得非常脆弱，经不起挫折。而对另外一些学生仅仅因为分数不高，就会长期处在师生的关爱所遗忘的角落，这种人为造成的恶劣的心理环境，更不利于他们的健康成长。所以教师要合理运用"马太效应"，使其在课堂管理中发挥积极的作用。

（四）定型效应

所谓"定型"，是指在人们头脑中存在的关于某一类人的固定形象。定型效应，亦称社会刻板印象，指人们在见到他人时，常常会自觉地根据人的外表和行为特征，结合头脑中的定型，对人进行归类，以此来评价一个人。

人头脑中存在的定型是人们以往经验的反映，但由于同一类人的形象不可能完全一样，也不可能是固定不变的，因此，以不变的固定形象为依据去认识千差万别、不断变化着的人们及其行为方式，显然会使我们的认识出现偏差，导致做出错误的判断和决策。教师在课堂管理中要克服这一效应所带来的消极影响，力求全面而准确地认识学生，以减少判断和决策的失误。

当然，学生对教师的课堂行为同样会形成定型的期望，他们期望教师以某种方式进行教学和课堂管理，这种定型的期望必然会影响课堂管理。如果教师的实际行为与学生们的定型期望不一致，课堂内就会滋生不满情绪。因此，教师在接受教学任务后，首先必须了解学生对自己的期望，并努力达成一致。如果发现自己的课堂管理方法与学生们的期望不一致，就应采取措施，使两者协调起来。

第二节　职业学校课堂心理气氛的调节

课堂教学是职业学校教师、学生和教学情境三者之间相互作用的活动过程。课堂教学的效果不仅取决于教师怎样教，学生怎样学，而且还取决于师生交往的心理背景，也就是课堂心理气氛。在不同的课堂心理气氛中，教学效果和学习效率会有明显的差异。因此，营造积极"和谐"良好的课堂心理气氛是课堂学习管理的重要内容，是实现有效教学的重要条件。

一、课堂心理气氛概述

（一）课堂心理气氛的涵义

心理气氛又称心理气候，是群体和集体中占优势的比较稳定的情绪状态，其中包括人们的心境、精神体验、情绪波动、彼此间的关系、对工作及对周围事件的态度。课堂心理气氛是指课堂里存在于师生之间的某些占优势的相对稳定的态度与情感的综合状态。

课堂心理气氛具有独特性和多样性，不同的课堂往往有不同的心理气氛。如有的课堂心理气氛积极而活跃，有的拘谨而刻板，有的协调而融洽，有的冷漠而紧张。即使是同一课堂，也会因不同的教师、不同的课程而形成不同的心理气氛。如当某位教师上课时课堂气氛和谐、活跃，而另一位教师上课时课堂气氛则可能压抑、沉闷。同时，课堂心理气氛还是稳定性和可转化性的有机统一。一种课堂心理气氛形成后，往往能维持相当长的一段时间，但由于受教学内容和教学节奏等因素的影响，它还应体现出活泼与严肃、热烈与凝思、宽松与严谨之间的和谐转化和有机统一的特点。

良好的课堂心理气氛不仅符合学生的求知欲和心理特点，而且使得师生之间关系和谐融洽，产生积极的态度体验。巴班斯基说："教师是否善于在上课时创设良好的精神心理气氛，有着重大的作用。有了这种良好的气氛，学生的学习活动可以进行得特别富有成效，可以发挥他们学习可能性的最高水平。"有研究表明：学生在没有精神压力，没有心理负担，心情舒畅情绪饱满的情况下，大脑皮层容易形成兴奋中心，并激活中枢神经系统，使注意、感知、记忆、想象等心理活动处于积极状态，这是学生积极自主进行活动的有利条件。这不仅能使他们思维活跃、记忆清晰、迅速，而且表现出情绪开朗、稳定，求知欲强烈、持久，这些因素将鼓舞学生大胆地探索问题，提高课堂认知效率。

（二）职业学校课堂心理气氛的类型

在通常情况下，课堂心理气氛可以分成积极的、消极的和对抗的三种类型。我国心理学工作者黄秀兰曾根据师生在课堂上表现出来的注意状态、情感状态、意志状态、定势状态以及思维状态将课堂心理气氛的类型做了如下划分（见表13-1）。[①]

---

① 黄秀兰. 试论课堂心理气氛与教学效果. 应用心理学. 1986, (2): 19.

表 13-1　课堂心理气氛的类型

课堂心理气氛类型 师生的心理状态	积　极　型	消　极　型	对　抗　型
注意状态	师生对教学过程表现出注意的稳定和集中,全神贯注甚至入迷。	呆若木鸡,打瞌睡(在教师严厉的情况下);分心,做小动作(在教师管理课堂能力较差的情况下)。	学生注意指向于课程内容无关的对象,而且常常是故意的;教师为了维持课堂纪律而被迫中断教学过程。
情感状态	积极愉快, 情绪饱满, 师生感情融洽。	压抑的、不愉快的(在教师严厉的情况下),无精打采、无动于衷(在教师课堂管理能力较差的情况下)。	激情,学生有意捣乱,敌视教师,讨厌上课;教师不耐烦,乃至发脾气。
意志状态	坚持,努力克服困难。	害怕困难,叫苦连天,设法逃避。	冲动。
定势状态	确信教师讲课内容的真理性。	对教师讲的东西持怀疑态度。	不信任教师。
思维状态	智力活跃,开动脑筋,从而迸发出创造性;教师的语言生动、有趣、逻辑性强,学生理解和解答问题迅速准确。	思维出现惰性,反应迟钝。	不动脑筋。

　　积极的课堂心理气氛是恬静与活跃、热烈与深沉、宽松与严谨的有机统一。也就是说,课堂情境符合学生的求知欲和心理发展特点,学生注意力高度集中,思维活跃,课堂发言踊跃,课堂纪律良好,学生时刻注意听取教师的讲授或同学的发言,并紧张而深刻地思考。师生之间、生生之间关系和谐融洽,师生双方都有饱满的热情,配合默契,故又称"支持型气氛"。课堂里听不到教师的呵斥,看不到僵局和苦恼的阴影,有的是教师适时的提醒、恰当的点拨、积极的引导,学生产生了满意、愉快、羡慕、互谅、互助等积极的态度和体验,课堂心理气氛宽松而不涣散,严谨而不紧张。

　　消极的课堂心理气氛又称"防卫型气氛"。通常以学生的紧张拘谨、心不在焉、反应迟钝为基本特征。也就是说,课堂情境不能满足学生的学习需要,不符合学生心理发展的特点,学生注意力分散、情绪压抑、无精打采、小动作多,有的甚至打瞌睡。对教师的要求,学生一般采取应付的态度,很少主动发言。有时学生害怕上课或上课时紧张焦虑。师生关系不融洽,学生之间不友好,学生产生了不满意、压抑、烦闷、厌恶、恐惧、紧张、高焦虑等消极的态度和体验。

对抗的课堂心理气氛则是一种失控的课堂气氛。在课堂活动中，学生过度兴奋、各行其是、随便插嘴、故意捣乱。教师则失去了对课堂的驾驭和控制能力，因此，有时不得不中止讲课来维持秩序。

二、营造良好课堂心理气氛的策略①

良好课堂心理气氛，需要教师的精心组织和主动创设。营造良好的课堂心理气氛包含创设和调控两层含义，通常采取下列策略：

（一）教师要正确鉴定课堂心理气氛的现状

鉴定课堂心理气氛是营造良好课堂心理气氛的前提和基础。鉴定方法主要有观察法、访谈法、问卷调查法、心理测量法等。我国学者柳夕浪根据课堂心理气氛的内涵，从课堂敢为、课堂不适、课堂交往、课堂态度等四个方面编制了课堂心理气氛调查问卷。其中课堂敢为因子主要调查课堂上学生是否敢于讲话、不怕出差错的倾向；课堂不适因子主要调查课堂上学生是否产生焦虑及其焦虑程度；课堂交往因子主要调查课堂上学生与他人交往的愿望、交流学习的情况；课堂态度因子主要调查学生基于对课堂学习目的的认识而产生的情绪反应。根据测量结果可以了解课堂心理气氛的现状。

（二）教师要对学生公正评价，合理期望

教育心理学的大量研究表明，教师期望的自我实现性预言效应是确实存在的。教师对学生的高期望会使学生向好的方向发展，教师对学生的低期望则会使学生越来越差。教师在课堂教学中往往通过一些特定的行为来向学生传达他们的期望信息。教师在传达期望信息时，只有采取恰当的方式，准确把握，合理评价每位学生，坚信"只要给予足够的学习时间和适当的教学，几乎所有的学生对几乎所有的学习内容都可以达到掌握的程度"，形成适度的高期望，才可能形成良好的课堂心理气氛。

（三）教师要以自己积极的情感感染学生

师生的情感共鸣是课堂心理气氛的重要变量。教学过程不仅是传授知识的过程，而且更是师生在理性、情感方面的动态过程。学生是否乐于接受教师所传授的信息，关键在于这信息能否满足学生的情感需要。课堂教学中要使师生双方的意图、观点和情感联结起来，教师传授的知识、提供的信息要使学生产生强烈的求知欲望、积极的思维活动和强烈的内心体验，教师就必须增加情感投入，给知识、信息附加情感色彩，实施情感性教学，以教师自身的情感体验营造良好和谐

---

① 方双虎. 论课堂心理气氛及其营造. 教学与管理. 2003，(5)：52～53.

的课堂心理气氛；以教师积极的情感倾注去感染学生，让他们伴随着丰富而快乐的情感体验参与教学过程；以他们合理的共情去体验学生的情感，缩短因教师的权威、地位和角色而产生的与学生间的心理距离，增强与学生在心理上的相容性，以便学生能够"亲其师，信其道"。

(四) 教师要树立教育威信

教师是课堂教学的组织者和领导者，他的人格和威信，是一种巨大的精神力量，具有很强的教育作用，是影响学生情感体验、制约课堂心理气氛的重要因素。教师在课堂活动中，不应把自己看成是发指令、提要求、检查执行结果的监督者，而应看作是教学活动中平等的一员。在学生成长过程中，教师应逐渐放松对学生的权力控制，以平等的态度对待学生，以民主的方式指导和组织教学，以适应学生日益增强的成人感和独立性的需要，促进学生自我定向和自律能力的发展。教师在课堂活动中要处处严格要求自己，以身作则，为人师表，用自己的良好威信影响学生，给全班学生以积极的情绪体验，以创造良好的课堂心理气氛。

(五) 教师要合理利用信息传递

教师所传递信息的内容和传递方式也是影响课堂心理气氛的重要因素。教师所传授的教学内容是否新颖、科学，是否符合学生的实际，以及内容间的结构是否严密等都会影响知识的可信度。此外，教师对内容的表述是否形象、生动、具体，以及教学信息传递的渠道、媒体、风格等构成的传播方式也会制约信息传递的有效性。只有当学生认为教师所传递的信息是可信的、可接受的，他们的课堂心理状态才会是积极的、活跃的，课堂心理气氛才会是和谐的。因此，教师对所传递知识的准备、对传递途径方法的处理应该成为课堂心理气氛调控的重要环节。同时，教师对所传授的内容和所提出的要求应该难易适度。只有当学生经过努力，克服了困难，取得了学习上的胜利时，才会感到自己的智慧和毅力的力量，体验到一种刻苦努力获得成功的幸福和喜悦，学习情绪和课堂心理气氛就会为之大振。

(六) 教师要重视课堂教学中的多向交往，建立良好的班级人际关系

课堂教学中师生、学生之间的交叉联系，叫多向交往。多向交往具有多层性、自主性、求异性、情趣性、差异性等特点，能够满足学生的求知欲，以发挥学生的主观能动性，提高学生的自学能力，提高学生的智力活动水平，符合因材施教的要求。因此，职业学校教师重视课堂教学中的多向交往，能营造良好的课堂心理气氛。

师生关系融洽，教师热爱、信任学生，学生尊重、敬仰教师，可以导致积极向上的课堂心理气氛；不和谐的师生关系则容易酿成消极、沉闷甚至一触即发的

紧张课堂心理气氛。从学生之间的关系来看，也有类似的情况。

（七）教师要维持学生在课堂学习中的良好心理状态

心理状态是个体在一定时间内心理活动相对稳定的状况与水平。学生在课堂学习中的心理状态是直接影响其学习效率和课堂心理气氛的重要条件。因此，在课堂教学中，教师要善于观察和了解学生的心理状态，激发学生良好心理状态的产生，有意识地消除其不良心理状态。首先，教师应从学生非言语行为中了解学生的心理状态，即从学生在课堂学习时的表情、目光、动作、姿势等方面观察、了解其心理状态。其次，教师应满腔热情，激发学生产生和保持良好的心理状态。如教师一句热情而富有鼓励性的话，一个亲切而信任的目光，都可能会引起学生的兴奋感、愉快感、责任感，产生积极的心理状态。再次，课堂教学中要不断消除和克服学生学习中出现的不良心理状态。

第三节　职业学校课堂问题行为的管理策略

职业学校教师为了维持良好的课堂学习秩序，保证教学活动的正常进行，必须观察和研究课堂问题行为的表现和特点，深入分析课堂问题行为产生的种种原因，构建科学合理的判断标准，对课堂问题行为做出及时准确的判断，以便采用积极有效的措施进行处理。

一、职业学校课堂问题行为的界定

课堂问题行为是指在课堂中发生的，违反课堂规则，妨碍及干扰课堂活动的正常进行或影响教学效率的行为。这样的行为不仅会引起课堂纪律问题，而且常常影响学生的身心健康发展，若不进行有效的控制而任其蔓延，则个别学生的行为将诱发多数学生产生类似的问题行为，从而导致整个班级班风的消极发展和教学质量的下降。

具体来说，在行为表现上，课堂问题行为既包括外向性问题行为，也包括内向性问题行为。在问题性质上，课堂问题行为既包括显性的问题行为，也包括隐性的（人格方面的）问题行为。显性的问题行为，是指那些直接指向环境和他人的不良行为，如攻击性行为、破坏性行为、不服从行为等。隐性的问题行为，则大多是一种"退缩行为"，如对他人表现出惧怕、焦虑和回避，误认为自己会受到批评、拒绝等。在行为主体上，课堂问题行为既包括学生的问题行为，也包括教师的问题行为。因为课堂上有些问题行为的确是由教师自身因素造成的，但在这里主要探讨学生、而且是所有学生都有可能出现的问题行为。

二、职业学校课堂问题行为产生的原因

课堂问题行为的产生常常受多种因素的影响。概括起来，主要的影响因素集中在学生、教师和环境三个方面。

（一）教师的因素

1. 教师的观念因素

观念是行动的先导。倘若教师的观念发生偏差，就会直接导致学生消极情绪的产生，从而引发课堂问题行为。如教师缺乏正确的教育观念，强调以知识为本位，忽视学生能力的培养，把学生当作知识的"容器"，课堂成了教师灌输知识的"一言堂"，这样，就会使学生始终处于被动状态，同时也为问题行为的产生提供了条件。

教师的学生观也是职业学校课堂问题行为产生的重要因素。倘若教师以发展的眼光看待职校生，便会以宽容的态度对待学生的错误，以积极的期待来激励学生。相反，倘若教师以消极的眼光看待学生，把他们看作是考不上高中的、无能力进一步深造的学生，这样的观念会通过教师的表情、言语和行为毫无遗漏地传递给学生，学生便会自然而然地产生逆反心理，这种心理上的对抗将最终导致课堂问题行为的出现。

此外，教师因循守旧的管理观也是影响课堂问题行为的因素之一。

2. 教师的教学因素

教师的教学能力、业务水平是影响课堂教学效果的直接因素。库宁（Kounin）研究表明，如果一个教师讲授教材进度不当，或缺乏从一个活动跳跃到另一个活动的过渡能力，不能进行交叉活动或讲课时显得无能、迟钝，而且在一个时间里只困在一个问题上，学生就很可能置功课于脑后而捣乱起来。布罗菲和普特南研究证明：由于组织能力、表达能力差，可能促使学生产生问题行为。因此，教师要努力提高自己的业务水平，不断改善教学方法，从而避免课堂问题行为的产生。

3. 教师的情绪因素

教师对学生的积极的期待会产生"皮格马利翁效应"，同样，教师消极的情绪因素也会对学生形成消极的暗示，从而加大师生间的情感距离而引发问题行为的产生。教师的偏心是导致课堂问题行为的主要情绪因素。由于学生之间在智力水平、学习成绩、品貌和家庭背景等方面存在一定的差异，再加上有些教师的认知偏差，以致在对待学生的情绪和行为上出现偏差，对待好学生关爱有加，对待中等学生不闻不问，对待后进学生则冷眼相向，甚至讽刺挖苦，这样，教师的偏心不仅增大了师生间的心理距离，而且影响了同学间的团结，以致有些暂时非优等的学生会通过课堂问题行为来证明自己的地位和价值，处于两极的学生的问题

行为的发生率也有增加。

此外，还有一些教师自制力差，将自己的压抑、焦躁、失意和痛苦等情绪带入课堂，把学生当作出气筒，迁怒于学生，对学生形成心理污染。

（二）学生的因素

职业学校课堂问题行为除了受教师因素影响外，还与学生的身心有着必然的相关。职业学校的学生正处于少年向青年转化的时期，也是在生理和心理上实现社会化的重要跨越阶段。在这一时期，学生一方面蓬勃发展，另一方面，在心理过程、个性心理和自我意识等方面充满了矛盾斗争性。

1. 寻求注意与地位

在这一时期，有些学生由于独立意识和自我意识的增强，反对教师的过多限制，对任何事物都喜欢持否定态度，喜欢在公共场所搞恶作剧，哗众取宠，以显示自己长大了。有些学生由于成绩差，无法在学习上获得教师和同学的肯定，常以问题行为来寻求教师和同学的注意，争得自己在班集体中的位置。

2. 焦虑过度

由于学生在人际关系上、成功与失败之间、理想与现实之间以及抱负水平与能力水平之间的矛盾与冲突，他们的紧张感、焦虑感与压迫感会加重，一些基础相对较差、能力相对较弱、个性不够坚强的学生，就可能会产生各种消极情绪，如沉默、拒绝参与任何积极的学习活动，有时甚至产生敌意或攻击性行为。

3. 消极的自我意识

有些学生由于社会认知发展相对较慢，或者人际关系不和谐，在屡次遭受挫折后便在认知和情感上逐渐进行自我掩饰和否定，或者自我膨胀、自高自大。这种消极的自我意识表现在课堂上或者消极对抗，扰乱课堂秩序，或者精神不振，注意涣散，产生抑制性退缩行为。

（三）环境的因素

1. 家庭方面的因素

从教育的角度来说，家庭是孩子人生中的第一个学校，父母是他们的第一任教师，在家庭这一特殊的学校中，他们接受的是全方位的、全程化的、潜移默化的教育。如果家庭民主气氛浓厚，父母平时较注重与孩子进行沟通，关心孩子的学业，重视孩子良好行为习惯的养成，具有良好的家庭学习氛围，那么在这样家庭中成长的孩子大多乐观向上，具有较稳定的情绪特征。相反，如果家庭关系紧张，父母对孩子期望过高，教育态度粗暴严厉，对孩子冷漠不信任，则易使他们产生敏感、焦虑、畏惧、攻击和厌学等情绪，诱发课堂问题行为的出现。当然，父母对孩子过分溺爱和保护，也会限制他们参与课堂活动的胆量和积极性。

2. 职业学校环境因素

影响学生行为的学校环境主要包括学校物质环境和学校社会心理环境两个方面。职业学校物质环境主要是指学校的自然环境、人工环境和课堂中的座位编排、课堂布置等，这些都对学生的认知和情绪起着直接的影响作用。同时，职业学校社会心理环境因素的影响也不可忽略，师生之间的人际关系、同学间的人际吸引和对抗、班级班风、课堂氛围和问题行为学生的影响等，都构成了一种特殊的环境因素，影响着学生的身心和他们在班集体中的言行举止。

3. 社会方面的因素

当今社会正处于转型时期，生活节奏日益加快，竞争日趋激烈，价值观念呈多元化态势，这都为处于身心迅速发展阶段的职业学校学生适应社会增加了难度，尤其是价值观的矛盾冲突，常常会不可避免地给他们带来困惑、焦虑和烦恼等消极的情绪体验，以致更易于发生课堂问题行为。同时，在当今信息爆炸的时代，社会各种信息通过大众传媒冲击着校园，其中不乏积极的、正向的信息，但也不可避免地带有诸如暴力、凶杀和犯罪等内容，职业学校学生耳濡目染、盲目模仿，以致于在课堂上蔓延伸展。有研究表明，在其他生活条件相似的情况下，观看暴力电影的学生比其他学生有更多的攻击性行为表现。

三、职业学校课堂问题行为的管理策略[①]

课堂问题行为是职业学校教师经常遇到而又非常敏感的问题，处理不好，就会损害师生关系并破坏课堂气氛，进而影响到教学效率。课堂问题行为的恰当处理，取决于教师对于管理策略的有效运用。

（一）运用先入为主策略，事先预防问题行为

学生的问题行为，有些是出于无知，有些是出于故意，有些则是出于初始时的不慎。事实上，一些课堂问题行为是在课前就注定了的，而不是因为课堂活动过程中的运作所致。学生一旦产生了问题行为，则事后的消解远比单纯学习新行为困难得多。因此，最有效的管理，就是采取先入为主，预防在先，以防止许多不必要的问题行为，或使问题行为没有产生的机会和条件。

先入为主策略就是在问题行为产生之前，采取措施优先实施预防性管理，避免或减少问题行为产生的可能性。它主要关注于明确的行为标准、建设性的课堂环境、良好的教学设计、和谐的师生关系等方面。

其具体管理策略主要包括如下三个方面：一是确立学生的行为标准；二是促成学生的成功经验；三是保持建设性的课堂环境。

---

① 陈时见. 课堂管理论. 桂林：广西师范大学出版社，2002.215～223.

（二）运用行为控制策略，及时终止问题行为

先入为主策略对于预防问题行为尽管非常有效，但不可能完全消除问题行为。因此，课堂问题行为管理就必然会面对已有的问题行为。对这些行为，职业学校教师必须给予有效及时的处理。否则，这些行为将会扩展或蔓延，甚至引发其他问题行为，造成意想不到的后果。行为控制策略包括强化良好行为和终止已有问题行为两个方面。

1. 鼓励和强化良好行为，以良好行为控制问题行为

有效的行为管理是积极鼓励学生的良好行为，通过鼓励和强化进行中的良好行为或新的良好行为，可抑制或终止其他问题行为。教师通常采用社会强化、活动强化、行为协议和替代强化等方式。

（1）社会强化。包括面部表情、身体接触、语言文字等。运用社会强化必须遵循四个原则，即针对目标行为，指向已完成的行为，强调学生的努力，不断变化形式。

（2）活动强化。就是当学生表现出具体的期望行为时，允许学生参与其最喜爱的活动，或提供其较好的机会和条件。这在很大程度上也可以说是对学生良好行为的具体鼓励方式，并由此强化学生这方面的行为。教师在采用活动强化时，应注意选择那些能够控制学生但又是学生最喜爱的活动，并要考虑学生的年龄、活动动机、兴趣、特长和实际活动能力等多种因素。

（3）行为协议。教师与学生订立旨在鼓励和强化期望行为的协议，它可以是口头的，也可以是书面的，但必须经由教师和学生的共同认可，而且一旦确定，就要切实施行。通常采用"如果……就……"的陈述方式。运用行为协议，应注意语言或文字表达简单、清楚、积极，并且也可以争取学生家长的参与。

（4）替代强化。学生的良好行为并非都是从教师那里或直接在活动中习得的。事实上，有些技能通过观察和模仿比仅仅通过解释和教学更容易获得。只要给学生提供某种具体的行为范例，学生就会自觉不自觉地进行模仿，并朝着这样的行为而努力。这就是所谓的替代强化。

2. 选择有效方法，及时终止问题行为

学生的问题行为，大多以轻度为主，因而大部分问题行为只需教师运用一定的影响方法便可得到制止。通常采用的影响方法包括：①信号暗示；②使用幽默；③创设情境；④有意忽视；⑤转移注意；⑥移除媒介；⑦正面批评；⑧劝其暂离课堂；⑨利用惩罚。

对于职校生的问题行为，教师既不可不闻不问，又不可急躁武断，而应根据具体行为分析其产生的原因及后果，选择适宜的方式方法，并在实践中创造性地加以灵活运用。

（三）运用行为矫正策略，有效转变问题行为

课堂问题行为矫正，是指利用多种知识与方法，帮助学生认识和改正问题行为，养成良好行为的过程。行为矫正也是课堂问题行为管理的重要策略。

1. 课堂问题行为矫正的原则

课堂问题行为矫正是一个复杂的过程，需要做深入细致的工作。在整个过程中应遵循以下特定的原则。其一是奖励多于惩罚的原则；其二是一致性原则；其三是与心理辅导相结合的原则。

2. 课堂问题行为矫正的内容

课堂问题行为矫正通常包括三个方面的内容：

（1）认识。正确认识问题行为是行为有效矫正的前提条件。首先，教师要明确问题行为对于课堂秩序和教学活动的消极影响，但同时又不要过分夸大问题行为的严重性，不宜把有问题行为的学生等同于差生或品行败坏的学生。实际上，课堂问题行为是普遍存在的，即使是优秀学生也仍然会产生问题行为。其次，教师应认识到学生问题行为的矫正，从根本上要由学生本人来进行。如果学生本人并不认为自己的行为是问题行为，他们不仅看不到矫正的价值与意义，不密切配合，而且还会对矫正产生新的对抗性问题行为。因此，启发学生本人的正确认识，在矫正过程中是不可忽视的。

（2）消退。消退就是清除、纠正严重的、习惯性的问题行为。这就要求教师首先要进行观察与了解，判明问题行为的性质、轻重及后果；其次要运用多种知识，分析问题行为产生的原因或背景，形成对问题行为的正确态度；然后要选择适宜的方法进行消退。此外，由于从根本上消退问题行为并非一时之功，需要付出很大的努力，而且问题行为还会出现反复。因此，教师还要有相当的耐心。

（3）塑造。消退学生的问题行为，仅仅是从消极方面着眼的。实际上，这只是行为矫正的一部分。积极的、理想的矫正不但要消退学生的问题行为，而且要塑造和发展学生新的、良好的行为模式。这不仅是矫正学生问题行为的理想目标，而且也是巩固矫正的效果，使学生达到可持续发展的需要。

由此可见，完整的行为矫正包括认识、消退和塑造三个不可缺少的方面。只有在认识并消退课堂问题行为的同时，使学生学会和形成良好的行为模式，行为矫正才宣告完成。

3. 课堂问题行为矫正的基本步骤

学生课堂问题行为的矫正应有计划、有步骤地进行。一般而论，课堂问题行为矫正包括六个方面的环节：首先，觉察课堂中的问题行为和潜在的问题行为。其次，运用有效方法深入了解问题行为产生的原因。通过了解，判明问题行为的性质及严重程度。第三，在诊断的基础上确定矫正目标，并确立为达到这一目标所要采取的有效的矫正措施和方法。第四，改正问题行为。由于学生的行为是各

种强化物综合作用的结果，因而在改正的过程中既要排除强化问题行为的刺激，又要选择适当的新的强化物和强化方式，给予积极强化。第五，对问题行为改正的成效及时加以评定，看觉察有无缺失、诊断是否正确、目标是否合理、改正过程是否得当，直到完全消解问题行为为止。最后，追踪与强化，从而塑造和发展良好行为，直至良好行为的表现趋于稳定。

第四节　职业学校课堂互动的管理策略

一、职业学校课堂互动概述

互动即社会互动，是指社会上个人与个人、群体与群体之间通过信息的传播而发生的相互依赖性的社会交往活动。可见，互动必须发生在两个以上的人之间，但并不是任何两个人的接近都能形成社会互动，只有彼此间发生了依赖性行为才能称之为互动。同时，社会互动并非要在面对面情况下才能发生，相距遥远的人们可以通过信件、书籍、电话和网络等多种信息传播和交流形式形成社会互动。

职业学校的课堂互动源于社会互动，其含义为：教师与学生在班级课堂环境下进行的以教学为主的活动，是班级层面的社会互动，是师生双方通过课堂教学活动而表现出的一系列相互依赖的行为过程。

职业学校的课堂互动是一种特殊的社会互动。其特殊性表现为：第一，互动的主体为教师和学生群体；第二，课堂互动有一定的时空限制，主要发生在几十分钟的课堂内；第三，课堂互动目标系统而明确，课堂互动的内容以教学互动为主，管理互动和情感互动都服务于教学目标，为提高教学效果而发生；第四，师生课堂互动是一个不断发生冲突，又不断达到协调和稳定的过程。师生双方的水平差距以及教学目标和学生已有水平之间存在差距，决定了课堂互动是一个动态的过程，这一过程是由均衡和冲突两种状态交替出现并不断协调发展的波浪式前进的过程。

二、职业学校课堂互动的基本类型[①]

在班级课堂里，存在着各种各样的互动行为，师生互动行为是其中非常重要和常见的一种。师生课堂互动行为有多种类型。国内外的教育学者、心理学者和社会学者已经对此进行了不少研究。

---

① 尤晓梅．师生课堂互动行为类型理论比较研究．比较教育研究．2001，(4)：42～46.

（一）国外关于师生课堂互动行为类型的研究

在西方教育社会学中，师生课堂互动行为是一个专门的研究领域。这一领域自 20 世纪 70 年代产生以来，发展速度很快，在互动类型的分析方面呈现出不同学科的学者以多学科方法相结合研究的特点，产生了诸多研究成果。在此仅介绍和分析其中最具代表性的几种类型。

1. 艾雪黎等人提出的三种类型

英国学者艾雪黎（B. J. Ashley）等根据社会学家帕森斯的社会体系的观点，把师生课堂互动行为分为教师中心式、学生中心式、知识中心式三种。

（1）教师中心式。师生课堂互动行为的目标是把社会文化价值与规范灌输在所有学生的思想观念中，把学生培养成社会所需要的人才。教师在课堂互动过程中的角色被认为是社会文化的代表，在教学活动中起着主导作用，学生仅仅作为教师备课时想象的对象、上课时灌输的对象而存在。教师通常采用强制性的训导方法，伴以奖励和惩罚行为，协调与学生的互动，学生的行为基本上是被动的，更多地采取顺应、被动合作等行为。在这种互动行为类型下，师生之间是控制与服从的关系。

（2）学生中心式。师生课堂互动行为的目标是充分发展学生的身心素质，学生处在教学活动的中心，以平等的主体身份与教师互动。教学过程主要依据学生身心发展的需要进行，强调学生主动学习。教师扮演咨询者、辅导者和学习动机激发者的角色。教学采取民主参与方式，在教学目标设计、教学组织、教学方法选择等环节上寻求学生的反馈信息，并据此作出相应调整。对学生的管理强调正面引导，对他们所犯的过失采用规劝为主的行为。在这种互动行为类型下，师生之间是主体与主体的关系。

（3）知识中心式。师生课堂互动行为是建立在强调系统知识重要性的基础上，以有效地传授和获得知识、为学生升入高一级学校或取得更高资格、将来从事理想工作而做准备为目标，师生课堂互动行为仅仅是实现目标的手段。在师生课堂互动中，教师仍然享有一定的权威，这种权威源于他们的专门知识、专业技能和较高的资历，他们对学生的控制方式是以实惠性目标为诱惑，如取得好成绩、获得高学历文凭等。在这种互动行为类型下，师生关系是为了达成共同目标而结成的特殊伙伴关系。

2. 利比特与怀特等人提出的三种类型

利比特（Lippitt）与怀特（White）等把教师在课堂上的领导行为分成三类：权威式、民主式和放任式。由于互动行为的依赖性特征，相对于教师行为的不同，学生的行为也表现出差异性，由此形成了三种不同的师生课堂互动行为类型。

（1）教师命令式。教师常以命令控制行为与学生的顺从顺应行为进行互动，但是往往会与具有侵犯性的学生发生冲突。在这种互动行为类型下，学生能够迅速地完成学习任务，师生能够高效率地达到预期目标，但是学生可能表现出消极情感，如紧张、敌意和侵犯等。在这种互动行为类型下，师生之间是控制与服从的关系。

（2）师生协商式。教师用较多的时间与课堂里的成员联系沟通，建立起班级成员之间（学生—学生、教师—学生）良好的互动模式，鼓励学生对教学目标和方法、对课堂行为规范的制定等发表个人意见，主动参与课堂互动，以便对教学过程中的活动取得一致意见。教师注重激发学生学习的积极性，让学生认识到只有通过每个人自身的努力，才能实现师生共同的课堂教学目标。在这种互动类型中，学生个性情感发展良好，如自信、主动、积极、友好、合作等。但教学效果，尤其是学习成绩的提高，不如在教师命令式下显著。在这种互动行为类型下，师生之间是民主协商关系。

（3）师生互不干涉式。课堂上教师根据事先的讲稿、教案对教学内容进行讲解说明，不对学生提出明确的学习目标和要求，不参与指导他们的学习行为，采取听之任之的态度，学习与否以及怎样学习完全由学生自己决定。在这种互动形式下，学生的学习成绩和个性情感两方面发展都不理想。学生缺少学习和生活经验，需要教师进行必要的指导，如果教师放任不管，学生大部分时间都在摸索和彷徨中度过，造成学生既无好的学习成绩又对课堂教学产生厌倦等消极情感。在这种互动行为类型下，师生之间是相互疏远的关系。

（二）国内关于师生课堂互动行为类型的研究

适应国内教育改革和发展的需要，国内学者对师生课堂互动行为从教育社会学、心理学、哲学、工程学等不同角度进行了探讨，取得了一定的成果。这里主要介绍吴康宁等学者从互动主体角度提出的类型理论。

吴康宁等学者认为，课堂教学中的师生互动行为种类繁多，可以按照不同的标准进行划分。

1. 根据教师行为对象划分为三种类型

（1）师个互动，即教师行为指向学生个体的师生互动。具有预期目的与明确对象的师个互动行为常表现为提问与应答、要求与反应、评价与反馈以及个别辅导、直接接触等。这种类型较明确地显示出教师对学生的偏爱或偏见以及学生对教师的评价与策略。

（2）师班互动，即教师行为指向全班学生群体的师生互动。学生此时认为，自己对教师行为反应是群体反应的一部分，而不是区别于他人的独立个体行为。这种互动常见于组织教学、课堂讲授、课堂提问、课堂评价等过程中。

（3）师组互动，即教师行为指向学生小组的互动，是教师针对学生小组群体而进行的讲解、辅导、评价等。

2. 根据师生行为属性划分为三种类型

(1)控制－服从型。师生行为的主要属性首先是控制与服从。课堂中教师指向学生的行为或许会变化频繁，包括采取"民主的"、"平等的"、"合作的"方式，但其根本宗旨即课堂控制不会改变。控制是教师课堂行为的社会学本质。与之相应，学生回应教师的控制行为的期待可以归结为"服从"。服从是教师对于学生的课堂行为属性的一种制度规定。

(2)控制－反控制型。在多数情况下，学生以"服从"行为与教师互动，但也偶然会发生不服从的情况。这时师生互动行为的属性便转变为"控制"与"反控制"。当学生的反控制行为达到一定程度时，师生互动行为的主要属性就会发展成为相互对抗。

(3)相互磋商型。在教师完成预先设计的教学任务和学生免受不必要的惩罚的双重压力下，相互对抗可能转化为相互磋商，或既相互对抗又相互磋商。

三、职业学校课堂互动模式的构建[①]

(一)树立新的教学交往理念，构建以情感关系为主导的课堂师生互动模式

从教师方面而言，以情感关系为主导的课堂师生互动模式强调师生间平等、民主与合作的和谐人际关系。

构建以情感关系为主导的课堂师生互动模式首先是教师要热爱学生。教师对学生的爱，是人类最高情感的结晶，是教学活动的起点和基础。我国近代教育家夏丏尊说过："教育之没有情感，没有爱，如同池中没有水一样，没有水就不成其池塘，没有爱就没有教育。"

其次，以情感关系为主导的课堂互动模式还要学会宽容。民主的师生关系是一种自由参与、相互认同的交往方式，而要获得这一民主的状态，宽容的精神举足轻重。因此，在实际的课堂交往中，师生要注意克服相互之间的偏见、偏狭行为，多一点宽容的胸怀。

最后，以情感关系主导的课堂互动模式要注重师生间真实的内在交流。要做到这一点，一是要多倾听对方的谈话。教师和学生若能多倾听对方谈话，对于双方的相互了解以及相互关系的处理都是大有益处的。二是要真诚。课堂中的师生，作为一种特殊的人际关系交往者，他们之间的交往应该是最坦率和真诚的。无论是教师，还是学生，都应该勇敢地打开自己的心扉，以真诚与信任相互对待，这样的交往才会产生好的效果。

---

① 陈时见. 课堂管理论. 桂林：广西师范大学出版社，2002. 266～276.

（二）突出学生主体地位，构建以学生交往为主体的师生互动模式

从学生角度而言，应构建以学生交往为主体的师生互动模式，就是要发挥学生的主体性，通过师生之间、学生之间的合作建立起相互信赖的关系，从而实现师生之间关系的和谐。其中最主要的方法便是合作教学。构建以学生交往为主体的合作教学模式，一方面可以培养学生积极的学习态度；另一方面也可以教会学生进行实际交往。

以学生交往为主体的合作教学模式，可以借助下列运行机制来促进学生间积极有效的合作关系：

（1）学习小组组合的异质性原则。不同智力背景、不同思维方式甚至不同性别的学生可以起到互补的作用。因而在考虑学生小组构成时，要以学生间的差异维系互助合作，这样就容易形成真正意义上的互动。在人数上，以5～7人为宜。

（2）学习任务的适宜性原则。在合作学习中，教师必须为小组设计合适的学习任务，总的要求是给学习小组的任务要有助于每个学生都能投入进去，使每个学生都积极参加。近年来的研究成果表明，对于要求辐合思维的学习内容，以个人学习为宜；对于要求分散思维的学习内容，以协同、尤其是小团体内部的协作为宜。

（3）合作学习的愉悦性原则。这一原则的目的就是恢复儿童对学习的自信心和兴趣，释放他们长期被压抑的巨大的心理潜力，让他们带着渴求的欲望，以主人的身份来学习。

（三）组织、设计好交往媒介的传输，为有效的课堂互动创造条件

从活动内容角度而言，教学内容是课堂师生交往的最主要的媒介和最基本的信息交流。无论是学生知识经验的获得、心智的开启、能力的发展，还是教师课堂教育教学质量的提高，都有赖于课堂活动中信息的有效传递和交流。教师在组织设计教学内容时便要考虑到以下几方面的差异。

（1）从智力操作来看，师生进行信息交流是通过一系列智力操作完成的，但两者操作的程序不同。教师发送信息是编码过程，理解信息内容先于符号表达；学生接受信息是译码过程，感受符号系统先于对信息内容的领会。教师在信息交流的过程中起着极为重要的作用，如果教师对信息理解不确切，编出的符号系统缺乏逻辑性，发送信息时不善于运用交际手段，缺乏表现力和吸引力，学生在接受信息时就会产生感知障碍、译码偏差、读信息遗漏、误解、曲解或断章取义。

（2）从师生扮演的角色看，教师由于负有把学科的系统理论知识传递给学生的责任，因而在教学中注意理论的系统性、深刻性和概念术语的准确性；而学生的角色地位使其喜欢接受趣味性、实用性和思考性的知识。这种角色差异可能影响学生对教学内容的理解和掌握。

（3）从性格、习俗等方面来看，教师有不同的文化习俗背景，因而有不同的言语表达系统，有不同的习惯和偏好态度；学生接受新信息的动机和知识准备不同；师生双方社会政治观念差异；性格爱好不同；等等。

因此，教师在组织教学内容时，首先是要找到制约学生发展过程与现有教学过程的动力状态条件。换言之，教学内容的输出要能够创造"最近发展区"。其次，教师在输出教学信息时要注意生动形象。最后，输出教学信息要清晰流畅。这主要指输出教学信息的层次、思路，要概念清楚，语言表达流畅，毫不含糊，这是对教师的起码要求。

（四）注重课堂环境的创设，促进互动的有效开展

从环境角度而言，课堂是教师、学生及环境之间形成的坚强有力的互动情境，因此，充分发挥课堂的潜力，对促进课堂师生交流无疑具有重要的意义。

与课堂互动最密切的便是课堂环境的创设。课堂作为师生交往的主要场所，并非静止的空间，而是一种特殊的环境，是师生生活和成长的互动情境，因而课堂环境创设的好坏对师生互动具有很大的影响。从物质环境来讲，首先要注意教室的美化。其次，要注意座位的编排。

从社会心理环境来讲，关键是营造良好的课堂心理气氛。和谐的课堂气氛是课堂教学适宜的心理环境的体现，也是课堂互动的基本条件。教师在营造课堂心理气氛的过程中起着极为重要的作用。教师首先要努力将自己塑造为学生所喜爱的形象，对待学生要平易、诚实，尊重学生、信任学生，注意激发学生积极的学习心向。此外，教师还要重视班级凝聚力的形成。集体凝聚力的高低便成为衡量心理环境状态的重要标准。集体凝聚力高，表明该集体的目标明确，集体成员之间关系融洽和谐，心理环境处于良好状态，反之，则说明该班级在集体目标、人际关系等方面程度不同地存在着问题。因此，创造良好的课堂心理气氛，就应该重视班级凝聚力的形成。

【本章思考与练习】

1. 如何理解职业学校课堂管理的含义？
2. 职业学校课堂管理的主要心理效应有哪些？
3. 结合职业学校课堂心理气氛类型，谈谈如何营造良好的课堂心理气氛？
4. 影响职业学校学生课堂问题行为的因素有哪些？
5. 结合实际谈谈如何处理职业学校学生的课堂问题行为。
6. 列举国内外不同的课堂互动类型。
7. 谈谈你对课堂互动模式及其构建的理解。

第十四章 职业学校学生心理差异与因材施教

职业学校教师了解和掌握职校生的心理差异，有利于帮助他们更好地处理和解决诸如学习适应、人际交往、自我意识、职业选择等各种问题，更有针对性地因材施教。

第一节 职业学校学生心理差异概述

心理差异是指个体在成长过程中，受遗传、环境和教育的交互影响，在心理方面表现出来的既相对稳定又不同于他人的特点。"人心不同，各如其面"。由于心理的差异性，形成了人与人之间心理活动的独特性和无限多样性，人世间才有了一个个独具特色的、鲜明的、活生生的个体。在职业学校，职校生心理差异是客观存在的。

一、职业学校学生心理差异的形成

（一）遗传素质在形成心理差异中的作用

遗传素质是与生俱来的生理解剖特征，如机体的构造，感官和神经系统的生理特征等。遗传素质的差异尤其是神经系统的差异是形成心理发展差异的生物前提和物质基础。中国科学院心理研究所通过调查发现，50％以上的低能与呆傻儿童都与遗传因素有关，与遗传素质的严重缺陷有关。

遗传素质作为造成心理发展差异的生物前提和物质基础，其作用虽然是不可低估的，但这种作用只表现在为心理发展的差异提供潜在可能性这一点上。环境和教育的强烈影响，把这种潜在可能性变成了现实性。

（二）环境在形成心理差异中的作用

环境是指人们所处的客观世界。人类个体所处的环境包括产前环境和产后环境。产前环境指的是母体怀孕时的营养状态、身体状况、情绪状态等。产后环境包括自然环境和社会环境。自然环境指的是气候、地理等自然条件。它对心理发展差异的影响是不可忽视的，这种影响主要通过对脑功能的作用表现出来。例如，适度的、良性的声音刺激能提高脑的功能，而强烈的噪声则降低脑的功能。又如，红、橙、黄等刺激性较强的颜色能使大脑皮层兴奋；而淡绿色和淡紫色易于消除大脑疲劳，从而使人平静。社会环境指的是家庭、邻里、亲戚、朋友、学校、娱乐场所、劳动场所、风俗习惯和全部的社会关系。

影响心理发展差异的主要因素是社会环境而不是自然环境。正是在社会条件和各种社会关系的影响下，人的心理才得以发展并形成各种差异。离开社会环境的影响和作用，再好的遗传素质也无济于事。"狼孩"的故事就是最好的例证。

(三) 教育在形成心理差异中的作用

环境对人的心理发展的影响，基本上是自发的、偶然的，往往带有耳濡目染的性质。在环境的作用下，个体从社会实践中所获得的知识经验是非常有限的。而教育则不同，它是有目的、有计划、有步骤地对人的心理发展施加系统影响的。它能把人类千百年来积累的知识经验，经过精心的选择和提炼，通过教师以系统、概括的形式并按照学生的认识规律传授给学生，使学生能经济而有效地掌握这些间接经验，从而有力地推动和促进他们的心理发展。然而，由于每个人所受教育水平和方式不同，人们之间心理发展水平也不同。由于每个人的接受能力和理解水平不同，即使是接受同样的教育水平和方式，也存在心理发展水平的差异。可见，教育对心理发展影响是有目的、有计划、有组织、有系统的。人在走上工作岗位之前的大部分时间都是在学校中度过的，因此，教育在形成心理差异的各种因素中必定显得更为突出、更为强烈。

综上所述，心理差异的形成，是遗传、环境和教育三者协同影响和交互作用的结果。遗传素质作为心理发展差异的生物前提和物质基础，虽然理所当然首先应该引起人们的重视，但仅仅是遗传素质并不能形成心理发展的差异，因为心理发展主要不是生理成熟的过程而是社会化的过程。心理发展的差异是人类社会中形成的现实差异造成的，因而相对于遗传素质来说，环境和教育势必更具有直接的、决定性的意义。

职校生心理的个别差异，与教育有密切的关系，对教育过程有很大影响。职业教育中产生的许多问题，常常是由于对职校生心理的个别差异认识不足而引起的。职业教育工作能否取得预期效果，决定于教育工作者能否从职校生的实际出发，针对不同的特点采取不同的教育措施。"因材施教"是以承认学生心理发展的个别差异为基础的。任何教育影响的效果都必须以学生心理的个别差异为转移。职业学校实施因材施教，就是要承认职校生的心理差异，重视个别差异，在教育教学过程中区别对待，有的放矢。只有既根据职校生心理的一般特点，又根据他们心理的个别差异，采取适当的教育措施，才能取得良好的教育效果。因此，了解和掌握职校生的心理差异，不仅为因材施教提供心理学依据，有利于职校生个性的全面发展，而且还有利于发现人才，更好地培养人才。

二、了解职业学校学生心理差异的途径和方法

（一）了解职校生心理差异的途径

职校生的心理结构非常复杂，其心理发展的个别差异涉及许多方面，因而要考察他们的心理差异是极其困难的。但是，他们的心理活动同所有人的心理活动一样，既是人脑与客观现实相互作用的结果，又在活动中表现出来。职校生的心理活动有其客观性的一面，这就为了解和研究他们的心理差异提供了可能性。通过职校生的学习、行为、语言和表情等方面，可以了解和认识他们的心理差异。

学习是职校生的主要活动。在课堂上他们听课和回答问题的表现、完成作业的情况、对待考试的态度等，都为观察、了解职校生的心理差异提供了许多材料。例如，上课时，有的人认真听讲，注意高度集中；有的则漫不经心。回答问题时，有的沉着冷静，表达富于逻辑性；有的则心情紧张，表达语无伦次。做作业时，有的专心致志，不受他人干扰；有的则常常注意力分散。所有这些都反映出职校生的学习兴趣、学习能力的差异，也表现出他们在气质、性格上的差异。

活动更能反映职校生的心理差异。在劳动及集体活动中，职校生如何对待困难，是否勤劳，如何看待活动意义，是否爱护公共财物，是否遵守纪律，是否有协作精神等，都可以表现出他们的个性倾向和个性品质。

语言是人进行思维的工具，同时也是个人用以表达思想、情感的工具。语言与其他稳定的行为方式一样，是了解职校生心理差异的重要途径之一。语言分为口头语言和书面语言。"言为心声"，根据职校生说话多少，用什么方式说话，语言风格如何，说话内容真诚与否，都可以了解他们的心理差异。"文如其人"，表明文章内容与人的心理活动及个性是相符的。职校生怎样写作文，是马虎应付还是经过了认真思考，是语无伦次还是逻辑性强，是真实地表达了自己的思想情感还是空话、谎话连篇等，都反映出他们的心理活动和个性。

从职校生的表情往往能比较准确地了解和认识他们的心理差异。例如，乐观的人往往面带笑容，忧郁的人则常常愁眉苦脸。俗话说，眼睛是心灵的窗户，有经验的教师常常能根据职校生的眼神，判断出隐藏在他们内心深处的思想感情。

必须指出，人的心理活动和外部表现之间的联系是极为复杂的。人可以自觉地控制、调节自己的言语、姿态和面部表情，来掩盖自己复杂的内心活动。为此，职业学校教师只有掌握了解职校生心理差异的方法，才能比较客观、正确地了解和评定他们的心理差异。

（二）了解职校生心理差异的方法

了解职校生心理个别差异的方法很多，如观察法、实验法、调查法、作品分析法、个案法以及心理测验等。这里仅介绍观察法和调查法。

1. 观察法

它是教师在教育活动的自然情境中直接观察并记录职校生的行为变化，从而了解其心理差异的方法。应用观察法，教师必须熟悉教育教学活动中职校生的心理活动，具有心理学的基本知识，有观察的目的、要求与计划等。为使观察客观、准确，须做到：①每次观察项目不宜过多，最好只观察一、二种行为；②所要观察的行为，须从特征上加以明确界定；③观察中应随时记录，在必要和条件许可时可录音、录像；④可采用时间取样方式，即每次用较短时间，对同一类行为作多次重复观察。

2. 调查法

调查法是通过问卷、访谈等多种方式获取有关材料，从而了解职校生心理的方法。它具有适用性广、自然真实、简便易行、形式灵活多样等特点。调查法的途径和方式很多：通过谈话，职校生口头回答情况；通过家访了解职校生在家中情况；通过查阅各种资料了解职校生过去和现在的表现；通过分析职校生的作业、日记、作文、绘画作品等，以了解其心理差异；等等。由于问卷调查法具有简便易行、省时省力、取样大、材料易于收集整理、调查结果统计处理具有科学性等优点，因而是研究职校生心理差异的最常用的方法。为使问卷有效，问卷设计时应注意：①问题要明确，没有难懂与含糊的地方；②问题不宜过多，不要设计过分复杂与难以回答的问题；③问卷题目应生动有趣，回答须简单，便于统计处理；④一套问卷应有一定的了解被试回答是否真实的问题；⑤调查范围较大，应通过预测进行效度和信度的检验。

第二节　职业学校学生的认知差异与教育

认知是人类最基本的心理现象，由感知、记忆、思维和想象等构成。本节主要选取感知、记忆和注意三方面进行阐述。

一、职业学校学生的感知差异与教育

（一）职校生的感知差异

感知是对感觉和知觉的统称。职校生的感知差异是比较明显的。例如听觉，有的职校生对声波的三种特性——音调、响度和音色的感受性比较高，尤其是辨别声音频率的音调能力比较强，表现为喜欢唱歌、听音乐，而且乐感好，旋律、曲调的模仿力强。而有的职校生则相反，不喜欢唱歌、听音乐，即使是唱歌时也常常是音调不准、曲调不明。又如视觉，有的职校生对视觉刺激的反应比较敏感，特别是通过视觉通道引起的空间知觉更明显地占优势。表现在学习和行为方式上，有的职校生一般更喜欢摆弄实物、研究模型，更能够按照图示找到目标，更善于走南闯北而不至于迷失方向。而有的职校生对视觉刺激的反应比较迟钝，表现为方位知觉比较差，不善于依靠视觉和参照物来确定方向，如初到一座城市时分不清东南西北，更不容易在复杂的方位关系中形成动力定型；再如触觉，尤其是一些女生相对来说更为敏感，她们对触摸反应更为强烈，体验更为深刻，因而由于触摸的参与而引起的动作反应更为精确和快速。表现在行为方式上，她们的动作常常显得自如、精确和细腻，更能在不注视的情况下编织出毛衣的复杂花纹，打字的速度更为快捷，等等。

职校生的感知差异既与他们的感官结构和功能特点有关，也与他们感受性的差异有关，而他们的感受性又有极大的潜力，通过实践和专门的职业训练可以使他们的感受性得到提高、发展和完善。

（二）职校生观察力的差异

观察力是一种有目的、主动考察事物并善于正确发现事物的各种典型特征的知觉能力。职校生的观察力也是有明显差异的，一般有以下几种类型：

（1）分析型。这类职校生观察事物时，注重对事物的细节和局部情况作分析，能细心地考察事物发生发展的原因和过程，但不善于对事物作概括性的说明。

（2）综合型。这类职校生善于对事物作概括性的认知和描述，但却不注意对事物的细节进行深入地考察。

（3）分析—综合型。这是分析型特点和综合型特点相结合的类型。在现实中，这种类型的职校生占多数。

（4）情绪型。这类职校生在观察事物时注意自己的情绪体验，对于各种刺激都容易表露出过高的兴奋性，并喜欢凭自己的好恶来下结论。这样的职校生也善于对事物作情境性的描述。

观察力的差异不是固定不变的，通过培养或训练，既可以缩小职校生观察力的类型差异，也可以使职校生的观察力获得高度发展。

（三）培养职校生的观察力

观察力是智力结构的一个重要组成部分，是记忆、想象和思维的前提和基础。"要记得你学到的第一个词，也就是最重要的那个词：观察。"[①] 培养职校生的观察能力是职业教育教学过程中的一项重要任务。

1. 引导职校生明确观察的目的与任务，激发他们的观察兴趣

观察的效果如何，决定于观察的目的和任务是否明确。观察的目的和任务越明确，观察者对知觉对象的反映就越完整、越清晰。相反，目的和任务不明确，

---

① ［美］罗伯特·福尔姆. 我们得回到幼儿园. 吴群芳译. 北京：中国档案出版社，2000. 6.

职校生就会东看看、西望望，抓不住要领，得不到收获。因此，教师必须预先明确地向职校生提出观察的目的和任务，并且尽量把观察的目的和任务提得明确些、具体些。

在向职校生指明观察目的和任务的同时，教师还应当注意培养他们的观察兴趣。如果职校生没有观察兴趣，时时处处依赖教师的指示，观察力是培养不起来的。观察兴趣可以通过郊游、参观、访问、社会实践等多种途径来培养。如在郊游、参观、访问的过程中，教师讲解观察到的现象，使职校生懂得其中的道理，这就会激起他们的求知欲，使他们对自然和社会现象产生观察兴趣。

2. 指导职校生有计划、有步骤地进行观察

观察必须有系统、有计划地进行。按照拟定的计划、步骤和一定的顺序进行观察，才能做到全面、周密。否则，随意浏览就会遗漏甚至忽视关键之处，观察者只获得杂乱无章的印象。

3. 教育职校生在观察前做好必要的知识准备

观察的成功依赖相应的知识经验，某一方面的专家必定是这方面的观察家。有充分的知识准备，才能加深对观察对象的理解，提高观察的效果。观察前的知识准备越充分，观察的效果就越好。否则，观察的效果一定不好。

4. 引导职校生在观察时善辨多思

教师要根据知觉对象的特点，引导职校生开动脑筋，进行积极的思维活动，注意搜寻每一个细节，不但要看到"是什么"，而且要提出"为什么"。

5. 指导职校生做好观察记录和总结

为了便于对观察结果进行分析，观察过程中必须做好观察记录，观察结束时还应写观察报告，做出全面、系统的书面或口头总结。这样，既能巩固观察所获得的知识，也能提高职校生分析问题和解决问题的能力。

二、职业学校学生的记忆差异与教育

（一）职校生记忆的类型差异

根据记忆内容的不同，职校生的记忆可分为形象记忆、动作记忆、语义记忆、情绪记忆和情景记忆五种类型。

（1）形象记忆。形象记忆是以个人感知过的事物的具体形象为内容的记忆。形象记忆所保持的是事物的具体形象，它可以是视觉形象、听觉形象，也可以是触觉形象、嗅觉形象。绝大多数人以视觉和听觉的形象记忆为主，他们对事物的外部特征和具体形象记得快、保持牢，当需要回忆某一事物时，头脑中会很快显现出该事物的鲜明形象。

（2）动作记忆。动作记忆是个人以过去经历过的身体的运动状态或动作形象为内容的记忆。它是形象记忆的一种形式，是以过去的运动或操作动作所形成的

动作表象为前提的。动作表象来源于人对自己动作的知觉以及对别人的动作和图画中的动作姿势的知觉，也可以通过对已有的动作表象的加工改组而创造出新的动作形象。动作记忆中的信息比较容易保持和提取，而不容易遗忘。这种记忆对形成各种技巧，掌握各种技术是非常重要的。运动员和机械维修人员尤其需要这种记忆。

（3）语义记忆。语义记忆是个人以概念、判断、推理等抽象思维为主要形式，对事物的关系以及事物本身的意义和性质等为内容的记忆。由于这些内容都是以语词符号表达出来，因而这种记忆也叫做语词——逻辑记忆。语义记忆是人类特有的，具有高度的抽象性。属于语义记忆类型的人，最善于记忆语词材料、抽象概念和逻辑规则。

（4）情绪记忆。情绪记忆是以个人曾经体验过的某种情绪或情感为内容的记忆。在现实生活中，有人牢固地保持着自己所体验过的情绪，或易于记忆曾经激起自己某些情绪的事物。每个人都具有一定的情绪记忆能力，很多人对于曾经唤起自己某种强烈情绪的事物，以及对这种情绪体验本身常常能够终身不忘。情绪记忆既可成为激起或制止某种行为的力量，也可以成为产生某种心境的原因。情绪记忆对人来说具有动机作用，积极愉快的情绪记忆可以激励人的行动，消极不愉快的情绪记忆会降低人的活动能力。

（5）情景记忆。情景记忆是个人以亲身经历的、发生在一定时间和地点的情景中的某个事件为内容的记忆。情景记忆不仅可以帮助学生形成更多记忆，它还能增加学习的乐趣。① 由于情景记忆受到一定时间和空间的限制，信息储存容易受到各种因素的干扰，因此，情景记忆相对于语义记忆，提取比较缓慢，往往需要意志努力进行搜索，记忆不够稳定也不够确定。

记忆的这种分类，只是为了学习和研究的方便，在生活实践中，上述五种记忆是相互联系的。职校生在进行记忆时，各种类型的记忆往往是互相联系的，只是在某项活动中或在某一时间里以某种记忆为主而已。要记住某一事物，常常需要两种或两种以上记忆类型的参与。此外，由于每个人先天素质和后天实践活动的不同，记忆类型在每个职校生身上发展的程度也不一样。

（二）职校生记忆品质的差异与教育

1. 职校生记忆品质的差异

良好的记忆品质包括记忆的敏捷性（即在单位时间里比别人记忆的数量多）、记忆的持久性（即对记忆的材料能长久地保持）、记忆的正确性（即回忆的准确无误）、记忆的备用性（即善于从储存系统中迅速提取所需要的材料）。

---

① ［美］斯普伦格. 脑的学习与记忆. 北京师范大学"认知神经科学与学习"国家重点实验室，脑科学与教育应用研究中心译. 北京：中国轻工业出版社，2005. 89.

记忆的品质在不同的个体身上有不同的结合，这反映了个体记忆能力的差异。因此，记忆的品质可以用来作为衡量个体记忆能力好坏的综合性指标。职校生的记忆品质大致有以下几种主要的类型。

（1）记忆的数量多、保持牢固、善于准确回忆型。这是最理想的记忆类型。这类职校生一般学习比较专心，能够在理解的基础上记忆材料。当然，也有记忆数量多、保持牢固、但不善于准确回忆的职校生，这主要是由于思维品质的差异造成的。

（2）记忆数量多、保持不牢固型。这类职校生往往满足于追求记忆的速度，缺乏对材料的分析与比较，记忆过后又不及时复习，因而容易遗忘。

（3）记忆数量少、保持牢固、善于准确回忆型。这类职校生常常要花较多的时间才能记住材料。然而依靠毅力和耐心，他们能够持之以恒地进行熟记，一旦记住就经久不忘，也能准确地回忆所需要的材料。

（4）记忆数量少、保持不牢固型。这类职校生虽然比别人多花几倍的时间去识记材料，但收效甚微。产生这种现象的原因可能是多方面的，比如学习目的不明确，识记时心不在焉，缺乏科学的记忆方法，知识基础太差，丧失学习信心以及心理或生理上有某种障碍等。

2. 职校生良好记忆品质的培养

职校生记忆的类型差异不是一成不变的，经过培养，人人都可以具备理想的记忆品质。积累知识经验，巩固和运用知识经验，都与良好的记忆品质关系密切。职业学校教师要把培养职校生良好的记忆品质作为一项重要的教育教学任务。

首先，要帮助职校生认识自己记忆上的优缺点。教师可以通过观察或必要的心理测试，来了解他们记忆品质的状况，发挥记忆上的优势，并依靠优势去克服记忆上存在的劣势，鼓励他们树立信心，使每个人都具有理想的记忆品质。

其次，要指导职校生严格按照记忆规律学习知识。记忆的规律反映着大脑在信息输入、编码、储存、加工、检索、译码等过程中的一般活动特点。按照这些规律去学习，就事半功倍，否则，事倍功半。熟能生巧，习惯也能成自然，养成符合大脑活动特点而进行学习的习惯，必然会形成记忆的良好品质。

最后，要指导职校生在实践中应用知识。只有通过应用，知识才能巩固与更新；只有通过应用，才能不断地完善与发展已经形成的良好记忆品质。在职业学校教学中，知识的应用一般包括两个方面：一是理论应用，即职校生在记教材之后，通过理解进行解题、问答、作文、实验等形式来运用知识；二是实际应用，即让职校生在社会实践、生产实践或科技实践中运用所学的知识。在实际应用中，使记忆的材料成为活动的对象——解释性应用，或者使记忆的材料成为活动的结果——验证性应用，这些都是很好的运用形式。

三、职业学校学生注意的个别差异与教育

注意不是一种独立的心理过程，而是一种心理状态，但它却是心理过程的伴随者。职校生注意的一个重要特点是个别差异明显。尽管他们是以有意注意为主，但是无意注意的作用在他们的学习与活动中仍然占有一定的地位。不少职校生特别是一些后进生，依然习惯于通过无意注意的方式获取知识，有意注意持续的时间长一些，便会感到疲劳；教学环境或者教学内容、方法稍有变化，就会影响他们注意的稳定与集中；他们可以专心致志地听某一门课，也可以心不在焉地听另一门课。这些情况表明，职校生注意的发展还存在着矛盾性，个别差异比较明显。

调查表明，职校生在学习或活动中，支配自己的心理活动使之及时定向与集中的能力是很不相同的，存在着明显的三种注意类型：①以无意注意占优势为特征的情绪型；②以有意注意占优势为特征的意志型；③以有意后注意占优势为特征的自觉意志型（理智型）。

职校生注意的个别差异，只能说明他们注意的某种倾向性和最一般的表现特征而已，并不是固定不变的。教师的任务是采取必要的手段，引导职校生向后面两种注意类型转化。这些手段包括：避免或控制职校生分心，发展他们注意分配的能力，培养他们注意的紧张性品质，训练他们注意的稳定性，教育他们学会根据需要有目的地转移自己的注意，等等。

第三节　职业学校学生的情意差异与教育

一、职业学校学生情绪品质的差异与教育

（一）职校生情绪品质的差异

人的情绪活动是否健康，要根据是否具有良好的情绪品质来评定。职校生情绪的个别差异，也是根据他们各自所具备的情绪品质来说明的。职校生情绪品质的差异主要有以下几方面。

1. 职校生情绪倾向性的差异

情绪的倾向性是指一个人的情绪经常由什么性质的事物所引起，经常指向于怎样的事物上。有的职校生的情绪经常指向于一些生活琐事，哪怕是鸡毛蒜皮的小事，也引起强烈的情绪反应；有的职校生则不会因为小事情而随便发生强烈的情绪，强烈的情绪只指向于具有一定社会意义的事物上。

职校生的各种情绪，由于指向性不同而发生不同的作用。例如爱慕之情，如果经常由别人的进步行为、高尚人格、优秀品质所引起，就会发展成为力求向上的高尚情操；如果经常由别人虚伪的外表、乖巧的行为、自私的品质所引起，就

会成为势利、爱虚荣的卑劣情绪。

2. 职校生情绪深刻性的差异

情绪的深刻性是指一个人的情绪与其生活联系的普遍性和深入程度。职校生的情绪如果在学习、生活的各个方面都表现出来，而且在具有重要意义的生活事件中表现得更为强烈，这样的情绪就转化为深厚的情感。比如，与同学的友情，无论在顺利的条件下还是在困难的环境中，都能互相关心、互相帮助、互相爱护，对于各人在学习上的进步，彼此都感到高兴、受到鼓舞，这就是深厚的友谊。反之，同学之间互相利用，顺境时无比亲切，逆境时则立即疏远，富足是朋友，贫困成路人，这就是"酒肉朋友"式的浅薄交情。

情绪的深刻性与强烈性并没有必然的联系，强烈的情绪不一定是深刻的，比如临时爆发的狂怒，虽然强烈，但却浅薄。深厚的情感，有时表面上是很平静的，但却贯穿在整个学习、生活之中。

3. 职校生情绪稳固性的差异

情绪的稳固性是指情绪的稳定与持久程度。有的职校生对一个人或者对一件事所产生的情绪，可以维持很长的时间甚至终生。有的职校生则相反，情绪很容易改变。对某人今天可能很热情，明天就可能很冷漠；对某件事昨天还很喜欢，今天却感到讨厌了。

情绪缺乏稳固性的职校生，常常表现出两种情况：一是情绪变化无常。一种情绪很快变为另一种情绪，甚至为性质相反的情绪所代替，通常所说的"喜怒无常"就属于这种情况。二是情绪迅速减弱或增强。通常所说的"见异思迁"、"喜新厌旧"就属于这种情况。如表现在学习上，刚开始时劲头十足、满腔热情，遇到困难很快就会冷淡下来。

4. 职校生情绪效能性的差异

情绪的效能性是指情绪对一个人的行为的效果，也就是情绪对他的行为是否具有推动作用。对有些职校生来说，任何情绪都会成为行动的动力，高兴和愉快会使他学习更努力、锻炼更刻苦；悲伤和痛苦的情绪也能促使他化悲痛为力量，更加坚强地与困难作斗争。而有的职校生情绪的发生常常很强烈，常伴有明显的外部表现，但却并没有推动他做出实际行动来，其只是停留在强烈的情绪体验之中，陶醉在情绪的欣赏和感受上，而没有实际行动。

情绪的倾向性、深刻性、稳固性和效能性是紧密联系着的。如果一个职校生的情绪倾向于远大的事业，他的情绪也总是较深厚的、稳固的，该情绪对他的行为会起很大的推动作用；如果一个职校生的情绪倾向于低级的或不正常的生活方式，他的情绪常常会多变而不稳定，其效果也不佳。

（二）职校生良好情感品质的培养

职校生具有丰富而强烈的情绪体验，他们敢爱敢恨，敢于表达自己的情感，生气蓬勃。但是由于他们的认识能力、社会经验不足和自我控制能力较弱，因而他们的情绪又很不稳定，容易从一个极端走向另一个极端。为了培养他们良好的情绪情感品质，教师应从以下几方面着手：

1. 树立正确的人生观，确立远大志向

职校生情绪的引发，受人生观的影响和支配。古语云："君子坦荡荡，小人常戚戚。"职校生如果有正确人生观，胸怀大志，为着崇高理想而奋斗，为着伟大事业孜孜以求，必然会豁达大度，其情绪常常指向于那些与社会意义有关的大事上，而不会计较日常琐事、细微得失、个人恩怨。相反，如果学生缺乏正确的人生观，没有理想，没有雄心壮志，只追求个人利益，必然目光短浅，胸襟狭隘，斤斤计较，患得患失，因而容易发牢骚，生闷气，心情难保安定。因此，加强职校生的思想品质修养，鼓励他们树立远大的志向，有助于他们情绪倾向性的培养。

2. 组织各种活动丰富人生阅历

情绪深刻性的提高，与个人的知识水平和社会经验密切相关，而认识水平和社会经验又必须在实践活动中逐步积累、提高。因此，组织和鼓励职校生积极参加各种社会活动有助于他们客观、全面、深入地了解社会，了解自己对社会的责任和义务，了解对人对事应有的态度等。这样才会提高他们分析和解决问题的能力，使他们对各种客观事物产生深刻的情感体验。

3. 教会职校生控制和调节情绪的方法与技术

稳定、积极的情绪情感对职校生的生活、学习和健康有着重要的意义，因此，职业学校教师应该教给他们情绪调节的方法和技术，使他们能自觉地控制自己的情绪，使之稳定、健康、有效能。主要途径有：①引导职校生从学习和成长中获得满足，增加愉快的情绪体验。在人生追求中，成功往往多于失败，所以每个人在一生中都会尝到甜酸苦辣等多种人生滋味。对职校生来说，应尽量远离可能令自己愤怒或痛苦的情境，使自己有较多愉快的情绪体验。②培养幽默感，养成积极的人生态度。幽默是情绪的调节剂，是人际关系的润滑剂，它可以使紧张的情绪或人际关系变得轻松与和谐。因此，要引导职校生学会幽默。③理智引导，让情绪有适当表现的机会。面对各种使人痛苦、愤怒、烦恼的情景，要引导职校生充分发挥理智的作用，让由此而产生的消极情绪得以减轻和消除。

教会职校生控制和调节情绪的方法与技术有以下几种：

情感升华。化悲伤和痛苦的情绪为向上的动力，称为情感升华。比如歌德从失恋的悲痛、消沉中走出来，以满腔的热情倾注于文学创作之中，写出了举世闻名的小说《少年维特的烦恼》，就是情感升华的表现。

自我暗示。当职校生为消极情绪所困扰时，可以通过自我暗示来调节和松弛紧张的情绪。例如，可用言语暗示自己"不要发愁"、"发怒会把事情办坏"、"忧愁无济于事"等，给自己以安慰和鼓励。

请人疏导。消极情绪的解除，有时要靠别人的帮助，因为别人的疏导不仅可以使心灵得到慰藉，更重要的是可使头脑清醒，从中悟出解决问题的具体办法。俗话说："当局者迷，旁观者清"，别人点拨几句，会使听者茅塞顿开。因此，职校生有了烦恼和苦闷，向亲人、老师、朋友、同学倾诉是非常有益的。必要时，还可以向心理咨询的专业人员寻求帮助。

自我宣泄。让压抑、郁闷的情绪宣泄出来，可以减除内心的紧张。例如，愤怒时猛击沙袋，悲伤时放声哭泣，郁闷时打球或跑步等。只要情绪表现的方式、时机、场合适当，都是一种正常的情绪反应，有助于情绪状态的调节。

二、职业学校学生意志品质的差异与教育

（一）职校生意志品质的差异

职校生的意志品质存在着很大的个体差异，主要表现在意志的自觉性、坚定性、果断性和自制力等四个方面。

1. 职校生自觉性品质的差异

自觉性是指深刻地认识到行动目的的正确性和重要性，并主动地支配自己的行动使之符合目的的意志品质。高度自觉性的职校生能够按照事物发展的客观规律提出自己的行动目的，经常主动地使自己的行动服从于目的，既不会鲁莽行动也不会盲目附和。

与自觉性相反的意志品质是盲从和独断。盲从的职校生，常常没有主见，不了解自己行为的意义，因而极易受他人的影响和暗示，极易轻信他人。独断的职校生容易拒绝他人的意见或劝告，对自己的决定总是自信不疑、一意孤行。盲从和独断表面上虽然不同，实质上都是缺乏自觉性的表现。

2. 职校生坚定性品质的差异

坚定性是指完成艰巨任务时坚持不懈地克服困难的意志品质。高度坚定的职校生，有顽强的毅力，充满信心，不怕困难，不怕挫折，善于总结经验教训，既不为无效的愿望所驱使，也不被预想的方法所束缚，为了达到目的，坚毅有恒、百折不回。

与坚定性相反的意志品质是动摇性和刚愎、执拗。动摇的职校生遇到困难便怀疑并放弃预定目的，偶遇挫折便望而却步，常常见异思迁、虎头蛇尾。刚愎、执拗的职校生对自己的行为不作理智的评价，总是独行其事。

3. 职校生果断性品质的差异

意志的果断性品质是指善于迅速地明辨是非，坚决地采取决定并执行决定。果断不同于轻率，它是以周密考虑和勇气为前提的。果断的职校生对自己的行动目的、方法和后果都有深刻的认识和清醒的估计，遇事能当机立断，及时行动，毫不动摇和退缩。

与果断相反的意志品质是优柔寡断。优柔寡断的职校生的显著特点是无休止的动机冲突。在采取决定时，迟疑不决，三心二意；到了紧急关头，又不假思索，仓促决定；做出决定后甚至开始行动之后又后悔，还在怀疑决定的正确性。优柔寡断是缺乏主见、意志薄弱的表现。

4. 职校生自制力品质的差异

自制力是善于控制自我的意志品质。在意志行动中，欲望的诱惑、消极的情绪（例如厌倦、懒惰、恐惧、暴怒）等都会干扰人做出决定和执行决定。自制力强的职校生，能够驾驭自我，克制自己的欲望，排除情绪的干扰，迫使自己执行已经采取的、具有充分根据的决定，或者奋力进取，或者坚决制止某些行动。易冲动、意气用事、不能律己、知过不改等，都是缺乏自制力的不同表现。

(二) 职校生意志品质的培养

人的意志品质不是天生的，而是在后天生活实践中逐步形成的。培养职校生良好的意志品质，主要的做法是：

1. 对职校生加强科学世界观的教育

世界观是人的认识活动的定向工具和行为的最高调节器。对职校生进行科学世界观教育是培养他们良好意志品质的基础条件。因为只有树立了科学的世界观，才能使他们正确地制定行动的目的，并对一切个人的、团体的思想和行为作实事求是的评价，明辨是非、善恶和荣辱；只有树立了科学的世界观，才能使他们具有高度的责任感，明确生活目的和追求崇高理想。对职校生进行科学世界观教育，教师应当教育他们把崇高的理想同眼前的学习、生活结合起来，用理想来指导自己。只有把崇高的理想落实在他们的行动中，渗透在他们的日常生活中，成为他们行动的目标时，科学世界观教育才对他们具有真正的意义。

2. 引导职校生在实践活动中与困难作斗争

坚强的意志是在克服困难的实践活动中发展起来的。教师除结合教学内容或通过主题班会等方式向职校生讲述意志锻炼的意义、方法外，还应当组织好职校生的各种实践活动。在组织活动时，一是要向他们提出有一定难度的同时又是力所能及的活动任务；二是要根据他们意志品质的差异，采取不同的锻炼措施。例如，对容易盲从、轻率行事的职校生，应多启发他们的自觉性，培养他们对社会、集体和劳动的义务感和责任感；对怯懦的职校生，应多鼓励他们克服困难；对依赖性强的职校生，应多鼓励他们独立完成任务，而不要越俎代庖；对自制力差的职校生，要让他们学会善于调节和控制情绪，逐步学会预料到挫折和失败带来的后果，使他们有较强的忍受挫折的能力，鼓励他们的勇敢行为，克制冒险和蛮干的行为。

3. 充分发挥班集体和榜样的教育作用

良好的班风对职校生的教育作用是巨大的。在这样的班集体中，职校生团结互助，每个人都珍惜自己所属集体的荣誉，尊重集体的意见，执行班干委派的任务，努力为集体争光。对集体的义务感和荣誉感有助于自制、刚毅、勇敢等意志品质的形成；职校生执行严格的纪律，坚决不做违反纪律的事；等等。这本身就是很好的意志锻炼。

榜样的作用在培养职校生良好意志品质的过程中始终有着特别重要的意义。教师除了用科学家、发明家、劳动模范、革命先烈的优秀品质来陶冶职校生的意志品质外，还要从他们的生活中，从他们熟悉的人物中，特别是从他们的同龄人中选取典型，为他们树立坚强意志品质的榜样。在这样的榜样面前，由于心理距离小，学生容易感到亲切，因而易于学生接受和学习。

4. 启发职校生加强意志的自我锻炼

职校生的自我意识已经形成，他们逐步能够认识自我、评价自我，这就为意志的自我锻炼提供了前提条件。事实上，多数职校生特别是高年级的职校生是能够进行意志的自我锻炼的。例如，他们经常用名句、格言、榜样来对照自己、检查自己、督促自己；经常同一些学习好的人比较，找出差距，奋力追赶，直到赶上或超过为止；自觉制订学习计划，并严格执行计划；每天坚持记日记，检查当天的活动，发现缺点立即改正；等等。

第四节　职业学校学生的个性差异与教育

一、职业学校学生需要的差异与引导

（一）职校生需要的差异

职校生深入、广泛地参与社会生活，对于社会给他们提出的各种要求（如学识、修养、地位、经济、相貌等）有了更深刻的体会，因而产生了提高自己、完善自己的强烈需要。但也应该看到，社会生活中存在着多种多样的生活方式和态度，例如，有人把玩乐消遣的需要放在最重要的位置，有人把求知创新的需要放在首位，还有人把"明哲保身"、"知足常乐"当作第一需要，等等。这对职校生会产生潜移默化的影响，使得他们的需要也有着明显的差异。例如，有的职校生把完成学业、发展优良品德当作第一需要，而有的则无心向学，整天沉迷于舞场、游戏机或早恋之中；有的追求精神享受，有的则追求物质满足；有的需要合理、高尚，有的需要不合理、低级趣味；等等。总之，职校生的需要是多方面的，是非常复杂的，而且差异也是十分明显的。

（二）引导职校生建立合理、高尚的需要结构

教师和家长应善于了解职校生的需要，并使他们懂得应当以什么样的方式来满足需要才更为合理。引导职校生的需要向着积极、健康方向发展，使之建立起

合理、高尚的需要结构，是职业教育工作者最重要的任务之一。

需要结构是人的多种需要按一定的组合关系所形成的需要体系。个体需要结构的建立，固然反映了社会对人的要求，但也体现了个人对社会要求的不同认识和选择。例如，社会上各种不同的方式和态度都会对职校生的需要结构产生一定的影响，因此，职校生合理、高尚的需要结构的建立，就必须正确认识并取舍这些社会影响，使需要切实符合个人的具体情况，并与社会发展的需要保持一致。具体地说，教育职校生建立合理、高尚的需要结构，应做到：

第一，需要必须符合个人的具体生活状况，不与个人实际相脱离。比如，家庭经济状况不好而又要搞"炫耀消费"，那么这样的需要显然是不合理的。如果硬要满足这些需要，必然会出现一系列不良行为。

第二，需要的满足应当建立在可能和现实的基础之上。需要是一种主观状态，需要的种类和满足的程度都具有很大的伸缩性。现实生活中，每个人的需要都会受到客观条件的限制。当需要的满足受到限制时，需要又是可以抑制、转化或降级的，这就好比"看菜吃饭，量体裁衣"。一个人如果不顾客观现实性和可能性而一味地满足自己的需要，必然会带来种种严重的不良后果。

第三，必须不断发展高层次的需要，使个人需要与社会发展的需要相一致。社会越向前发展，对人的要求就越高。现代社会对人的身体素质、心理素质、学识水平和个性修养等各个方面提出了全方位的要求，个人的需要应适应社会对人提出的发展要求，使自身的需要不断向高层次、高水平的方向发展。

第四，物质需要与精神需要之间应建立起健康、明智的和谐关系。忽视物质需要和精神需要的任何一个方面都不行，必然会导致个性的严重缺陷。过分追求物质需要的满足，会导致精神上的贫乏和空虚，而这正是颓废和堕落的温床。大多数犯罪青少年都有单纯追求物质享受和精神空虚的特点。

第五，通过学习和工作努力促进"自我实现"需要的产生和发展。自我实现的需要是一种实现个人聪明才智、理想抱负的需要。它并非意味着一个人必须取得很高的社会地位，而是指一种发挥个人潜能、力求获得个人最大成就的愿望和倾向。每个人的条件各不相同，能力也有大小，但只要切实地发挥了自己的最大作用，这种作用对自己来说是有意义的，对人类、对社会来说是有益处的，那么就是做到了自我实现。自我实现的需要并不是每个人都必然会产生的，关键在于人们对事物的不同价值取向。职业学校教师应教育引导职校生体会学习的乐趣，使他们在学习中获得成功感、满足感，并把这种成功感和满足感变成新的需要，使之成为不断进取的动力，这就使他们在一定程度上满足了自我实现的需要。

二、职业学校学生的能力差异与教育

（一）职校生能力的类型差异

"人的能力有大小"，此话最能反映人们能力发展上的个别差异。职校生的能力一般存在高低之分、强弱之别，也有表现早晚的差异。但他们的能力差异主要表现在能力的类型上。

职校生在不同的活动中往往表现出不同的特长，这些特长反映了他们在特殊能力发展上的个别差异。如有的擅长书法、绘画，有的擅长音乐、舞蹈；有的在人文社会科学方面有优势，甚至只在其中的某一个方面如文学或历史方面有优势，有的在自然科学方面有优势，甚至只在其中的某一个方面如数学或物理方面有优势；有人外语学得特别好，有人操作能力特别强；等等。俗话说得好："在行、在行，只在一行。"一个人不可能事事都精通、样样都能干，而只能在某一方面或某几方面表现出较强的能力，这说的就是人与人之间在特殊能力上的差异。

职校生在一般能力上也有个别差异。例如，同是观察力，有的在观察中有较强的分析能力，对细节感知清晰；有的则侧重于综合的感知，获得整体印象，忽略细节。同是记忆力，有的善于机械记忆，有的则善于理解记忆。在思维能力方面，每个职校生在思维的深刻性、灵活性、逻辑性、批判性等品质上也都有自己的特点，等等。

职校生的能力类型差异一般并不表明他们智力水平的高低，而主要只是反映出他们的能力结构要素有所不同。

（二）根据职校生能力的个别差异因材施教

能力的类型差异主要是由脑的结构和功能决定的，如大脑左半球的结构完善和功能开发得比较好的人，其抽象逻辑思维能力强，而大脑右半球的结构完善和功能开发得比较好的人，其形象知觉能力强。因此，试图通过教育来缩小甚至"抹平"人与人之间的能力类型差异几乎是不太可能的。当然，并不是说职业教育在能力的类型差异面前无能为力。通过教育职校生不要"偏科"、要全面发展以及其他一些有效的教育措施，再加上职校生有目的、有计划地自我训练与锻炼，就可以在一定程度上促进他们形成各自的能力优势，或者缩小他们之间的能力类型差异。这说明职业教育在能力的类型差异面前可以也应该是有所作为的。

职业教育对于职校生能力的个别差异的作用，最主要的是表现在他们的水平差异上。严格地讲，职校生在能力发展水平上也有"上、中、下"的相对区别。因此，教学中应贯彻统一要求与个别教学相结合的原则，"抓两头，带中间"。对学习好的职校生，可采取特殊的培养方式，如为其"开小灶"，某些学科经考核予以免修，对有特殊才能的职校生进行特殊培养，等等。同时，在思想道德教育上，要防止他们产生骄傲情绪。对学习较差的职校生，最重要的是不要歧视、忽视，要有针对性地进行指导、帮助。教师进行学习辅导应耐心细致，欠缺的知识要补上；要多加表扬、鼓励，使他们消除自卑心理，增强学习信心。对为数众多的中等生，教师要看到他们有两极分化的可能性，应经常激励他们，帮他们找出各自的薄弱环节，重点攻克，促使其向优等生转化。

此外，培养职校生的能力，还应注意两点：

其一，教学是培养职校生能力的主要途径。能力的发展是以掌握知识、技能为中介的，而知识、技能的掌握又主要是通过教学的形式来实现的。因此，通过专门的教学，可以促进职校生能力的发展。例如，逻辑思维能力和运算能力，可以在学习和运用数学知识技能的过程中获得发展。当然，通过教学发展职校生的能力也依赖于一定的条件，如对教学内容的正确选择、教学过程的合理安排及教学方法的恰当运用等。教师应采用启发式教学，帮助职校生抓住关键，掌握规律，发现问题和解决问题，发展其独立思维能力。

其二，科技活动与课外活动是培养职校生能力的重要途径。根据职校生的年龄特点，开展诸如棋艺、球类、航模、科技、文艺等丰富的科技活动和健康的课外活动，可以使他们增强体质，陶冶情操，增长知识，开阔眼界，培养其勇敢、团结、互助的道德品质，增进其思维敏捷、判断正确、反应灵活等智力品质，更为主要的是可以发展他们的观察力、思维力和想象力以及操作能力等。

三、职业学校学生的气质差异与教育

（一）职校生的气质差异

在职校生中，四种气质类型的人都有，而且有明显的差异。多血质者感受性低，耐受性高，情绪兴奋性高，外部表露明显，反应速度快且灵活。胆汁质者感受性低，耐受性较高，外倾性明显，情绪兴奋性高，抑制力差，反应速度快但不灵活。黏液质者感受性低，耐受性高，内倾性明显，外部表现少，反应速度慢，具有稳定性。抑郁质者感受性高，耐受性低，严重内倾，情绪兴奋性高而体验深刻，反应速度慢且具有刻板性，不灵活。在职校生中，上述四种典型气质类型的人不多，更多的人属于混合型。

（二）针对职校生的气质差异进行教育

职业学校教师了解职校生的气质类型差异，对于做好教育管理工作，培养学生的优良个性，具有重要意义。

首先，教师应当认识到每一个职校生的气质都有优点和缺点。例如，胆汁质的职校生，优点是热情、积极、精神振奋，但缺点是急躁、易激动、缺乏自制力；抑郁质的职校生，优点是敏感、富于同情心，但缺点是要求不高、易受暗示、优柔寡断；等等。职业学校教师的任务在于引导他们不断克服自己气质上的缺点，发展其优点。应当注意的是，不同气质类型的职校生在形成某种优良个性品质的难易程度是不同的。例如，热情大方的个性品质，多血质的人比抑郁质的人较容易形成；稳健坚毅的个性品质，黏液质的人比胆汁质的人较容易形成。因

此，教师应有区别地提出教育要求。

其次，对于不同气质类型的职校生应取不同的教育方式和方法。因为同一教育方式对不同气质类型的职校生所产生的实际影响可能是很不相同的。例如，尖锐严厉的批评，可能使多血质的学生受到震动，使其改正缺点，但会使抑郁质的学生感到恐惧，更加萎靡不振。又如，胆汁质的职校生爱激动、易怒，如果粗声大气地批评他们，就容易惹怒他们，产生师生之间的对立。同样是批评，而用平静、以理服人的方式批评他们，就会获得好的教育效果。

第三，要教育职校生正确剖析自己气质的优缺点，加强自我修养，克服自己气质的消极面，发扬其积极面。这对于促进自己气质的和谐发展具有重要的意义。

最后，职业学校教师要正确认识自己气质的优缺点，加强自我修养，这对于搞好教育工作具有重要意义。教育者必须先受教育，只有这样职校教师才不至于因自己消极气质特征的流露，而对职校生产生不良的教育影响。

四、职业学校学生的性格差异与教育

（一）职校生的性格差异

性格在人的心理结构中是最复杂的一个部分，它是由多成分、多侧面、错综交织在一起而构成的。这里，主要从性格结构的稳定特征这一维度对职校生的性格差异进行分析。

1. 职校生在性格的态度特征方面存在着差异

这些差异主要表现在：①职校生在对待社会、集体、他人的态度方面是有差异的。例如，有的职校生对社会发展充满信心，关心集体，对人诚恳、亲切、有礼貌、富有同情心，生活目标明确。有的则对社会发展持虚无主义态度，总是看到社会的阴暗面，对集体漠不关心，对人虚伪，甚至粗暴生硬、冷酷无情，缺乏理想、信念，无明确的生活目标。②职校生在对待学习、劳动、工作的态度方面也是有差异的。有勤奋或懒惰、认真或马虎、爱劳动或不爱劳动、有首创精神或因循守旧、细致或粗心之分。③职校生在对待自己的态度方面也是有差异的。有谦虚或傲慢、自尊自信或自卑自负、严于律己或任性、大方或羞怯之分。

2. 职校生在性格的意志特征方面存在着差异

职校生在性格的意志特征方面存在着差异。例如，为了达到预定目的，有的职校生能自觉调节自己的行为，努力克服各种困难，表现出自觉性、独立性、果断、坚毅、刚强、沉着、自制、勇敢、坚韧等。有的则恰恰相反，表现为盲目性、依赖性、优柔寡断、软弱、慌张、冲动、怯懦等。职校生性格的意志特征的差异，只有同道德品质、活动的社会意义结合起来考虑才能给予正确的评价。

3. 职校生在性格的情绪特征方面存在着差异

人在情绪活动的强度、稳定性、持久性以及主导心境等方面经常表现出来的

稳定特征，称为性格的情绪特征。职校生在性格的情绪特征方面也存在着差异，表现为有温和与暴躁、乐观与悲观、热情与冷漠、舒畅与抑郁、安静与激动之分。

4. 职校生在性格的理智特征方面存在着差异

职校生在认知活动中表现出来的性格特征也有个别差异。如在感知和记忆方面，有的属于主动感知、主动记忆型，有的属于被动感知、被动记忆型。在思维方面，有独创型和因袭型之分，有分析型和综合型之分。在想象方面，有想象广阔型和想象狭窄型之分，有理想型和空想型之分，等等。

(二) 职校生的性格教育

了解职校生的性格差异，是职业教育的前提。职校生的性格，既是职业教育的结果，也是进一步做好职业教育工作的依据。针对他们的性格差异，教师要采取适当的方法，培养好的性格，克服不良性格。例如，某个职校生懂得要学好本领，因而学习刻苦、遵守纪律，兴趣爱好广泛，但却不太关心集体；另一个职校生对人热情大方，喜欢帮助同学，但办事常常虎头蛇尾，不够踏实等。面对这些情况，教师要有针对性地帮助他们，使之扬长避短。例如，有经验的教师会有意识地委托前一种类型学生帮助班集体办事，逐步培养他的集体观念和集体主义精神；让后一种类型学生多做一些需要耐心细致的工作，使他逐步养成一丝不苟的认真态度。

性格不是轻易能够改变的，因而教育的方式方法必须适当照顾职校生的性格类型特点。一般来说，对于有自卑感或自暴自弃的职校生，教师应多加表扬、鼓励，或通过启发、暗示，使其看到自己的能力和优点，以增强信心。对自尊心强或自高自大的职校生，批评要顾及情面，留有余地，既要保持其上进心，又要设法使其在学习和工作的成败中看到自己的缺点与不足。总之，职校生的性格教育要因人而异，因势利导方法应灵活恰当，而不能千篇一律。

【本章思考与练习】

1. 简要分析职校生心理差异形成的原因。

2. 了解职校生心理差异有哪些途径和方法？

3. 职校生观察力有哪几种类型？如何培养？

4. 简要分析职校生记忆类型与品质的差异。

5. 如何培养职校生良好的情绪情感品质？

6. 简要分析职校生的意志品质差异。

7. 怎样引导职校生建立合理、高尚的需要结构？

8. 为什么说教学是培养职校生能力的重要途径？

9. 根据职校生的气质差异，职业教育教学应注意哪些问题？

10. 简述职校生的性格差异与教育策略。

第十五章　职业品德心理与培养

职业学校学生职业品德的培养是根据职业教育目标——社会对职业教育的要求而提出的，同时也是学生身心健康发展和职业成长的需要。优秀的职业品德不会自发形成，而需要遵循职业品德形成的心理规律进行精心培育和引导。

第一节　职业品德心理概述

一、品德的概念

品德即道德品质，它是一定社会或阶级的道德在个体身上的内化并在言行中表现出来的稳固的心理特征。

道德和品德是两个相互区别又相互联系的概念。其联系主要有，首先，品德是道德在个体身上的内化，离开了道德也就无所谓品德，而道德只有在内化成个体的个性成分后，才能约束个体的行为，产生道德约束力；其次，道德和品德都受社会发展的制约，都随着社会的发展而发展。其区别主要有：第一，道德是社会现象，它是客观存在的，而品德是个体现象，是个体个性的一个组成部分；第二，道德是伦理学与社会学的研究对象，品德则是心理学和教育学研究的对象。抽象的道德是没有的，因而研究道德的内容时，必须揭露它的社会性和阶级性。作为个体现象的品德，其存在的形式及其形成、发展的规律有许多是人类的共性，因此，从心理学的角度去研究品德，如同从逻辑学研究思维形式一样，并不一定要采用阶级分析的方法。

品德是一种稳固的个体心理特征，所以稳定性是品德的一个基本特征。一个人偶然一次帮助别人，尚不能说他具有助人为乐的品德，只有当他认识到助人为乐是一种美德，并在一贯的言行中表现出来时，才能说他具有助人为乐的品德。正如黑格尔所说："一个人做了这样或那样一件合乎伦理的事，还不能说他是有德的；只有这种行为方式成为他性格中的固定要求时，才可以说他是有德的。"因此，品德是个性中具有道德评价意义的核心部分。

二、职业道德和职业品德

（一）职业道德

职业道德是社会一般道德的组成部分，它是指从事一定职业的人们在职业活动中所应遵循的道德准则和行为规范。如尊重、爱护学生是教师的职业道德，救死扶伤是医生的职业道德。随着社会的发展，人类出现了社会分工，且分工越来越细，人们在社会中从事不同的职业。为了协调人与人之间的职业关系，职业道德产生了。

在现实生活中，人们的职业是各种各样的，但就其职业道德而言，又有一些共同的特点，主要包括职业性、实践性、稳定性和发展性。

职业性指不同的职业有不同的职业道德内容。它根据各行各业的职业特点、职业要求和职业的客观利益对人们在职业活动中应该做什么、不应该做什么都做了具体而明确的规定，因此，它有很强的职业性，为相关职业的从业人员所理解、接受、掌握和践行，并发挥一定的约束作用。

实践性是指职业道德的产生和发展都离不开实践这一途径。职业道德的产生离不开人类的生产实践活动，离不开社会分工的出现和发展。而职业道德要为每一位从业人员所掌握并指导和约束他们的职业活动，除了理论的教育和灌输，还必须通过个体的社会实践才能真正实现。

稳定性是指从事某一职业的人们，长期以来，由于有特定的活动对象，共同的劳动内容，大体一致的劳动方式，以及共同的职业教育训练等，因而在同行业的人员中便形成了某种相对稳定的特殊的职业心理、职业习惯和品格。这种心理、习惯和品格世代相继，并不随着社会经济关系的变更而改变。

然而，职业道德的稳定性并非绝对的稳定，它还具有一定的发展性。随着社会经济、科技等的发展，总会有一些职业被淘汰，同时又会出现许多新兴的职业，从而提出相应的职业道德要求。如随着信息技术的飞速发展，出现了许多与之相关的职业岗位和大批的从业人员，这就需要相应的职业道德来规范和约束他们的职业行为，以维护社会的稳定和发展。

(二) 职业品德

职业道德品质简称职业品德，是品德的一个组成部分，也是职业道德的个体化。它是一定社会的职业道德原则和职业道德规范在个体身上的内化并在职业活动中表现出来的稳固的心理特征。

个人的职业品德是在社会道德和职业道德的影响下形成和发展的，离开社会道德和职业道德也就谈不上个人的职业品德。社会道德和职业道德必然要表现为个人的职业品德才能发挥其应有的作用。

职业品德是外在行为与内在心理的统一，是道德意识与道德行为的统一。人的职业品德是通过一定的教育熏陶和社会职业实践，以及个人的自觉锻炼和修养而逐渐形成和发展的。

三、职业品德的结构

研究职业品德的结构，对于进一步认识职业品德以及有效地培养良好的职业品德，都具有重要的意义。职业品德与一般品德仅在内容上存在差异，而在心理结构上是一致的，因此，这里通过介绍一般品德的结构，以探讨职业品德的结构。目前关于品德结构的学说很多，获得较一致公认的是四因素说，即认为品德由以下四因素构成：道德认识、道德情感、道德意志和道德行为。

（一）道德认识

道德认识即道德观念，指对道德行为准则及其执行意义的认识和掌握。道德认识是形成道德情感、道德意志以及道德行为的基础。俗话说，知之深、爱之切、行之坚。这就是说，个体只有具备了深刻的道德认识，才能产生强烈的道德情感，坚定的道德意志，并自觉做出道德行为。由此可见，道德认识在个体品德形成中具有重要性。

道德认识的发展导致个体道德价值观念的发展。道德价值观念即道德标准观念，包括是非观、善恶观和美丑观等。有了正确的道德价值观念，个体就会在是非、善恶和美丑之间做出正确的选择，自觉地使自己的行为符合道德行为准则。

（二）道德情感

道德情感是个体在对自己或他人的道德行为做出评价时所获得的内心体验。如集体主义感、爱国主义感和自尊感等。人非草木，孰能无情？在道德生活中我们不会冷漠无情，而总会伴有情感色彩。这种伴随着道德行为的情感体验即为道德情感。如果个体的行为不符合社会的道德要求，便会在内心获得内疚、羞耻等否定的情绪体验。

仅仅有道德认识不一定会形成良好的品德，损人利己的人并非不知道这样做是不道德的，他们缺少的往往是道德情感。道德情感对个体品德形成的意义体现在以下三方面：①道德情感和道德认识合在一起，成为道德动机，推动道德行为的产生；②道德情感是道德意志形成的基础；③道德情感是道德行为塑造的主要力量。这一过程是：人的行为具有趋利避害的取向，即趋向愉快，避免痛苦。当个体的行为符合社会道德要求时，便会获得公众的赞赏，赞赏会使个体产生愉快、高兴等肯定的情绪体验，积极的情绪体验会增加下一次相同行为出现的可能性；当个体的行为与社会道德要求相悖时，便会受到公众的谴责，谴责会使个体产生否定的情绪体验，消极的情绪体验会减少下一次相同行为出现的可能性。多次强化后，外在的道德要求便会内化成个体内在的道德要求，使道德行为变成自觉的行为。

（三）道德意志

道德意志是在道德生活中遇到困难时，顽强地达到社会道德要求的一种心理过程。

一个人仅仅有了道德动机，不一定会有道德行为，还需要道德意志的调节。因为在道德生活中，道德动机具有多样性，这些动机构成动机冲突，只有正确的动机战胜了错误的动机，个体才会做出道德行为。

（四）道德行为

道德行为是由某种道德动机的驱使而做出的符合一定道德规范要求的行动。它是道德认识的外在表现，表现在一定的道德情境中。

道德行为是品德结构中的核心成分。一方面，它是道德认识、道德情感、道德意志三者交互作用的产物，是德育的目的；另一方面，道德行为又具有反馈作用，能够提高个体的道德认识，加深道德情感，强化道德意志。

良好的品德由以上四个成分构成，缺一不可。这四个成分不是简单地、机械地加在一起，而是相互促进，相互渗透，构成一个有机的整体。

第二节　制约职业品德形成的心理因素

从宏观上来说，职业学校学生职业品德的形成受一定社会的政治、经济、文化、科技和教育等因素的影响和制约，但这些都只是提供了外部条件，而制约职业品德形成的关键则在于职业学校学生的心理因素。

一、认知因素

职业学校学生正处于青年初期，生理和心理上都已达到基本成熟，认知水平也有了很大程度的提高，他们迫切需要了解自我，了解社会和职业，也对自己的未来、对社会充满了憧憬。而随着他们实践内容的逐渐丰富，社会交往的不断扩大以及对社会了解的不断深入，不可避免地会出现理想与现实的矛盾冲突，而这一矛盾的正确引导和顺利解决有利于学生对自己、对社会和职业形成正确的认识和积极的态度和感情。特别是在对待职业的认识上，随着实践的不断深入，认知的不断深刻，从而加深对道德行为准则的理解，最终转化为指导行为的信念，形成正确的职业观和职业态度，这是良好职业品德形成的认知基础。

二、动机因素

道德情感和道德认知相结合，形成道德动机。道德动机是推动个体道德行为的内在动力。道德动机的性质和不同来源决定品德的性质和稳定性。例如，在社会主义市场经济体制下，今天的中国已经步入了一个以经济建设为中心的历史新时期，如何发展经济已成为时代的主题，人们的价值观念发生了转变，"君子罕言利"的传统观念已被抛弃，经济问题、经济利益已成为人们关注的焦点。所以，隐藏在利益追逐背后的，更多的是拜金主义的道德动机。在这一动机的推动下，出现了权钱交易、坑蒙拐骗、巧取豪夺和贪污受贿等丑恶现象。这些不仅严重干扰了社会主义市场经济的健康发展，还势必造成职业道德乃至整个社会道德的沦丧。因此，只有高尚的道德动机才是优良职业品德形成的基础，而错误的道德动机必然给从业者本人、他人和社会造成消极影响。

三、道德意志因素

学生的道德行为不仅受道德动机的影响，而且还取决于坚定的道德意志。有些品德不良的职业学校学生，他们对社会公认的道德准则、职业道德规范有着清晰的道德认知，对于什么该做、什么不该做很清楚，但当他们面临种种诱惑，在某些物质或精神方面的不正当欲望超过了其道德认知的控制力时，由于其道德意志薄弱、抗诱惑能力差，行为缺乏自律性，则很容易犯道德错误。道德行为是一种受内心舆论监督、道德意识控制的自觉行为。若一个人没有形成坚定的道德信念，没有形成一种良好的自我控制能力，遇到各种外部诱因时，就会经不住考验，而作出违背道德规范的行为。尤其是从小因娇生惯养而形成不良行为习惯的人，对社会规范的接受存在着一定的行为障碍，又缺少艰苦的意志磨练的环境，因而对一定的诱因往往容易出现违规行为。

四、行为习惯因素

道德品质作为一种稳定的心理特征，总是和人相应的行为习惯相联系。行为习惯是以某种行为方式满足个人的欲望，并且经过多次的重复形成的。习惯形成以后，人们不需要意志努力，常常不自觉地采取类似的行为，并且产生愉快的情绪体验。当然，不良的行为习惯的形成也是如此。例如，一旦学生从小养成了好吃懒做、贪图享受和不关心别人等坏习惯，随着年龄的增长，他们的坏习惯也会不断发展，今后在工作中也会表现出作风懒散、不思进取、自私自利等不良的职业品德。当他们不正当的欲望不断膨胀而得不到满足时，他们就会逐渐走上采取种种不道德手段以满足个人私欲的邪路。习惯可以形成也可以改变，但是坏习惯形成的时间愈长愈牢固，改起来也就愈难。因此，要防微杜渐，从小就应该根除他们的坏习惯，长大以后也要尽量使他们避免重复不正当的行为。

五、人际关系因素

人是一个社会的实体，每个人都有一种要归属于某个集体或群体，并得到其他人尊重与爱护的需要。当这种需要得到满足时，个体便会感到精神饱满、心情愉快，并积极乐观，为形成优良的品德奠定基础。而这种需要长期得不到满足，从而逐步走向品德不良与违法犯罪的情况，也时有发生。这种情况有时发生在家庭，有时发生在学校。有些职业学校的学生，由于集体生活能力差，不会正确处理个人与他人、个人与集体的关系，或者是由于自我估计与所得实际评价不一致，导致人际关系紧张。在他们心里，总觉得大家不了解他，看不起他，对他不公平，对自己觉得怀才不遇，久而久之，便会自暴自弃、脱离集体，或与集体、学校的规章制度公然对抗，有的甚至走上道德堕落或违法犯罪的道路。

六、精神追求因素

人人都有物质需求和精神需要，这两种需要能否建立起明智的和谐，是职业学校学生能否得到健康发展的重大问题。在一个物质越来越丰富的世界里，如果他们没有积极而充实的精神需要，没有远大的理想，他们就会把愿望主要转移到追求眼前的物质享受和感官刺激上来，并且在丰富的物质诱惑下，做出种种不道德的行为。

第三节　良好职业品德的培养

职业品德形成的心理过程是一个由浅入深的过程，即从对某种道德职业价值观念的轻微接触开始，逐步将道德价值观念内化，最后形成较为稳定的品德，包括道德认识、道德情感、道德意志以及道德行为的形成四个方面。

一、职业道德认识的形成与培养

职业道德认识的形成是个体品德形成的第一个方面，主要包括道德知识的掌握和道德信念的确立两个方面。

（一）道德知识的掌握

道德知识的掌握是道德认识形成的低级阶段。道德知识包括道德概念、行为规范以及行为规范的执行意义等。道德知识掌握的心理过程和知识学习的心理过程相同，包括感知、记忆、思维、想象等心理过程。因此，知识掌握的许多规律在道德知识掌握中同样适用，如具体与抽象相结合。在讲解道德知识时，不能只讲抽象的伦理规范，而要结合具体、鲜明的实例，让学生通过这些事例更好地理解行为规范。

个体对道德知识的掌握，是家庭、社会环境与学校教育交互作用的结果。其主要有两条途径：一是个体在丰富的社会交往中通过不断地抽象、概括大量的道德现象来获得；二是通过对道德知识的直接学习来获得。职业学校教育主要通过第二条途径来让个体获得道德知识。

以往传授道德知识主要是通过各类德育课进行，形式非常单一，效果不佳。国外许多学者结合社会生活以及教育的实际对这一方法进行了改进，如有的采取讨论的形式，在教学中，给学生一些道德困境的问题，通过对问题的讨论来让学生获得道德知识；有的在教学中设计一些道德情景，让学生承担不同的角色，通过模拟的形式给学生传授道德知识。许多职业学校也结合自身的实际情况对这一方法进行了改进，除开设职业品德课以外，还通过职业情境中道德行为的模拟等形式向学生传授相关职业情境中的职业道德。如许多职业学校的商业类专业要求学生在商店实习时，文明经商，做到礼貌待客、热情服务等；再如机械专业的学生在工厂车间实习时，则要求他们一方面努力练习专业技能，同时更要求他们做到文明生产，严格按照生产设备的操作程序进行安全正确的操作，下班之前要把生产设备、工具等都擦洗干净，摆好后才能离开岗位等。通过这一系列针对性的模拟训练，让学生在不知不觉中养成良好的职业品德。

这些方法在实施过程中取得了一定的成效，但同时也存在一些问题。许多学者发现，这些原则对学生的影响只是表面的，实际上很多学生并没有把在教学中获得的原则内化到他们的心灵中去。这说明品德的形成不仅仅是道德知识的掌握，还应该包括道德情感、道德意志以及道德行为等的形成与发展。

在职业学校德育工作中，学生对教师所提出的道德要求有时会产生对立的情绪，严重时甚至会拒绝教师所提出的道德要求，做出相反的行为。心理学中称这一现象为"逆反心理"。逆反心理之所以产生，可能有不同的原因。如教师提出的道德要求的内容和水平过高，不符合学生原有的道德需求；学生因受生活经验的局限，对教师提出的道德要求不理解或产生误解；教师不适当地采取了强制性的方式，伤害了学生的自尊心；或者学生感到教师对某些问题的处理不公正，没有起到表率作用等。为了促使学生接受教师的道德要求，教师应注意防止以上情况的发生。一旦学生出现了"逆反心理"，就应该针对具体情况采取相应的措施，尽量消除学生的对立情绪。

在学生的道德认识中，经常会出现一些相互矛盾的认识。如对商业活动中出现的产品的保质保量与欺骗顾客获得不同经济效益所产生的矛盾心理。保证产品的高质量是良好的商业道德行为，但有时会降低自己的利润，带来所谓的经济损失；而以次充好地欺骗顾客的行为虽是不道德的商业行为，但有时可以使自己获得相当可观的利润。这样的社会现象对一些涉世不深的学生来说就会产生道德认识上的矛盾，使他们不知如何是好。道德认识的矛盾是客观现实的矛盾在学生头脑中的反映，面对这些矛盾，教师要加以合理正确的引导，使学生走出矛盾，获得一个正确的道德认识。有时学生头脑中还会出现另外一些错误的道德认识，如有的学生信奉金钱至上，"前途前途，有钱就图"，认为只要能挣钱，所谓的职业道德就可以抛之脑后。对这些错误的观念，职业学校教师可以采取讨论的方法，或者让学生直接体验行为的后果等来帮助他们消除这种观念。

（二）职业道德信念的确立

道德信念的确立是道德认识形成的高级阶段。道德信念就是坚持道德行为准则的正确性，并伴有一定的情感色彩和动力性的观念。个体认识了道德准则及其执行的意义后，并不意味着就真正接受了这些准则并自觉地遵守这些准则。只有当个体在道德实践中将这些道德准则进一步内化，直至确立了道德信念以后，个体才会自觉地遵守这些道德行为准则。因此，帮助学生确立正确的道德信念是职业学校教师要关心的问题。确立坚定的道德信念，不仅仅有赖于对道德认识的深刻理解，更重要的是要通过道德实践，让个体真正认识到道德准则的正确性，并获得丰富的道德情感体验。因此，教师组织学生进行道德实践活动是十分必要的。另有研究表明，为了使学生确信道德准则的正确，教师要以身作则，言行一致，还要创立一个良好的班风，在班级形成正确的舆论导向，通过集体来教育学生个体。

道德评价能力的培养有助于个体道德信念的确立。道德评价就是个体运用已有的或正在形成的道德准则或道德价值观，对他人或自己道德行为的美丑、善恶、是非进行评判的过程。通过道德评价，谴责不道德的行为，赞扬道德的行为，可以加深个体对道德意义的理解，从而更好地规范自己的行为并促进道德信念的确立。道德评价包括对他人的评价和对自己的评价，后者即自我评价。自我评价是自我调节机制的重要组成部分，它促使个体的行为保持协同性、稳定性和一贯性。

为了培养学生的职业道德评价能力，教师要经常引导学生对一些典型事例作出鲜明而正确的评价，同时还要充分利用学校教育资源和手段，如墙报、作文、班会等，有意识地逐步提高学生的职业道德评价能力，使他们的职业道德评价能力由表面到本质，由别人到自己，由片面到全面地得到发展。

二、职业道德情感的形成与培养

(一) 道德情感的分类

道德情感从形式上可以分为以下三种：

1. 直觉的情感体验

直觉的情感体验是由于对某种情景的感知而引起的，它的产生往往极其突然、迅速。如个体由于突然的不安之感而停止了不道德的行为；由于突如其来的自尊心而激起了大胆果断的行为等。这种道德体验尽管看来不具有自觉的性质，但它仍然与人的道德实践经验有关，它是过去个体行动和周围舆论反应之间的关系的一种反应。它对指导个体在紧急情况下迅速做出正确的行为定向有重要的作用。

2. 与具体的道德形象相联系的情感体验

这种情感体验是通过个体对一些具体形象的想象而产生的。一些栩栩如生的人物形象以及他们高尚的情操和思想都会促使个体产生相应的情感体验。如孔繁森的形象和他的高尚情操，往往会激起个体情感上的共鸣，甚至可以叫人永生难忘，只要一想到这些形象，个体就会按照他们身上的某一种品质或行为来要求自己、激励自己。

3. 意识到道德理论的情感体验

这种情感体验是以清晰地意识到道德要求为中介的情感，具有较大的概括性。如教师对学生的热爱，是在教师意识到自己对学生的热爱对学生身心健康成长的重要性的基础上发展起来的。这种情感体验是一种比较深挚的道德感，因而也是比较持久而富有强大动力作用的情感。

个体道德情感的发展从体验的内容和范围来看是越来越丰富；从产生的条件来看是一个从外部、被动、无意识到内部、主动、有意识的过程。其形成有赖于个体道德认识的提高，也有赖于个体一般情感的发展。

（二）职业道德情感的培养

在职校生道德情感培养的过程中，教师应注意到以下几点：第一，丰富学生的道德观念，并使这种道德观念与一定的情绪体验结合起来。这就要求教师在讲解道德知识时，情绪要积极、丰富，用自己的积极情绪去感染学生，让学生在领会知识的同时，获得丰富的情绪体验。第二，教师还应当创造充分的条件，用班级舆论的力量来批评或表扬学生的行为，使他们及时获得道德上的不满意或满意的情绪体验。第三，充分发挥优秀文艺作品与具体、生动事例的感染作用，引起学生情感的共鸣，从而扩大他们道德实践的间接经验与情感内容。文艺作品能否起到感染学生的作用，既取决于文艺作品本身是否生动、具体和富有思想性，还取决于它是否接近学生的生活，接近学生原有的道德需要。第四，教师要注意在道德情感的基础上阐明道德要求的概念与观点，引导学生的情感体验不断概括、不断深化。有时候在个体身上会产生一些错误的道德感。如有的学生帮助朋友打了别人，他认为这是讲义气，不仅不感到内疚，反而会产生一种自豪感。错误的道德情感体验是以错误的道德认识为基础的，因此，要纠正个体错误的道德情感，要从纠正他们错误的道德认识入手。

三、职业道德意志的形成与培养

良好的道德意志品质是在道德认识的基础上和道德情感的激励下，通过道德实践活动逐步培养出来的。深刻的道德认识和强烈的道德情感有利于道德意志的形成。此外，一般意志的形成也和道德意志的培养密切联系。因此，道德意志的培养应通过提高道德认识、深化道德情感、锻炼道德意志来进行。另外，还应注意灵活运用以下手段和途径。

（一）采取适当的强化

学生个体道德品质的发展是一个由他律到自律的过程。因此，要培养学生良好的道德意志，给予适当的外部强化与惩罚是必须的。比如当个体表现出道德意志薄弱时，给予批评、责备等惩罚。

（二）树立良好的榜样

个体可以通过模仿榜样来获得良好的道德意志品质，这一作用称为榜样作用。榜样作用在日常生活中也是普遍存在的，在职业学校德育工作中，应充分发挥榜样的作用，通过树立道德意志坚强的榜样，来培养职校生良好的道德意志品质。

值得一提的是，实际生活中存在两种榜样：一是教育者、政府部门以及社会团体出于教育的目的而树立的榜样，如雷锋、焦裕禄等榜样。这类榜样的特点是：作用对象为所有人或相当一部分人，作用面广、影响大，但由于这种榜样是外在的，有时不为个体所接受，因而对个体的影响有时不是很深刻。二是每个人心中的榜样。每个人心中都有自己敬佩的对象，其行为有意无意地在很大程度上受到这个榜样的影响。这类榜样有的与前面的榜样相一致，有的不相一致。其特点是作用面窄，局限于个人。但由于它是内在的，往往对个体的行为会产生深刻的影响。

（三）参与各种实践活动

坚强的意志不是凭空产生的，而是在实践活动中逐渐发展起来的。职业学校教师要培养学生坚强的道德意志，就应当给学生创造道德实践的机会。意志同克服一定的困难相联系，在实践活动中培养学生的意志品质，应当有意识地为他们创造一些困难的道德情境，并提供若干克服困难的条件。为了保证职校生练习的成功和激发不屈不挠的斗志，应该充分运用勉励、赞扬与批评、责备等强化措施。

（四）针对意志上的个别差异，采取不同锻炼措施

良好的意志应具备自觉性、果断性、坚韧性和自制力等品质。意志不良的职校生往往并非个人意志所有的品质都不良，而只是其中一个或几个方面不良。职业学校教师应当针对不同学生的具体情况，采取不同的锻炼措施。对于容易受暗示或独断的学生，应着重培养他们道德意志的自觉性；对于优柔寡断、动摇不定或冒失而轻率的学生，要着重锻炼他们道德意志的果断性；对于见异思迁、虎头蛇尾的学生，要着重锻炼他们道德意志的坚韧性，培养他们善于坚持不懈地克服困难以完成艰巨任务的能力；对于任性、缺乏自制力的学生，则要着重培养他们善于自我调节和克制的能力等。

四、职业道德行为的形成与培养

职业道德行为的形成包括道德行为方式的培养与道德行为习惯的培养。

（一）职业道德行为方式的培养

一般来说，有了职业道德动机，在职业道德意志的调节下，个体就会做出相应的道德行为。但是有时候，由于职校生不知道怎样组织自己的行为，以致道德动机和行为效果不相一致，甚至相反。因此，培养个体的道德行为方式也是必需的，它可以使个体获得实现道德动机的手段。道德行为方式的培养，应在教师讲解的基础上，通过道德实践活动来进行。

（二）职业道德行为习惯的培养

道德行为习惯的养成，对于个体品德的形成具有特殊的意义。主要表现在以下几点：首先，它使人获得了易于实现道德动机的行为手段，而且它的受阻会引起个体消极的情绪体验，从而成为进一步激励个体行动的内驱力。其次，日常生活中的简单道德行为都需要习惯化。职业学校德育应注意培养学生良好的职业道德行为习惯。

道德行为习惯的培养，应进行长期的行为练习与实践，进而使个体的道德行为达到高度的自动化。在培养中应注意以下几点：第一，激发学生形成良好道德行为习惯的意向；第二，提供道德行为练习与实践的榜样；第三，创设产生良好行为的情境，避免出现重复不良行为的机会；第四，在有意练习时要明确练习的目的、意义与阶段要求，要不间断地坚持练习，且使学生知道练习的成绩，体验到愉快和懂得成败的原因；第五，注意克服学生的坏习惯。

职业品德的形成与培养包括以上四个方面，这四个方面相辅相成，缺一不可。在培养个体品德时，可从道德认识的培养开始，也可从道德情感的培养开始，也可从道德意志的培养开始，也可从道德行为的培养开始，还可四种成分的培养同时进行。采取何种方法，应视具体情况而定。但不管采取何种方法，都应力争做到"晓之以理，动之以情，持之以恒，导之以行"。

职业品德是个体品德的组成部分，其形成与培养符合以上一般品德形成与培养的规律，但又有其特殊性，这种特殊性主要表现在以下两个方面：首先，目前我国职业教育的对象主要是青年和成人，他们具有较强的道德认识与理解能力，可通过说理、讨论等方式，来促进他们获得良好的职业品德。其次，个体的职业品德和他的事业成功是密切联系的。大多数人都想在事业上有所成就，为了取得事业成功，个体倾向于自觉遵守职业道德。职业学校教师在德育工作过程中要充分利用学生的这一心理来实现培养学生职业品德的目的。

第四节　矫正不良职业品德的心理技术

一、不良职业品德的转化过程

俗话说，冰冻三尺，非一日之寒。学生不良职业品德不是一朝一夕形成的，而是心理、社会因素长期交互作用的结果。矫正不良职业品德不是一件轻而易举的事情。研究不良职业品德的转化过程，可以为不良职业品德的矫正提供心理学依据。研究表明，不良职业品德的转化过程可划分为醒悟阶段、转变阶段和自新阶段。

（一）醒悟阶段

指职业品德不良者开始认识到自己的错误，从而产生改正自新的愿望。这种愿望可能在两种条件下产生：一是教育者帮助职业品德不良者产生改过自新的愿望，无微不至的关心和爱护，耐心的说服和教育；二是职业品德不良者耳闻目睹其错误造成的严重后果。对于出现醒悟的个体，职业学校教师应耐心地关心和教育，从职校生现有的职业道德水平出发，把职校生的错误与其切身利益联系起来，逐步提高其职业道德认识。

（二）转变阶段

指职业品德不良者在醒悟的基础上开始有改正错误的行动表现。对于出现转化的职校生个体，职业学校教师应该趁热打铁，因势利导，进行耐心细致的启发疏导，对职业品德不良个体的每一个微小进步都要给予肯定、表扬和鼓励。出现转变是一个可喜的进步，但教育者必须清醒地认识到这仅仅是开始，在整个转变阶段还可能出现反复。暂时的反复是转变阶段出现的正常现象，要职业品德不良者一下子就抛弃其所有的错误的道德观念与行为习惯是很困难的。对于出现的反复，教育者一方面应有足够的精神准备，另一方面不要气馁和放弃，要分析出现反复的原因，进行更细致的教育引导，促使其最终彻底改过自新。

（三）自新阶段

职业品德不良者经过长期的转变过程之后，如果不再出现反复，或者很少有反复就逐步进入了自新阶段。进入自新阶段的个体以崭新的面貌出现在学习、工作与生活中。对于已改过自新的职校生，职业学校教师要加倍关心和爱护，充分信任，任何歧视与翻旧账的言行都是极为有害的。

二、矫正不良职业品德的心理技术

职业学校学生还不是真正意义上的职业人，对职业情境涉入不深，其职业品德不良主要表现为对职业认识不足或错误，没有确立正确的职业观念以及职业情感消极等。因此，对他们进行不良职业品德的心理矫正，主要表现为调整认知的技术和帮助他们形成合理职业情感的技术。

（一）建立和谐的人际关系

教师和职业品德不良的学生之间首先要建立融洽、和谐的人际关系。因为学生只会对那些真诚、关心和体谅的态度和行为做出积极的反应。为建立良好的师生关系，教师必须尊重学生、理解学生。教师要加强自身修养，以自身的人格魅力去感染学生；同时对学生抱以积极的关注，对他们的潜力和改正不良品德的能力给以积极的肯定。

同时，教师还要帮助他们消除疑惧心理和对立情绪，恢复正常的人际关系。职业品德不良者由于其不道德的行为常常受到公众的批评、谴责，甚至严厉的惩罚，他们往往不仅认识不到自己的错误并接受批评，还认为这是别人故意在欺压他们，惩罚他们，因而对周围人充满了戒心与对立情绪。当他们出现醒悟时，会怀疑周围人愿不愿意重新接受他，对允许他改过自新和重新做人充满了疑惧心理。不克服心理上的这一障碍，职业道德教育工作就很难收到效果。

为了消除职校生这种疑惧心理和对立情绪，职业学校教师应以真诚的爱护、尊重和无微不至的关心与帮助，使他们体验到教师是真心爱护他们的；应以感人肺腑的事迹，启发他们，拨动他们的心弦。

（二）合理奖惩的心理技术

不良职业品德矫正工作中，应注意灵活运用奖励与惩罚等外部措施。在实际工作中，奖励与惩罚的作用是不相同的，到底哪种效果更好，许多心理学家进行了研究，一致认为，奖励的效果要优于惩罚。这是因为，真诚的奖励一方面可以消除职业品德不良个体的对立情绪与疑惧心理，另一方面可帮助他们恢复自尊心和自信心。人都有被尊重的需要，职业品德不良个体往往容易破罐子破摔，为了帮助他们改过自新，需要多表扬和鼓励，帮助他们恢复自尊心和自信心。

在运用奖励这一心理矫正技术时，须注意以下一些要求：

（1）要多表扬、鼓励学生，合理而细微地挖掘学生的闪光点。

（2）对良好行为做出正面评价，尽量忽略不良行为。这一做法必须在良好行为出现之后立刻进行，使其产生某种愉快的情感体验，从而增加理想行为，减少不良行为。

（3）将表扬良好的道德行为与鄙视不良的道德行为有效结合。当然，这种做法并不是对任何人、在任何情境中都能立竿见影，但它仍是一种成功率很高并得到广泛运用的行为改变方法。

（4）奖励的使用要能唤醒品德不良学生积极的自我看待。奖励不能就事论事，而是为了传递一种积极的情绪，使学生增强自信，学会正确而合理地自我肯定，并从一些具体事件中体会到满足感和愉悦感。

(5) 奖励的使用还要能唤起学生改正不良品德行为的意识。奖励并不是结束，而是一个开端，教师要帮助学生制订改正不良品德的方案或"契约"，根据循序渐进和坚持性的原则逐步纠正不良的职业品德。

虽然一般说来表扬的效果比批评好，但从实际运用来看，这一效果还有赖于其他一些因素，诸如个体以往受批评与表扬的经历、师生关系等。特别是在不良职业品德的矫正过程中，对一些屡教不改、错误严重的学生，给予适当的惩罚是必须的。

在运用惩罚时应注意：①职业品德不良个体与教育者的关系是否恢复正常；②必须充分考虑惩罚的教育效果；③运用惩罚必须公正，对初犯与屡犯、轻犯与重犯、无意与有意应区别对待；④惩罚必须与说服教育相结合，让受罚者心甘情愿地受罚；⑤惩罚必须得到集体舆论的支持。若惩罚与集体舆论不一致，可能会起到相反的效果。

(三) 利用范例的心理技术

一般而言，人们是不易发现自身的缺点和不足的，因此，给品德不良的学生示以范例，能帮助他们间接地发现自己的不足。

范例应进行精心挑选。一般而言，范例必须来自于真实的职业情境中，而且已经发生，案例一般源起于不良的职业品德且给社会和他人带来一定的危害，或者给自己也造成了无法弥补的损失。

利用范例的心理技术一般应包括以下步骤：①充分分析学生不良职业品德的心理成分；②将其不良品德分离出有效成分和无效成分，以便有针对性地进行指导；③选择主要的无效成分，帮助其明确问题的关键所在；④提供范例，进行范例的详细分析；⑤对范例及自我职业品德问题进行比照，提出自我改善的要求。

(四) 角色扮演的心理技术

角色扮演是一种使人暂时置身于他人的社会位置，并按这一位置所要求的方式和态度行事，以增进人们对他人社会角色及其自身原有角色的理解，从而学会更有效地履行自己角色的心理学技术。

角色扮演之所以能够在矫正不良职业品德方面发挥重要作用，主要是因为通过角色扮演能够对交往双方从以自我为中心的思维倾向走向将心比心的思维方式。心理学研究发现，当人们存在认知片面、角色冲突问题时，往往不易从自己的身上找原因，而是倾向于外归因，也就是不能站在他人的立场、角度来思考问题，这难免会对他人角色的认知与理解发生偏差，也不易体会到他人的情感和需要。角色扮演的一个重要的特征就是要求扮演者站在所扮演角色的角度上认识事物，思考问题，展开行动。这样，从扮演者来说，只有放弃自己原有的一些固有的观点，从所扮演角色的角度来认知、体验周围的世界，才能很好地完成角色扮演的任务。

角色扮演技术的方法有多种，如哑剧表演、镜像法、比较法、心理剧、"空椅子"法等，一般根据活动的目的及扮演者需要体验的情景而选择不同的方法。

在角色扮演和角色交换中，要求扮演者全身心地投入到他所扮演的角色中去，考虑可能出现的各种情绪、态度、言语和姿态等。角色扮演越真实，扮演者所获得的学习机会就越多，改变不良职业品德的可能性就越大。

（五）心理宣泄技术

当学生道德认识基本正确，但道德情感消极甚至影响道德认知时，教师则需要运用心理宣泄技术以帮助他们释放消极情绪。教师应积极担当起引导者和倾听者的角色，鼓励他们将自己的感情和想法说出来，借以缓解心理上的压力。只有当学生释放了不良情绪，外在的说服教育和认知矫正才会发挥功效。

心理宣泄有很多方法，比如深呼吸法、倾诉法、睡眠法、音乐放松法、文体活动法、旅游法、改善饮食法、大喊大叫法、有限破坏法、适当哭泣法、写日记法、寻求外援（心理专家）、注意转移法、温泉（水）浴法等。例如，有的职业学校设立心理宣泄室，让同学们宣泄压抑，释放心情，里面一般安置有沙袋、涂鸦板、绒布玩具、卡拉 OK、咨询台等设施。在这里，职校生可以通过击打沙袋、涂鸦、唱歌、听音乐、畅谈等方式消除心理压力，调适不良情绪。

矫正不良职业品德，要考虑到职校生的年龄特点、认识水平、气质、性格特征，对不同的人采取不同的方法进行具体问题具体分析，对初犯与屡犯、过失犯与故意犯区别对待，切忌鲁莽、粗暴和一刀切。只有这样才能收到良好的教育效果。

【本章思考与练习】

1. 什么是职业品德？试述职业品德的心理结构及其相互关系。

2. 制约职业品德形成的心理因素有哪些？

3. 谈谈如何充分利用各方面积极因素培养职校生良好的职业品德？

4. 职校生不良品德的转化要经历哪几个阶段？每个阶段应注意哪些问题？

5. 如何合理运用心理技术矫正不良的职业品德？

第十六章　职业选择心理与指导

职业选择是青年发展期的重要课题。职业选择是一个双向的过程，求职者对职业进行选择，同时职业也对求职者进行选择。职校生求职成功关键在于双方的需求能够达成一致。本章主要介绍影响职业选择的主要因素，职业选择的基本原则和主要理论，职业定向的心理准备及职业选择的技巧。

第一节　职业选择概述

新的人事与劳动就业制度为求职者的职业选择提供了广阔的前景，但是，求职者在拥有多种择业机会的同时，也面临着严峻的挑战。

一、职业选择的概念

职业选择，指个体依据并运用所掌握的职业信息，从自己的职业需要、职业兴趣、职业价值观出发，结合自己的素质特点，寻求合适职业的决策过程。

职业选择具有双向性。它通常是指求职者和职业岗位的优化组合，既包括求职者对职业岗位的选择，也包含职业岗位对求职者的选择。职业选择并不像有些人所认为的仅仅是求职者对职业岗位的单向选择，而是其必须也符合社会职业岗位的需要。这是因为求职者就业的实现需要两个条件：一是职业岗位需要求职者，二是求职者需要职业岗位，两者缺一不可。

职业岗位需要求职者包含两层含义：一是量的需要，即在社会经济发展的一定阶段，一个职业岗位所需要的劳动者的数量；二是质的需要，即职业岗位要求求职者必须具备符合其职业规范要求的相应素质。不同的职业岗位要求与最适合自身的求职者相结合，以发挥最大的经济效益和社会效益，这就要对众多的求职者进行选择，择优录用。同样，求职者也要求与最适合自己的职业岗位相结合，以充分发挥其个人才能，这就必须对众多的职业岗位进行最佳选择。

科学合理地选择职业，具有非常重要的意义。通过正确的职业选择有利于实现生产资料与劳动力的优化组合，有利于最大限度地调动劳动者的积极性，有利于取得较大的经济效益和多方面的社会效益，有利于促进劳动就业制度和教育体制的深化改革，有利于促进个人的全面发展。

二、职业选择的基本原则

如何才能正确地选择职业呢？一般来说，科学合理的职业选择应遵循以下几条基本原则。

（一）独立性原则

在职业选择过程中，个人会受到很多人的影响，这些人可能是在其成长过程中曾给予帮助和指点的父母、师长、朋友等。在择业中，个人虽然总要听取这些人的意见和建议，但是由于他们所处的时代已经不同，以及他们自身的主观意识，使得他们的观点具有一定的局限性，并且未必符合择业者自己的观点和需要。因此，在职业选择中他人的意见和建议既可能有有利的一面，也可能有不利的一面，职校生应该认真考虑这些意见和建议，采取其中正确的和适合自己的部分。

（二）现实性原则

个人在制定择业计划时，首先应以社会的现实需要以及当时的社会职业状况为基础进行考虑，所制定的目标也应该是现实可行的。有些人只知道追求完美的人生设计，其职业计划过于主观而不可能实现，结果只能导致挫折感和失落感。其实人是具有能动性的，尽管要受到现实的限制，但还是可以通过自己的努力来实现自己的人生目标。

（三）比较性原则

比较性原则分为两个方面。一是将个人已具备的条件和职业岗位对人的要求进行比较，把那些与个人条件相接近的职业作为选择的目标。比较一下职业岗位对人的要求和人对岗位的适应能力是否能协调一致，才能保证一个人对职业作出最优选择。二是几个职业目标相互比较。把众多符合自身择业意愿与条件的职业岗位进行比较，多方面权衡，从中选出一个最适合自己且各方面条件都相对优越，自己又能得到的职业。

（四）胜任和难度原则

在选择职业的时候，特别要考虑职业对个体的要求。不同的职业对人有不同的要求，因而个人的身体素质、个性特点、知识技能等都应符合自己所要挑选的要求，而不能盲目选择自己不足以胜任的职业。这是由于对于力所能及的工作，人们通常能得心应手，心情愉快，而如果是不能胜任的工作，人做起来就会力不从心，容易疲劳，产生挫折感和压抑感，并且效率低下，使人失去工作的积极性和创造性，也使人容易懈怠和丧失兴趣。研究证明，在进行中等难度的作业时，人的能力发挥是最好的，情绪水平也能调整到最高。因此，选择的职业一方面要自己能够胜任，另一方面也应具有一定的挑战性，这样才能使自己做出更好的成绩。

(五)兴趣和特长的原则

在选择职业时，除了考虑社会需要和当前就业状况以外，还应兼顾到自己的兴趣爱好和能力特长。在做自己有兴趣的职业时，个人能够投入最大的精力和智慧并发挥无限的积极性和创造性。当避开自己所不擅长的工作，从事能突出自己能力和优势的职业时，个人就可以最大限度地挖掘出自身的潜力，以达到成功。遵循这一原则，对个人发展和职业工作的发展具有双重促进作用。

(六)发展性原则

职业除了作为谋生手段以外，还为人们打开了谋求发展的大门。在选择职业时，不仅要遵循以上原则，还要考虑两个问题：职业本身的发展和个人自身在职业中的发展。当个人面对一个单位时，这个单位的实力、未来发展情况、所能提供的深造及提升等机会、前途、上下级关系等，这些影响个人职业发展的条件都需加以重视。

(七)主动性原则

求职者不能消极地等待，而应有积极的择业态度，主动寻求就业门路。在充分了解自身条件及社会职业岗位需求的情况下，敢于竞争。在择业过程中要有自主性，认准目标，果断选择，而不是随波逐流，人云亦云。当然，"打铁还得自身硬"，职校生要积极准备，努力创造就业条件，通过参加就业培训等形式，争取在就业前掌握一定的职业技术和业务知识，为自己的顺利就业创造良好条件。

三、影响职业选择的因素

对于求职者而言，职业选择并不是绝对自由的，常受制约于多方面的因素。这些因素主要有：职业岗位的需求数量、职业岗位的专业要求、求职者的职业理想、求职者的职业观、掌握人才需求信息的情况、求职的艺术及人际关系、求职者的学历、所学专业、毕业学校、身体状况、心理素质等。其他因素包括该类职业机会的时间、地点、家庭帮助、个人努力以及社会职业介绍机构的帮助，等等。

由于上述诸多因素的影响，对于求职者来说，不同的职业，可能得到的概率也各不相同。一般来说，期望值（职业概率）最小的职业，往往是人们最向往的理想职业，期望值较大的职业，可能是较现实的职业，但并不一定十分理想。

大量调查表明，职校生的择业动机虽是多种多样的，但概括起来，影响他们择业的因素，主要有以下10个方面：①职业的社会意义，即对未来从事的某种职业的社会作用的理解与认识；②职业的个人条件适应性，指个人兴趣、爱好、性格、身体等方面与工作条件的一致性；③职业对发挥个人才能的适应程度，指个人本身所具备的知识、技能和所学专业在未来岗位上所能发挥的程度；④职业的社会地位，主要指某种职业的所有制归属、行业、工种的社会声望等；⑤职业的劳动报酬，即从事某种职业劳动所能得到的工资、津贴、福利报酬；⑥职业的技术构成（职业的技术水平和技术等级），即将来所从事工作的"技术性"；⑦职业的劳动强度，即未来所从事工作的体力消耗程度；⑧职业对组织家庭的作用，即某种职业对恋爱、婚姻及建立未来家庭的影响；⑨工作岗位的人际关系，即对某一职业岗位的各类人际关系的认识，包括干群关系、群众关系等岗位内的人际关系，以及岗位与外界的联系；⑩工作岗位的地理因素，即工作岗位所处的地理位置与个人家庭住址的距离及与亲友联系的便利程度。

第二节　职业选择的基本理论

职业学校教师在指导职校生选择职业前有必要先了解职业选择的理论。理论可以帮助教师分辨职业问题的一般现象，当教师在对学生进行问题诊断、设计指导方法等具体工作时，可依据特殊的理论观点做指导。

职业选择的理论模式不一，见解各异，但各种理论之间互为补充。为了讨论的方便，我们对职业选择的各种理论模式按其理论取向分为三大类：

（1）个人取向。这种理论重在从个体的角度来探讨职业行为，重视个人的需要、能力、兴趣、人格等内在因素在职业选择与职业发展中的重要作用。如特性—因素论、人格类型论、需要论。

（2）社会取向。这类理论倾向于研究作用于个人职业选择和职业发展的社会环境因素，强调个人所处的家庭与社会环境等外在因素在职业选择与职业发展中的重要作用，如社会学理论、职业选择发展论。

（3）综合取向。这类理论认为，无论是个人因素还是社会环境因素，都不能单方面决定个人的职业选择和职业发展。职业选择与职业发展既受个人因素的影响，也受个人所处的家庭与社会环境的影响，两者相互作用，共同决定个人的职业行为，这类理论有行为论和决策论。

一、特性—因素论

特性—因素论基本上是一种经验为导向的指导模式，其主要焦点就是人—职匹配。这一模式的理论基础是差异心理学思想。

特性—因素论认为，个别差异现象普遍地存在于个人心理与行为中，每个人都具有自己独特的能力模式和人格特性（即特质）；而某种能力模式及人格模式又与某些特定职业相关。每种人格模式的个人都有其适应的职业，人人都有选择职业的机会。人的特性又是可以客观测量的。职业选择就是解决个人的兴趣、能力与工作机会相匹配的问题，帮助个人寻找与其特性相一致的职业。根据帕森斯所揭示的职业指导三要素，职业选择的过程由三步组成。

（一）评价求职者的生理和心理特点

通过心理测验及其他手段，获得有关求职者的身体状况、能力倾向、兴趣爱好、气质与性格等方面的个人资料，同时通过谈话调查等方法获得有关求职者的家庭背景、学业成绩、工作经历等情况，并对这些资料进行评价。

（二）分析各种职业对人的要求（因素）并向求职者提供有关的职业信息

包括：①职业性质、工资待遇、工作条件以及晋升的可能性；②求职的最低条件，诸如学历要求、所需的专业训练、身体要求、年龄、各种能力及其心理特点的要求；③为准备就业而设置的教育课程计划，以及提供这种训练的教育机构、学习年限、入学资格和费用等；④就业的机会。

（三）人—职匹配

指导者在了解求职者的特性和职业的各项指标的基础上，帮助求职者进行比较分析，以便选择一种适合求职者个人特点又有可能获得的职业。

特性—因素论是最早的职业选择理论，它奠定了职业指导的基础，其模式与方法为职业指导所广泛采用，影响深远，根本原因就在于这一理论抓住了职业领域中"求职与就业"这一主要矛盾，通过对求职者和职业两方面的全面深入的分析，寻找人—职间的最佳匹配，使职业选择有规可循。

二、人格类型论

美国职业指导专家霍兰德于 20 世纪 60 年代所创立的"人格类型论"是在特性—因素论的基础上发展起来的。人格类型论是一种人格职业类型匹配的理论。这一理论的基础在于霍兰德对人格类型的划分以及两者间的关系。

有关人格与职业的关系，霍兰德提出了一系列的假设：

在我们的文化中，大多数人的人格都可以分为六种类型：实际型、研究型、艺术型、社会型、企业型与传统型。每一特定类型人格的人，会对相应职业类型中的工作或学习感兴趣。环境也可区分为上述六种类型，人们寻求能充分施展其能力与价值观的职业环境。个人的行为取决于人格和所处的环境特征之间的相互作用。

在上述理论假设的基础上，霍兰德提出了人格类型与职业类型模式。不同类型人格需要不同的生活或工作环境，人格类型与环境不和谐，则该环境或职业无法提供个人的能力与兴趣所需的机会与奖励。为此，霍兰德描述了六种类型的相应职业。

（1）实际型。基本的人格倾向是，喜欢有规则的具体劳动和需要基本操作技能的工作，但缺乏社会能力，不适应社会性质的职业。具有这种类型人格的人其典型的职业包括技能性职业（如一般劳动、技工、修理工、农民等）和技术性职业（如摄影师、制图员、机械装配工等）。

（2）研究型。基本的人格倾向是，具有聪明、理性、好奇、精确、批评等人格特征，喜欢智力的、抽象的、分析的、独立的定向任务这类研究性质的职业，但缺乏领导才能。其典型的职业包括科学研究人员、教师、工程师等。

（3）艺术型。基本的人格倾向是，具有想象、冲动、直觉、无秩序、情绪化、理想化、有创意、不重实际等人格特征，喜欢艺术性质的职业和环境，不善于事务工作。其典型的职业包括艺术方面的（如演员、导演、艺术设计师、雕刻家等），音乐方面的（如歌唱家、作曲家、乐队指挥等）与文学方面的（如诗人、小说家、剧作家等）。

（4）社会型。基本的人格倾向是，具有合作、友善、助人、负责、圆滑、善社交、善言谈、洞察力强等人格特征，喜欢社会交往，关心社会问题，有教导别人的能力。其典型的职业包括教育工作者（教师、教育行政人员）与社会工作者（如咨询人员、公关人员等）。

（5）企业型。具有冒险、野心、独断、乐观、自信、精力充沛、善社交等人格特征，喜欢从事领导及企业性质的职业，其典型的职业包括政府官员、企业领导、销售人员等。

（6）传统型。具有顺从、谨慎、保守、实际、稳重、有效率等人格特征，喜欢有系统有条理的工作任务，其典型的职业包括秘书、办公室人员、记事员、会计、行政助理、图书馆管理员、出纳员、打字员等。

人格类型论也是一种人－职匹配理论，与特性—因素论相比，它更注重人与环境间的交互作用。由于其理论框架的完整、严密，该理论成为职业选择中最受重视的一种学说。

三、需要论

需要理论的基本观点是人的需要层次决定着个人选择职业的倾向，职业选择的意义在于满足个人的需要。

罗恩是这一理论的主要代表人物。他把马斯洛的需要层次理论运用于职业行为的研究。罗恩认为，每个人的先天素质与早期家庭环境，尤其是家庭养育经历（如溺爱、强制、民主等）相互作用，形成了个人待人处事的态度和需要层次结构，从而决定了个人的择业倾向。如果一个人在童年时没能满足他的需要，他就会期望在未来从事的工作中得到补偿。现存于社会文化中的各种职业环境都包含着满足个人不同需要层次的潜在特性，这是职业对于人们的一个重要意义。罗恩将职业分为 650 种，不同的职业类型和技术专业层次相对应于人们的需要结构，以满足人们不同的需要层次。罗恩和他的同事专门研究了与早期家庭环境相关的人的个性和需要与选择这些职业之间的关系。

需要论强调个人心理需要与其职业选择的关系，因此，职业指导人员必须了解求职者的心理需要，以及需要满足的情况。

需要论将环境与个人经验背景纳入职业选择的理论框架中，兼顾个人内外因素的影响。这种从动态的观点考虑人的职业选择行为的理论，较之特性—因素论和人格类型论所强调的人—职匹配，无疑给职业指导实践提供了一个新的思想方法。它提醒职业指导人员注意求职者的个人需要，协助求职者选择适当的职业以满足其需要，同时培养满足其需要所要求的能力。

四、职业选择发展论

发展理论与人职匹配理论不同，它不把研究的重点放在个人的职业倾向和职业选择行为本身，而是着重研究和阐述人的职业发展的过程，以发展过程中各种与职业相关的心理因素成熟的程度来揭示职业行为问题。这类理论在发展心理学研究的影响下，从 20 世纪 50 年代开始迅速发展起来。在众多的职业发展理论和模式中，萨帕的职业发展阶段理论最为系统、全面，对实践活动影响最大。

萨帕理论的核心是研究人的职业生活阶段、职业成熟、自我概念、职业模式这四个基本的职业发展要素。他认为，人的心理是发展的，人的职业是人的发展的重要组成部分，是个人社会化的重要内容，因而人朝着职业成熟的方向发展。萨帕认为，人的职业发展可分为四个阶段。

（一）成长阶段（出生至 14 岁）

通过与学校和家庭中其他人的自居作用而发展其自我概念，在这一阶段的早期，尽管随着对周围环境的参与，他们的兴趣与能力变得越来越重要，但需要和幻想仍占重要地位。

（二）探索阶段（15～24 岁）

这一阶段的人们开始检查自我，探索不同的职业，寻求非全日制工作。个人需要、兴趣和能力变得同等重要，个人开始作出尝试性的职业决策。

（三）建立阶段（25～64 岁）

尽管早期有某些尝试和变换职业，但人们已经找到了持久的职业安排，真正承担职业角色，并逐渐形成以个人生计模式为中心的独特的生活方式。

（四）衰退阶段（65 岁以上）

其特征是身体和心理能力衰退，逐渐成为职业活动的观察者。

发展论的提出，打破了人们历来把职业选择看作是个人生活中在特定时期出现的单一事件的观点。发展论明确指出，人的职业选择是一个不断发展的过程，职业指导要研究人的职业心理发展阶段，根据人的职业成熟发展程度，通过日常有意识的教育工作来进行。同时，人的职业发展贯穿于人的一生，因而职业指导工作也是一个长期的系统工程。

五、社会学理论

这类理论是运用社会学的观点来研究家庭、职业结构和其他社会因素对职业发展和职业行为的影响。其主要代表人物是米勒和福姆。他们把职业发展划分为五个阶段：一是准备——工作定向的发展；二是初始——非全日制工作的体验和正规教育；三是尝试——包括进入劳务市场，直到获得一种满意的职业；四是稳定——包括在期望的职业和团体生活中工作地位的确立；五是退休——工作活动衰退。

社会学理论认为，个人的家庭经济条件和社会地位作为一个重要的因素限制个人的教育机会、生活领域及社会资源利用，从而影响个人的职业发展和职业期望。社会和经济因素主要通过两个方面对个人职业发展和职业选择产生影响：第一，对人的个性方面发展的限制；第二，对可提供选择的职业数量和类型的限制。人们必须认识到对个人职业发展产生影响的下述各种社会因素：社会阶层地位，如父母的职业、收入和教育水准，家庭居住的地区和类型，以及种族文化背景；家庭影响，如家庭价值观、父母对子女的职业期望、兄弟姐妹之间的互相影响；学校与社区的影响，如学校的类型、学生的来源、伙伴之间的关系、社区的经济状况和社区内特殊群体的影响。

社会学理论研究相对于其他理论模式起步较晚，而且还没能形成系统的理论体系，对职业选择的实践还未产生广泛的影响。但它清楚地指出了研究个人的职业心理发展和职业选择与社会经济文化之间相互关系的重要意义，有助于人们全面地认识青少年的职业问题和职业发展，指导他们作出科学的理智的职业选择。

六、行为论

职业指导的行为理论是由克伦保茨等人发展起来的。他们将班杜拉创立的社会学习原理运用于职业指导领域，以此探讨职业选择过程中社会、遗传与个人因素对职业决策的影响，进而设计训练或指导计划，以增进个人选择的能力，从而发展起职业指导的"行为理论"。

克伦保茨等人认为，职业发展过程错综复杂，受许多因素交互作用的影响，其中最主要的有四个方面：①遗传素质和特殊能力，即个人所属的种族、性别、身体素质、智力及特殊能力等，均可能限制或影响个人学习的经验与选择的自由。②环境条件与特殊事件，即个人所接受的教育与训练、家庭背景、社会政策、社会变迁等非个人所能控制的因素及个人职业选择的具体领域等。家庭背景包括父母所从事的职业及社会经济地位、父母的教育水准以及家庭结构、父母期望等因素。③学习经验。指个人在学习中所采用的模式，包括工具式学习与联结学习。个人的职业发展、知识、技能、态度与价值观等均为学习经验的产物。④工作定向技能。在上述种种因素的交互作用下，个人获得解决问题的技能、工作习惯、认知过程、情绪反应等，这些技能又会影响其他各项因素。

个人在上述四种因素及其交互作用的影响下，通过经验的累积与提炼，产生如下结果：①自我认识的形成。指对自己各种表现的评估与推论。包括兴趣、爱好、职业价值观等均为学习的结果，亦为职业选择的关键。②世界观的形成。指对环境与未来发展所作的评估与推论。个人对自我与环境的认识是否正确全面，取决于其学习经验的性质。③工作定向技能。包括适应环境的认知、操作能力与情感反应，以及自我评估与对未来事件的预测能力，其中与职业选择有重要关系的则包括价值观念的澄清、目标的决策、寻找不同的解决途径、收集资料、预测、计划等。④行动。根据各种经验及对自我与环境的评估以及个人处理事务的能力，采取实际的行动，促进个人的发展。

行为论以个体与环境的相互作用来探讨个人的职业行为，强调学习经验对职业选择的重要性。从其理论的严密性来讲显得不够，但对职业指导实践来说有较高的实用价值。特别在职业决策能力的学习方面，该理论已有系统的步骤和方法，可供职业指导者以此设计适当的训练计划，培养个人自我评估与进行决策的能力，尤其对个人内在认识过程的探讨，更具实用价值。

七、决策论

这一理论把经济学中的决策模式用来研究人的职业行为和职业选择，研究职业决策理论概念和决策过程本身，通过对决策过程的分析揭示个人的职业问题，目的在于指导人们选择一个使他们尽可能少失多得的职业或职业计划。

决策理论的一个基本概念和前提，是个人面临着多种职业选择机会和职业进程计划。系统地分析、评价各种选择和职业计划的可能结果和相应的价值意义，就能使人们在获得最高价值和最少失败风险的关系中，作出明智的职业选择，或采取明智的职业行动计划。

决策理论代表人物之一的吉莱特认为，决策的第一步是确定目的，提出所需的信息；第二步就是对所有可能选择的结果作出评价，这时必须考虑"什么最有价值"以及哪一种选择将带来期望的结果；第三步是评价期望的结果，这时要对目的和价值进行比较。一旦作出某种决定，这决定或是最终的，或是探索性的，都能获得关于这一决策的反馈和有关的职业信息。

决策论认为，职业指导的重点是培养和增进当事人的职业决策能力或解决问题的能力，从而为职业指导工作指明了基本方向，对职业指导实践具有重要的价值，同时该模式也发展出可供实际操作的指导方法与程序，可为指导人员及当事人直接利用。

上述理论各自从不同的侧面研究和阐述了职业发展和职业选择过程。上述理论强调的重点虽各不相同，但也考虑了许多同样的因素，这些理论都承认外部力量的影响对于最终职业选择的重要性，并将职业选择与人的个性发展联系起来。尽管有些理论对职业选择的实践产生了广泛的影响，但是，没有一种理论可以单独阐明和解决职业发展和职业选择的复杂现象。目前的一种倾向是，以发展理论为依据，综合吸收其他各类理论的观点和方法。

第三节　职业定向与心理准备

人怎样去选择职业？或者说，依据什么标准去选择职业？这是每个求职者必然面对的问题。我们认为，职校生应当依据时代和社会的迫切需要去选择职业，应当依据自己的个性去选择职业，这样于个体、于社会都有积极意义。这里主要阐明职校生如何根据自身的个性特点科学合理地选择职业，进行职业定位的探索。

一、兴趣与职业

兴趣是个体积极探究事物的认识倾向，这种倾向带有稳定、主动、持久等特征。人的兴趣可以是多方面的，可以是精神的、物质的、社会的兴趣等。如果一个人对某种工作产生兴趣，在工作中就会有高度的自觉性和积极性，就容易出成就。反之，则会影响积极性的发展，有可能一事无成。爱因斯坦曾经说过："兴趣是最好的老师。"兴趣是努力的原动力，是成功之母。走自己的路，做自己喜欢的事情，选择自己感兴趣的职业，是当今社会最具有典型性的择业观念。

一般来说，兴趣是在后天生活实践中形成，但兴趣有相对的稳定性，它与一个人的个性有内在的联系。因此，职校生在择业过程中应适当考虑自己的兴趣和爱好，不能为了暂时的眼前利益而选择不适合自己兴趣的职业，这样不仅不能充分施展自己的才能，而且会贻误终生。但兴趣爱好在职业选择中，也并不总是起着正向的驱动作用，有时它也是一种耗散力，给职校生带来职业选择的困惑，如有的同学对什么都感兴趣，但没有形成自我特色，在择业时就没有竞争优势；有的同学兴趣面太窄，以至于不能满足社会需要；还有的同学因种种客观因素，个人兴趣与所学专业不一致，也不可避免地造成职业选择的困难。因此，职校生要对自己的兴趣有客观分析，同时还要树立正确的人生志向，调整自己的兴趣爱好，适应社会的需要，争取找到适合自己兴趣的职业，使自己的才智得到最大程度的发挥。

二、气质、性格与职业

气质与性格对职业选择有着重要的影响，因此，人们在选择职业的时候要考虑所选职业是否与自己的气质、性格吻合。但是根据人的气质、性格选择职业比较复杂，性格类型有时往往能适应好几种职业，而一种职业常常需要有多种气质、性格类型的特征。因此，只能依据气质或性格的某些特征选择与之相匹配的职业。

（一）气质与职业选择

气质分为四种基本类型：胆汁质、多血质、黏液质、抑郁质。气质类型无所谓好坏，也无善恶之分。每一种气质类型既有积极面，又有消极面。尽管气质对人的实践活动不起直接的决定作用，不能决定人的社会成就的高低，但它影响着人的实践活动的方式和效率，为某些职业活动提供有利条件。因此，选择职业要提倡"量质选择"，以利于自己尽早适应工作，并在工作中创造出成绩。

胆汁质的人精力旺盛，热情直率，激动暴躁，情绪体验强烈，神经活动具有很强的兴奋性，反映速度快、灵活。他们能以极大的热情去工作，克服工作中的困难，但若对工作失去信心，情绪即会低沉下来。此类人适宜竞争激烈、冒险性、风险意识强的职业，如探险、地质勘探、登山、体育运动等。

多血质的人活泼好动，性情活跃，反应敏捷，易适应环境，善于交际。这类人工作能力较强，情感丰富且易兴奋，但注意力不稳定，兴趣易转移；对职业有较广的选择范围和机会，适合于从事要求迅速灵活反应的工作，如导游、外交、公安、军官等，但不适宜从事单调机械的工作和要求细致的工作。

黏液质的人情绪兴奋性低，安静沉稳，内倾明显，外部表现少，反映速度慢，但稳定性强，偏固执、冷漠，比较刻板，有较强的自我克制能力，能埋头苦干，态度稳重，不易分心，对新职业适应慢，善于忍耐。这类人适合从事要求稳定、细致、持久性的活动，如会计、法官、管理人员、外科医生等，但不适宜从事具有冒险性的工作。

抑郁质的人敏感，行动缓慢，情感体验深刻，观察力敏锐，易感觉到别人不易觉察的细小事物，易疲倦、孤僻，工作耐受性差，做事审慎小心，易产生惊慌失措的情绪，往往是多愁善感的人。他们适合于要求精细、敏锐的工作，如哲学、理论研究、应用科学、机关秘书等。

当然，气质类型与职业之间的对应并不是绝对的。人们可以根据气质类型选择职业，而职业实践活动也可以改造人的气质特征。另外，在实际生活中单纯属于某一气质类型的人并不很多，大多数人都具有"混合型"和"交叉型"的气质特点，这也为职校生在职业活动中锻炼和改造自己的气质提供了有利条件。

（二）性格与职业选择

性格与职业的关系可以说是彼此制约、相互促进的。首先，选择职业要考虑性格特征，尽量选择适合自己性格特征的工作。与职业要求相适应的性格，更容易很好地适应职业。其次，性格是在长期生活实践中逐步形成的，人的职业性格是职业活动中造就的，特殊的职业造就特定的职业性格。人的性格具有较大的可塑性，不应机械刻板地理解性格类型和职业选择间的关系。

性格中的意志特征与职业选择有密切的关系，缺乏坚强意志的人常常不能顺利地选择职业，今后也难以胜任工作，往往一事无成或成就平平。由于其意志薄弱，一遇挫折、困难就产生被动、退缩，因而失去许多成功的机会。缺乏坚韧性的人无法从事耐力要求很强的工作，如科研工作、外科医生工作等；而缺乏自制力、任性、怯懦的人也不适宜去做管理和社会工作。

一般说来，开朗、活泼、热情、温和的性格，比较适合从事外贸、涉外、文体、教育、服务等方面的工作，以及其他同人交往的职业；多疑、好问、倔强的性格，比较适合从事科研、治学方面的工作；深沉、严谨、认真性格的人，比较适合做人事、行政、党务工作；勇敢、沉着、果断与坚定是新型企业家和管理者不可缺少的性格。

性格就类型而言，可以分为外向型和内向型。就求职而言，在面对面的交谈中，一般是外向性格为好。调查显示，在求职面试时，性格外向的人其求职成功率高于性格内向的人。在求职过程中，有时其他条件皆占优势的个性内向者，却竞争不过其他条件不如他的性格外向者。这是因为性格外向的人更善于把自己展示给对方，特别是把自己的长处展示出来。性格内向的人即使有真才实学，但由于不善于展示自己，他人也就无法通过感性印象认识他。求职面试中的感性印象，对于用人单位的招聘者来说有着不可忽视的作用。所以说，求职者的性格是影响其求职成败的重要因素。

三、能力与职业

无论从事什么职业，总要有一定的能力作保证。没有任何能力就不能胜任任何工作。职业选择要根据个人的能力结构来确定。如果求职者所选择的和所从事的社会职业与他的能力不尽相符，就会产生不良结果，如本人烦恼、领导不信任、工作不称职。我国著名职业教育家黄炎培先生说："一个人职业和才能相当不相当，相差很大。用经济眼光看起来，要是相当，不晓得增加多少效能；要是不相当，不晓得埋没多少人才。就个人论起来；相当，不晓得有多少快乐；不相当，不晓得有多少怨苦。"

要从事某一项职业并在该职业领域取得成绩，必须有一定的职业能力作基础。不同的职业要求人有不同的能力，人的职业能力通常可分为一般言语能力、数理能力、空间判断能力、察觉细节能力、书写能力、运动协调能力、动手能力、社会交往能力、组织管理能力等九个方面。如教师、播音员、记者等职业要求有较强的言语能力；统计、测量、会计等职业要求有较强的数理能力；而画家、建筑师、医生等职业对形态知觉能力要求颇高；手指灵活能力较强的人则适于从事外科医生、乐师、雕刻家等职业。

能力还存在着性别差异，女性在哲学界、经济学界、自然科学界所占比例较小，而在文学、新闻、医学、教育、艺术等领域所占比例较大，也就是说，需要形象思维和细致情感的工作更适合女性。

职业学校要通过内容丰富、范围广泛、形式多样的职业实践活动来培养和发展职校生的职业能力。全面发展职校生的职业能力，不仅使学生的一般能力得到良好的发展，而且还应了解和分析各种职业活动所需要的特殊能力，有针对性地培养某方面的特殊能力，为学生更好地适应职业活动早做准备。当代社会要求缩短职业适应期并尽快适应工作岗位。职业学校教师应当注重对职校生进行工作环境和人际环境的适应能力、协调能力、竞争能力以及创新能力的培养。职业选择中，职校生应当了解各种职业对人的能力要求，了解自己已具有的优势能力，这样才能在选择职业时达到人适其职。

四、职业定位

职业选择是一个探索的过程，在这一过程中，个人对自己的了解越来越深刻，逐步明确个人的需要与价值观，明确自己的擅长所在及今后发展的重点，开始对职业进行定位。职业定位是个体能力、性格、动机、需要、价值观和态度等相互作用和逐步整合的结果，经过这种整合，一个人寻找到自己长期稳定的职业发展方向。

每个人都有各自的动机、追求、需要和价值观，所以寻求的职业定位也会有所不同。美国麻省理工学院人才教授施恩指出，职业定位可以分为以下五类：

（1）技术型：这类人出于自身个性与爱好考虑，往往不愿从事管理工作，更愿意在自己所处的专业技术领域发展。

（2）管理型：这类人有强烈的愿望去从事管理的愿望，相信自己有能力达到高层领导职位，因此他们将职业目标定位为有相当大职责的管理岗位。

（3）创造型：这类人需要建立完全属于自己的东西，或是以自己名字命名的产品或工艺，或是自己的公司，或是能反映个人成就的私人财产。他们认为只有这些实实在在的事物才能体现自己的才干。

（4）自由独立型：这类人更喜欢独来独往，不愿像在大公司里那样彼此依赖，很多有这种职业定位的人同时也有相当高的技术型职业定位。但是他们不同于那些简单技术型定位的人，他们并不愿意在组织中发展，而是宁愿做一名咨询人员，或是独立从业，或是与他人合伙开业。

（5）安全型：这类人最关心的是职业的长期稳定性与安全性，他们为了安定的工作、可观的收入、优越的福利与养老制度等付出努力。

职校生在校学习期间，因为没有实际的工作，他们处于职业定位的探索阶段，教师可以根据施恩的职业定位理论，引导学生进行积极的职业定位探索。

第四节 职业选择的心理技巧

职业选择的过程是一个重大的人生决策过程。面对这样一个非同小可的决策，全面掌握信息，知己知彼，是决胜的根本保证。从决策的角度来看，职业选择的过程就是一个收集信息、处理信息、作出决策并付诸行动的过程，包括自我评价、收集职业信息、分析整理职业信息、求职行动四个环节。

一、自我评价

择业的过程是一个发现自我、认识自我、挖掘自我潜能的过程。因此，当一个人准备选择职业的时候，第一件要做的事情就是多层次、多角度地了解自己，明确自己在择业任务面前的心理定位，以避免在择业过程中失去对自己的把握，造成择业失误。职业学校教师应指导学生进行客观的自我评价。自我评价包括两部分内容：①个性评价：包括自我能力评价、自我兴趣评价、自我气质与性格评价。②职业价值观评价。职业价值观作为选择与适应职业的价值向导，对一个人的职业态度发挥着关键性的影响。职业价值观有传统的和现代的两大类别七种价值观，职校生可以根据自己的情况对这七种价值排序，以决定自己选择时的侧重点。传统的职业价值观包括经济价值、安全价值和伦理价值。现代的职业价值观包括个人身份感、自我价值感、个人成长与成就感、社会交往。

二、收集职业信息

（一）收集职业信息的原则

收集职业信息是一个科学性、技术性都很强的活动，要取得信息收集的成功，遵循一定的操作原则是必要的。

1. 准确、真实性原则

职业信息是择业决策的依据，准确、真实与否直接影响决策的正确性。由于职业信息虚假造成的决策失误往往带来多方面的损失，因此，职校生在收集职业信息时，一定要鉴别信息来源，采用多种方法确认职业信息的准确性和真实性。

2. 适用、针对性原则

职校生要根据自己的实际情况去收集有关的职业信息，以免信息收集范围太大而浪费不必要的精力与时间，同时，信息太多还会干扰合理的决策。

3. 系统、连续性原则

职业信息在许多情况下表现得十分零碎，需要求职者善于连续收集有关信息，把相关的各种信息积累起来，进行加工、处理，形成比较客观、系统、能够全面反映就业市场、就业政策、就业动向的有效信息。

4. 计划、条理性原则

收集职业信息应该有计划、有方向，做到有的放矢。在处理信息的时候，要分清轻重缓急，方法得当。

(二) 职业信息的内容

职业信息指与个人职业社会有关的知识和资料。职业信息的范围十分广泛，既包括反映整个就业市场的社会职业状况方面的信息，也包括反映特定职业的性质、任务、要求、待遇及升迁机会等具体情况的信息，同时包括与获得职业资格有关的教育培训信息。一般说来，就业决策所必需的职业信息有如下几种类型。

1. 社会职业状况

社会职业状况反映一个国家或社区的产业结构、行业结构、职业结构以及就业制度与就业政策的基本情况。从整体上了解社会职业状况，对个人进行有效的职业选择是十分重要的。

(1) 行业结构与分类。我国政府在第三次人口普查的时候，将我国的行业分成 15 个大类：农、林、牧、渔业；矿业及木林采运业；电力、煤气、自来水的生产与供应业；制造业；地质勘探与普查业；建筑业；交通运输与邮电通讯业；商业、饮食业、物资供销与仓储业；住宅管理、公用事业管理和居民生活服务业；卫生、体育与社会福利事业；教育、文化艺术事业；科学研究和技术服务事业；金融、保险业；国家机关、政党和社会团体；其他行业。

(2) 职业的分类与结构。职业不同于行业，行业是按职业组织的社会职能来划分的，而职业是按劳动者所从事的具体工作性质来区分的，因此，一个行业可能包含多种职业，而同一种职业则可以适应各种不同的行业。职业的类别划分十分复杂，职业之间的交叉现象比较常见，职业分类的标准因此也多种多样，有按工作性质分的，也有按教育程度分的，还有按人格特征的（如霍兰德的职业分类系统）。同时，随着社会的进步，职业的变化也很快，一些旧的职业被淘汰，新的职业不断产生，因此，一个国家每隔一段时期，就要公布新的职业分类方案，供社会和求职者参考。

我国第三次人口普查中，政府按从业者所从事工作性质把我国当时的职业分为 8 个大类，64 个中类，301 个小类。8 个大类是：第一类：各类专业技术人员：指专门从事各种专业和科学技术工作的人员；第二类：国家机关、党群组织、企事业负责人；第三类：办事人员及有关人员；第四类：商业工作人员；第五类：服务性工作人员；第六类：农、林、牧、副、渔劳动者；第七类：生产工人、运输工人和有关人员；第八类：不便分类的其他劳动者。

在一个具体的职业单位中，由从事各种不同行业的人员按照一定的层次、一定的结构组织起来，共同完成单位的目标。

2. 职业或岗位说明书

职业或岗位说明书是具体、详细介绍某种特定职业（职务或岗位职责）性质、任务、待遇以及对人员的要求等内容的书面文件，通常从科学严格的工作分析中得来。职业或岗位说明书一般包括职业（职务、岗位）名称、职务描述和职务规范三个基本部分。由于每一项工作的工作场所、隶属关系以及实际工作内容不同，因此，在许多情况下，虽然职务名称相同，但实际工作内容却十分不同。

3. 教育与培训信息

个人为了获得与特定职业相适应的资格（知识、技能与态度）需要在求职前接受相应的教育或培训，因此，教育与培训信息就成了职业信息的重要组成部分之一。有效的教育培训信息应包括下面一些内容：①学习或培训机构的基本情况：性质与目标、规模与组织、专业设置、教学条件等；②招生情况说明：入学条件（入学资格、考试科目、录取标准及其他身体或心理条件）、学习与生活费用；③毕业生情况：毕业生去向、发展前景。

4. 就业信息的渠道

就业信息的渠道很多，一般来源于以下方面：①国家、地方就业指导部门；②学校就业指导机构；③新闻媒体；④人才市场、职业指导机构与其他职业中介机构；⑤社会关系网络；⑥社会实践（实习）；⑦互联网。

三、分析、整理职业信息

当收集到一定的职业信息后，职校生就要结合自己的情况，依据国家有关的政策、法规以及社会常识对它们进行去伪存真、去粗取精的筛选，以及有目的、有针对性的排列、整理和分析。

（一）就业信息的鉴别

职校生首先应该对信息的真实性和有效性进行认真的鉴别，一看信息来源的可靠性，二看内容的明确性与有效性。

一般来说，一条比较好的就业信息应该包含以下要素：①工作单位的全称、性质及上级主管部门名称；②工作单位的实力、远景规划、在行业中以及在社会上的地位；③对从业者年龄、身高、相貌、体力等生理条件方面的要求；④对从业者政治思想、道德品质、工作态度等方面条件的要求；⑤对从业者学历以及学业成绩的要求；⑥对从业者的职业技能及其他才能的特殊要求；⑦对从业者职业兴趣、职业能力、气质等心理特征方面的要求；⑧岗位工作时间安排：工作时间的长短、班次安排等；⑨工作地点：工作单位的地址及交通路线；⑩工作环境；

室内还是户外，工作场所的温度、湿度，有无污染，是否高空作业或水下作业等；⑪个人收入及福利条件；⑫工作前途：工作晋升、进修培训等。

（二）就业信息的选择与处理

一旦就业信息被确认为真实有效，紧接下来就要鉴别信息的适合性，并对信息作出及时处理。职校生可以从专业性、兴趣爱好及性格特征方面来鉴别就业信息的适合性。

1. 专业性

专业是否对口，往往是用人单位与毕业生双向选择中的共同标准。专业对口可以缩短个人进入职业后的岗位适应期，使个人更容易发挥专业特长，避免自己专业资源的浪费，也可以减少企业在职业培训中的投入。因此，选择专业对口的就业信息纳入考虑是适宜的。

2. 兴趣与性格的适合性

由于就读职业学校时的专业选择并不一定是自己的意愿，许多职校生在求学期间仍对自己的兴趣比较专注，因此，在毕业选择职业的时候，专业对口并不一定是自己唯一的考虑。虽然兴趣是一个人在职业中取得成功的重要条件，但是，教师应指导职校生在做出以自己的兴趣爱好为择业出发点的时候认真权衡利弊。此外，还需考虑所选择的工作与自己的性格相吻合，以便今后更容易适应岗位工作，更容易胜任自己的职业角色要求。

3. 迅速作出信息反馈

就业信息的时效性很强，一旦掌握了准确、有效、可行的就业信息，职校生就应该及时综合这些信息，进行职业匹配和决策，并及时向用人单位做出反馈，以免错失良机。

四、求职行动

职校生在实施求职之前，须调整好心态，使自己保持一种中等程度的应激水平，以取得求职的成功。要做到这一点，首先要根据劳动力市场的实际情况适当调整自己的求职期望水平，其次就是要依法办事，规范谋职，并且及时行动。

（一）调整就业心态

个人在择业前需要进行正确、客观的就业形势分析与现实的自我定位。就业形势分析的侧重点应放在择业环境的变化（国家就业政策、经济发展形势）等方面。自我定位则主要考虑实现就业目标定位，适当调整自己的期望值，一个人才可能避免走入"高不成，低不就"的决策误区，实实在在地把握住机会。因此，职业学校学生就业心态的调整是十分重要的。个人应具备的就业心态主要有：

1. 乐观自信，进退有方

职校生要相信自己建立在的正确、有效、可行信息之上的决策是正确的，充满信心地迎接职业社会的挑选。由于就业是一个双向选择的过程，并不是个人单方面符合条件就能保证成功，因此，在一次求职中未能成功也并不能说明求职者不行。一个人始终保持"胜不骄、败不馁"的心态，才会取得最终的成功。

2. 放眼未来，迎接挑战

要找到各方面都满意的工作是每个人的愿望，这实际上是不可能的。就是求职前感到满意的工作，进入岗位后也会发觉它其实有许多不尽人意的地方。处于基层的、艰苦的岗位正是最锻炼人的地方，是更有机会发挥一个人才华的地方。职业是一个人人生的起点，只有全身心地投入，勇敢地接受职业生活的挑战，一个人才能在人生道路上成长、发展，获得生活的充实感与满意感。

3. 志存高远，理性择业

择业中的价值观直接影响着择业心态。如果一个人能够把自己的择业与国家的需要和发展联系起来，不贪图当前的享受而是放眼未来的发展，这个人一定会理性地选择发展性强的职业，在择业中心态会更好，今后在职业中成功的可能性也就会更大。

(二) 求职应聘的技巧

当求职者通过慎重决策，选定了适合自己的职业后，处理好求职应聘过程中的行为与技术细节就成为获取最后成功的关键。一般来说，求职者应准备书面材料，写好自己的简历、自荐信，填写申请表，然后参加招聘单位组织的笔试与面试。

1. 准备书面材料的技巧

求职者的书面材料是用人单位了解求职者的重要窗口，因此，撰写富有说服力、内容引人注目的书面资料是赢得主动、迈向成功的第一步。书面材料包括简历、自荐信、申请表。

(1) 简历。一份好的简历往往能给用人单位的人事代表留下良好的第一印象，影响他做出面试决定。好的简历一般在内容编排上简洁明了、个性突出、说服力强，在版面设计上清新、醒目。简历的内容一般包括个人基本资料、学历、社会实践情况（或阅历）、社会活动情况、个人特长、兴趣爱好与性格、科研学术成果及获奖情况等。在撰写和打印简历的时候，要注意以下要点：内容充实但不冗长啰唆，情况真实、措辞恳切，个性突出、简短明了；排版简洁有序，具有视觉冲击力；言语诚恳，不自大；长度最好控制在一页 A4 纸内；字体大方，变化不要太大，纸质尽量好一些。

(2) 自荐信。自荐信是有目标地针对不同用人单位的要求作自我介绍的求职文书形式，是对个人简历所作的进一步说明与补充。自荐信的撰写格式与普通书信格式相同，一般在信的开头先作自我介绍，说明自己的姓名、性别、所在学校、所学专业。正文的主要内容：自己对所谋职位感兴趣的原因、愿望；说明自己对所谋职位所具备的胜任资料；提出希望参加面试的愿望。

一般来说，简历与自荐信有着不同的用途，求职者应该结合起来使用。简历主要叙述求职者的客观情况，而自荐信则主要反映求职者的求职意向，是求职者与具体用人单位之间的沟通，涉及自己对具体职位的考虑。由于自荐信后面一般都要附上简历，所以自荐信中不要重复简历中的内容。

一份好的自荐信，在写作的时候要注意：内容要言之有物，措辞要恳切；在说明自己的胜任能力时，尽量以事实说话，自信但不要自夸；用语练达，切忌套话、空话以及过多客气话；态度诚恳，重点突出，具有一定可读性。

（3）申请表。在人才市场或集中招聘的活动中，用人单位一般都要求求职者填写统一印制的申请表格。申请表的内容一般包括两个方面：第一，个人资料、家庭背景、教育背景以及实践工作情况；第二，考察个人素质的简短问题。与简历不同，申请表所涉及的内容更接近用人单位的要求。因此，填写申请表的时候，要注意针对不同单位、不同职位的不同要求填写。许多用人单位会对求职者提出有关个人素质的问题，如对待人生、对待事业的态度，处理事情的方法，个人职业目标，选择该单位的原因，胜任该岗位的能力等。职校生在回答这些问题的时候，一般应简洁清晰地答出要点，其中的有些问题，在面试的时候还可能要问到，职校生应认真填写，也是为将来面试做准备。

2. 笔试的技巧

招聘中的笔试也是用人单位对求职者进行深入考察的重要环节之一。对申请表进行审核后，用人单位对求职者进行第一次筛选。笔试的情况将决定用人单位对求职者的第二次筛选，因此，笔试也是求职者的重要关口。了解笔试，充分准备是笔试成功的关键。

招聘笔试与一般教育考试的内容大不相同。招聘笔试的内容主要包括四个方面：第一，语言能力，包括语言基本能力及语言组织、表达等方面的应用能力，在一些合资、独资企业的招聘中，还要考核、测试外语；第二，专业技能，包括专业基础知识及应用能力；第三，综合能力。综合能力的考核是用人单位判断求职者是否具有较强学习和成长能力的主要指标之一，一般包括分析判断能力、逻辑推理能力、数学应用能力等；第四，心理素质，主要考察求职者个性心理特征，一般要采用一些心理测验量表。

3. 求职面谈的技巧

求职面谈是整个应聘过程中的最后一关，半个小时的面谈很可能决定一个人的职业道路甚至人生道路。要顺利地通过面试，同样要做到知己知彼、充分准备、沉着应对。

招聘方通过面谈，一般想了解求职者几个方面的情况：①言语表达能力。面试人观察的内容：表达方式、表达内容、叙述的完整性与条理性。评价要点：主题是否突出、表达是否流畅、思路是否清晰、逻辑层次性如何、是否简练贴切。②思考与判断能力。面试人观察的内容：思考的时间长短、对问题要点的把握程度、回答问题的准确性。评价要点：判断力强弱、预见性与计划性程度、处理突发事件的能力强弱。③社会沟通能力。面试人观察的内容：待人接物的方式方法、对待不同意见的态度。评价要点：能否尊重与听取别人的意见、是否有影响与说服他人的能力。④责任感与情绪控制能力。面试人观察的内容：应对困难的态度、在难堪情景中的情绪控制能力。评价要点：是否有责任感、考虑问题是否冷静自信、意志是否坚强。⑤仪表风度。面试人观察的内容：仪表、礼仪、姿势、视线、聆听、表述。评价要点：仪表是否得体、是否注重礼仪、言谈举止是否有风度、是否能尊重别人的谈话、是否认真聆听、谈吐是否大方得体。

五、求职挫折的应对

求职是职校生踏入社会的第一步，怎样走好这一步，最终选定一份既切合实际又称心如意的职业，对今后的发展有着十分重要的意义。但是求职过程并非总是一帆风顺的，难免会遇到求职被拒等情况，一部分职校生的积极性会因此受到挫伤，影响他们求职的信心，因此，职业学校教师应帮助学生进行心理调整，帮助他们战胜求职挫折。

（一）正视问题，接受现实

职校生在求职过程中可能会遇到被拒绝或者上当受骗的事情，教师要教育学生接受现实。对于已经发生、无法改变的事实，一味的悲哀、恼怒是没有用的，理智的做法是正确面对，冷静地接受这些事实，这是应对挫折、解决问题的首要一步。

（二）分析原因，矫正认知

职业学校教师应指导学生分析求职失败的原因，列出所发生的事件及其发生的情境，分析挫折发生的原因：是自身原因，还是客观环境（招聘单位）的原因。

关于学生自己的问题，可以考虑以下因素：①心理准备不足，仓促上阵，如材料准备不足，或者自己仪表、言语表达有问题；②信息了解不准确，如对信息没有进行比较、分析；③互相攀比，如在求职时，觉得同学找的工作单位可能会比自己的好一些，在攀比心理的作用下，放弃现在的机会，寄希望于找一个更好的单位；④眼高手低，如求职时过高地估价自己的能力，想找一份既能发挥自己的专业特长，又有好的福利待遇、能进修发展的工作，太苛求完美。

关于招聘单位的问题，可以考虑以下几个方面：①招聘单位对性别、专业的特殊要求；②对相关工作经历，包括工作经验的特殊要求；③实际招聘人数与应聘者人数的比例大小；④特殊工作能力的要求；⑤是否党员等政治素质和能否适应较艰苦工作条件的身体状况的要求等。

通过对比分析、探寻根源，可以弄清求职失败是学生自身的问题还是外在客观环境的问题，为寻找对策打下良好的基础。职业学校教师应注重矫正职校生的不良认知，教育他们既不夸大、过高估计自己，也不轻信盲从、盲目攀比，而要理性运用人职匹配的策略，找到适合自己的工作。

（三）寻找出路，重新点燃希望之火

职业学校教师应鼓励学生有勇气战胜挫折。求职失败本身也是一种收获，从中可以积累经验，吸取教训，关键是职校生要调整自己的心态，重新点燃希望之火，继续寻找出路。在求职过程中，职校生最终能否获得自己希望的职位，往往取决于有没有顽强地向着目标扎扎实实努力的精神。职校生求职需要拥有学识、能力，更需要坚韧不拔的毅力和百折不挠的精神。

【本章思考与练习】

1. 什么是职业选择？
2. 如何理解科学合理地选择职业的重要意义？
3. 职业选择应遵循的基本原则有哪些？
4. 影响职业选择的主要因素有哪些？
5. 简要比较各种职业选择理论的异同。
6. 阐述兴趣、气质、能力、性格与职业选择的关系。
7. 阐述职校生求职的心理技巧。

第十七章　职业心理测验与运用

近年来，随着国内市场经济的发展，组织的人才甄选意识和个人的职业生涯规划意识日益增强，以心理测验为基础的职业心理测验应用日益广泛。职业心理测验是心理测验在职业指导与职业咨询中的运用，旨在了解个人与职业相关的各种特征的方法。它通过一系列的科学手段对被测者的一些基本心理特征，包括能力、兴趣、性格、气质及价值观等进行测量与评估。通过分析被测者、不同职业及工作的特点，一方面促进被测者更好地自我认识、自我发现与探索，进行职业生涯规划，作好求职择业的心理与行为准备，另一方面也能够促进组织更好地识人、用人。

第一节　职业心理测验概述

一、什么是职业心理测验

人们在从事某种职业时，必须具有与该职业相匹配的心理素质，才能胜任工作，否则就会影响工作效率。而要了解人们的心理素质则需要通过观察、谈话、调查和心理测验等多种方法的综合运用。其中，心理测验是一种准确了解人们心理素质的科学方法。心理测验就是通过对一部分人的有代表性的行为的分析，对人的某些心理特征进行数量化的推论，从而区分出不同的人的心理特点的相似性和差异性。[1] 当心理测验应用于职业指导、职业选拔以及专业资格的鉴定时，我们便称其为职业心理测验。

（一）职业心理测验的特性[2]

（1）职业心理测验的间接性。个体的心理特征是内在的，看不见也摸不着，不可能直接进行测量，但可以通过个体面对具体情境时所表现出来的外显行为特征进行间接的推测和判断。因此，职业心理测验犹如借助温度计里水银柱的高低来测量气温一样，是一种间接的测量。

（2）职业心理测验的相对性。任何测验都应该具备参照点和单位这两个要素。参照点是计算的起点，有绝对零点和相对零点之分。如重量、长度以零为参

---

① 林仲贤. 心理测验的含义及其应用. 中国临床康复，2004，(1)：522.

② 郑日昌. 心理测量学. 北京：人民教育出版社，1999.7～8.

照点,为绝对零点;海拔高度则以相对零点为起点。单位,是测验的基本要素,没有单位便无法测量,如时间单位有秒、分、小时等。在心理测验中,没有理想的绝对零点,而只有相对零点。如学习成绩为0,表明在一次考试中全部没有做对,却并不表明在所测的能力上为0。一般情况下,每个人的心理测验结果都在一个连续体上,即在其所在团体的大多数人的行为或某种人为确定的标准上占据一个位置,测验只是从人与人之间的相对位置,对一个人某种心理特质水平作出判断,而且职业心理测验是对人的测验,任何测验都带有人的主观性。虽然职业心理测验有其精确的一面,但也有模糊的一面,因而具有相对性。

(3)职业心理测验的客观性。一个测验一般从项目分析、信度评估、效度评估三个方面进行质量评估。测验常模是通过对总体的代表性样本的预测确定的,测验的信度、效度也在一定程度上经过实践的检验。每一个测验均依据一套科学系统的程序进行,并经过了标准化,因此,测验具有一定的客观性。

(二)职业心理测验的信度和效度

(1)信度。心理测验中所指的信度主要指测验结果的稳定性和一致性。信度是衡量一个测验好坏的基本指标之一,信度高是测量结果准的必要条件。一般说来,当信度大于0.7时,可将测验结果进行不同团体间的比较;当信度大于0.85时,测验结果才能应用于个人之间的比较和评价,通常性格、兴趣以及态度等人格测验的信度在0.80~0.85之间,而能力与成就测验的信度常在0.90以上。

(2)效度。所谓效度,指的是测验的有效性,即一个测验对它所要测量的特质准确测量的程度。一个测验光有信度还不够,测验分数是稳定的,并不能说明它就能准确地测量它所要测的特质。一个测验无论其信度有多高,若效度很低也是无用的。高效度是一个良好测验的最重要的特性。一个好的测量,不仅要有较高的信度,还要有较高的效度。在职业心理测验中,被测者的得分若能有效地预测他在将来工作中的表现就是效度问题,如测验高分者在工作中表现出色,而低分者在工作中表现糟糕,这就说明测验具有较高的效度。

二、职业心理测验的类别

心理测验使用的各种工具称为量表。编制心理测评量表的材料,一般都是经过科学方法谨慎选择的,能够反映人们某些心理行为特点并进而发现问题或确认适合承担的任务。把这些材料用标准化的方法加以组织编制,进行对行为样本的测查和统计处理,就形成一种"常模"。这种常模,就像一种"标尺"。现代流行的各种心理测验量表很多。据调查统计,仅以英语发表的就已超过5000种之多。按照不同的标准,可以将其归为不同的类别。

（一）按测验功能归类

（1）智力测验。这类测验的主要功能是测量人的一般智力水平。如 Binet-Simon 智力量表、Stanford-Binet 智力量表、Wechsler 成人智力量表及 Raven 测验等，都是现代常用的著名智力测量工具，用于测量人的智力，评估人的智力水平。

（2）特殊能力测验。智力测验可检查人的一般智力，而特殊能力测验则检查人某一特殊的能力倾向。如测量人的音乐能力、技巧运动能力等。

（3）人格测验。根据心理学对人格的理解和看法，对一个人的人格可以进行测量和评估，这类测验的功能就是按这种要求对个体的人格特征进行测验。因为心理学界对人格的看法不尽一致，有关人格的测验方法也就不能统一。一般有两类，一类是问卷法，一类是投射法。这两种测验可以在使用中相互印证。

（4）人际关系测验。对人际关系测验可了解应试者的人际交往能力、公关能力和合群性。

（5）成就测验。这类测验的主要功能是测量人的学习效果及教育、培训目标实现的程度，如有关知识、理解、应用、分析、综合和评价等方面的测验量表，都是属于这一类的。

总之，对不同类型情况的测试，用人单位可以了解和掌握选拔对象的性格特征、能力素质、兴趣趋向等多方面的内容，从而结合招考职位的需要，进行选择和录用。

（二）按测验方法归类

（1）问卷测验。这类测验是将文字组成的各种项目作为刺激呈现给被测验者，并了解、分析其应答反应的结果。

（2）投射测验。这类测验是用没有明确意义和比较模糊不清的图片、照片或填充题等构成的测验项目，观察被测验者的反应特点。

（3）操作测验。这类测验是用实物的或模型的工具所构成的测验项目，让被测验者操作，观察其完成动作的速度和特点及准确性。

（三）按测验材料归类

（1）文字测验。这类测验通常由文字项目组成，由文字说明做法和作出回答。Minnesota 多项人格调查表、Eysenck 人格问卷及 Wechsler 成人智力量表中的言语量表部分等均属于文字测验。

（2）非文字测验。这类测验的项目多由实物、图片、模型之类的直观材料制作组成，测验也多以操作方式进行。如 Rorschach 墨迹图、Raven 测验及 Wechsler 成人智力量表中的操作量表部分均属于非文字测验。

（四）按测验目的归类

（1）描述性测验。这类测验的目的在于对人的能力、性格、兴趣、知识水平等进行描述、分析，作出某种评价。

（2）诊断性测验。这类测验的目的在于对人的某种心理功能或行为特征及障碍进行评估和判断，以确定其性质或程度。

（3）提示性测验。这类测验的目的在于从测验的结果预示被测验者未来可能出现的心理倾向或能力水平。

（五）按测验形式归类

（1）个别测验。指每次测验过程是以一对一的形式来进行的。通常只选取一个被测验者作为测验的对象。这是临床心理诊断测验中最常用的测验形式。

（2）团体测验。指每次测验过程中由一个或几个测验者对数量较多的被测验者同时实施测验。这种测验形式一般用于广泛的心理健康调查，而在临床诊断测验中不太适用。

在各种心理测验量表中，有些适用于个别测验，有些适用于团体测验，有些则可适用于两种测验形式，这需要按测验的目的和要求而定。

三、职业心理测验的应用

职业心理测验在职业活动中主要有三大用途：职业指导、职业选拔和专业资格的鉴定。

职业指导是一种发展性指导，早在 20 世纪 30 年代，美国的职业心理学家就已经将心理测验作为职业指导的一个重要组成部分，用心理测验量表来测试个体的智力、能力、兴趣和人格特征，并根据测试的结果对个体作出评价，再针对个体的心理特点，给予选择何种职业的建议。

职业心理测验在职业选拔中有着广泛的应用。因为工作的绩效与人的素质有关，要追求高的工作绩效，必须有高素质的人才，而高素质人才的鉴定需要心理测验；二是不同的工作对人的素质结构的要求不同，必须有针对性地为不同的工作匹配不同的人才，才能确保各种工作的高绩效，做到恰当的人做恰当的事，要实现这种"人"与"职"的最佳匹配就必须有心理测验的参与[1]。职业心理选拔的内容主要集中在以下三个方面：① 生理心理学方面，如在某些紧张度强、反应速度快、易于疲劳和负有重大责任的工作中，对人的神经系统的强度的测定；在颜色鉴定专业中，对颜色的辨别力的测定等。② 个体的某些个性特征方面，如智力、气质、性格等。③ 社会心理方面，如成就动机、挫折反应、社会态度、

---

① 肖志冬. 心理测验在人力资源管理中的应用. 哈尔滨学院学报，2003，（4）：14.

从众性、竞争意识、合作倾向、领导能力和人际关系中的信息沟通等。

专业资格的鉴定，主要用来确定个人是否具有从事某专业所需要的知识能力，以鉴定他从事该专业的资格，并发给证书或执照，如目前各种资格考试。[①]

第二节 常见的职业心理测验

由于心理测验在职业指导中发挥着巨大的作用，心理学界不断掀起职业心理测验的热潮。在这股研究和应用热潮的影响下，产生了一大批服务于职业指导的心理测验，而过去的心理测验也被应用心理学家改编成适合应用于职业指导的心理测验。

一、职业能力（智力）测验

用智力测验，既能考察智力水平，也能考察智力结构。有的人擅长言语理解、加工和表达，有的人擅长对数字加工，还有的人则擅长于对形象的分析加工。当今的许多工作，如会计、市场营销、工程设计等，不仅对人的智力水平有一定的要求，而且对人的智力结构也有不同的要求。下面介绍几种常见的能力/智力测验。

（一）一般能力倾向测验（General Aptitude Test Battery，GATB）[②]

GATB 最初由美国劳工部于 1934 年起花了多年时间研究修订，专为国家就业机构的顾问们使用，可用来测查被试多方面的能力，曾风行世界各国，是目前世界上使用最广泛的多重能力倾向测验。上海戴忠恒等根据日本 1983 年的修订本修订出中国的 GATB。

GATB 测验由 15 个分测验组成，其中 11 个是纸笔测验，其余 4 种是器具测验。每个分测验都必须在规定时间内完成。该测验包括 9 个因素，可以检测出以下 9 种能力：

G-智能　一般的学习能力。对说明、指导语和原理的理解能力、推理判断能力和迅速适应新环境的能力。

V-言语能力　理解言语的意义及与它关联的概念，并有效地使用它的能力。

N-数理能力　在正确而快速地进行计算的同时，能进行推理并解决问题的能力。

Q-文书知觉　对词、印刷物、票据之细微部分正确知觉的能力和直观地比较、辨别字词和数字、校对或发现错误的能力。

S-空间判断能力　对立体图形以及平面图形与立体图形的关系的理解能力。

---

① 郑日昌．心理测量学．北京：人民教育出版社，1999.7～8.
② 车宏生．心理测量与人才选拔．海口：南海出版社，2004.50～55.

P-形状知觉 对实物或图形之细微部分正确知觉的能力、能够根据视觉进行比较辨别的能力和对图形的形状和阴影的细微差异及长宽的细小差别进行辨别的能力。

K-运动协调 正确而迅速地使用眼和手协调并迅速完成作业的能力，正确而迅速地作出反应动作的能力。

F-手指灵巧 快速而正确地活动手指，用手指很好操作细小东西的能力。

M-手的灵活度 灵活地活动手及腕的能力以及拿取、放置、调换、翻转物体时手的精巧运动和腕的自由运动的能力。

我们在实际运用 GATB 时，常常根据岗位的需求选择合适的分测验。例如，对于流水线上的工人，就要着重考虑他们的手指灵活度和运动协调，这时就应该选择器具测验中的插入、调换等项目。对于选拔一般行政工作人员，智能和文书知觉就是很重要的考察要素，我们就需要选择名词比较和算术应用等分测验。下面列举的是 GATB 的常用分测验中使用的题目（图 17-1）。

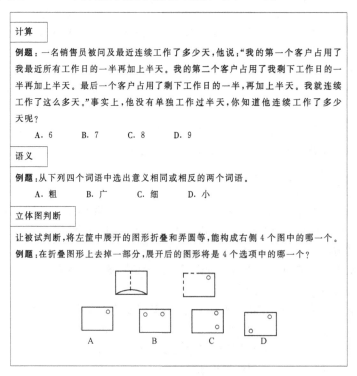

图 17-1 GATB 题目举例

（二）分化能力性向测验（Differential Aptitude Test，DAT）

该测验从语言运用、拼写、言语推理、数字能力、抽象推理、文书速度和准确性、空间关系、机械推理八个方面检测人的智力水平，从而整体分析智力结构。

由于社会上的职业对能力结构的需求是不同的，并可以按不同的结构来归类，通过判断每个人的智力结构，即八种能力的不同配置，就可以判断这个人适合干什么样的工作，而不适合干什么工作。该测验被广泛应用于职业指导、招聘和安置。下面列举的是 DAT 测验中的常见题目（图 17-2）。

言语推理

选择一对适当的词填空以使句子完整合理。

……对于晚上，相当于早饭对于……

    A. 晚饭——角落

    B. 文雅——早晨

    C. 门——角落

    D. 花——欣赏

    E. 晚饭——早晨

    正确答案为 E

数字能力

    选择正确答案。

            A. 15

            B. 26

30 减去 20   C. 16

            D. 8

            E. 以上皆非

    正确答案为 E

机械推理

这两人的负担谁重（如果相等，表上 C）

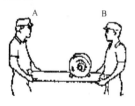

正确答案为 B

空间关系

下面的哪个图可由左边的纸样折成？

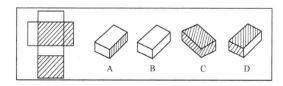

正确答案为 D

拼字

指出下边一些词的拼法是否正确

W. man

　　　　X. gurl

语言运用

指出句子哪个字母标示的部分有错误，在作答纸的相应字母上标明，如果无错误，表明 N。

X. Ain't we/going to/the office/next week？

A　　B　　C　　D

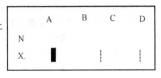

图 17-2　DAT 题目举例

（三）行政职业能力倾向测验

行政职业能力倾向测验是我国用于录用政府机关工作人员的多重能力倾向测验，是为了适应我国公务员制度建立的需要，由人事部考试录用司委托有关专家编制的一个职业能力测验。迄今为止，已经应用于几十个部委的干部录用，并已被若干省用于政府机关工作人员的考试录用。其内容包括言语理解、知觉速度与准确性、判断推理、数量关系、资料分析 5 个部分，共 180 题，测试时间为 90 分钟。

（四）奥提斯的心理能力自我测验（Otis Self-Administering Test of Mental Ability，OSATMA）

该测验源自奥提斯的第一个团体智力测验。这种集体测验花费的时间比较少。但是该测验只适合于选拔不需要很高智力的、低级别工作的应聘者，如文员、操作工、低级工头和监工等，而对于甄选高级工作的应聘者就不太适合了。

（五）翁德里克人事测验（Wonderlic Personnel Test）

该种测验是建立在奥提斯的心理能力自我测验基础之上的，是最简短、最流行的团体智力测验。共 50 道题，测验只需 15 分钟，因而是一种非常经济的筛选手段。该测验适合于甄选低级工作特别是文书类工作的应聘者。

（六）韦克斯勒成人智力量表（Wechsler Adult Intelligence Scale，WAIS）

韦克斯勒成人智力量表包括言语量表和操作量表两个部分。整套测验共由 11 个分测验组成。言语量表由常识、数字广度、词汇、算术、理解和类同 6 个分测验组成。操作量表包括填图、图片排列、积木图案、物体拼凑、数字符号 5 个分测验。言语量表和操作量表可以交替进行测验。每个分测验的原始分各不相同，最高者为 90 分，有的最高为 18 分，需要转化为标准分进行比较。在韦氏成人智力量表中，所有的分测验都转化为平均分为 10 分、标准差为 3 的标准分数（又称量表分）。11 个分测验量表分可以合并成言语分、操作分和全量表分。查相应年龄的 IQ 表，便可得到三个智力商数：言语智商（VIQ）、操作智商（PIQ）和全量表智商（FIQ），它们均是以 100 为平均数、15 为标准差的离差智商。

韦氏成人智力量表修订本在国际上应用广泛，是一个标准化水平较高的测验。它对施测和记分程序都有十分详细的说明，需要受过专门训练的人员进行施测。全量表智商的信度在各年龄组水平分布为 0.96～0.98，言语智商信度为 0.95～0.97，操作智商信度在 0.88～0.94。20 世纪 80 年代初，中国湖南医学院龚耀先教授主持了 WAIS-R 中国版的修订工作，于 1982 年发表了修订韦氏成人智力量表（Wechsler Adult Intelligence Scale-Revised in China，WAIS-RC）。WAIS-RC 的最大变动在于根据中国的国情，以文化教育的不同，分别建立了中国农村和城市两套常模。

由于该测验费时费力，因而多用于高级人员的甄选。

（七）瑞文推理测验

瑞文推理测验是由英国心理学家约翰·瑞文（John C. Raven）编制的一种团体智力测验，又称瑞文渐进图阵。它是非文字型的图形测验，分为三个水平：

瑞文标准推理测验（Raven's Standard Progressive Matrices，SPM）

瑞文彩图推理测验（Raven's Color Progressive Matrices，CPM）

瑞文高级推理测验（Raven's Advanced Progressive Matrices，APM）

这三种水平的瑞文推理测验由两种题目形式组成，一种是从一个完整图形中挖掉一块；另一种是在一个图形矩阵中缺少一个图形，要求被试从所提供的备选答案中，选择出一个能够完成图形或符合一定结构排列规律的答案。

瑞文测验的编制在理论上依据斯皮尔曼（Spearman）的智力二因素理论。该理论认为智力主要由两个因素组成，其一是智力的一般因素，又称"g"因素，它可以渗透于所有的智力活动中，每个人都具有这种能力，但在水平上存在差异；另一个因素是特殊因素，可用"s"表示，这种因素种类多，与特定的任务高度相关。瑞文将智力"g"因素划分为两种相互独立的能力，一种称再生性能力，表明个体经过教育之后达到的水平；一种称推断性能力，表明个体不受教育影响的理性判断能力。瑞文认为，词汇测验是对再生性能力的最有效测量，而非语言的图形推理测验则是对推断性能力的最佳测量，这就是瑞文推理测验的由来。大量心理测验研究表明，瑞文推理测验是测量"g"因素的最佳工具，尤其与测量人的问题解决、清晰知觉和思维、发现和利用自己所需的信息，以及有效地适应社会生活的能力有关。

瑞文测验适用的年龄范围宽，测验对象不受文化、种族和语言的限制，并且可以用于一些生理缺陷者。测验既可以个别进行，也可团体施测，使用方便，省时省力，结果解释直观简单。瑞文推理测验可以用于智能诊断和人才的选拔和培养。用该测验可以进行各类比较性研究，特别有利于跨文化研究，以及正常人和生理缺陷者之间的比较研究。

瑞文高级推理测验常用于高级管理人员和公务员的选拔。

二、职业人格测验

在人才选拔过程中使用人格测验是因为人格同工作绩效、工作方式以及习惯有关。在工作环境中，人格的影响主要有以下几点：①人格影响人对工作事件的看法或态度；②人格影响一个人做事的风格；③人格影响人们在工作中的沟通方式；④人格影响人独特的表现方式。由此可知，不同人格的工作者很可能会对相同的工作带来不同的结果。为此，我们在进行人才选拔时就必须考虑到这一点并采取相应的办法。

(一) 卡特尔 16PF 问卷

16PF 是一种久负盛名的人格测验，它是由美国伊利诺伊州立大学的心理学教授卡特尔（Cattell）经过数十年的系统研究，用因素分析统计后而形成的。这一量表描述了受试者在 16 种人格特质上的表现水平，进而描绘出一个人的人格结构。由于该测验能给出系统的评价，因而很受欢迎，是一种经常使用的甄选工具。但是该测验是面对普通人的人格测验，故而只适合使用于普通工作者的选拔，一般很少用于高级管理人员的选拔。

(二) 大五人格 (The Big Five)

20 世纪 80 年代以来，一些心理学家从许多不同的人格研究中提出了五个人格维度的观点并达成了一致。这五个维度具体概括为：神经质性、外向性、开放性、和悦性和负责性，称之为大五人格。

神经质性维度依据人们情绪的稳定性和调节情况而将其置于一个连续统一体的某处。那些经常感到忧伤、情绪容易波动的人在神经质性的测量上会得高分。

外向性的一端是极端外向，另一端为极端内向。外向者非常爱好交际，通常还表现为精力充沛、乐观、友好和自信。内向者的这些表现则不突出，但这并不等于说他们就是以自我为中心的和缺乏精力的。

开放性是指对经验开放、探求的态度，而不仅仅是一种人际意义上的开放。构成这一维度的特征包括活跃的想象力、对新观念的自发接受、发散性思维等方面。

在和悦性维度上得分高的人是乐于助人的、可信赖的和富有同情心的，而那些得低分的人多抱有敌意、为人多疑。

负责性是指我们如何控制自己、如何自律。居于该维度高端的人做事有条理、有计划，并能持之以恒；居于低端的人马虎大意，容易见异思迁。

（三）梅耶—布里基斯人格特质问卷（MBTI）

MBTI 是以瑞士心理学家荣格（CJJung）的心理类型理论为基础的，MBTI 用四个独立的等级来分解人格维度：即外向型（E）—内向型（I）、感官型（S）—直觉型（N）、思考型（T）—感受型（F）、判断型（J）—感知型（P）。上述四种类型共组合为 16 种性格类型，即 ISTJ、ISFJ、INFJ、INTJ、ISTP、ISFP、INFP、INTP、ESTP、ESFP、ENFP、ENTP、ESTJ、ESFJ、ENFJ、ENTJ。每种类型都有相应的行为特征和价值取向，为个人指导和自我发展提供了参考。MBTI 主要应用于测量并描述人们在信息获取、决策制定、生活取向等方面的偏好，了解受测者的个人特点、潜在特质、待人处事风格、职业适应性以及发展前景等。目前已广泛应用于人们的自身成长与发展、职业的发展与开拓、人际关系评估、组织发展、团队建设、管理人员和领导人员素质培训等。由于 MBTI 信息量大，信度与效度好，从而成为世界上应用范围最广泛的识别个体差异的测评工具之一。在美国每年有 300 万以上的人参加 MBTI 工具使用的培训。在世界 500 强企业中，有 80％以上的高层管理者、高级人事主管使用这一测试工具。

（四）DISC 人格测验

该测验包括 24 组描述个性特质的形容词，应试者凭自己的第一感觉从每组四个形容词中挑选出最符合自己和最不符合自己的形容词。该测验把人格划分为四大类：支配性、影响性、稳定性、服从性，每种类型又区分出 6 种亚型，进而了解应试者的管理素质、领导素质和情绪稳定性。DISC 人格测验把个体置于管理情景之中，例如如何影响别人，对团队的贡献是什么等，从而使个体清楚地了解自己的个性特征。由于 DISC 测验分类详细，同时对每种人的特征、团队价值、适合的工作类型等给予详细说明，因而受到工商界的普遍欢迎。

（五）投射测验

罗夏墨迹测验、主题统觉测验是最常用的投射技术测验。

罗夏墨迹测验是瑞士精神病学家罗夏创制的一种投射测验。测验中给被试分别看 10 张对称的涂有标准化墨迹的卡片，其中，5 张黑白卡片，2 张黑色或红色图片，3 张彩色卡片。主试按顺序出示 10 张卡片，每次一张，要求被试说出图片内容，测验记录下被试对每张卡片的情绪、时间间隔等反应，主试通过观察、记录、询问被试对图片刺激的反应来打分。实施罗夏墨迹测验是非常复杂的，只有那些经过专门培训并有丰富经验的人才能使用。

主题统觉测验（Thematic Apperception Test，TAT）是美国哈佛大学的莫瑞和摩根于 1935 年创制的。TAT 是一种窥视被试的主观需要、动机、情绪和人格特征的方法。该测验包含 30 张内容模糊的黑白图片，主要以人物内容为主，附带一些景物。测验时对被试一次一张，共出示 20 张图片。要求被试以图片内容为主题，凭想象编故事，主试则在每种需要变量和情绪变量上以及每一种压力分数上打分。TAT 测验的理论依据是人在根据图片编造故事时，会不自觉地透露出个人的动机、内心冲突、愿望等潜意识里的内容，通过对故事的分析，就可以大致了解被试的人格。

投射测验非常复杂，一般只用于高级管理人员的选拔。

三、职业兴趣测验

职业兴趣测验也是一种常用的心理测验。此种测验是将个人兴趣与工作之间进行匹配，以期从业者在工作中保持主动性、积极性，并获得满足。兴趣测验大量应用于职业咨询和人才测评。吉塞利在 1973 年的研究中指出，在人才测评的实践中，兴趣测验对预测销售人员的可培训程度及职业潜力有较高的效度，对管理人员、工艺师、驾驶员的预测有中等水平的效度。目前最为流行的兴趣测验有斯特朗（Strong）—坎贝尔（Campbell）职业兴趣测验、霍兰德（Holand）职业兴趣问卷、库德职业兴趣调查表（KOIS）、自我指导问卷（Self-Directed Search，SDS）等。

（一）霍兰德式中国职业兴趣量表

表 17-1　"兴趣类型"表对选择职业的分析

个人风格	类型	职业环境	适应的职业范例
有机械呆板倾向；重视现实；体魄强壮；偏好具体工作；避免人际关系的任务	现实型（R）	要求明确的、具体的体力的任务和操作技能；需要立即行动和获得强化；较低的人际要求；户外的	工程师、自动化师、司机、水电工、摄影师、机器操作员、无线电报务员、制图员、飞机机械师、鱼类和野生动物专家、木工、修理工、纺织工、裁缝等
富有理智和评判精神；讲究科学性；偏好抽象工作；简明扼要；缺乏领导才能；有创造力	研究型（I）	要求具备思考和创造能力；社交要求不高；思考任务定向；要求实验室设备但不需要强体力劳动	科研人员、科技工作者、实验员、科学报刊编辑、地质学者、程序设计师、数学家、动植物学家、物理学家、化学家等

个人风格	类型	职业环境	适应的职业范例
想象力丰富；唯美、理想化、情绪化、冲动、无秩序、有创意、直觉；艺术化的自我表达；相当独立且外向	艺术型（A）	通过语言、动作、色彩和形状表达审美原则；单独工作；对优异有特殊标准；解释和修正人类行为；长时间埋头苦干	雕刻家、画家、设计师、导演、演员、编剧、歌唱家、作曲家、乐队指挥、音乐教师、记者、舞蹈家、摄影家、服装设计师、室内装潢专家、诗人、作家和评论家
友善、合作、负责、有洞察力；喜欢与人打交道；关心社会问题；社区服务导向；人道主义；传统的女性气质的冲动；不能理智地解决问题；对教育问题感兴趣	社会型（S）	解释和修正人类行为；要求高水平的沟通技能；热情助人；延迟强化；强调威望	教师、教育行政人员、大学教授、咨询人员、公关人员、社会学家、社会福利人员、社区工作者、社会福利工作者、外交工作者、导游等
冒险、野心、决断、乐观、自信、精力充沛；偏好领导角色；言辞有技巧	企业型（E）	有说服他人的能力；需要管理行为；完成督察性角色；需要作言语反应	政府官员、企业领导、业务经理、政治家、律师、批发商、零售商、调度员、广告宣传员、销售员
顺从、谨慎、保守、务实、稳重、有效率；偏好结构性；工作与社会认同	常规型（C）	要求系统的、常规的行为；体力要求极低；户内的；人际技能要求低	图书管理员、会计、统计员、办公室职员、成本核算员、电脑操作员、税务员、法庭速记员、秘书、打字员、行政助理、出纳等

美国学者霍兰德提出人格—职业匹配理论，他认为人的人格类型、兴趣与职业密切相关。兴趣是人们活动的巨大动力，凡是具有职业兴趣的职业，都可以提高人们的积极性，促使人们积极地、愉快地从事该职业，而且，职业兴趣与人格之间存在很高的相关性。他把人的人格划分为六种类型：现实型、研究型、艺术型、社会型、企业型和常规型（表17-1）。每一个人都可以划为一种人格类型，并对应于一种职业兴趣。而每一种职业兴趣都有两种相近的职业兴趣和一种相互排斥的职业兴趣。

基于这种理论，霍兰德先后编制了职业偏好量表和自我导向搜寻表两种职业兴趣量表。

但职业兴趣是同人们的日常生活、工作和学习密切联系的。因此，中国科学院心理研究所方俐洛等结合中国国情、文化和职业分类体系的特点，编制了霍兰德式的中国职业兴趣量表，简称 H-C 职业兴趣量表。该测验有活动、潜能、职业和自我评判四个分量表，共13个项目，其中 Holland 原量表项目为78个，研究者新增项目为60个，每个量表包含6个因素，分别对应于现实型、研究型、艺术型、社会型、企业型和常规型。该量表有较好的构想效度和效标效度以及较好的信度。

(二）斯特朗—坎贝尔兴趣量表（Strong-Campbell Interest Inventory SCII)

这是国外最为流行的职业兴趣测验，它被广泛地应用于人才测评中，为企业的选员提供了非常有益的信息。

SCII 的 1985 年最新版本中包括 325 个项目，构成 264 个量表，其中包括 6 个一般职业主题量表，23 个基本兴趣量表，207 个职业兴趣量表，2 个特殊量表，26 个管理指标量表。

一般职业主题量表是根据霍兰德职业理论建立起来的。有 6 个量表即霍兰德的 6 个职业兴趣种类，每个量表包括 20 题，共 120 个题目。统计表明，这 6 个量表得分存在不同程度的相关。

具体职业量表是根据 Strong 的经验性方法建立起来的。在 SCII 的 1985 年版本中，共包括 106 种职业，除其中 5 种为男女共用同一常模外，其余各有自己的常模。

特殊量表包括学术满意度量表（Academic Comfort Scale）和内－外向量表（Introversion-Extroversion Scale）两个量表。

测验管理指标量表是对每一份答案进行常规性统计，以确保在施测及数据录入过程中没有意外情况发生。它包括三个统计量：整体反应指标、异常反应指标和反应类型指标。无论应试者在哪种测验管理指标上出现异常情况，都应引起施测者的注意，查找出产生这种情况的原因。

第三节 正确使用职业心理测验

一、职业心理测验的选择

心理测验是间接了解个性的一种方法，而人的个性又是一个十分复杂的系统，每个人都有自己独特的个性心理特征，测验工具选择得当与否将决定测验的成败。以下两点是选择职业心理测验时必须注意的。

（一）选择科学的量表

量表自身的科学性，直接影响测验的效果。一个好的量表是按照一定的标准化程序进行编制，经过多年的探索和修订后而趋于成熟和完善的，具有较高的信度和效度以及常模，其测量结果往往是客观而准确的。现实生活中经常有一些杂志上登载的测验，既没有信度和效度，也没有常模，是不符合心理测量学的要求的，因而不能作为测验的工具。引进国外的量表，要把测题、常模本土化，对量表进行修订。不能随便使用某一测验，更不能不分时间、地点、年龄、性别乱用常模。

(二) 选择合适的量表

目前测验的种类很多，既有测智力（能力）的，也有测人格和兴趣的，即使是同一种类的测验，也有各自适用的范围。如翁德里克人事测验适合于甄选低级工作特别是文书类工作的应聘者。瑞文高级推理测验常用于高级管理人员和公务员的选拔。卡特尔16PF问卷能给出系统的评价，是一种经常使用的甄选工具，但是该测验是面对普通人的人格测验，故而只适合使用于普通工作者的选拔，一般很少用于高级管理人员的选拔。梅耶-布里基斯人格特质问卷（MBTI）则比较适合用于高级管理人员的选拔。因此，必须根据测验的目的选择合适的职业心理测验量表。

二、职业心理测验的准备

任何测验的基本要求是标准化。一个好的测量程序，应该有标准化的指导语、标准化的题目、标准化的测试条件、标准化的评分标准和标准化的时间限制，在主试能够考虑到可能带来的误差的一切方面，都应该采取规范统一的处理，以使所得测量结果纯化，使分数之间具有横向可比性。这样才能对测试结果做出比较准确客观的评价。测验的基本原理是从测验情境所观察到的行为样本而推论出在其他非测验情境所表现出来的行为，必须控制一些与测验情景无关的影响因素，因而测验前必须做好充分的准备。

(一) 主试的预先准备

因为主试要宣读指导语、掌握时间和主持每个测验场所的工作，分发和收集测验材料、保证测验参加者遵循指导语、在测验手册规定的范围内回答他们的各个问题，所以主试必须预先熟记确切的指导语。熟悉指导语可以防止读错和犹豫，也使主试在测验期间更为轻松和自然。主试还必须准备测验材料，材料一般要放置于桌边，便于拿取而不使测验者分心。如果使用复杂的仪器，应该经常定期检查和校准。此外，主试还必须熟悉测验程序。

(二) 测验条件的准备

标准化测验不仅适用于指导语、时间、材料和测验本身的其他方面，而且也适用于测验环境。应该选择合适的房间，因为噪音、通风、光线和座位都会影响被测者的成绩。

三、职业心理测验的实施

测验是一个标准化的过程，如何做到测验过程标准化是一个关键问题。实施职业心理测验，应该严格按照测验手册中的指导语、时间限制及评分进行操作。

（一）指导语

指导语是测验的解释和说明，测验过程中应使用统一的指导语。宣读指导语时，应严格遵守指导语，不应对测验作出额外的解释，因为这样可能会导致暗示，影响被测者的成绩；另一方面，指导语应该简洁明快、通俗易懂，不能晦涩难懂或引起歧义，而且过长的指导语容易引起被测者的焦急及反感情绪。

（二）时间限制

时间也是标准化的一项重要内容。在施测前应告知被测者该测验具体的时间限制。对于有分测验的测验，主试应根据有关时间限制的指导语进行操作。对于速度测验，尤其要注意时间限制，不得随意延长或缩短。

（三）评分

评分是将被测者的反应数量化并赋予其意义的过程，必须做到标准化。评分标准化的关键是评分的方法客观化。对于那些需要主观评分的测验，要求至少有两个以上受过专业训练的评分者同时评分，而且他们的分数必须具有一致性。无论是主观评分还是客观评分，必须使用统一的评分标准。

四、职业心理测验的使用原则

（一）专业性原则

要由接受过专业训练的人员进行心理测验操作，这是由于心理测验对测验工具的选用，对测验环境变量的设置，对测验过程的把握以及对测验结果的解释等都有严格的技术要求。

（二）保密性原则

许多测验的内容都涉及被测者的隐私问题，如智力测验、人格测验、动机测验等对保密性要求较高。因此，心理测验工作者应尊重被测者的人格，对其个人信息加以保密。

（三）科学性原则

对测验结果需要进行科学解释，测验中要保持测验结果的真实性和准确性，对测验结果作出科学解释，能客观真实地反映被测者的实际情况。

（四）慎用原则

心理测验能够帮助我们客观准确地评价被测者的心理特征与行为特点。但如果使用不当，心理测验不但起不到其应有的积极作用，而且还可能导致人们得出错误的判断。因此，在使用心理测验时，应持有科学、严肃、谨慎、认真的态度，而且在必要的时候才能使用心理测验。

五、正确看待职业心理测验的结果

要科学使用心理测验，首先要对心理测验有正确的认识。心理测验是研究心理的重要方法，是心理诊断和作决策的重要工具。但是，心理测验尚有不完善的地方，有着不可忽视的局限性。首先，不同的心理测验所依据的理论基础不尽相同，所测特质的定义、观点及概念系统也不同，同样性质的测验，测量的可能是不完全相同的心理特质。其次，心理测验是对人的心理特质的间接测量与取样，推论不可能完全准确。再次，做为指导测验编制的"测量理论"，无论是经典性的还是现代新提出的，都有一些比较脆弱的假设。因此，必须以科学、严肃、慎重、谦虚的态度对待心理测验，绝不能视心理测验为唯一准确可靠的诊断工具。正像心理学家潘菽教授指出的那样，心理测验是可信的，但不能全信，心理测验是可用的，但不能完全依靠它。

对结果的解释和使用也是心理测验技术中极为关键的一步。因此，主试要与被测者讨论测验的结果，以建设性的方式向其传达真实和准确的信息；要考虑施测中可能带来的误差，并结合整个背景对结果作必要的矫正。主试要考虑测验分数给被测者所带来的心理压力，在解释分数时，一方面要十分慎重，避免感情用事、虚假的断言和曲解；另一方面，又要做必要的思想工作，防止被测者因分数低而悲观失望或因分数高而骄傲自满。要尊重被测者的人格，对测验中获得的个人信息应加以保密。此外，主试必须以辩证、联系、系统和发展的观点来看待问题。

总之，职业心理测验可以有利于职校生清楚地认识自我，了解自己的性格特征和职业倾向，帮助职校生准确地进行职业定位，找到职业生涯发展的有效起点；帮助职校生扬长避短，在职业道路上事半功倍，实现职业理想目标。但是，职业心理测验并不是万能的，不能解决人的所有问题，职业学校需要引导职校生正确对待测评结果。

【本章思考与练习】

1. 什么是职业心理测验？它有什么特性？
2. 什么是心理测验的信度和效度？

3. 衡量一个心理测验质量好坏的标准是什么？

4. 职业心理测验有哪些类别？

5. 常见的能力测验有哪些？什么是一般能力倾向测验？它有什么特点？

6. 常见的人格测验有哪些？大五人格测验包含哪些维度？

7. 常见的职业兴趣测验有哪些？什么是霍兰德式中国职业兴趣量表？

8. 如何正确看待职业心理测验的结果？

主要参考文献

爱德华·铁钦纳.2001.系统心理学:绪论.李丹译.杭州:浙江教育出版社

保罗·马森等.1991.人类心理发展历程.孟昭兰等译.沈阳:辽宁人民出版社

陈琦,刘儒德.1998.当代教育心理学.北京:北京师范大学出版社

崔景贵.2002.职业学校心理教育.南京:南京师范大学出版社

丹尼什.1998.精神心理学.陈一筠译.北京:社会科学文献出版社

冯忠良.1999.结构化与定向化教学心理学原理.北京:北京师范大学出版社

冯忠良等.2000.教育心理学.北京:人民教育出版社

傅治平.1997.心灵大嬗变——人类心理的历史构筑.长沙:湖南教育出版社

高峰强.2001.现代心理范式的困境与出路.北京:人民出版社

高新民.1994.现代西方心灵哲学.武汉:武汉出版社

葛鲁嘉.1995.心理文化论要——中西心理学传统跨文化解析.沈阳:辽宁师大出版社

郭本禹.2003.当代心理学的新进展.济南:山东教育出版社

韩进之.1989.教育心理学纲要.北京:人民教育出版社

赫根汉.1986.人格心理学导论.冯增俊译.海口:海南出版社

黄强,张燕逸,武任恒.1990.职业技术教育心理学.天津:天津人民出版社

黄希庭.1991.心理学导论.北京:人民教育出版社

黄希庭.1997.心理学.上海:上海教育出版社

郑日昌,伍新春.1999.职业教育心理学.北京:北京师范大学出版社

景怀斌.1999.心理意义实在论.广州:广东人民出版社

孔多塞.1998.人类精神进步史表纲要.何兆武 何冰译.北京:生活读书新知三联书店

乐国安.2004.西方社会心理学新进展.广州:暨南大学出版社

黎黑·T H.1990.心理学史——心理学思想的主要趋势.刘恩久等译.上海:上海译文出版社

李伯黍,燕国材.1993.教育心理学.上海:华东师范大学出版社

林崇德.1995.发展心理学.北京:人民教育出版社

林崇德等.2000.学校心理学.北京:人民教育出版社

林格伦.1983.课堂教育心理学.章志光等译.昆明:云南人民出版社

刘春生,徐长发.2002.职业教育学.北京:教育科学出版社

刘德恩等.2001.职业教育心理学.上海:华东师范大学出版社

刘恩久.2002.西方现代哲学与心理学.郭本禹整理.南京:南京师范大学出版社

刘重庆,崔景贵.1998.职业教育心理学.上海:立信会计出版社

卢家楣.2000.学习心理与教学.上海:上海教育出版社

卢家楣等.1998.心理学——基础理论及其教育应用.上海:上海人民出版社

路海东.2000.学校教育心理学.长春:东北师范大学出版社

马斯洛·A H.1987.存在心理学探索.李文湉译.昆明:云南人民出版社

莫雷,张卫.1999.青少年发展与教育心理学.广州:暨南大学出版社

莫雷.2002.教育心理学.广州:广东高等教育出版社

潘菽．1983．教育心理学．北京：人民教育出版社

皮连生．1996．智育心理学．北京：人民教育出版社

皮连生．1997．学与教的心理学．上海：华东师范大学出版社

邵瑞珍．1997．教育心理学．上海：上海教育出版社

申荷永，高岚著．1999．理解心理学．广州：暨南大学出版社

申荷永．2001．中国文化心理学心要．北京：人民出版社

舒尔兹．1988．成长心理学．李文湉译．北京：生活・读书・新知三联书店

苏富忠，董操．2001．心理学的沉思——心理学基本理论的系统研究．济南：济南出版社

谭顶良．2006．高等教育心理学．南京：河海大学出版社

王宏印．1999．广义心理学．兰州：兰州大学出版社

王丕．1988．学校教育心理学．郑州：河南大学出版社

文萍．1999．心理学理论与教育．桂林：广西师范大学出版社

吴庆麟．1999．教育心理学．北京：人民教育出版社

杨广兴，赵欣，黄强．2000．职业教育心理学．香港：现代知识出版社

杨鑫辉．1994．中国心理学思想史．南昌：江西教育出版社

杨鑫辉．2001．西方心理学名著提要．南昌：江西人民出版社

叶浩生．1998．西方心理学的历史与体系．北京：人民教育出版社

叶浩生．2003．西方心理学研究新进展．北京：人民教育出版社

叶奕乾等．1991．普通心理学．上海：华东师范大学出版社

詹姆斯・O 卢格．1996．人生发展心理学．陈德民等译．上海：学林出版社

张爱卿．2001．现代教育心理学．合肥：安徽人民出版社

张承芬．2000．教育心理学．济南：山东教育出版社

张春兴．1998．教育心理学——三化取向的理论与实践．杭州：浙江教育出版社

张大均．1999．教育心理学．北京：人民教育出版社

张家祥，钱景舫．2001．职业技术教育学．上海：华东师范大学出版社

张卿．1995．学与教的历史轨迹——20 世纪的教育心理学．济南：山东教育出版社

章永生．1999．教育心理学．石家庄：河北教育出版社

周晓虹．1997．现代社会心理学——多维视野中的社会行为研究．上海：上海人民出版社

Robert J S，Wendy M W．2003．教育心理学．张厚粲译．北京：中国轻工业出版社

后　记

　　"职业教育心理学"是体现职业技术高师办学特色的一门重要课程，也是师范生教师教育类专业课程之一。1997 年，江苏技术师范学院将"职业教育心理学"确定为学校首批优秀课程。多年来，"职业教育心理学"课程组教师积极探索课程教学方法改革，重视课程建设基础理论研究，积极服务职业教育改革发展。我们坚持以科研为先导的课程建设理念，推动课程建设水平的提升，同时注重将学术研究方向与课堂教学内容有机整合，形成了具有自身特色的职业教育心理学课程体系，取得了显著的工作成效。2000 年，"职业教育心理学"课程经过学校推荐和专家评审，被评定为江苏省普通高校二类优秀课程。2004 年，职业教育心理学被确定为江苏省重点建设学科主要研究方向。

　　尽管目前国内已经有职业教育心理学教材公开出版，且它们发挥了积极作用，但总体感觉职业教育特色还有待彰显，师范性、学术性和技术性的有机融合不够充分。因此，在教材建设指导思想上，我们树立"以人为本、以实为本"的编写理念，适应新情况，把握新走向，努力体现一种与时俱进的精神，追踪职业教育心理学学科发展前沿，积极借鉴课程建设的成熟经验，真正贴近职业学校教师，贴近职业学校学生，贴近职业学校教育；努力体现一种求真务实的精神，坚持联系实际、体现实用、突出实践、注重实效，真正做到源于职业教育，深入职业教育，服务职业教育，推动职业教育心理学课程建设的和谐发展。

　　在《职业教育心理学导论》教材内容构建上，我们不刻意追求体系结构的逻辑完整性，更注重贴近职业教育实际，凸现"学习心理—教育心理—职业心理"之间的有机融合，增强职业教育心理学教材建设的针对性、实效性，建构、拓展和提升职业教育心理理论。本教材体系以中等职业技术学校学生学习活动为主线，以职业学校实际教育教学任务为篇章划分标准，教材内容由五个部分组成：①职业教育心理学概论，包括绪论、心理发展与职业教育；②职业学校师生心理篇，包括职校生的心理特征与问题、职校生的心理健康与教育、职业学校教师的心理素养；③职校生学习心理篇，包括职校生学习基本理论与心理过程、职校生知识学习与能力发展、职校生操作技能学习心理、职校生学习的测量与评价等；④职业教育教学心理篇，包括职业教育教学心理设计、心理规律与职业教育教学、职业教育课堂心理与管理、职校生的心理差异与因材施教等；⑤职业心理篇，包括职业品德心理与培养、职业选择心理与指导、职业心理测验与使用。

　　要把"职业教育心理学"建设成一流水平的高校精品课程，我们认为：一要坚持职业教育特色不动摇。有特色才有生命力，有特色才有活力。课程建设必须着力建构校本特色，进一步凸现职业教育特色。二要坚持师范性与学术性、技术性相融合。"职业教育心理学"课程建设必须坚持三性融合统一，缺一不可。三要坚持为职业教育改革服务不动摇。科学服务预示并孕育着职业教育心理学课程建设的无限空间，惟有密切联系职业教育改革发展实际，为中高等职业教育创新发展提供力所能及的科学服务，课程建设才能有新的可持续发展。四要坚持注重实践教学环节，引导学生学以致用，进一步提升师范生的教育教学素养。"职业教育心理学"课程教学改革必须以先进的教育教学理念为指导，指导师范生在实践和活动中体验感悟，引导师范生学会学习、自主建构。

本书是江苏省 2005 年高校精品教材建设项目工作成果，也是江苏省重点建设学科职业技术教育学研究方向代表性成果，是江苏技术师范学院重点建设学科应用心理学的规划成果。本教材从构思、立项、编写到完成书稿，倾注了江苏技术师范学院诸多领导和专家的关怀、许多同仁和同学的关心，在此对他们表示衷心的感谢！教育学院心理学系和心理教育研究所的十多位老师，多次共同讨论教材编写提纲，克服困难数易其稿。本书提纲由崔景贵拟定提出，各章编写分工按自然顺序如下：崔景贵，第一、二、三章；胡维芳，第四章；张冬梅，第五、十六章；徐朝晖，第六章；蒋波，第七、八、九章；张长英，第十章；方翰青，第十一章；冉苒，第十二、十四章；戴玉英，第十三、十五章；陈剑梅，第十七章。在各章作者初稿完成后，崔景贵教授负责全书各章的修改、统稿和定稿，根据实际需要对部分章节内容进行了调整、补充。需要说明的是，《职业教育心理学导论》是在我校"职业教育心理学"课程教材建设基础上的全面总结与科学提升。尽管我们作了许多努力，作为一种探索创新，本教材不足与疏漏之处难免，恳请专家学者、同仁和广大同学指正，以便进一步完善。

教材建设是一项复杂的系统工程与创新工程，编写富有职业教育特色的"职业教育心理学"教材任重而道远。我们将进一步加大力度，开拓进取，创新思路，创建特色，创优实效，积极推广教材建设成果，全面提升教材建设水平。

《职业教育心理学导论》编写组
2008 年 6 月 18 日